幼兒語文教材教法

作者◎林德揚

作者簡介
林 德 揚

學經歷

國立台灣大學社會學系社會學組畢業

美國奧克拉荷馬市大學幼兒教育研究所教育碩士

美國蒙特梭利學會（AMS）合格教師

美國奧克拉荷馬市 CASADY SCHOOL 學前部教師

台北市中華民國蒙特梭利啟蒙研究基金會講師

台北市內湖全容托兒所主任

台北市立德幼稚園蒙特梭利教學法指導顧問

國立台南大學幼兒教育系兼任講師

輔英科技大學幼保系兼任講師

輔英科技大學推廣教育中心兼任講師

高雄市日大幼稚園蒙特梭利教學法指導顧問

高雄市健新醫院親子學校課程講師

正修科技大學推廣教育中心兼任講師

彭婉如文教基金會保母培訓班講師

高雄市社會局兒童福利中心育兒研習基礎班課程講師

高雄市社會局甲類助理保育人員班講師

高雄市向陽文教機構特約講師

台南市智多文教機構特約講師

正修科技大學幼保系兼任講師

高雄市幼軒成長園地園長

著作

幼兒語文教材教法

幼兒語文發展輔導手冊——語言組合運用篇

幼兒語文發展輔導手冊——注音符號篇

語音潛能開發系列：形音聯結聲符篇、形音聯結韻符篇、注音符號拼音篇、

注音符號書寫篇

推薦序

　　時下國內幼教先進，大力推動幼稚教育，其目的在做培育幼苗開發智慧資源的工作。雖然國內許多幼稚園或托兒所，紛紛以開啟式的教學理論作為教學的準則，但是有托兒所或是幼稚園，以蒙特梭利的教材和教法作為教育兒童的招牌。這幾年來，林德揚老師將其工作所得全數花在推展蒙特梭利師資培訓班的志業上。在這本書中，林德揚老師將數年來深研「幼兒語文」的心得做了有順序的整理，讓他這股推動成長的心，有了更具體的果實，開了更亮麗的花朵。我清楚地知道，本系開辦蒙特梭利師資培訓班傳授時間三年，每個學程學員滿座，主要是因林德揚老師能將理論與實務融合運用。這份教材和教法適合幼兒是沒問題的，重要的是在於教師的運用。提供從事幼教工作者作為參考，與各先進共勉之。

　　從認知、感受、敘述到教學，這一條漫長的學習路途，林德揚老師不但有所體認，更能將多年來深刻的教學體驗著書傳世，在人生的過程中，這是項大事。另外，每章都有實例說明，在各章中與文字配合出現，可以增加對教材之了解。書只是提供部分教材作為實例，教師可以將任何教材或是教具做無窮的變化應用，是其優點。在此勉勵擁有此書者，能解其義、踐其行，方不負作者之用心與本身之寶貴光陰。

正修科技大學

幼保系 陳惠芳 主任

謹誌

2005 年 3 月 1 日

自序

對於幼兒語文教學，一般人都知道要多聽、多說、多讀、多寫。然而到底要多聽、多說、多讀、多寫些什麼呢？明確的目標又在哪裡呢？要回答這個問題，勢必要從建構語文課程內容的順序性來著手。

然而，要建構語文課程內容的順序性，必須要能結構性地分析中文特性，對於中文的本質要能有通盤掌握之後，再依據這些特性分門別類組織課程，談何容易？筆者不才，雖然深知自己國學根基薄淺，仍在分析中文語文的特性之後，設計幼兒語文學習的參考架構（請參閱第一章「緒論」中的「幼兒語文學習參考架構表」），然後再依此架構，配合自己的親身實務經驗，設計安排了相關的教學活動課程，藉以發展孩子相關的語文能力。所以，有目的順序性地提供幼兒具有廣度以及深度的語文課程活動經驗，是本書的第一個特色！

課後托育安親班業務，已廣被國內各大專院校的幼教、幼保科系規畫於畢業生的職場領域之內。但國內幼兒語文教學相關課程的教科書籍中，卻不見注音符號形音聯結與拼音、拼讀、拼寫以及握筆寫字的相關議題探討。然而這些課程內容，卻是踏入課後托育安親班領域的幼教、幼保科系畢業生，所立刻要面對的。沒有經過相關課程的養成教育就要上戰場，常叫人手忙腳亂，不知所措。筆者個人以為，不管是否贊成學齡前該不該學注音符號或握筆寫字，對於這些課程議題的了解，都有助於孩子語文的發展輔導。因此本書也將這些以往具有相當爭議性的議題納入討論範圍，是為第二個特色。

本書的第三個特色乃是「以理論為基礎，實務為導向」，除了對於課程設計用意及編排順序詳加說明之外，為了讓讀者更能把握實務重點，加入了相當數量的實務課程活動。這些課程活動是筆者十多年來的實務教學結晶，具有相當的實用性價值，盼讀者藉由這些課程活動的參考實施，能達舉一反三，聞一知十之

功。

　　本書的書名雖為《幼兒語文教材教法》，但絕對不是學前幼兒語文的標準教材。筆者想提供的是：配合幼兒發展，建構語文聽、說、讀、寫輔導流程，組織語文課程順序性的一條可行方向，以打破兒歌詩詞背誦、注音符號及國字讀寫等記憶性的語文學習窠臼，提供全方位語文學習課程，培養幼兒敏銳的生活感受能力及流暢的語文運用能力。家長及教師可以此教材課程的架構為基礎，根據實際的教學情況及孩子需求，重新整合適合孩子的學習課程。課程內容及架構是可以修改增減的，我們希望拋磚引玉，以此教材教法為手段，讓大家一起來重新思考幼兒語文課程活動的目的，並隨時檢視孩子的需求，以及不斷改進自己的課程內容，使自己的能力不斷提升，讓課程內容如同生命繼續不斷生長著，伴隨著孩子與大人一起成長茁壯。

　　在人生的旅程上，自己是個相當幸運的人兒。心理出版社林敬堯總編輯待人以誠，承蒙不棄，願意代勞出版以及行銷等繁瑣事項；陳文玲小姐令人驚艷的巧心編輯，更為本書增添韻味；正修科技大學幼保系陳惠芳主任亦師亦友的師友情誼；愛妻多年來一路無怨無悔地相扶持；還有所有與我共處過的孩子、家長以及同學、學員、讀者們，是您們豐富了我的生命，在此由衷地說出：「有緣能夠與您們相識，真好！」

　　最後，本書的編寫，主要依據本身的幼兒實務教學經驗，或有以偏概全之嫌。在下才疏學淺，在此甘冒野人獻曝之譏，意在拋磚引玉，尚祈幼教先進不吝指正！

林德揚　謹誌

2005 年 2 月於高雄幼軒

目錄
CONTENTS

第二章　語文學習前準備工作
025

第三章　語言聽力理解
109

第四章 167 **語**言思考表達

第五章　注音符號形音聯結

CONTENTS

第六章　337　發音矯治

第七章
395

注音符號拼音

第**八**章
453
注音符號拼讀

CONTENTS

第一章

緒論

第一節　當前幼兒語文教學現況與省思

壹、語文的廣度經驗與深度經驗

對於語文的教學，大家當然知道要讓孩子多聽、多說、多讀、多寫。何謂多聽、多說、多讀、多寫呢？常得到答案為：多聽，就是要多講故事給孩子聽或多跟孩子說話；多說，就是要多提供孩子說話表達的機會；多讀，就是讓孩子多閱讀書籍；至於多寫，就是多寫日記或作文。乍聽之下，似乎成理，但仔細分析一下，如果沒有考慮到聽、說、讀、寫課程內容的順序性安排，這種多聽、多說、多讀、多寫的教學方式，常常只能擴充孩子語文的廣度經驗，但對於孩子語文深度經驗的幫忙則不大。

幼兒語文教學應該同時提供孩子具有廣度及深度的語文經驗。現今學前園所常見的單元教學，這個月課程提到母親節，下個月講到端午節，故事書的內容從「偉大的媽媽」變成「粽子的故事」，藉由不同的單元主題及故事聆聽探討，孩子廣泛地得到許多知識性的訊息，可當為日後說、寫發表的素材，以及聽、讀理解的基礎，是一個提供幼兒廣度語文經驗極佳的來源。

至於深度語文經驗的重點，則是藉由課程環境的安排，循序漸進地提升孩子聽力及閱讀理解，還有說話跟寫作表達技巧的能力。具體地說，就是如何藉由有系統的課程經驗安排，讓孩子由原先的聽不懂、看不懂，到聽得懂及看得懂；如何讓孩子由原先的說不出來及寫不出來，到侃侃而談和文思泉湧，甚至到各種表達技巧的運用。

如果沒有考慮到孩子聽、說、讀、寫課程內容安排的順序性，則多聽、多說、多讀、多寫是可以提供充實說寫的內容以及練習表達的機會，增加孩子語文的廣

度經驗。但從語文的深度經驗角度來看，孩子只是一再重複地以相同的聽力及閱讀理解能力，來接收不同的訊息內容，以及使用慣有的說話及寫作表達技巧，傳述不同的內容罷了！也就是說，毫無目的地多聽、多說、多讀、多寫，對於提升孩子聽力及閱讀理解，還有說話及寫作表達技巧的能力，是相當有限的。例如，討論到「公園」主題，小明發表：「昨天媽媽帶我到公園，我玩了溜滑梯、盪鞦韆還有吊單槓。」下一次單元講到「動物園」，小明說：「星期天爸爸媽媽帶我到動物園，我看到了大象、老虎和獅子。」再來的「超級市場」單元，也是發表像「媽媽帶我到超級市場，媽媽買了……」類似的句子。同樣地，我們可以推得在討論「兒童樂園」的單元時，小明發表的內容還是不外乎像：「星期天爸爸媽媽帶我到兒童樂園玩，我玩了……」這樣的句子。

知道公園裡有溜滑梯、盪鞦韆以及單槓，動物園裡有大象、老虎和獅子，是為語文的廣度經驗，但從小明發表的內容，我們可以很清楚知道，語文的深度經驗並沒有提升。如果課程沒有針對語文深度經驗做結構性的安排，小明日後當然還是會依循相同的表達方式，繼續表達不同的主題內容，一年半載之後，或許廣度經驗會由動物園裡有大象、老虎和獅子三種動物增加到十種動物，但語文的深度經驗並不會因為多發表過十次、二十次，而有太大的提升。所以，如果沒有方法引導，說得多並不見得就能說得好，而很可能就只是仍然在原地踏步，或者進步有限。

同樣地，未經結構順序性的課程安排，只是要求孩子多寫日記或作文，最後的結果常常變成應付形式的流水帳日記或作文。隨著孩子年齡的增長，日記、作文的內容篇幅可能增多了一些，但是千篇一律的表達方式始終沒有改變，孩子寫作表達的能力當然不會有什麼進步。除此之外，更糟糕的是，孩子很可能會因為無法突破寫作的瓶頸、困境，進而對於寫作表達產生厭倦排斥的心態，影響日後的語文學習。同樣地，聽得多跟讀得多，並不表示孩子的聽力及閱讀理解能力也會跟著提升，在此就不再贅述。

可是也許有人會說，只要多聽、說、讀、寫到某一個程度，聽力及閱讀理解，還有說話跟寫作表達技巧的能力，自然就會提升。個人反對這種土法煉鋼、散彈打鳥的說法。與其讓孩子自行盲目地摸索學習，消耗無謂的心神與時間，倒不如有系統地安排引導，來得更有效率。當然，我們不是反對多聽、多說、多讀、多寫的重要性，而是強調：漫無目的地多聽、多說、多讀、多寫，無異於放任孩子自生自滅，並不是理想的語文課程安排方式。提供給孩子聽、說、讀、寫的課程安排組織，應該有個方向及順序性，除了擴充孩子語文廣度經驗的考慮之外，也應該有目的、結構性地加強孩子的語文深度經驗，讓孩子循序漸進地經歷過這些課程活動之後，除了可以得到許多知識性的訊息可當為說寫發表的素材之外，更能有效地提升聽力及閱讀理解，還有說話及寫作的表達技巧。

貳、聽與說是讀和寫的基礎

在幼兒語文教學裡，大人總會在不知不覺中偏向於注重讀、寫部分，總認為孩子對於自己本國語言的聽、說，絕對不會有問題，而且孩子平常的日常對話似乎也很正常，所以對於聽、說部分也就不會特別在意。聽與說是讀和寫的基礎（見表1-1），學齡前的孩子如果聽、說沒問題，聽得懂，說得出，日後面對讀、寫部分，基本上只要視覺文字符號的轉換工作順利，困難性並不大；假若日後孩子會產生看不懂、寫不出來等讀、寫問題的根源，很可能是孩子根本就是聽不懂、說不出來，所以學齡前幼兒語文課程的重心應該擺放在聽與說。當然，有很多大人會立刻表示，孩子聽、說的能力都沒問題，日常生活的溝通對話一切都正常，聽、說部分並沒有什麼好加強的。試問：在國小有讀、寫困擾的孩子中，多少人在日常生活的溝通對話上有障礙呢？從我們的經驗得知，除了極少數的特例外，絕大多數孩子的日常生活溝通對話，都是沒問題的，甚至還應對得相當流暢呢！那麼，問題出在哪裡呢？

表 1-1　聽說讀寫關聯性分析表

	理解	表達
語言	聽	說
文字	讀	寫

聽→説
↓　↓
讀→寫

＊表 1-1 說明：

語文依表現的形式可分為聲音符號的語言及視覺符號的文字，再依功能可以分為表達及理解。雖然人類溝通的工具不僅僅只有語言和文字，但語文卻是人類最重要的溝通工具。

參、語文與生活經驗、語文組合理解以及語文組合表達能力的關係

　　語文的運用牽涉到生活經驗、語文組合理解以及語文組合表達的能力。所謂「語文組合理解及表達的能力」，簡單的說，就是孩子是否能理解詞彙、句子的意義，進而依循文法的邏輯模式，運用詞彙、句子傳達自己的意念。例如，孩子是否可以了解「可是」、「如果」、「因為」等詞彙意義？是否可以了解「小明喜歡吃雞肉和豬肉，但更喜歡吃魚肉」此一句子的意義（小明最喜歡吃什麼肉）？是否可以了解一段或者一篇文章、演說的意義（是否能連貫句意？是否聽讀了後句，忘了前句；或是只聽讀前句，不聽讀後句）？孩子又是否可以運用詞彙、句子甚至一段或一篇文章、演說來傳達自己的意念？凡此種種就牽涉到語文組合理解及表達的能力。

　　語文的運用除了必須考慮語文組合理解及語文表達的能力之外，也必須考慮要處理的訊息與生活經驗的關聯性。如果這個訊息內容是我們所熟悉的，而且內容又不太複雜，那麼就不需要特別的語文組合理解及表達能力，就可以很輕易地接收理解（聽、讀），或是傳達（說、寫）此訊息；如果這個訊息內容並不是我們那麼熟悉的，而且內容又稍微有一點複雜，那麼就需要相當程度的語文組合理解及表達能力，才能靠著抽象的語言文字，來接收理解或是傳達具體的訊息內容，

否則就會產生聽不懂、看不懂的理解困難，或是說不清楚、寫不出來等表達困難的情形；但如果這個訊息內容是我們完全陌生的，那麼再好的語文組合理解及表達能力都幫不上忙了！這也是為何沒有醫學背景的人，去聽專業的醫學發表演講，或是閱讀專業的醫學報導，雖然演講者或作者所使用的語言文字，每個字、詞彙、句子、文法都懂，但聽完或看完之後，仍是一頭霧水；同樣地，對於生長在台灣的我們，要描述大海的景象，當然會比描述沙漠來得容易，因為在我們的生活經驗裡，大海是我們比較熟悉的。

肆、大人誤判孩子聽、說能力的原因

由於日常生活的對話，所要接收理解或傳達的訊息，一般都不會太複雜，而且也都是我們相當熟悉的，再加上現場前後情境及表情姿勢的輔助，所以並不需要特別的語言組合理解及表達能力，就可以很容易理解或表達了。也因此，我們很容易誤以為孩子聽力理解及說話的表達能力，絕對沒有問題。但如果資訊內容脫離了孩子日常生活熟悉的範圍，由於經驗的缺乏及語文接收及表達能力的限制，問題就產生了！例如，假使我們問：「小明喜歡吃雞肉和豬肉，但更喜歡吃魚肉，那麼小明最喜歡吃什麼肉？」有很多孩子的答案是雞肉或豬肉，而不是魚肉。

同樣地，並不是所有的孩子都可以用「如果」、「可是」、「因為」等詞彙造出通順的句子。以「如果」為例，甚至有些孩子會造出像「汽水不如果汁好喝」的句子。至此，我們應該恍然大悟，不是孩子的聽力理解或是說話的表達能力沒有問題，而是我們在語言聽與說的表達方面，本來就偏向於日常生活簡單訊息的接收與傳遞，多是孩子熟悉的生活情境，而且是經常性地一再重複，根本不需要特別語言的組合理解及表達能力，孩子日常順暢的語言應對，只是一個表象，並不表示孩子聽、說能力沒有問題。

等到孩子上了小學，讀寫文字的語文表達結構，比聽說的語言表達結構嚴謹

多了，再加上所要接收及表達的內容訊息，不再是孩子那麼熟悉的了，此時孩子如果沒有相當程度的語文組合理解及表達能力，便無法完全靠著抽象的符號，來接收理解或傳達這些他不很熟悉、且較以往更複雜的訊息內容，於是聽不懂、看不懂的理解困難，或是說不清楚、寫不出來的表達困難情形，就自然而然地產生了！所以，孩子上小學只是個導火線、引爆點，把長久以來被大人們所忽略的事實攤開呈現。而當大人發現孩子有讀寫的問題後，卻不知道應該先從聽、說部分著手解決，通常只急著想從讀、寫部分直接下手，因此效果常是事倍功半，所以國語課程會是國小新生適應的一大問題，也就不足為奇了。

伍、孩子的語言學習能力強於大人

　　那麼該如何解決孩子國小國語的學習問題呢？正如先前所述，孩子會產生看不懂、寫不出來等讀寫問題的根源，很可能是孩子根本就聽不懂、說不出來。要解決這問題的第一個步驟，就是要讓孩子聽得懂、說得出像小學國語課程中，結構較嚴謹的讀寫內容，而提供孩子這樣學習環境的最佳時機，就是學齡前這段時期。所以學齡前孩子的語言學習環境，一方面除了提供日常生活熟悉的聽說情境之外，一方面也應該以孩子既有的日常生活情境為基礎，循序漸進地加強孩子語言的深度經驗，讓孩子聽得懂、說得出結構較嚴謹的語言內容。

　　或許有人會質疑，要求孩子聽、說結構較嚴謹的語言內容，對於學齡前的孩子而言，是否困難了點呢？要回答這個問題之前，我們必須了解，語文的發展是被動吸收與主動創造的交互過程。個體經由接收外在語文環境的刺激，除了可以模仿使用外，更可以經過吸收消化，依據語文的特性，創造出新的詞句，所以被動接收語文環境的刺激，是個體主動創造的基礎。最初，個體的語文經驗，大多偏重於外在語文環境的模仿，可是經過一段時間後，就能自行醞釀創造、說出之前沒聽過的通順語句。

我們來思考一個情形：當大人與學齡前小孩同時學習一種雙方都沒接觸過的語言，例如同時到俄國學習俄語，誰會學得比較快呢？一般而言，當然是孩子會學得比較快，這幾乎是眾所皆知的事實。孩子被動吸收與主動創造語言的能力，是大人所無法匹敵的，大人能占上風的只是擁有比孩子更多的生活經驗罷了！所以學齡前的語文輔導，除了內容應盡量與孩子的生活經驗結合之外，對於孩子的語言學習能力，大人應該是沒有理由質疑的。如果大人能夠想通，孩子都可以在俄國學會俄語，或是在任何地方學會當地語言了，那麼，要求孩子以語言的聽說形式，表現結構較為嚴謹的讀寫內容，又有什麼困難的呢？重點只在於大人們是否提供了這樣的語言學習環境！

陸、外在語文學習環境的重要性

從語文的發展過程看來，孩子先要以外在現有的語文素材為基礎，加以消化整理之後，才能主動創造出自己所要表達的句子。如果將孩子外在語文環境的刺激當作是原料，孩子主動創造出的表達句子是成品，那麼要製造出好成品，當然一定要有好原料。也就是說，優質外在語文學習環境的刺激，是決定孩子語文發展程度的關鍵因素。筆者大學時代的國文老師陳芳英老師，當被問到為何可以輕鬆自如地運用那麼多的詩詞句子時，陳老師回答說，大概是她父親常在吟哦之時，大筆一揮，詩詞句子立刻躍上紙張懸掛，家中詩詞妙句，四處可得，從小耳濡目染，日後表達起來，自是得心應手，不著痕跡。當然，我們相信陳老師的資質及對於語文特性的敏感度也是重要原因，但此例也說明了環境因素的重要性。

柒、當前環境下，語文學習環境所提供的訊息質重於量

那麼，如何提供孩子一個優質的外在語文學習環境呢？檢視一下現在大人提

供孩子的語文學習環境，大人通常只在語文廣度經驗上下工夫，也就是提供孩子各方面很多的資訊，再加上傳播資訊的發達，在量方面，一般而言都算充足，甚至還可用「爆炸」二字來形容。可是在質方面呢？只怕並不是很精緻，而且有很大的比例都屬於不實用的垃圾資訊哩！處在這麼一個充斥著大量粗糙訊息的語文環境中，孩子的語文發展前景的確相當令人憂心。

捌、語文輔導應與生活經驗相結合

有人說：「我們也讓孩子背唐詩宋詞，甚至三字經呀！」是的，這些詩詞文句無疑是相當精緻的，不過，除了文字語言組合之美外，在意境上，更是先賢們生活經驗的智慧結晶！就如我們先前所述，孩子所欠缺的就是人生的生活經驗，如果所提供的詩詞句子，無法與孩子的生活經驗相結合，那麼這些詩詞句子，對於孩子而言，無異於精緻的垃圾資訊。

以學前機構常讓孩子們背誦用的〈靜夜思〉為例，由於高樓的建蓋遮擋，再加上電燈的使用，能看過「床前明月光」真面目的城市孩子，只怕是少之又少；至於「疑是地上霜」的霜嘛，也不是生於熱帶及亞熱帶平地的我們所熟悉的，原本從早期電冰箱上層的冷凍室，還可以一睹霜的真面目，而如今必須除霜的電冰箱早就絕跡多年了，試想要孩子「疑是地上霜」——把月光懷疑成一個他一點概念都沒有的東西，還真是不知道要從何懷疑起呢！而「舉頭望明月，低頭思故鄉」更不是從未離鄉背井的小孩所能體會的（但對於三十八年遷台的前輩而言，那可是感觸良深哪！）；至於三字經，那更不用提了。就先前所提陳老師的例子，陳老師從小耳濡目染的，不只是詩詞的表面字句，也包括陳老師的父親有感而發、書寫詩詞句子當時的情境，所以這些詩詞句子所內含的意境，是存在於陳老師生活經驗中的，陳老師所接觸到的是牽繫心靈悸動的音符，而不是與生活經驗不相干，一堆表面文藻華麗的文字組合遊戲而已。

玖、語文的被動吸收是語文主動創造的手段而非目的

如何提供一個充滿生命活力的精緻語文發展環境，是大人所要反省的！如果以為會背誦詩詞古文就是成功的語文教育，那是相當錯誤的想法，因為我們也可以訓練鸚鵡背誦詩詞古文，但我們不會認為這隻鸚鵡就是國學大師，除非這隻鸚鵡能夠靈活地運用這些詩詞古文，否則這些詩詞古文根本毫無生命可言！講到這裡，我們的重點就出現了，如前所述，語文發展是被動吸收與主動創造的交互過程，背誦詩詞古文算是被動的吸收，我們的目的在於將這些所背誦的詩詞古文經過消化及重新組織後，再經主動創造，以嶄新的面貌表達在適當的場合上。也就是說，我們應該運用這些精緻的語文原料，讓孩子創造出更好的語文產品，而非如鸚鵡般的傳聲筒或背誦機，無意義的記憶背誦。再者，除了詩詞之外，不要忘記了，還有許多使用漂亮修辭技巧的現代白話文學，也是我們珍貴的文化財產，而且在某些程度上，更能與我們的生活經驗相契合，也很適合作為孩子精緻的語文原料喔！

拾、注音符號及國字是讀、寫的工具，而非目的

如前所述，大人總會誤認孩子聽、說的能力沒什麼問題，所以在幼兒語文教學裡面，不知不覺中就會偏向於注重讀、寫部分。又由於學齡前的孩子，不會讀寫注音符號及國字，無法進行文字符號閱讀或是寫作等課程，所以大人很自然地就把注音符號及國字的認知讀寫，當作是幼兒讀寫課程中主要的目的，以為孩子學會注音符號及一些國字的讀寫，就算達到讀寫的目標了。

當然，在視覺符號理解和表達的工具中，文字符號是最主要的，但絕對不是唯一的方式，其他例如跳舞、繪畫、手勢表情等，也都是可以用來傳遞訊息的視覺符號（請參閱第八章「注音符號拼讀」中第一節「視覺符號意義解碼導入」相

關敘述）。讀、寫的重點在於如何以視覺符號來接收以及傳遞訊息，倘若把注音符號及國字的認知讀寫，當作是幼兒讀寫課程的全部，而忽略了其他視覺符號的功能，那就太狹隘了！況且注音符號及國字也只是理解和表達的工具，如何借助注音符號、國字或其他各種視覺符號工具，來幫助孩子思考及處理訊息，才是幼兒讀、寫課程的主要目的，如果把要作為讀、寫工具及手段的注音符號和國字，當成學齡前幼兒語文讀寫課程的唯一目的，當然是本末倒置了！

拾壹、學前握筆寫字教學的省思

我們強調學齡前孩子的語文輔導重點在於聽、說部分，但孩子語言符號的聽說發展到某一程度之後，很自然地會發展出對於文字符號理解的欲望；又隨著對於訊息要求程度的提高，會想獲得或表達更多更精確訊息，圖書圖案理解與畫圖表達，已漸漸無法滿足或應付孩子的需求了。一般而言，幼稚園大班的孩子就會有嘗試閱讀文字，以及用文字表達的欲望產生，這時候我們會面臨的問題就是——學齡前的孩子是否可以握筆寫字？這問題答案的關鍵在於：孩子在生理上還有心理上，是否已經準備好要握筆寫字了，還有大人是以怎樣的心態為孩子準備握筆寫字的環境。

從生理上來看，握筆寫字是一件相當精細複雜的工作，如果在孩子大小肌肉、手眼協調等相關能力尚未發展成熟之前，強迫孩子握筆把字寫在小小的框框中，當然是揠苗助長，會對孩子造成極大的傷害；再從心理上來探討，就算孩子在生理的相關條件上已經可以握筆寫字，但如果環境中欠缺相關的語文刺激，孩子還是不會有想握筆寫字的需求及意念，如果此時強迫孩子仿寫那些對他沒有任何意義的抽象符號，當然也不合適，這是絕對應該制止的。

可是如果當孩子在大小肌肉、手眼協調的生理發展上，已經具備握筆寫字的能力，而且在心理上也急欲想把語言聲音符號用文字符號呈現，這時候我們就不

應該禁止了！試想，為何孩子畫圖表達是被鼓勵的，「畫字」卻會被禁止，甚至被視為十惡不赦的滔天大罪，這不是很奇怪嗎？上小學的前一天不可握筆寫字，隔一天就突然可以了，這種思考邏輯合理嗎？所以筆者認為，是否可以握筆寫字的問題，應該由孩子的發展情形來判斷，會比大人以年齡為標準，武斷地決定來得好。準備好了，雖然孩子還沒到上小學的年齡，無理由禁止；同樣地，還沒準備好，就算孩子已經上小學，更不應該強迫（此時的重點是，如何輔導孩子做好必要的準備，請參閱本書第九章「注音符號拼寫」中第三節「握筆寫字基本條件及準備工作」相關敘述）。個人並非鼓吹孩子在學前握筆寫字，而是希望可以用更開放、更彈性的思考模式，來看待並解決問題。大人強迫還沒準備好的學齡前孩子握筆寫字，揠苗助長，固然會對孩子造成傷害，但是絕對禁止準備好的學齡前孩子握筆寫字，壓抑、剝奪孩子的學習機會，對孩子同樣也是一種傷害，同樣也是流於極端，同樣也是不可取。

所以針對這個問題，我們先不必預設立場，急著決定學齡前孩子該不該握筆寫字。握筆寫字是相當複雜精細的動作，並不是一朝一夕、短時間內就一蹴可幾的，大人應該積極地思考，如何有系統地為孩子握筆寫字前做準備、打基礎，加強孩子大小肌肉手眼協調能力的發展，以及布置有利握筆寫字的刺激環境（請參閱第九章「注音符號拼寫」相關敘述）。在這過程中，如果孩子一切的內在及外在條件成熟，水到渠成，在學齡前就可以自然輕鬆地握筆寫字，那當然最好；如果孩子的發展狀況，仍然不適合握筆寫字，也無須強求孩子握筆寫字，至少這些先前的準備基礎及經驗，對於孩子進入小學之後，握筆寫字能力的發展是絕對會有幫助的。在我們的經驗裡，只要能配合孩子的發展狀況，系統性地設計布置有利握筆寫字發展的刺激環境，一般來說，大班的孩子開始握筆寫字是沒有問題的。相反地，如果孩子在學齡前欠缺大小肌肉發展及其他語文相關的環境刺激，到了國小一年級，握筆寫字還是會有困難。所以如果認為不需要其他任何條件的配合，孩子只要上小學的年齡到了，就「自然」會握筆寫字，那是不正確的想法。

至於孩子應該使用哪種文字符號來表達呢？剛開始孩子可能會創造一些獨特的符號來表達自己的意念。但由於這些符號別人無法理解，沒有辦法達到溝通的目的，所以再來孩子就會尋求共通的文字符號來表達，而常見共通的文字符號就是注音符號及國字。由於國字在我們的周遭四處可見，加上在教室中孩子有很多機會看到自己的名字，所以大班的孩子仿寫自己名字或其他常見國字的情形是相當普遍的。但是因為國字筆劃較為繁複，而且字數眾多，不像注音符號筆劃較少，而且只要熟悉三十七個符號再加上四輕聲，就可以有限的符號，組合表達出無限的意念，所以除了孩子自己的名字或筆劃較少的國字以外，個人倒不鼓勵書寫國字。以注音符號拼寫代替國字表達，對於學齡前的孩子而言，應該是較適當的。

當然，如果大人對於學齡前就讓孩子握筆拼寫注音符號，還是有所顧慮的話，其實還是有其他替代方法的。握筆寫字的目的在於視覺符號的呈現表達，但是要呈現視覺符號，握筆寫字並不是唯一的方法，例如我們也可以用手指在鹽盤或沙盤上拼寫注音符號，也可以注音符號字板或是磁鐵注音符號拼排表達，或是以電腦鍵盤敲打注音符號等等，都可以作為握筆寫字的替代方法。

拾貳、注音符號教學面面觀

如果要讓孩子以注音符號拼寫來表達意念，那就還是要面臨同樣的問題：學齡前的孩子該不該學注音符號呢？首先我們當然應該先來考慮，學習注音符號必須具備怎樣的基本學習條件。

注音符號的學習，牽涉到字形和字音的聯結，所以孩子至少必須具備以下相關的能力，才可能進入這方面課程的學習。

一、在字音聽說方面：有能力分辨不同注音符號字音的差異，以及能正確模仿發出注音符號的字音。

二、在字形視覺方面：要有能力辨別不同符號的形狀、線條。

　　一般而言，如果沒有生理上的缺陷，先前的學習環境也有足夠的刺激經驗，孩子到了中、大班，甚至有些孩子在三歲的時候，就具備了上述的基本學習能力。孩子到了中、大班，如果相關的能力發展，尚不足以進行注音符號字形字音聯結的學習，應該積極加強輔導孩子發展相關能力（學習環境刺激經驗的安排請參閱第二章「語文學習前準備工作」相關敘述），因為如果孩子無法分辨、模仿字音，不能分辨線條符號，那麼對於日後的生活適應以及課程的學習，當然會有嚴重的不利影響。學前或許可以不用學習注音符號，但是，孩子認知技巧等基本學習能力的發展，是大人絕對要關心的。

　　孩子在學齡前就已經具備了學習注音符號的能力，當然並不表示孩子就一定非得學習注音符號不可。但環顧客觀的現實面，國小一年級課程安排，要求孩子以十週的時間，完成所有注音符號的形音聯結、拼音、拼讀、拼寫，如果孩子之前對於注音符號都沒有接觸的經驗，以一個國小教師帶二、三十位孩子的教學環境，教師實在沒有多餘的心力特別加強輔導進度落後的孩子，十週之後的第一次月考下來，除非孩子資質特別優秀，或是有家長、安親班教師或家教特別全力輔導，不然孩子考個三、四十分是常有的事。

　　或許您會認為成績並不重要，但大人是否考慮到，孩子在這段時間所遭受到的壓力會有多大？所以，除非現行國小一年級課程，安排充裕足夠的時間讓孩子學習注音符號形音聯結、拼音、拼讀、拼寫（例如一整個學期），否則上小學之前沒有接觸注音符號經驗的孩子，在現實面十週內必須完成所有課程的壓力下，日後所可能必須承擔的學習、人格、情緒以及社會等各方面發展上的風險，是大人不能不小心考量評估的！

　　至於反對學前學習注音符號常聽到的理由是：怕學前教師發音不標準，會影響孩子日後的正確發音。這是個似是而非的牽強理由。試想：如果單獨注音符號聲母或韻母的發音不標準，那麼由這些聲韻母結合拼出的字音會標準嗎？而我們平日說話的字音不正是由這些聲韻母結合拼出來的嗎？如果大人無法分辨符號

「ㄌ」和「ㄖ」的發音，把「好熱」說成「好樂」，孩子每天耳濡目染之下，日後就算學會了符號「ㄌ」和「ㄖ」的正確發音，但在講「好熱」的時候，還是會說成「好樂」，因為習慣已經養成了（構音異常可能原因請參閱第六章「發音矯治」相關敘述），類似的情形同樣也發生在ㄓ─ㄗ、ㄔ─ㄘ、ㄕ─ㄙ、ㄧ─ㄩ、ㄛ─ㄡ、ㄜ─ㄦ、ㄝ─ㄟ、ㄢ─ㄤ及ㄣ─ㄥ等字音上。

　　所以，並不是學前教師發音不標準，不教注音符號就沒問題了，因為大人平日的發音，本來就是孩子模仿的對象，而這些字音本來就是注音符號聲韻母所結合拼出來的，如果學前教師發音不標準，經由每天的對話溝通，孩子很自然就學會了不正確的發音，這跟教不教注音符號並沒有關係。如果反對者認為學前機構教師的發音不標準，那麼該研究的是，如何在學前師資養成階段，加強這方面的課程安排訓練，而不是以不教注音符號的逃避心態來面對。而身為學前機構幼教師，不論是否贊成孩子在國小以前學注音符號，正確標準的發音本來就是身為優秀教師的必備條件之一。

　　我們再回到現實面，如果孩子在學前沒有任何接觸注音符號的經驗，國小老師在十週內要帶會二、三十位孩子注音符號的形音聯結、拼音、拼讀、拼寫所有課程，幾乎是一項不可能的任務，所以老師常會要求家長課後加強輔導。而家長呢？一是沒有時間，更重要的是根本不知如何輔導起，所以最後的重責大任就常常落入安親班老師的身上。而安親班的師資跟學前教師的主要來源還是一樣的，都是幼教與幼保系畢業出身。因此，如果我們認為幼教師沒有能力帶孩子注音符號，那麼為何最後還是由相同是幼教、幼保出身的安親班教師出面，手忙腳亂地收拾殘局呢？

　　再者，孩子一些錯誤的發音或發音習慣，常常來自於家庭中的其他人，尤其是阿公阿嬤或是菲傭。對於一位習慣把「好熱」說成「好樂」的中、大班孩子，如果發聲器官沒有特別的問題，只要教師提醒「ㄖ」和「ㄌ」的發音部位及方法，稍加練習，並於日後隨時提醒，很快就可以矯正過來；但如果不提到「ㄖ」和

「ㄌ」，孩子是很難矯正過來的。「ㄇ」和「ㄌ」是如此，其他字音不也是如此嗎？難道輔導幼兒正確清楚地發音說話，不該是學前語文教育的目標之一嗎？藉由注音符號的學習，來矯正孩子的錯誤發音及發音習慣，是最有系統而且最經濟的方法，而且提早發現，及早矯治，不是比等到上了小學，習慣更根深柢固了再來處理，來得容易些嗎？

至於孩子在學前已經先學會注音符號，小學上課時，會不會因為已經學過就不專心聽講學習，造成日後進入新課程，因為不專心的學習態度及習慣已養成，而造成學習的落後呢？在此，我們當然同意，學習態度及習慣是所有學習活動的基礎，其重要性遠大於學習的結果，如果因為上小學之前先學會注音符號，就會造成孩子偏差的學習態度及習慣，那麼學齡前當然不適合學習注音符號。

但是，學齡前先學會注音符號，是否就是造成孩子偏差學習態度及習慣的原因呢？個人認為不是。因為「自認為」會了，就不專心聽講學習，本身就是偏差的學習態度及習慣了，我們相信，上述的孩子就算之前沒有學過注音符號，上課還是一樣不會專心，而且不只是注音符號課程，在上其他課程時，也一樣會不專心。因為該孩子偏差的學習態度及習慣在進入小學前，已經養成了，並不是因為事先學過注音符號才造成的。否則，以此推論，那麼所有在學齡前學過注音符號的孩子，進入小學上課後不就都會不專心了？再舉一例，幾乎所有的孩子在上小學前，都有過國小數學一年級上學期，十以內數字量名聯結及加減的課程內容經驗，那麼是不是所有在小學之前，就會計算十以內加減的孩子，日後小學上數學課時，就一定不會認真聽講了？或是只要在上小學之前，有過任何小學課程內容經驗的孩子，都會造成日後上課不專心的情形？如果按照這種說法，我們可以得到一個結論：孩子在學齡前不可以有任何跟小學課程內容相同或相關的學習經驗，甚至進入小學後，也不可以事先有跟日後課程內容相同或相關的學習經驗，以免造成孩子日後偏差的學習態度。顯然地，這種推論很難讓人接受。

其實，會造成孩子偏差的學習態度及習慣，當然相關因素很多，其中很重要

的一個原因，就是孩子之前的學習環境，常常忽視學習的過程而過度強調學習結果所造成的。大人習慣於只要求最後的正確答案，急著要看到學習的成果，把孩子在尋找答案的過程中，所能享受到的思考樂趣全都扼殺掉了。

當大人以動物園已經去過好多次，裡面的動物也都全部看過了，沒有任何再去的價值為理由，拒絕孩子想到動物園的要求時，就是只求目的、不重過程的一個例子。在這個例子中，大人認為到動物園的目的，就是要把所有的動物看完或是認得所有的動物，既然都看過了、都認得了，當然就沒有再去的價值和必要了。但大人是否想過，孩子雖然已經去過很多次動物園了，所有的動物也都看過、認得了，但是去動物園或逛動物園的路線，可能並不是每次都一樣，就算路線完全一樣，也會因為去動物園的季節、時間不同，遇到不同的人事物，而有不同的感受、不同的收穫。如果我們把帶孩子到動物園視為一個手段，我們的目的在於跟孩子共享甜蜜的相處時光，這個甜蜜的時光就會發生在去動物園的途中、動物園裡以及回家的路上。如果急著把到動物園看完所有的動物當成唯一的目的，那麼一定會匆匆忙忙地趕行程，為看動物而看動物，那還有什麼樂趣可言？

所以，如果大人能不那麼急著把結果當作唯一的考慮，而能更加地重視學習的過程，就可以讓孩子在學習的路程中有更多且更深刻的體會，並且一路都可以享受到學習的樂趣。就拿到動物園的例子來說明注音符號的學習，在強調結果是唯一考量的環境下成長的孩子，會因先前學過注音符號而「自認為」注音符號會了，就不用心聽講學習，就像認為動物園已經去過，動物都看過了，沒有什麼好看的，所以再去動物園時，總是懶洋洋的，當然不會有什麼樂趣跟收穫可言。相反地，如果孩子先前的學習環境，不是把結果當作唯一的考慮，那麼就算孩子先前已學過注音符號，孩子還是可以藉由拼音、拼讀、拼寫技巧的重複運用，而達到溫故知新、創新的體會，就像雖然已經去過動物園，但每次再去動物園，每次都能有不同的、新的收穫及樂趣。

由此看來，與其爭論孩子學齡前是否該學習注音符號，倒不如把重點放在應

該以什麼樣的心態，來看待注音符號或是其他任何課程的學習。如果把結果當成唯一的考量，以追求標準答案為滿足，如此就不會再思考其他的可能方法或答案了，那麼世界文明會因為一再地重複相同的答案與結果，而維持與前人一樣的水平，在原地踏步，無法前進。如果我們不是以標準答案當作唯一考量的心態來學習，我們就會思考，這個方法或答案是否就是最好的？是否還有其他的可能性？如此就可以以前人既有的知識成就為基礎，加以創新，人類的文明也才能得以不斷地往前邁進。

所以從以上的種種討論，個人認為，既然學前孩子已具備學習注音符號的基本條件，經由注音符號的學習，孩子可以更精確地聽說字音，以及運用有限符號的組合，理解或是表達出無限的意念。絕對禁止孩子學習，是為剝奪孩子早日經由注音符號，探索中文聽說讀寫的學習經驗，實在並不可取！個人以為，如果能藉由幼托整合，在幼教、幼保師資養成教育階段，加強注音符號的教學能力，至少從大班下學期開始，提供孩子學習注音符號的經驗，就像先前面對孩子握筆寫字的心態一樣，形音聯結、拼音、拼讀、拼寫全部學會固然不錯，否則至少相關的學習經驗，也可以減輕國小老師的教學負擔，有助於孩子在進入小學後的十週內，更順利地完成注音符號的學習。

拾參、注音符號標示問題

注音符號除了可以是一種視覺符號的表達工具之外，另外一個是國字所沒有的功能，那就是可以把聽覺的語言聲音，以視覺符號呈現，所以我們當然希望注音符號所標示呈現出來的，是最真實的聲音。

既然我們希望以注音符號標示呈現最真實的聲音，那麼什麼是最標準的國語呢？一般人當然會認為國語就是北京話。但就算是北京話，也會因為使用的時間、區域或階層等不同因素而有差異。例如民國九年教育部公布《國音字典》，指明

所定為國音之北京音，為北京官音，絕非北京之土音，這套標準音後來被稱為「老國音」。民國二十一年公布《國音常用字彙》，正式以北平音系為標準音，是為「新國音」(註1)。當然，「北京官音」、「北京土音」、「老國音」以及「新國音」之間的差別，並不是在此要探討的，我們只是要強調：語言是一種溝通的工具，其語音、詞彙及語法是會隨著社會的演進而不斷地變遷，這種變遷是十分自然而且無可抗拒的，因為這是社會大眾的力量造成的，不是一、二個人決定的(註2)。所以如果只是以某特定一本舊的國語字典為依據，抱定某些舊標準，而未能隨著現實生活而做修正，因而造成了溝通上的障礙，那麼，這些「標準」還有什麼意義呢？

國語在台灣地區推行數十年，而海峽兩岸也同樣地分隔了相當長的一段時間，所以這些年來，在台灣地區發展、變遷後的國語，跟當年所推行的國語是有所不同了，跟大陸現在所謂的「普通話」，當然也是有所差距（雖然這個差距日後可能會因為兩岸交流的狀況，而有不同程度的改變）。語言是有生命的，本來就是會隨著不同的時空等條件而有不同的改變，不要說英國、美國跟澳洲之間的英文有所差異，就連美國南方跟北方的英文，也會有所差異。所以不只是過去，國語的演變從來沒有停止過，即便是未來，國語還是不斷地演變下去。所以所謂的標準語是指「同一個時空下，最多人使用，而且用起來最貼切的語言」(註3)，因此，標準國語的認定，應該以當下台灣地區通行的國語為標準。

如果注音符號標示的語言，應該是以現在台灣地區通行的國語為標準，我們卻不難在現在國小的課本中，發現一些不符合語言現實面的注音符號標示。例如耳朵的「朵」，不可以標示成「ㄉㄨㄛ」，而必須標示成「‧ㄉㄨㄛ」；嘴巴的「巴」，一定要標示成「‧ㄅㄚ」，而不能是「ㄅㄚ」。當然，我們知道這些詞語在北京話中是該說輕聲，但在台灣現在通行的國語中，我們幾乎都不說輕聲了，倒是如果我們在說話時，把「給他」、「今天」、「先生」等詞語中的「他」、「天」及「生」，按照規律唸輕聲時，反而會造成溝通上的誤解。我們承認，說

國語時如果有輕聲的變化，是會好聽多了，但如果現實生活中沒有這樣的環境，要求孩子記憶背誦標示這些對他們沒有感覺的標準答案，是沒有什麼意義的。所以我們會建議，孩子在標示這些詞語時，大人應該採取更寬鬆的態度，輕聲或一聲都是可以接受的，而不是要求一個與現實面脫節，沒有意義的輕聲標準答案。

拾肆、幼兒語文學習參考架構表

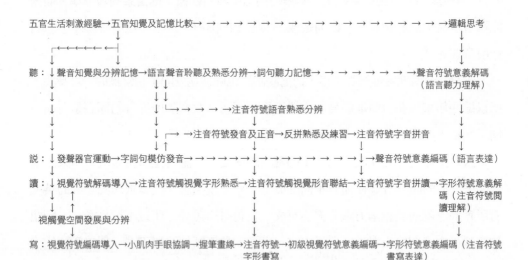

註：
1. 國字閱讀的學習類似注音符號，學習的參考架構為：視覺符號解碼導入→國字觸視覺字形熟悉→國字觸視覺形音聯結→國字閱讀理解
2. 國字書寫的學習也類似注音符號，學習的參考架構為：小肌肉手眼協調→握筆畫線→國字字形書寫→初級視覺符號意義編碼→國字句意拼寫表達。
3. 孩子大概認識三百個國字左右，就可以進行簡單的國字閱讀，只要方法得宜，學齡前孩子要認識三百個國字並不難；但至於國字書寫，除了孩子自己的名字或簡單的國字以外，個人倒不鼓勵書寫國字，以注音符號拼寫代替國字，對於學齡前的孩子而言，應該是較適當的。

第二節　本書定位、目標以及使用注意事項

　　綜合以上的討論，個人認為目前兒歌詩詞背誦、注音符號及國字讀寫等記憶性的學習，外加聽說閱讀故事及孩子各單元的聆聽及發表的幼兒語文輔導架構，應該做個更嚴謹的調整。我們分析中文語文的特性，設計幼兒語文學習的參考架構（見上頁「幼兒語文學習參考架構表」），然後再依此架構，設計安排了相關的教學活動課程，藉以發展孩子相關的語文能力。所以書中每個課程活動，都對應到「幼兒語文學習參考架構表」中相關的語文發展概念。

　　語文相關概念的發展順序是固定的，但是對應到相關概念的課程活動的實施方式以及內容，卻是可以依照參與活動孩子能力發展、人數多寡，或各種不同的教學模式而做修正。例如可以每個孩子一張題目，孩子個別進行課程活動；也可以將題目寫在大壁報紙或白板上，進行團體討論課程。大人跟孩子間的個別教學課程活動，可以視情形修改成孩子間的課程活動；同樣地，孩子間的課程活動也可以修改成大人跟孩子間的個別教學課程活動。我們在有限篇幅的限制之下，在各章節中，盡可能地提供足夠的課程活動參考範例，除了希望藉由課程範例的說明，能讓讀者更清楚了解，課程活動所對應到「幼兒語文學習參考架構表」中的語文相關概念之外，更希望讀者掌握住參考架構表中的精神與心法，能夠舉一反三、聞一知十，視孩子的學習情形，設計出更多合適的語文課程活動。否則，孩子每天只要進行一、二個活動，三、四年下來，本書的課程活動參考範例就算充足豐富，仍然會有捉襟見肘之時。

　　至於書中所列舉的課程活動，為了讓讀者能夠完全掌握，所以在編排上，各個課程活動都會從「教材準備內容」、「課程活動簡述」、「無法操作處理方式」以及「課程設計、安排、實施等注意考慮或補充事項」各方面來逐一探討，詳加闡述。

　　在「**教材準備內容**」項目，清楚地列出該課程活動所會使用到的教具、教材，如果有需要，我們也將圖片說明附上。這些教具都可以自己製作，不然就是在一般大賣場或幼教社就很容易買到，再加上教具圖片的對照，相信讀者準備起教具，就會更加輕鬆容易了。當然，這些教具圖片僅供參考，只要可以達到相同的目的，那麼準備的教具並非一定要和圖片中一模一樣不可。至於如果需要使用到設計的題目，我們也會把參考範例附上，以供讀者參考使用。

　　準備好了教具、教材，又該如何進行該課程呢？「**課程活動簡述**」的內容裡頭，描述如何一個步驟接著一個步驟來進行該課程。如果孩子可以很順利地進行課程當然沒問題，但如果孩子在該課程的學習上遭遇了困難，請參閱「**無法操作處理方式**」的說明，那麼您將會發現：原來孩子在課程的學習上遭遇到瓶頸時，除了動怒生氣之外，我們絕對是可以找到其他更好、更有效的處理方式。最後，經由「**課程設計、安排、實施等注意考慮或補充事項**」的說明，讀者可以深入了解各個課程安排設計的原理及目的，對於整個語文課程活動的輪廓和精義，將可以有更完整清晰的掌握。此外，如果各課程間的相關說明是相類似的，為了節省篇幅，我們會註明參閱他處的說明，敬請讀者自行翻閱，但如果解說的內容並不多，我們就直接說明，免除讀者在翻閱上的不便。

　　至於我們在設計和實施課程活動時，不要忘記這些課程活動都是輔導孩子語文發展的工具及手段。我們希望孩子藉由參與這些經過順序性安排的課程活動情境，來發展語文經驗及能力，課程的內容及活動，是為了塑造豐富優質語文刺激的學習環境。所以請務必牢記：不要把課程活動當作測驗之用，更不要將討論當成口試！也切勿很「用力」地要教會孩子正確地回答或操作所有的課程活動。發展孩子語文能力的重點，在於孩子語文學習情境的提供，絕不是標準答案的回答或是正確地執行某些動作。孩子如果無法正確回答問題或是執行某些動作，表示孩子之前缺乏相關的語言刺激環境及情境，只要日後持續提供相關的語文學習環境，孩子很自然就會吸收學習了。對於不主動參與活動的孩子，大人也不必硬要

強求，因為在觀察其他孩子的過程中，該孩子已在默默地吸收學習，這與一歲前的語言學習的情形不是很類似嗎？只要大人不執著於唯一的標準答案，能將語文環境的學習氣氛炒熱，讓孩子沒有「答錯」的壓力或其他任何形式的壓力時，孩子終會自然地加入課程的活動。所以大人該關心的是：應該如何改進課程的學習內容，以及周遭語文環境的學習氣氛來吸引孩子參與。如果只是一味地要求孩子記憶或是背誦正確答案，只會徒增孩子的反感與反抗，對於孩子的語文發展沒有任何的幫助。大人應該切記：語文發展是一條長遠的路，孩子語文能力的開展，並不是靠大人的威脅壓迫可以達成的，而是只要持續提供孩子豐富優質語文刺激的學習環境，假以時日之後，定有成效！課程的學習不該帶給孩子不必要的壓力，如果因大人一時求功心切而做出揠苗助長的舉動，扼殺孩子對於語言學習的興趣，讓孩子跌倒在起跑點上，那就得不償失了！總之，課程活動的目的在於有系統地為孩子提供語文的生活情境經驗，而非教材內容的學習。

為了探討方便，本書的課程內容安排分為各個章節，課程看起來各自獨立，然而實際上卻是如「幼兒語文學習參考架構表」中所示，是彼此相互關聯、不可分割的，就像我們日常生活中聽、說、讀、寫交互使用的語文情境一樣。所以課程的實施，絕非按照章節順序，而是應該參照「幼兒語文學習參考架構表」中的網脈關係以及實際的語文情境來進行，聽、說、讀、寫各相關的課程活動是同時進行的，絕對不是把語文課程分割為聽、說、讀、寫四部分而各自獨立實施。否則提供給孩子的，就是「跛腳」的語文經驗，而不是全語文的生活情境經驗了。

就因為聽、說、讀、寫等語文經驗是環環相扣、不可分割的，所以，在書中的許多課程活動，常常會牽連到其他的相關課程活動，此時讀者就可以見到「敬請參閱××課程」的說明。如果該課程活動，位在不同的章次，則會標示出該課程活動章次所在，例如，「第三章『語言聽力理解』中『句子、段落聽覺理解』課程」；如果只是標示課程活動名稱，而沒有標示出章次，則表示該課程活動位在相同的章次中。由於書中列舉的課程活動數量不少，所以讀者可以善加利用「附

錄一：課程活動索引」，迅速地來搜尋相關課程的頁次所在。

再則，由於提供孩子一個精緻的語文發展環境是我們的初衷，所以教材裡有些課程內容可能並不是一般孩子所熟悉的，孩子第一次接觸時，或許無法理解運用，這個時候您不必焦慮或灰心，就如我們先前所陳述的，只要大人們持續地提供這樣的語文學習環境，孩子長期耳濡目染，久而久之自然就能運用自如了。

關於注音符號的編排，如果是直式，則以由右至左的順序編排；若為橫式，就按從左至右的方向處理，特此說明。

最後，當您在使用這本書的過程中，如果發現任何疑慮或更好的架構及活動內容，有勞指點告知，我們願當穿針引線者，彙整全國教師家長的智慧結晶，為下一代更美好的明天一起共同努力！也因為有您我相互扶持，在教育的路上，我們絕不會孤單。

註釋

註 1：　吳金娥等（1997）。國音及語言運用。23 頁。台北：三民書局。

註 2：　同註 1。25 頁。

註 3：　羅肇錦（1990）。國語學。20 頁。台北：五南圖書出版公司。

第 二 章

語文學習前準備工作

第一節　五官生活刺激經驗

　　語文是用來表達或是理解訊息的工具，訊息是語文所要傳遞或接收的內容。只有訊息內容而沒有工具，固然無法達到溝通的目的，但僅有工具而沒有訊息內容，巧婦難為無米之炊，溝通當然還是無法進行。所以孩子要使用語文溝通，除了要會使用語文當工具之外，也要有溝通的內容，而這些溝通的內容，就來自於五官生活刺激的經驗。

　　在週末假日過後，教師常會跟孩子討論週末假日做了什麼？我們發現那些常跟家長出遊的孩子，是踴躍發言的一群，而且發表起來，常是長篇大論、滔滔不絕，範圍相當廣泛；而那些週末假日常待在家中的孩子，就是少了一些參與感。

　　這樣的情形並不令人意外。因為要發表，一定要有發表的內容，而這些發表內容，就來自於孩子五官生活刺激的經驗，也就是孩子要先從周遭的生活環境中，看到、聽到、聞到、吃到、碰觸到一些訊息刺激，然後再以這些生活經驗刺激為基礎，加以內化整理後，才能成為可提供表達的內容。如果先前沒有相關的生活經驗，自然就無從表達起了。這也就是為何在討論大海的主題時，孩子發言的情形會比在討論沙漠時熱絡太多了，到底台灣的孩子對於大海熟悉的程度是遠大於沙漠的。所以當孩子的家長是中古車商，在討論「汽車」的單元時，該孩子可以從汽車的種類、汽車的結構一直講到選購注意事項等相關話題，內容之廣之深，連我們大人也要自嘆弗如了！其實不只是孩子，大人不也是如此嗎？當討論的話題是生活經驗所熟悉的主題時，我們表達起來就可以輕易地旁徵博引，自然比較容易發揮；但如果討論的是生活經驗中不那麼熟悉的主題時，就算是想破了頭，還是擠不出幾句話來的。

　　所以，前人因為有視覺和聽覺上相關的生活經驗刺激，才能寫出「明月松間照，清泉石上流」的詩句；同樣地，透過了觸覺的體會，「沾衣欲濕杏花雨，吹

面不寒楊柳風」的詩句產生了；再則，如果沒有經過味覺和視覺的經驗感受，如何能表達出「梅子留酸軟齒牙，芭蕉分綠上窗紗」？還有，「荷風送香氣，竹露滴清響」又豈是沒有聞過荷花香、聽過竹露清響的人所能思考出來的？

語文表達是如此，語文理解同樣地也是要以五官生活刺激經驗為基礎。例如，小明一提到泛舟就說得口沫橫飛，同樣有泛舟經驗的小華，也興奮地在一旁附和著，但其他沒有類似經驗的孩子卻是聽得一頭霧水，聽了半天，對於何謂「泛舟」，還是一知半解。在上述的例子中，由於小華和小明一樣有泛舟的生活經驗，所以經由描述，小華很容易就可以體會到小明的感受，也容易得到共鳴，但對於其他的孩子呢？想藉由抽象的語言，來理解一個先前完全沒有的生活經驗，當然是相當困難的。所以《老殘遊記》中會提到：「老殘對著雪月交輝的景致，想起謝靈運的詩，『明月照積雪，北風勁且哀』兩句。若非經歷北方苦寒景象，那裡知道『北風勁且哀』的『哀』字下得好呢？」就是強調五官生活刺激經驗，對於語文理解的重要性。

所以只要大人在生命的早期，為孩子提供豐富的五官生活刺激經驗，就已經是為孩子日後的語文發展，踏出了成功的第一步了！筆者常常提醒家長，無論再怎麼忙，每星期都應該要帶孩子出去走走，就算是附近公園也好，這樣才能一點一滴地累積孩子的五官生活刺激經驗，而這些經驗就是孩子日後聽說讀寫語文表達理解，以及觀察品味自然人生的基礎。大人如果能排除困難，為孩子提供豐富的五官生活刺激經驗，除了有助於孩子的語文及其他各方面的發展之外，大人跟孩子間濃濃的感情以及甜蜜的回憶，也都是難以估算的回報！

以下列舉一些可以豐富孩子五官生活刺激經驗的活動，供父母家長及學前教師參考。有些活動經驗，學前教師可以協助提供，不過絕大部分活動經驗的提供，則有賴父母家長費心了。當然，合適的活動不僅限於此，希望讀者可以舉一反三，在安全優先的大前提考量之下，配合孩子需要，為孩子安排更多的活動，讓孩子五官生活刺激經驗更為豐富。

海：聽濤踏浪、海邊堆沙撿貝殼、漁港風情、海底世界、海生館、海洋公園、蚵田採蚵、鹽田風光、旭日東升、夕陽西下……。

農村：稻浪、油菜花、檳榔花香、觀光果園（採蓮、菱角、芒果、草莓等）、農村民宿、炊煙裊裊、雞鳴狗叫、老牛漫步、土窯烤地瓜、生態教育農場餵牛羊等動物、擠奶……。

山：山嵐雲海、日出、濃霧、賞楓、山洞、賞雪、登高望遠、森林浴、吊橋……。

水：湖邊泛舟、溪邊撿石頭、抓螃蟹、聽流水、瀑布、戲水烤肉、泡溫泉……。

原野：賞鳥、賞月、芒草、數星星、鳥叫蟲鳴、昆蟲世界、蟬鳴蛙叫、花草香、認識植物、野外露營、野外求生、採集標本……。

民俗節慶經驗：春節街景、元宵節燈籠、清明掃墓、端午節包粽子及划龍舟、七夕星空、中元普渡、中秋月餅及賞月、聖誕街景、矮靈祭、豐年祭、飛魚祭……。

鄉土特產活動：白河蓮花季、東港黑鮪魚季、玉井芒果節、宜蘭童玩節、台東花蓮金針季……。

交通工具乘坐：腳踏車、三輪車、機車、汽車、公共汽車、火車、糖廠五分車、渡輪、飛機……。

公園：賽跑、放風箏、各種球類遊戲、溜滑梯等各類遊樂設施、白雲蒼狗……。

其他：百貨公司、大賣場、菜市場、夜市、郵局、銀行、書局、圖書館、美術館、博物館、天文台、廟會、教堂、種花蒔草、假日花市、養小昆蟲及小動物、動物園、風雨雷電現象。

在上述活動中，除了人文活動需要大人適度解說外，在大自然的環境中，孩子觀察吸收刺激的能力比大人好太多了，所以大人只要照顧好孩子的安全，配合孩子的步調節奏，不必急於教導孩子，孩子會從大自然的環境中，自行吸收感受

最深刻的刺激。

在五官感受中，視覺及聽覺是為優勢感官，至於觸覺、嗅覺及味覺的刺激感受往往較易被輕忽掉。所以在進行各種的感官刺激體驗時，大人也別忘了提供或者提醒引導孩子感受各種不同觸覺（大小、寬度、長短、形狀輪廓、立體實體、粗細質感、輕重重量、冷熱溫度及乾濕等）、嗅覺（不同氣味及濃度）以及味覺（不同酸甜苦辣味道）變化的生活經驗。

第二節 五官知覺及記憶比較

五官知覺是人們接收外在刺激的門戶，敏銳的五官知覺及記憶比較是認知學習的基礎，當然也是孩子語文學習的基本條件。本章節中所提供的課程，是把周遭環境的種種刺激加以人工篩選分解，以利孩子學習。藉由課程的安排，我們除了希望孩子的五官知覺更趨敏銳外，更期待因為提供孩子不同問題的解決經驗，使得孩子建立熱愛觀察學習的態度，進而以其敏銳的五官知覺來觀察品味自然人生。

壹、聲音知覺與分辨記憶

一、聽覺器官功能檢查

要能知覺及分辨記憶聲音，首先最基本的條件，就是聽覺器官的功能要能夠正常運作。當然，孩子聽覺器官的功能是否有障礙，是屬於醫學上的專業問題，所以當大人察覺到孩子在聽覺上有異樣產生，就應該立即尋求專業的診斷，及早發現，及早治療，否則延誤治療，錯過語言學習的黃金時期，對於孩子的語文發展將會產生極為不利的影響。

二、聲音熟悉

如果孩子的聽覺器官功能正常，那麼就可以透過被動地聆聽周遭的各種聲音，或是以主動操弄的方式製造聲響來達到聲音熟悉的目的。

(一)被動聆聽

1. **自然界的聲音**：海浪聲、風聲、雨聲、雷聲、溪水聲、瀑布聲……。
2. **居家聲**：電話、電鈴、電視、果汁機、洗碗盤、打蛋、開瓦斯爐、炒菜、抽油煙機、開關（拉）門、吸塵器、縫衣機、鬧鐘、洗衣機、收錄音機……。
3. **樂器聲**：大鼓、小鼓、鈴鼓、響板、鐘、鈴、三角鐵、喇叭、鐃、鈸、笛子、鑼、鋼琴、電子琴、大提琴、小提琴、簫……。
4. **交通工具聲**：汽車引擎聲、輪船汽笛聲、喇叭聲、煞車聲、火車聲、消防車聲、救護車聲、警車聲、飛機聲、垃圾車聲、摩托車聲……。
5. **動物叫聲**：牛、馬、羊、狗、貓、雞、鴨、鵝、火雞、鳥、青蛙、蟋蟀、蟬……。
6. **教室內的聲音**：開關門或窗戶、書或物品掉落、移動桌椅、敲門、削鉛筆、撕紙、教具操作……。
7. **人類發出聲**：咳嗽、噴嚏、擤鼻涕、哭、笑、拍手、彈指、走路、跑步……。

(二)主動操弄聲響

準備各類可發出聲響的教具或物品讓孩子探索，例如手搖鈴、響板、三角鐵、敲木球、倒彈珠、敲彈樂器等；也可安排讓孩子比較相同物品敲擊不同物體，以及不同物品敲擊同一物體所產生的聲響變化。

三、聲音知覺反應

聲音知覺反應課程活動的安排重點，在於讓孩子察覺聲音有無的變化差異，請參閱以下相關課程範例。

(一)青蛙跳跳跳

1. **教材準備內容**：能發出聲響的特定器具，例如哨子。
2. **課程活動簡述**：
   (1)跟孩子說明「青蛙」聽到某特定聲音，例如哨子聲才會往前跳，並吹幾下哨子讓孩子熟悉該聲響。
   (2)讓孩子蹲下假扮青蛙，大人每吹一次哨子，孩子就學青蛙跳一下。
3. **無法操作處理方式**：
   (1)增加聲響的音量。
   (2)加強「被動聆聽」以及「主動操弄聲響」相關生活經驗。
   (3)檢查聽覺器官功能是否正常。
4. **課程設計、安排、實施等注意考慮或補充事項**：除了哨子聲之外，特定音也可以鼓聲、琴聲、拍手聲或教師模仿哭聲、動物聲、救護車等聲響代替。

(二)木頭人變變變

1. **教材準備內容**：同前「青蛙跳跳跳」課程。
2. **課程活動簡述**：大人發出一次某特定聲響，孩子就改變一個固定不動的姿勢，例如抬頭、伸手、趴下或站立等。
3. **無法操作處理方式**：同「青蛙跳跳跳」課程。
4. **課程設計、安排、實施等注意考慮或補充事項**：特定聲音種類變化可參考「青蛙跳跳跳」課程。

(三)紅燈停綠燈行

1. **教材準備內容**：音響及 CD 錄音帶。

2. **課程活動簡述**：大人播放歌曲音樂時，是為綠燈，孩子可以任意四處走動；歌曲音樂聲音停止時，是為紅燈，每個人就要靜止不動，呈現一特定動作姿勢。

3. **無法操作處理方式**：加強「青蛙跳跳跳」及「木頭人變變變」等相關課程活動經驗（見第 31 頁）。

4. **課程設計、安排、實施等注意考慮或補充事項**：也可以由大人用樂器彈奏歌曲音樂，替代音響及 CD 錄音帶。

(四)小小羊兒要回家

1. **教材準備內容**：音響及 CD 錄音帶。

2. **課程活動簡述**：

  (1)將椅子排成一個圓圈，數量要比孩子人數少一張。

  (2)大人播放歌曲音樂時，孩子繞著椅子走，歌曲音樂聲音停止時，就代表大野狼出現了，孩子就要趕快找一張椅子坐下。沒有坐到椅子的孩子，大人在孩子的名字下面做一次記號，表示被大野狼吃掉過一次。

  (3)重複上述動作至遊戲結束。

3. **無法操作處理方式**：加強「青蛙跳跳跳」、「木頭人變變變」及「紅燈停綠燈行」等相關課程活動經驗。

4. **課程設計、安排、實施等注意考慮或補充事項**：

  (1)也可以由大人用樂器彈奏歌曲音樂，替代音響及 CD 錄音帶。

  (2)不建議淘汰被大野狼吃掉的孩子，因為這些孩子的聲音知覺反應較遲緩，反而需要更多的刺激練習。況且，被淘汰的孩子坐在一旁觀看，

會因無聊而產生秩序維持的問題。

四、聲音分辨記憶

在聲音分辨記憶的課程中，除了要注意聲音的有無之外，還要能夠分辨記憶兩種或兩種以上聲音彼此之間的同異處。如果孩子無法分辨記憶聲音，就會產生聽不清楚，以及連帶說不清楚的情形。

(一)聲音種類分辨記憶

1.敲敲我是誰：

⑴教材準備內容：不同的兩種樂器各兩個，例如鐵琴和木魚。

⑵課程活動簡述：

　　a.將一組鐵琴和木魚擺放在孩子面前，另一組鐵琴和木魚擺放在大人面前。

　　b.在孩子的注視下，大人一一示範敲擊各種樂器，孩子也跟著敲擊。

　　c.讓孩子有充分自行操弄的機會。

　　d.孩子背對著大人，大人在孩子看不到樂器的情形下，隨機敲擊任一樂器，孩子則依其聽覺分辨出是何種樂器後，敲擊該樂器回應。

　　e.如果孩子可以正確敲擊回應，可再累加樂器種類至三種或三種以上，重複上述步驟進行活動。

⑶無法操作處理方式：

　　a.讓孩子有更充分自行操弄樂器的機會。

　　b.改由孩子先敲擊樂器，再讓大人敲擊回應，最後再讓孩子判斷對錯。

　　c.加強先前「聲音熟悉」以及「聲音知覺反應」等相關課程活動經驗。

⑷課程設計、安排、實施等注意考慮或補充事項：先選擇安排所發出的聲音對比性差異較大的樂器，例如鐵琴跟木魚；再選擇安排所發出的

聲音對比性差異較小的樂器，例如鐵琴跟三角鐵。

2. **猜猜我是誰：**

(1)教材準備內容：同前一「敲敲我是誰」課程。

(2)課程活動簡述：

　a. 大人將上述「敲敲我是誰」課程活動中，孩子聽過聲音的兩種樂器擺出來，並讓孩子自行操弄。

　b. 孩子背向大人，大人隨機任意敲擊其中一樣樂器。

　c. 孩子轉過頭來，以手指出發出他所聽到聲音的樂器，並敲擊證實。

　d. 如果孩子可以正確無誤指出後，每次再累加一種樂器，重複上述步驟進行活動。

(3)無法操作處理方式：加強先前「敲敲我是誰」相關課程活動經驗。

(4)課程設計、安排、實施等注意考慮或補充事項：請參閱前一「敲敲我是誰」課程相關說明。

3. **樂器點名：**

(1)教材準備內容：同前一「猜猜我是誰」課程。

(2)課程活動簡述：

　a. 大人把上述「猜猜我是誰」活動中，孩子聽過聲音的樂器擺出，讓孩子自行操弄。

　b. 跟孩子約定聽到某樂器聲，例如鐵琴聲，就要舉手喊：「有！」如果不是約定的樂器聲，則不做任何反應。

　c. 孩子轉過身，大人隨機操弄任一樂器發出聲響。

　d. 孩子如果能正確反應，則依次改變約定其他的樂器聲。

　e. 大人可依孩子能力增減樂器的種類。

(3)無法操作處理方式：加強先前「猜猜我是誰」相關課程活動經驗中無法操作處理方式的說明。

⑷課程設計、安排、實施等注意考慮或補充事項：請參閱先前「敲敲我是誰」課程相關說明（見第 33 頁）。

4.**雜音瓶配對**：

⑴教材準備內容：

　　a. 大小、形狀相同的兩組瓶子（可利用不用的寶特瓶、養樂多或底片盒，外部加以裝飾，讓孩子無法直接看到瓶內的東西，但不能妨礙瓶內物品的更換），每組各有三個瓶子。

　　b. 選擇三種不同的物品，例如石頭、米粒和迴紋針，每種物品皆準備兩份，每份物品的大小及數量都要相同，然後分別裝入兩組瓶子中。

⑵課程活動簡述：

　　a. 隨機拿起第一組中的一個瓶子，上下搖晃發出聲響。

　　b. 再隨機拿起第二組中的一個瓶子，上下搖晃發出聲響。

　　c. 讓孩子比較兩個瓶子發出的聲響是否一樣？一樣則配對放在一起。

　　d. 如果不同，則隨機從第二組中再拿起另一個瓶子，上下搖晃發出聲響後再搖晃第一組的瓶子，讓孩子比較兩個瓶子發出的聲響是否一樣？一樣則配對放在一起。

　　e. 重複上述步驟，一直到完成所有瓶子的聲響配對後，倒出核對雜音瓶中的內容物。

⑶無法操作處理方式：

　　a. 減少雜音瓶每組配對的數量為兩瓶。

　　b. 先選擇放入所搖出產生的聲音對比性差異較大的內容物。例如，石頭與米粒的聲音對比性就大於迴紋針和米粒的聲音對比性。

　　c. 加強先前「樂器點名」等聲音分辨記憶相關課程活動經驗（見第 34 頁）。

⑷課程設計、安排、實施等注意考慮或補充事項：可以配對的雜音瓶瓶

數，以及所放置內容物所搖出的聲響對比性，來控制課程活動的困難度。

5. 耳聰目明：

(1)教材準備內容：

　　a. 大人錄製孩子在日常生活中熟悉的各種聲響的錄音帶，每段約十秒鐘，每段只錄製一種聲音，段與段之間約間隔三秒鐘，以利大人開關錄音機，錄製的聲音種類可參考「被動聆聽」（見30頁）中所列的各種聲音。

　　b. 錄音機。

(2)課程活動簡述：大人播放錄音帶中一段聲音，然後關掉錄音機，讓孩子思索是什麼聲音，如果有必要可以倒帶讓孩子再次聆聽。

(3)無法操作處理方式：

　　a. 錄製孩子日常生活中熟悉的聲響。

　　b. 加強孩子聆聽各種聲音的生活經驗。

(4)課程設計、安排、實施等注意考慮或補充事項：如果不方便錄製錄音帶，也可選購如信誼出版社「耳聰目明」類似相關教材代替。只是如果大人能夠自行錄製錄音帶，那麼所播放的聲音，對於孩子來說，將會是比較熟悉而親切的。

6. 是誰在說話：

(1)教材準備內容：無。

(2)課程活動簡述：

　　a. 讓孩子閉上眼睛安靜地坐著。

　　b. 大人以手輕輕地碰觸某一個孩子，該孩子則跟隨大人到座位後面，大聲說出：「猜猜我是誰？」

　　c. 其他孩子說出發聲孩子的名字之後，睜開眼睛證實答案是否正確。

(3)無法操作處理方式：減少孩子發聲候選人人數。例如，讓孩子事先知道可能發出聲音的人只有小明和小華兩人。

(4)課程設計、安排、實施等注意考慮或補充事項：

 a. 此活動也可以一次找一位孩子背對所有孩子，大人隨機選擇任一個孩子發聲，讓第一位孩子回答是誰的聲音。

 b. 發聲的孩子除了正常發聲之外，也可以用變聲的方式發出聲音。

 c. 發聲的孩子人數不限定一人，依孩子的能力，也可以逐次增加同時發聲的孩子人數到兩人以上。

7. **寂靜遊戲：**

(1)教材準備內容：無。

(2)課程活動簡述：

 a. 孩子圍個圓圈坐下，閉起眼睛，靜靜地仔細聆聽周遭的聲音。

 b. 約三十秒到一分鐘後，孩子睜開眼睛。大人讓孩子發表在這一段時間內，聽到了哪些聲音。

(3)無法操作處理方式：

 a. 加強孩子聆聽各種聲音的生活經驗。

 b. 聆聽其他孩子的發表。

(4)課程設計、安排、實施等注意考慮或補充事項：

 a. 可以依孩子聆聽聲音的專注程度，而逐漸拉長孩子聆聽聲音的時間長度。

 b. 此課程活動的重點在於孩子能說出所聽到的聲音，請勿要求孩子說出周遭出現的所有聲音。

8. **教室（家中）錄音帶：**

(1)教材準備內容：

 a. 在孩子不知情的狀況之下，大人在教室或家中所錄下一段或數段聲

音的錄音帶。

b. 錄音機。

⑵課程活動簡述：在錄製好錄音帶幾天後，大人以五到十秒間隔方式播放錄音帶，讓孩子聆聽之後，回答在錄音帶中聽到了哪些聲音，以及哪些人在講話。

⑶無法操作處理方式：

a. 多次重複聆聽。

b. 加強孩子聆聽各種聲音的生活經驗。

c. 聆聽其他孩子的發表。

⑷課程設計、安排、實施等注意考慮或補充事項：

a. 注意錄音帶錄製的錄音品質。

b. 此課程活動的重點在於孩子能說出所聽到的聲音，請勿要求孩子說出錄音帶中出現的所有聲音。

9. **音樂 CD 錄音帶：**

⑴教材準備內容：樂器演奏音樂的 CD 或錄音帶。

⑵課程活動簡述：

a. 讓孩子聆聽各種單一樂器演奏樂曲的 CD 或錄音帶，熟悉各類樂器的聲音；如果可能的話，也讓孩子現場操弄或聆聽該樂器的聲音。

b. 然後，讓孩子聆聽多種樂器演奏的演奏曲或交響曲，讓孩子嘗試說出音樂帶中有哪些不同的樂器聲音。

⑶無法操作處理方式：加強先前相關樂器聆聽及分辨記憶的相關課程或生活經驗。

⑷課程設計、安排、實施等注意考慮或補充事項：此課程活動的重點還是在於孩子能說出所聽到樂器的聲音，請勿要求孩子說出音樂演奏的所有樂器種類。

(二)聲音強弱（大小聲）分辨記憶

1.音量大小操控：

(1)教材準備內容：收錄音機等音響器材。

(2)課程活動簡述：大人示範將收錄音機等音響器材的音量在最大及最小間來回變化，並讓孩子主動操弄，以便感受音量大小變化。

(3)無法操作處理方式：無。

(4)課程設計、安排、實施等注意考慮或補充事項：音響器材的最大音量必須設定在可忍受的範圍之內，以免造成孩子的聽力損傷。

2.大小模式：

(1)教材準備內容：無。

(2)課程活動簡述：大人以固定速度一大一小模式示範拍手，之後讓孩子模仿操作。

(3)無法操作處理方式：讓孩子模仿大人以固定速度大聲拍手模式，以及固定速度小聲拍手的模式。

(4)課程設計、安排、實施等注意考慮或補充事項：此課程活動可以依孩子的發展，再改變示範其他二大一小、二小一大、一大一小一大……等大小參差的拍手模式讓孩子模仿操作。

(三)聲音高低分辨記憶

1.教材準備內容：可以彈奏出高低音的樂器。

2.課程活動簡述：

(1)大人以清楚規律的節拍彈奏 Do，Re，Mi，Fa，Sol，La，Si，Do 上行音階後，再彈奏 Do，Si，La，Sol，Fa，Mi，Re，Do 下行音階，讓孩子熟悉音階高低變化。

⑵大人清楚規律地連續彈奏兩個音，讓孩子比較該兩個音是否相同？

3.無法操作處理方式：

⑴讓孩子自行彈奏樂器，熟悉高低音變化。

⑵彈奏音差對比性較大的音。例如，高音 Do 跟低音 Do，讓孩子比較、
分辨。

4.課程設計、安排、實施等注意考慮或補充事項：剛開始的課程安排
先摻雜相同音及音差較大的音，像相差十二個半音，例如彈奏高音Do－
低音 Do、低音 Do－高音 Do、高音 Do－高音 Do、低音 Do－低音 Do
讓孩子比較，然後依次減少音差，到最後只差一個半音，如 Fa － Mi、
Fa － Fa、Mi － Mi、Mi － Fa 讓孩子分辨，各半音差列表如下。

⑴十二個半音差：Do － Do。

⑵十一個半音差：Do － Si。

⑶十個半音差：Re － Do。

⑷九個半音差：Do － La、Re － Si。

⑸八個半音差：Mi － Do。

⑹七個半音差：Do － Sol、Re － La、Mi － Si、Fa － Do。

⑺六個半音差：Fa － Si。

⑻五個半音差：Do － Fa、Re － Sol、Mi － La、Sol － Do。

⑼四個半音差：Do － Mi、Fa － La、Sol － Si。

⑽三個半音差：Re － Fa、Mi － Sol、La － Do。

⑾二個半音差：Do － Re、Re － Mi、Fa － Sol、Sol － La、La － Si。

⑿一個半音差：Mi － Fa、Si － Do。

㈣聲音速度分辨記憶

1. **聲音速度變變變：**

⑴教材準備內容：無。

⑵課程活動簡述：

a. 大人以平常的速度講話之後，再以較慢的速度以及較快的速度講話，讓孩子感受速度的變化。

b. 大人以正常、較快以及較慢的速度彈奏同一首孩子熟悉的曲子，讓孩子感受不同速度的變化。

⑶無法操作處理方式：無。

⑷課程設計、安排、實施等注意考慮或補充事項：此課程活動的重點在於讓孩子感受聲音速度快慢的變化，並不要求孩子做任何的反應。

2. **變速名字：**

⑴教材準備內容：無。

⑵課程活動簡述：大人示範幾種不同「變速名字」的唸法之後，讓孩子嘗試以各種不同的節拍速度，唸自己或其他小朋友的名字。

⑶無法操作處理方式：

a. 加強前一「聲音速度變變變」相關課程活動經驗。

b. 先熟悉固定速度唸法後，再嘗試長短混雜唸法。

⑷課程設計、安排、實施等注意考慮或補充事項：

a. 以下列出「變速名字」的幾種參考唸法：

(a)固定長音：如連續二拍，「林─老─師─」。

(b)固定短音：如連續一拍，「林老師」。

(c)長短混雜：如「林─老師」、「林老─師」、「林─老─師」等。

b. 孩子如果熟悉以各種不同速度節奏唸名字之後，也可以讓孩子用各

種不同的速度節奏來唸熟悉的兒歌或唱熟悉的歌曲。

3. 魔術鈴鼓：

　⑴教材準備內容：鈴鼓一個。

　⑵課程活動簡述：大人以不同的速度節奏拍打鈴鼓，孩子依據大人拍打鈴鼓的速度節奏，決定繞圈走路的速度，大人用力拍一聲「砰」後停止鈴鼓聲，孩子則靜止不動，或呈現特定動作的姿勢。

　⑶無法操作處理方式：

　　a. 加強先前「聲音速度變變變」相關課程活動經驗（見第41頁）。

　　b. 先熟悉固定速度鈴鼓節奏後，再嘗試長短混雜的鈴鼓節奏。

　⑷課程設計、安排、實施等注意考慮或補充事項：

　　a. 類似「變速名字」課程，此課程鈴鼓節奏的參考拍法如下：

　　　(a)固定長音：如連續二拍。

　　　(b)固定短音：如連續一拍或半拍。

　　　(c)長短音混雜。

　　b. 此課程也可以讓孩子配合自己拍擊的鈴鼓節奏進行活動。

㈤聲音音源方向分辨記憶

1. 聲音從哪裡來？

　⑴教材準備內容：

　　a. 眼罩。

　　b. 計時器、響板、手機、鬧鐘或任何可發出聲響的器材。

　⑵課程活動簡述：

　　a. 孩子坐好後，大人將發聲器放置在孩子左方或者右方，使之發出聲響，讓孩子感受因方向改變的聲音變化。

　　b. 孩子戴上眼罩或閉上眼睛坐好。

　　c. 大人將發聲器放置在孩子左方或者右方，使之發出聲響，再請孩子以手舉向音源方向。

⑶無法操作處理方式：

　　a. 縮短發聲器與孩子耳朵的距離。

　　b. 加大發聲器的音量。

⑷課程設計、安排、實施等注意考慮或補充事項：

　　a. 如果孩子可以輕易地分辨左、右兩個音源方位，則可依序改變增加音源方位。

　　　(a)前、後兩個音源方位。

　　　(b)前、後、左、右四個音源方位。

　　　(c)前、後、左、右、左前、左後、右前、右後八個音源方位。

　　　(d)360°全方位的音源方位。

　　b. 如果孩子可以正確辨認一個音源的方位，可以同時放置兩個相同或不同的發聲器，在兩個不同的方位，讓孩子指認。

2. **請跟我來**：

⑴教材準備內容：

　　a. 眼罩。

　　b. 計時器、響板、手機、鬧鐘或任何可發出聲響的器材。

⑵課程活動簡述：

　　a. 在地面標示出寬約一公尺的路線。

　　b. 讓孩子戴上眼罩。

　　c. 大人或另一個孩子手拿發出聲響的發聲器，沿著地面上的路線，一路在戴眼罩的孩子前面發聲引導，戴眼罩的孩子則靠聽覺跟隨引導者到指定的地方。

(3)無法操作處理方式：

　　a. 縮短發聲器與孩子耳朵的距離。

　　b. 加大發聲器的音量。

　　c. 加強先前「聲音從哪裡來」相關的活動經驗（見第 42 頁）。

(4)課程設計、安排、實施等注意考慮或補充事項：

　　a. 此活動不能以語言引導孩子前進。

　　b. 引導路線的安排，剛開始以短距離直線為佳，之後再讓孩子挑戰加長或增加彎曲度的路線。

　　c. 此活動不宜在粗糙堅硬的地面進行，孩子行經路線的周圍必須確定沒有任何障礙物、小碎石或沙粒，以防孩子跌倒受傷。

(六)聲音音源距離分辨記憶

1. 教材準備內容：

　(1)眼罩。

　(2)計時器、手機、鬧鐘或任何可設定自動發出聲響的器材一個。

　(3)紙盒子或其他遮蓋物。

2. 課程活動簡述：

　(1)在地上標示一條直線，在直線上每固定距離（例如一公尺）放置大小相同的遮蓋物數個。

　(2)讓孩子站在直線的起點，面向直線，大人把發出聲響的發聲器，由近至遠依序擺放在每個遮蓋物裡，讓孩子感受因距離改變所產生的聲音變化。

　(3)讓孩子閉上眼睛或戴上眼罩站在直線的起點，面向直線，大人把發聲器放到特定的遮蓋物裡，並讓發聲器發出聲響約十秒鐘。

　(4)發聲器聲響停止之後，孩子睜開眼睛或拿下眼罩，指出發聲器的位置，

並打開遮蓋物證實是否正確。

3.無法操作處理方式：

⑴減少遮蓋物的數量。

⑵加大遮蓋物間的距離。

⑶加大發聲器的音量。

⑷加強先前「聲音音源方向分辨記憶」相關課程活動經驗（見第 42 頁）。

4.課程設計、安排、實施等注意考慮或補充事項：

⑴如果孩子面對直線可以正確判斷音源距離之後，可以轉換孩子面對的方向，讓孩子以左邊、右邊或是後面對著直線，來判斷音源距離。

⑵剛開始，直線上放置遮蓋物的固定距離可以加大，後來就可以逐漸縮短固定距離，並增加遮蓋物的數量，以增加課程困難度。

⑶剛開始，發聲器的放置距離應近些，然後再慢慢加大距離。

㈦聲音音源方向距離分辨記憶

1.就在那裡：

⑴教材準備內容：

　a.手機二支。

　b.紙盒子或其他遮蓋物。

⑵課程活動簡述：

　a.把數個大小相同的遮蓋物散放在教室四處，其置放位置應該讓孩子可以明顯輕易地看見。

　b.在孩子沒有看見的情形下，大人把一支手機放在任一遮蓋物裡。

　c.孩子站立在某一定點，大人以另外一支手機撥打第一支手機號碼，使其響約十秒。

　　d. 十秒後大人停止手機聲響，讓孩子指出聲響來自哪一個位置，並移除盒子或遮蓋物，證實是否正確。

(3)無法操作處理方式：

　　a. 減少遮蓋物的數量。

　　b. 加大遮蓋物間的放置距離。

　　c. 加大發聲器的音量。

　　d. 加強先前「聲音音源方向分辨記憶」（見第42頁）以及「聲音音源距離分辨記憶」（見第44頁）等相關課程活動經驗。

(4)課程設計、安排、實施等注意考慮或補充事項：

　　a. 如果孩子可以正確辨認一個音源的方向距離位置，可以同時放置兩個或兩個以上相同的發聲器在不同的位置同時響十秒鐘後，讓孩子指認。

　　b. 剛開始，遮蓋物間的放置距離可以加大，再來就可以逐漸縮短距離，並增加遮蓋物的數量，以增加課程困難度。

　　c. 剛開始，發聲器的放置距離應近些，然後再慢慢加大距離。

　　d. 此課程也可以鬧鐘或計時器等可控制聲響的發聲器來替代手機。

2.校園尋寶記：

(1)教材準備內容：手機、鬧鐘或計時器等可設定自動發出聲響的發聲器。

(2)課程活動簡述：將數個鬧鐘、計時器或任何發聲器分別藏在教室或學校四處，並設定每隔數分鐘就會有一個發聲器響起，孩子就可以循聲把發聲器一一找出。

(3)無法操作處理方式：

　　a. 加大發聲器的音量。

　　b. 加長發聲器的聲響時間。

　　c. 加強先前「就在那裡」相關的課程活動經驗（見第45頁）。

⑷課程設計、安排、實施等注意考慮或補充事項：剛開始可以縮小發聲
器的尋找範圍，然後再慢慢擴大藏寶範圍。

五、*聲音記憶模仿發音*

孩子有分辨記憶聲音的能力之後，就可以記憶模仿發音了。一般大人都是直
接讓孩子模仿字音，不過除了字音之外，大人也可以發出各種聲音讓孩子記憶模
仿，例如：風聲、雷聲、電話、電鈴、鼓、鐘、喇叭聲、消防車聲、救護車聲、
警車聲、牛、羊、狗、貓、公雞、鳥、青蛙等動物聲、敲門、咳嗽、噴嚏、哭、
笑等等。

貳、視覺空間發展與分辨記憶

一、*視覺器官功能檢查*

與聲音知覺及分辨記憶一樣，視覺空間的發展與分辨記憶，均有賴於視覺器
官功能的正常運作。孩子是否有遠視、近視、斜視、弱視、散光、色盲或其他視
覺等問題，是屬於醫學上的專業。所以當大人察覺到孩子在視覺的發展上有異樣
產生時，就應該立即尋求專業的診斷，在此不再贅述。

二、*眼球動作*

㈠眼球控制運動

1.教材準備內容：無。

2.課程活動簡述：

⑴大人比出一根手指頭，將手指擺放在距離孩子鼻子約二十公分處。

⑵要求孩子眼睛注視著該手指。

⑶大人以緩慢的速度從左邊移動到右邊，再從右邊移動回左邊。

⑷觀察孩子的眼球是否隨著大人的手指左右移動。

3.無法操作處理方式：

⑴固定孩子的頭部正對前方。

⑵放慢手指移動速度。

⑶如果發現有異常現象，應該尋求醫學專業的診斷。

4.課程設計、安排、實施等注意考慮或補充事項：

⑴勿讓孩子以轉頭的方式來注視手指移動。

⑵如果孩子的眼球可以隨著大人的手指左右移動，大人可以上或下、順時鐘或逆時鐘旋轉的方式移動手指讓孩子注視。大人移動手指的速度也可以由慢逐漸轉快。

⑶此課程也可以造型筆或其他容易吸引孩子目光的物品來代替手指頭。

㈡注視動作

所謂「注視動作」是指眼睛可以定焦盯著看一個特定的目標，此動作是為閱讀的最基本要求。如果孩子眼球無法做出定焦的注視動作，日後在讀寫方面，一定會產生學習的障礙。在此，注視動作又可以分為目標物固定注視以及目標物瞬間注視兩種。

1.目標物固定注視：

⑴二指抓綠豆：

　　a. 教材準備內容：

　　　(a)不織布一塊。

　　　(b)一個小碟子，擺上綠豆若干。

　　b. 課程活動簡述：

　　　(a)把不織布攤開擺放在桌上。

(b)把碟子中的綠豆散放在不織布上，以防到處滾動。

(c)讓孩子以右手食指跟拇指，一次抓起一顆綠豆放回碟子中。

(d)抓完所有綠豆後，結束活動。

c. 無法操作處理方式：以較大顆粒的黃豆或小彈珠代替綠豆。

d. 課程設計、安排、實施等注意考慮或補充事項：由於此課程活動的重點在於目標物固定注視，而非小肌肉發展，所以如果孩子是因為小肌肉發展問題而無法抓起綠豆，也可以讓孩子以手指頭指點綠豆，來達到目標物固定注視的課程目的。

(2)珠子穿線：

a. 教材準備內容：

(a)有孔的珠子若干（木珠、陶珠或塑膠珠皆可）。

(b)一條粗細適合珠孔的線，線的一頭打結，避免珠子穿過後滑落。

b. 課程活動簡述：讓孩子注視珠孔，將珠子一一用線穿過。

c. 無法操作處理方式：選擇珠孔較大的珠子，或材質較硬的線。

d. 課程設計、安排、實施等注意考慮或補充事項：

(a)依孩子的發展能力選擇較大或較小珠孔的珠子；較大珠孔的珠子容易穿，較小珠孔的珠子比較難穿。

(b)線的材質也會影響穿珠子的難易度。像材質較硬的釣魚線，會比材質較軟的毛線更來得容易穿。由於此課程活動的重點在於目標物固定注視，而非小肌肉發展，所以建議使用材質較硬、較容易穿過珠子的線材，或是也可以竹筷子代替線材穿珠，讓孩子把注意力集中在珠子孔的固定注視。

(c)其他如錢筒投幣、樂高或雪花片等建構教具的組裝，都有助於孩子目標物固定注視能力的發展。

2. 目標物瞬間注視：

(1)教材準備內容：孩子熟悉的圖卡圖案（如小狗或電扇等）數張。

(2)課程活動簡述：

　　a. 將圖卡一字排開讓孩子一一指認，確定孩子可以說出各圖卡中的圖案名稱。

　　b. 將所有的圖卡覆蓋堆疊。

　　c. 隨機出示一張圖卡，在孩子面前顯示二至三秒鐘後覆蓋。

　　d. 讓孩子說出剛才出示圖卡中圖案的名稱，然後翻開圖卡，以便核對答案。

(3)無法操作處理方式：

　　a. 加長圖卡出示的時間。

　　b. 選擇背景簡單清楚的圖案圖卡。

　　c. 加強先前「目標物固定注視」相關課程活動經驗（見第48頁）。

(4)課程設計、安排、實施等注意考慮或補充事項：出示圖卡時間的長短，可依孩子的能力拉長或縮短。

㈢移視動作

　　所謂「移視動作」就是眼睛從一個目標，移動視線去看另一個目標。我們的閱讀就是靠著眼球不斷進行交互注視以及移視動作所完成的一個歷程。以下的相關課程活動又可分為「手指輔助移視」以及「目視移視」兩類。

1. 手指輔助移視：

(1)線線相連：

　　a. 教材準備內容：

　　　(a)毛線數條。

(b)不同圖案的圖卡數張。

b. 課程活動簡述：

(a)大人將數條毛線放在桌上不規則擺放，毛線的兩端各放一張不同的圖卡。

(b)手指毛線一端的圖卡，讓孩子以手指依循著毛線，找尋到毛線另一端的圖卡。例如，手指著小狗圖案的圖卡，問孩子說：「小狗的好朋友是誰？」孩子以手指依循著毛線找到毛線另一端的圖卡，例如是貓咪。

(c)重複上一步驟，直到幫所有圖卡找到好朋友。

c. 無法操作處理方式：請參閱以下(a)項「課程活動的困難度安排」相關敘述。

d. 課程設計、安排、實施等注意考慮或補充事項：

(a)課程活動的困難度安排可參閱下列各變數考量：

・以不同顏色的毛線相連者較容易，以相同顏色的毛線相連者較難。

・以粗線條的毛線相連者較容易，以細線條的毛線相連者較難。

・以短毛線相連者較容易，以長毛線相連者較難。

・相連的毛線路徑為直線者較容易，相連的毛線路徑為曲線者較難。

・毛線不重疊交叉纏繞者較容易，毛線重疊交叉纏繞者較難。

(b)也可以使用圖形圖案教材（如圖2-1），讓孩子進行課程。

圖 2-1　線線相連（註1）

⑵手指走封閉曲線：

　a. 教材準備內容：市售或自行設計運筆畫線封閉曲線的圖案，如圖
　　2-2。

圖 2-2　手指走封閉曲線（註2）

　b. 課程活動簡述：讓孩子以手指依循圖案設計路徑，從起點走到終點。

　c. 無法操作處理方式：選擇或設計調整圖案路徑的寬度、長短、彎曲
　　程度等困難度變數（寬、短、直線者較容易）。

　d. 課程設計、安排、實施等注意考慮或補充事項：如果孩子能力發展
　　不錯，迷宮圖案也可以運用在此課程中。相較於運筆畫線封閉曲線
　　圖案的單一路徑，孩子必須從迷宮圖案中找尋出路，手指走迷宮圖

案的困難度又較高了。同樣地，還是依照孩子的能力發展，來依序選擇安排迷宮圖案的困難度。

(3)請跟我來：

a. 教材準備內容：在白板或紙上設計直線與橫線相間的圖案，如圖 2-3。

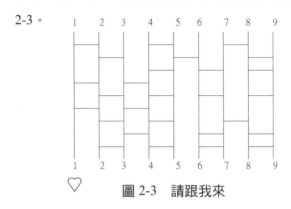

圖 2-3　請跟我來

b. 課程活動簡述：

(a)首先選擇 1 號當起點，示範以手指循線往下出發，在往下的過程中，只要遇見橫線，就必須依循橫線轉彎，如圖 2-4 中的箭頭走勢。

(b)孩子了解規則後，依序嘗試 2～9 號起點最後各會通往幾號終點？哪個起點最後會走到 1 號終點得到愛心？

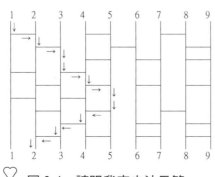

圖 2-4　請跟我來走法示範

c. 無法操作處理方式：

(a)減少圖形直橫線數量。

(b)加大圖形直橫線間隔距離。

(c)加強先前「線線相連」（見第 50 頁）以及「手指走封閉曲線」

（見第 52 頁）等相關課程活動經驗。

d. 課程設計、安排、實施等注意考慮或補充事項：由於此課程的重點

在於「視覺的移視動作」，所以如果孩子是因為不了解規則而無法

進行操作，則可跳過此課程活動，或讓孩子依其方式隨意指著走。

(4)唸直線數字串：

a. 教材準備內容：寫在紙上或白板上的一列數字串，例如 3528710。

b. 課程活動簡述：讓孩子由左至右，用手指一一指唸數字串中的數字，

觀察孩子是否會有跳過漏唸或是重複指唸數字的情形發生。

c. 無法操作處理方式：

(a)減少數字串的數字長度。

(b)放大數字串的數字字體。

(c)加寬數字串數字的字距間隔。

d. 課程設計、安排、實施等注意考慮或補充事項：進行此課程之前，

必須確定所列的數字串都是孩子認得或者不會混淆（如 6、9）的數

字，否則就要替換數字或是取消此課程。

(5)交互唸數字串（左右移視）：

a. 教材準備內容：寫在紙上或白板上左右兩邊的兩串數字串，如圖

2-5。

725	361

圖 2-5　交互唸數字串（左右移視）

b. 課程活動簡述：讓孩子以左一、右一、左二、右二……方式用手指指唸數字串，例如：「7－3－2－6－5－1」。

c. 無法操作處理方式：

(a)減少數字串的數字長度。

(b)放大數字串的數字字體。

(c)加寬數字串數字的字距間隔。

(d)加強先前「唸直線數字串」相關課程活動經驗（見第54頁）。

d. 課程設計、安排、實施等注意考慮或補充事項：

(a)參閱「唸直線數字串」課程注意考慮或補充事項（見第 54 頁）。

(b)由於此課程的重點在於「視覺的移視動作」，如果孩子是因為不了解規則而無法進行操作，則可改為大人以手指為孩子依順序左右指數字，讓孩子逐一唸出該數字名稱。

⑹交互唸數字串（上下移視）：

a. 教材準備內容：類似「交互唸數字串（左右移視）」課程，唯須將數字串分置上下，如圖2-6。

1 2 3

8 7 5

圖 2-6　交互唸數字串（上下移視）

b. 課程活動簡述：類似「交互唸數字串（左右移視）」課程活動，唯須將左右指唸改為上下指唸。例如：「1－8－2－7－3－5」。

c. 無法操作處理方式：請參閱「交互唸數字串（左右移視）」課程無法操作處理方式相關說明（見第54頁）。

d. 課程設計、安排、實施等注意考慮或補充事項：請參閱「交互唸數字串（左右移視）」課程注意考慮或補充事項相關說明（見第 54 頁）。

2. 目視循線移視：

(1)教材準備內容：

a. 線線相連：同1.手指輔助移視中「⑴線線相連」課程，請自行參閱。

b. 請跟我來：同1.手指輔助移視中「⑶請跟我來」課程，請自行參閱。

c. 唸直線數字串：同1.手指輔助移視中「⑷唸直線數字串」課程，請自行參閱。

d. 交互唸數字串（左右移視）：同1.手指輔助移視中「⑸交互唸數字串（左右移視）」課程，請自行參閱。

e. 交互唸數字串（上下移視）：同1.手指輔助移視中「⑹交互唸數字串（上下移視）」課程，請自行參閱。

(2)課程活動簡述：類似手指輔助移視課程，不同者為不以手指輔助，而直接以目視移視方式進行課程。

a. 線線相連：直接以目視移視方式尋找毛線另一端的圖卡。

b. 請跟我來：直接以目視移視方式，循線看到終點。

c. 唸直線數字串：直接以目視方式唸直線數字串。

d. 交互唸數字串（左右移視）：直接以眼睛左右移視方式，左右交互唸數字串。

e. 交互唸數字串（上下移視）：直接以眼睛上下移視方式，上下交互唸數字串。

(3)無法操作處理方式：

a. 請參閱「手指輔助移視」中相關課程無法操作處理方式說明（見第 50 頁）。

b.加強「手指輔助移視」中相關課程活動經驗（見第50頁）。

⑷課程設計、安排、實施等注意考慮或補充事項：請參閱「手指輔助移視」中相關課程注意考慮或補充事項說明。

㈣追視動作

不同於注視及移視動作，追視動作的目標並非固定不動的，所以雙眼必須緊盯著移動的目標，因而形成眼球追視的動作。追視動作又可分為直線追視、曲線追視及不定追視三種。

1.直線追視：

⑴圖卡直線追視：

a.教材準備內容：孩子熟悉的圖卡圖案（例如小狗或電扇等）數張。

b.課程活動簡述：

(a)將圖卡一字排開讓孩子一一指認，確定孩子可以說出各圖卡中的圖案名稱。

(b)將所有的圖卡覆蓋堆疊。

(c)隨機出示一張圖卡，在孩子面前由左至右或由右至左緩慢移動後翻面蓋住。

(d)讓孩子說出剛才出示圖卡中圖案的名稱，然後翻開圖卡核對答案。

c.無法操作處理方式：

(a)減緩圖卡移動速度。

(b)選擇背景簡單清楚的圖案圖卡。

(c)多次重複顯示圖卡。

(d)加強先前「注視動作」（見第48頁）及「移視動作」（見第50頁）等相關課程活動經驗。

d. 課程設計、安排、實施等注意考慮或補充事項：

(a)移動圖卡的速度以及圖卡圖案的選擇，可依孩子的能力而做不同的調整。

(b)圖卡除了左右移動之外，也可以採取上下移動、前後移動、左上右下或右上左下對角線等直線移動。

(2)請把我找回去：

a. 教材準備內容：大小、顏色及形狀都相同的球若干個。

b. 課程活動簡述：

(a)大人手中拿一個球，其他的球散布在四、五公尺遠的地上。

(b)大人將手中的球往其他球的散布區域丟。

(c)請孩子把大人剛丟出去的球撿回來。

c. 無法操作處理方式：請參閱以下(a)項「課程活動的困難度安排」相關敘述。

d. 課程設計、安排、實施等注意考慮或補充事項：

(a)課程活動的困難度安排可參閱下列各變數考量：

· 散布球的數量少者較容易，散布球的數量多者較困難。

· 所使用球的體積大者較容易，所使用球的體積小者較困難。

· 散布球的密集度小者較容易，散布球的密集度大者較困難。

· 球的散布區域近者較容易，球的散布區域遠者較困難。

· 丟擲的球滾動慢者較容易，丟擲的球滾動快者較困難。

(b)可以其他大小、顏色及形狀都相同的可丟擲物品（如硬幣）代替球，困難度安排考量，請參閱上述(a)項說明。所使用的如果是小物品，則也可改在桌上操作。

(c)各種球類活動：拍球、躲避球、接球、踢移動球或打球等球類活動都屬於眼球直線追視的活動，讀者可依孩子的能力發展，順序

安排合適的活動，在此不再贅述。

2. **曲線追視：**

⑴教材準備內容：孩子熟悉的圖卡圖案（如小狗或電扇等）數張。

⑵課程活動簡述：

a. 將圖卡一字排開讓孩子一一指認，確定孩子可以說出各圖卡中的圖案名稱。

b. 將所有的圖卡覆蓋堆疊。

c. 隨機出示一張圖卡，在孩子面前以順時針或逆時針方向，緩慢旋轉移動後翻面蓋住。

d. 讓孩子說出剛才出示圖卡中圖案的名稱，然後翻開圖卡核對答案。

⑶無法操作處理方式：

a. 減緩圖卡移動速度。

b. 選擇背景簡單清楚的圖案圖卡。

c. 多次重複顯示圖卡。

d. 加強先前「直線追視」相關課程活動經驗（見第 57 頁）。

⑷課程設計、安排、實施等注意考慮或補充事項：移動圖卡的速度以及圖卡圖案的選擇，可依孩子的能力而做不同的調整。

3. **不定追視：**

⑴教材準備內容：同上「曲線追視」課程，請自行參閱。

⑵課程活動簡述：類似上述「曲線追視」課程，唯須將圖卡固定的移動方式，改變成隨機混合前後、左右、上下及曲線等不定方向，讓孩子追視。

⑶無法操作處理方式：

a. 請參閱先前「曲線追視」課程中，無法操作處理方式 a.、b.、c. 項的說明。

b. 加強先前「直線追視」（見第 57 頁）以及「曲線追視」（見第 59 頁）的相關課程活動經驗。

(4) 課程設計、安排、實施等注意考慮或補充事項：

a. 移動圖卡的速度以及圖卡圖案的選擇，可依孩子的能力而做不同的調整。

b. 打蚊子、拍蒼蠅或踩蟑螂等，都須運用到眼球不定追視的能力。

三、視覺分辨比較

視覺分辨比較能力的重要性，幾乎是無須說明的。如果視覺無法對於所察覺的目標物做正確的分辨比較，除了會為日常生活帶來許多困擾之外，對於語文讀寫運用的影響之大更是不在話下。以下的課程活動安排，皆針對加強孩子「視覺分辨比較」的經驗及能力發展所設計，孩子有了這些課程活動的相關經驗之後，將有助於日後語文能力的發展。

(一) 長短分辨比較

1. **教材準備內容**：十根由一塊、二塊……到十塊套套接積木組接成的長棒兩組共二十根，每根長棒的顏色相同。

2. **課程活動簡述**：

(1) 將第一組十根套套接積木組接成的長棒排列在桌上，第二組長棒則置放在桌面一邊。

(2) 從第二組十根長棒中隨機抽拿一根長棒，一一與第一組排列的長棒比對，找到相同長度的長棒之後，把兩根長棒擺放在一起。

(3) 依上述步驟，配對完所有相同長度的長棒。

3. **無法操作處理方式**：

(1) 依孩子能力將長棒數量減少。例如，第一次就只配對一組兩根，兩組

共四根的長棒，等孩子會配對操作之後，每組每次再增加一根長棒，讓孩子配對操作。

(2)先選擇長度對比性較大的長棒讓孩子配對操作，等孩子會配對操作之後，再逐漸縮短長棒間的長度對比性。例如，先安排最長跟最短的長棒讓孩子配對操作，之後再安排最短跟第二長，或是最長跟第二短的長棒讓孩子配對操作，再來依此類推。

4. **課程設計、安排、實施等注意考慮或補充事項**：如果沒有套套接積木可組接，也可以其他長度不同，顏色、形狀或材質都相同的物品代替。例如，裁剪十條同等差的長條紙，或是裁剪十根同等差的吸管，或者也可以購買合適的商業教具替代。

(二)寬窄分辨比較

1. **教材準備內容**：十個以紙卡做成高度相同，寬度以相同的等差遞增的圓紙杯（例如高度都是十公分，直徑寬度從六公分、七公分……一直到十五公分），兩組共二十個。

2. **課程活動簡述**：

(1)將第一組十個圓紙杯一字排列立放在桌上，第二組圓紙杯則置放在桌面一邊。

(2)從第二組十個圓紙杯中隨機抽拿取一個圓紙杯，一一與第一組排列的圓紙杯比對，找到相同寬度的圓紙杯之後，把兩個圓紙杯擺放在一起。

(3)依上述步驟，配對完所有相同寬度的圓紙杯。

3. **無法操作處理方式**：

(1)依孩子能力減少圓紙杯的數量。

(2)先選擇寬度對比性較大的圓紙杯讓孩子配對操作，等孩子會配對操作之後，再逐漸縮短圓紙杯間的寬度對比性。

4.課程設計、安排、實施等注意考慮或補充事項：如果圓紙杯不易製作，也可以製作圓筒或是以任何高度相同、寬度不同的物品或商業教具來代替紙製圓紙杯。

(三)大小分辨比較

1.**教材準備內容**：十個以紙卡做成邊長以相同等差遞增的立方體（例如邊長從一公分、二公分……一直到十公分），兩組共二十個。

2.**課程活動簡述**：

(1)將第一組十個立方體一字排列在桌上，第二組立方體則置放在桌面一邊。

(2)從第二組十個立方體中隨機抽拿取一個立方體，一一與第一組排列的立方體比對，找到相同大小的立方體之後，把兩個立方體擺放在一起。

(3)依上述步驟，配對完所有相同大小的立方體。

3.**無法操作處理方式**：

(1)依孩子能力將立方體數量減少。

(2)先選擇大小對比性較大的立方體讓孩子配對操作，等孩子會配對操作之後，再逐漸縮短立方體間的大小對比性。

4.**課程設計、安排、實施等注意考慮或補充事項**：可以任何大小序列的物品或商業教具替代，例如彈珠、保利龍球等。

(四)顏色分辨比較

1.**教材準備內容**：十二色彩色筆兩盒。

2.**課程活動簡述**：

(1)將彩色筆散放在桌上。

(2)把相同顏色的彩色筆兩兩配對。

3.無法操作處理方式：依孩子能力將彩色筆數量減少。

4.課程設計、安排、實施等注意考慮或補充事項：其他可以做顏色配對的教材還有色紙、色鉛筆、水彩罐、顏色珠子等物品。

㈤平面形狀輪廓分辨比較

1.幾何形狀對應板對應：

⑴教材準備內容：幾何形狀對應板、EVA 材質軟墊，上有可以拿出的各種幾何形狀圖形，例如圓形、正方形、三角形等。

⑵課程活動簡述：

　a.將對應板上所有的幾何形狀圖形拿出，散放在桌上。

　b.將拿出來的幾何形狀圖形，一一放回對應板上相對應的中空形狀輪廓位置。

⑶無法操作處理方式：依孩子能力將對應的幾何形狀圖形數量減少。

⑷課程設計、安排、實施等注意考慮或補充事項：除了幾何圖形的對應板之外，在市面上還可以找到其他如數字、英文字母、注音符號、各種交通工具、動物或卡通人物等形狀輪廓的對應板，讀者可以依教材教具的困難程度順序，提供孩子操作。在教具的製作材質選擇上，除 EVA 軟墊之外，木板及塑膠也是常見的製作材質。

2.圖卡視覺配對：

⑴教材準備內容：相同的各類圖卡（例如蝴蝶圖卡、昆蟲圖卡、動物圖卡、交通工具圖卡等）兩組。

⑵課程活動簡述：

　a.將第一組圖卡在桌上一字擺開，第二組圖卡則堆疊在桌上。

　b.從第二組堆疊的圖卡中隨機抽取出一張圖卡，一一與第一組圖卡比對，找到相同的圖卡之後，擺放在該相同圖卡的下方。

c. 依上述步驟，完成所有圖卡的配對。

⑶無法操作處理方式：

　　a. 依孩子能力將配對的圖卡數量減少，待孩子會操作之後，再依序增
　　　加配對圖卡的數量。

　　b. 選用畫面較單純簡單的圖卡。

⑷課程設計、安排、實施等注意考慮或補充事項：市面上也有出售如鳥
　類、花卉、貝殼或如《西遊記》、《紅樓夢》、《三國演義》、《封
　神榜》或《水滸傳》等書中人物的撲克牌，也可以拿來當作圖卡視覺
　配對的教具使用。

㈥立體形狀分辨比較

1. **教材準備內容**：具各種不同形狀（例如圓柱體、立方體、長方體等），
   但顏色、大小相同的立體形狀積木兩組。

2. **課程活動簡述**：

   ⑴將第一組立體形狀積木在桌上一字擺開，第二組立體形狀積木則散放
   　在桌上。

   ⑵隨機從第二組積木中拿取一個立體形狀積木，一一與第一組積木比對，
   　找到相同的立體形狀積木之後，把兩個相同的積木擺放在一起。

   ⑶依上述步驟，完成所有的立體形狀積木配對。

3. **無法操作處理方式**：依孩子能力將配對的立體形狀積木數量減少，待
   孩子會操作之後，再依序增加配對積木的數量。

4. **課程設計、安排、實施等注意考慮或補充事項**：也可以依困難程度，
   依序安排兩組各類不同的物品，例如各種動物、蔬果、交通工具等立體
   模型，或彈珠、髮夾、鈴鼓、橡皮擦等立體物品替代立體形狀積木。

四、視覺記憶

　　對於常人而言，語文的讀寫運用，不可避免的，一定要以視覺記憶為基礎，否則將無法使用共通的符號來溝通。在生命的早期，我們先為孩子安排視覺記憶的相關課程活動經驗，對於孩子日後線條符號的記憶學習，將有相當程度的幫助。

㈠教材準備內容

1.同三、視覺分辨比較的「長短分辨比較」課程（見第60頁），請自行參閱。
2.神祕袋（不透明袋子）一個。

㈡課程活動簡述

1.將第一組十根套套接積木組接成的長棒排列在離孩子有一段距離的桌上，第二組長棒則置放在神祕袋中。
2.讓孩子背對第一組十根長棒，然後從神祕袋中隨機抽取出一根長棒。孩子仔細觀察記憶其長度之後，將該長棒以神祕袋覆蓋。
3.孩子走到放置第一組長棒的桌子旁邊，依其記憶找出跟覆蓋在神祕袋下一樣長度的長棒，然後走回置放神祕袋處，與覆蓋在神祕袋下的長棒核對長度。如果正確，則把覆蓋在神祕袋下的長棒置放在一旁；如果錯誤，則把覆蓋在神祕袋下的長棒放回神祕袋中，但不管正確與否，都把從第一組找出的長棒放回原來桌上。
4.依上述步驟，一直到神祕袋中沒有置放任何的長棒。

㈢無法操作處理方式

1.加強先前「長短分辨比較」課程或相關的生活經驗感受。
2.依孩子能力將長棒數量減少，例如，第一次就只記憶一組兩根，兩組共

四根的長棒，而且選擇長度對比性最大的最長跟最短的兩根長棒，孩子
會配對操作之後，再逐漸縮短長棒間的長度對比性，或是再逐漸增加長
棒的數量讓孩子記憶操作。

㈣課程設計、安排、實施等注意考慮或補充事項

除了長短變化的視覺記憶課程之外，也可以安排寬窄、大小、顏色、
平面形狀以及立體形狀等視覺記憶相關課程。教材準備內容請參閱三、視
覺分辨比較中「㈡寬窄分辨比較」、「㈢大小分辨比較」、「㈣顏色分辨
比較」、「㈤平面形狀輪廓分辨比較」的「2.圖卡視覺配對」及「㈥立體
形狀分辨比較」等課程相關說明；課程活動步驟則類似本課程，所不同者
只是教材內容的改變。

五、視覺空間發展

在日常生活中，視覺在某一空間所察覺到的目標物，常常不是單獨的存在，
而是會與其他物體一起共存在一個空間範圍內。由於每個物體都有其空間位置，
也因此同一空間內的各個物體，彼此之間就會產生空間關係。如果視覺無法分辨
物體彼此間的空間關係，則對於目標物的察覺分辨，就會產生相當大的困擾。在
此謹就視覺空間發展種類及相關課程活動整理如下，以供讀者參考。

㈠主題背景分離

1. **圖形混雜分辨：**

⑴教材準備內容：上有特定圖案圖形混雜其他各種圖形的畫面，例如下
圖 2-7 的蜻蜓圖案混雜在許多橢圓圖形中。

圖 2-7　圖形混雜

⑵課程活動簡述：出示上有特定圖案圖形，混雜其他各種圖形的畫面，
　讓孩子從混雜的畫面中找出特定的圖形。以圖 2-7 為例，大人首先指
　出左上方的蜻蜓圖例，是要尋找的特定圖形，讓孩子從混雜的畫面中，
　把所有的蜻蜓圖案一一地找出來。

⑶無法操作處理方式：

　a. 簡化畫面圖形的混雜程度。

　b. 指定形狀較大、顏色較鮮明或所在位置較容易發現的明顯圖形。

⑷課程設計、安排、實施等注意考慮或補充事項：

　a. 混雜圖形畫面除了可以參照市面商業教材或自行設計繪製外，也可
　　以選用畫面較混雜的圖書畫面，讓孩子從圖畫書中找出某特定人物或
　　物品。例如從「漢聲精選」系列中的《威利在哪裡？》一書 (註3)，
　　找出威利或其他如雨傘等指定物品，就是相當適合用來發展孩子圖
　　形混雜分辨能力的課程活動之一，敬請讀者自行參閱相關書籍，設
　　計安排課程。

　b. 除了安排從混雜的圖形畫面找出特定圖形物品之外，也可以將某特
　　定物品混雜在其他眾多物品當中，請孩子找出。例如，從紅豆、綠

豆、黑豆堆中，找出混雜在其中的黃豆；或是從眾多文具堆中，找
出橡皮擦、迴紋針或是尺等。

c. 日常生活中讓孩子從停車場眾多的車子中，找出爸爸媽媽的汽車或
機車；或是在人多的地方，找尋熟人等，都可以加強孩子圖形混雜
分辨能力的開展。

2. 圖形偽裝分辨：

(1)教材準備內容：上有特定圖案圖形，故意偽裝隱藏於圖面中。例如，
圖 2-8 中，有一匹馬偽裝隱藏於圖面中。

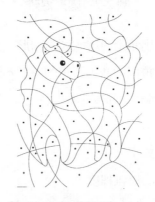

圖 2-8　圖形偽裝 (註4)

(2)課程活動簡述：出示畫有偽裝隱藏物品圖形的圖面，讓孩子找出偽裝
隱藏的物品圖形。

(3)無法操作處理方式：簡化畫面圖形的偽裝隱藏程度。

(4)課程設計、安排、實施等注意考慮或補充事項：偽裝隱藏圖形的畫面，
除了可以參照市面商業教材或自行設計繪製之外，有些圖畫書，例如
「漢聲精選」系列中的《上學途中》一書 (註5)，畫面中有許多偽裝隱
藏動物圖形的圖面（有猩猩、鱷魚、老虎等），也是相當適合用來發
展孩子圖形偽裝分辨能力的教材之一，敬請讀者自行參閱相關書籍，

設計安排課程。

3. 圖形重疊分辨：

(1)教材準備內容：上有許多重疊圖形的畫面。例如，圖 2-9 的畫面是由兔子、小豬、蛇、山羊、猴子、老鼠、小狗、無尾熊以及鵜鶘等動物圖形所重疊組合而成的。

圖 2-9　圖形重疊

(2)課程活動簡述：出示重疊圖形的畫面，讓孩子指認出重疊的圖形。

(3)無法操作處理方式：

　a. 減少重疊圖形的數量。例如，重疊兩個圖形的畫面，會比重疊四、五個圖形的畫面，容易分辨指認。

　b. 簡化重疊圖形的複雜度。例如，圓形、三角形重疊圖形會比其他複雜輪廓圖形像老虎等，更為容易分辨指認。

　c. 提示重疊圖形名稱。例如，「找找看！大象在哪裡？猴子在哪裡？」

(4)課程設計、安排、實施等注意考慮或補充事項：此課程活動的重點在於圖形重疊分辨，只要孩子能夠看出圖形的輪廓，即使說不出圖形名

稱也沒關係。

4. 三度立體空間分辨：

   (1)教材準備內容：套圈圈商業教具一組。

   (2)課程活動簡述：

      a. 依照孩子能力把組合好的套圈圈教具置放在距離孩子適當的距離處。

      b. 讓孩子拿起套套環圈，投擲到套圈圈柱子內。

   (3)無法操作處理方式：縮短套圈圈擺放距離。

   (4)課程設計、安排、實施等注意考慮或補充事項：其他三度立體空間分辨相關課程有：投籃球、丟垃圾桶、下拍皮球、接球、打羽毛球、拋打氣球……等等，讀者可依困難程度順序來安排各課程活動。

(二)相對空間概念

1. 鑽爬叢林格：

   (1)教材準備內容：叢林格體能設備一組。

   (2)課程活動簡述：讓孩子在叢林格中上、下、前、後、左、右，自由鑽爬。

   (3)無法操作處理方式：加強孩子大肌肉基本能力發展。

   (4)課程設計、安排、實施等注意考慮或補充事項：此課程目的在於藉由孩子鑽爬叢林格的經驗，建立上下前後左右的基本相對空間概念。

2. 請你跟我這樣排：

   (1)教材準備內容：兩個不同顏色（例如紅色跟黃色）的立體方塊兩組，共四個。

   (2)課程活動簡述：

      a. 將第一組的紅色立體方塊疊在黃色立體方塊的上面後，再請孩子以第二組方塊模仿堆疊。

　　　b. 隨機將第一組的紅色立體方塊擺放在黃色立體方塊的下面、前面、

　　　　後面、左邊或右邊，再請孩子以第二組方塊逐次模仿擺放。

　⑶無法操作處理方式：先讓孩子以一組方塊任意擺放，再換大人以另一

　　組方塊模仿孩子排列擺放。

　⑷課程設計、安排、實施等注意考慮或補充事項：此課程目的在於藉由

　　立體方塊的擺放，建立孩子上、下、前、後、左、右的基本相對空間

　　概念，要求孩子正確說出「上」、「下」、「前」、「後」、「左」、

　　「右」等方位名稱，並非此課程活動的重點。

3.找位置：

　⑴教材準備內容：外形顏色、形狀、大小都相同的椅子數把（椅子數量

　　可以多於或等於孩子的人數）。

　⑵課程活動簡述：

　　　a. 將外形顏色、形狀、大小都相同的椅子直線排列。

　　　b. 一一指定孩子的位置。

　　　c. 讓孩子圍繞著椅子唱歌。

　　　d. 歌曲唱完後，請孩子坐回指定的位子。

　⑶無法操作處理方式：

　　　a. 指定兩旁，或是靠近兩旁的位置。

　　　b. 減少椅子數量。

　⑷課程設計、安排、實施等注意考慮或補充事項：

　　　a. 可以依照困難程度順序安排，將椅子不規律散置排列、多排直線規

　　　　則排列或是多排直線不規則排列。

　　　b. 也可以用相同的茶杯、抽屜或工作櫃等其他物品替代椅子。

　　　c. 此課程也可以讓一個孩子單獨進行活動。單一孩子進行課程時，因

　　　　為沒有其他孩子當作參考點（例如旁邊是小明、前面是小華等），

所以會比較困難些。

d. 日常生活中，孩子在遊樂場或大賣場的大型停車場內記憶、尋找先前停車位置的生活經驗，也有助於相對空間概念的發展。

4. 圖形空間位置記憶：

(1)教材準備內容：有多種事物混雜的複雜畫面，例如類似「漢聲精選」系列中的《威利在哪裡？》一書中的各畫面。

(2)課程活動簡述：

a. 指出複雜畫面中的一項小事物，例如一隻小狗，讓孩子仔細觀察之後，將畫面覆蓋。

b. 約十秒鐘後，再度出示該畫面，讓孩子從混雜的畫面中指出剛才所指定的特定事物。

(3)無法操作處理方式：

a. 使用混雜程度較低的畫面。

b. 指定形狀較大、顏色較鮮明或所在位置較容易發現的明顯圖形。

(4)課程設計、安排、實施等注意考慮或補充事項：此課程可以依孩子能力，增加指定記憶物的數量到二項或二項以上。例如，一次指定小狗和聖誕老人，讓孩子記憶圖形位置。

5. 符號方格空間記憶：

(1)教材準備內容：兩張紙上面畫有 4×4 方格。其中一張 4×4 方格，裡面的一些方格內畫有「X」符號。另一張 4×4 方格則完全空白，如圖 2-10。

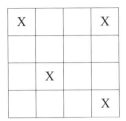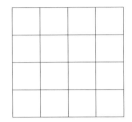

圖 2-10　符號方格空間記憶

(2)課程活動簡述：

a. 首先出示上面畫有「X」符號的 4×4 方格，讓孩子仔細觀察記憶畫有「X」符號的方格位置。

b. 收起畫有「X」符號的 4×4 方格，出示另外一張完全空白的 4×4 方格。

c. 讓孩子依據剛才觀察記憶的位置，把「X」符號畫上。

d. 拿出原先畫有「X」符號的 4×4 方格，核對比較孩子所畫的「X」符號位置是否正確。

(3)無法操作處理方式：

a. 減少「X」符號數量。例如，先只標示一個符號，然後再逐漸增加數量。

b. 將「X」符號標示在四周邊緣的位置。

c. 將 4×4 方格縮小改為 3×3 或 2×2 的方格。

(4)課程設計、安排、實施等注意考慮或補充事項：

a. 此課程可以依孩子的能力，將 4×4 方格放大為 5×5 或甚至 6×6 的方格。

b. 可以可愛的圖形替代「X」符號。

6. 符號空間記憶：

(1)教材準備內容：兩張紙上有數量以及位置完全相同的不規則隨機排列

「X」符號，其中一張有幾個特定的「X」符號被圈起來，另外一張則沒有，如圖 2-11。

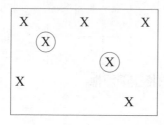 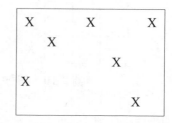

圖 2-11　符號空間記憶

(2)課程活動簡述：

　a. 首先出示「X」符號被圈起來的畫面，讓孩子仔細觀察記憶被圈起來「X」符號的位置。

　b. 收起「X」符號被圈起來的畫面，出示另外一張「X」符號沒有被圈起來的畫面。

　c. 讓孩子依據剛才觀察記憶的位置，把「X」符號圈上。

　d. 拿出原先「X」符號被圈起來的畫面，核對比較孩子所圈的「X」符號位置是否正確。

(3)無法操作處理方式：

　a. 減少被圈起來的「X」符號數量。例如，先只圈一個符號，然後再逐漸增加數量。

　b. 圈選四周邊緣位置的「X」符號。

　c. 減少「X」符號的總數量。

(4)課程設計、安排、實施等注意考慮或補充事項：

　a. 此課程可以依孩子能力，增加「X」符號的總數量以及被圈選的「X」符號數量。

　b. 可以可愛的圖形替代「X」符號。

7. 符號相對空間分辨：

⑴教材準備內容：上面有孩子容易因相對空間位置因素而混淆的符號圖
　卡兩組，例如，6、9、b、d、p、q……等。每張圖卡的右上方貼有圈
　圈標誌，以免圖卡被上下顛倒擺放。

⑵課程活動簡述：

　a. 將第一組符號圖卡在桌上一字排開，圈圈標誌朝右上方。第二組符
　　號圖卡則堆疊在一旁。

　b. 從第二組圖卡中拿起一張圖卡，圈圈標誌朝右上方，一一與第一組
　　的圖卡比對，找到相同的圖卡後，擺放在該圖卡下面。

　c. 依上述步驟，比對完所有的符號圖卡。

⑶無法操作處理方式：

　a. 減少配對比對圖卡的數量。

　b. 加強先前「1.鑽爬叢林格」、「2.請你跟我這樣排」、「3.找位
　　置」、「4.圖形空間位置記憶」、「5.符號方格空間記憶」及「6.
　　符號空間記憶」等相對空間相關課程或生活經驗。

⑷課程設計、安排、實施等注意考慮或補充事項：

　a. 圖卡上的符號不一定是要有意義的符號，重點是符號線條的相對空
　　間變化。例如，開口方向朝上、下、左、右的視力檢查符號「E」或
　　「C」等。

　b. 孩子因相對空間因素所造成的符號混淆類型，可分為以下幾種：

　　(a)左右對調型：p-q、b-d、12-21 等。

　　(b)上下對調型：6-9、b-p、q-d 等。

　　(c)上下左右對調型：p-d、b-q、69-96、pq-db、pd-qb 等。

8. 圖形空間組合：

⑴教材準備內容：圖形空間組合圖卡兩組。每張圖卡上都有四個圖形依

不同位置所組合成的 2×2 方格，如圖 2-12。每張圖卡的右上方貼有圈圈標誌，以免圖卡被上下顛倒擺放。

圖 2-12　圖形空間組合

(2)課程活動簡述：

a. 將第一組圖形空間組合圖卡在桌上一字排開，圈圈標誌朝右上方。第二組圖形空間組合圖卡則堆疊在一旁。

b. 從第二組圖卡中拿起一張圖卡，圈圈標誌朝右上方，一一與第一組的圖卡比對，找到相同的圖卡後，擺放在該圖卡下面。

c. 依上述步驟，比對完所有的符號圖卡。

(3)無法操作處理方式：

a. 減少圖形空間組合圖卡配對數量。

b. 將 2×2 圖形組合方格縮小改為 2×1 或 3×1 方格，例如下圖：

c. 加強先前相對空間相關課程或生活經驗。

(4)課程設計、安排、實施等注意考慮或補充事項：如果孩子會只以一個圖形位置是否相同來判斷（例如，看到兩張圖卡左上格的圖形都是圓形，就認為一樣），那麼可以針對孩子的習慣，設計左上格都是圓形，其他方格內圖形都不同的圖卡，讓孩子調適原有的配對思考模式。參考圖卡設計範例如下：

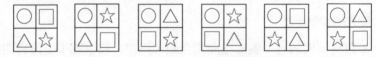

9.相對空間對照建構：

(1)教材準備內容：火柴棒、竹筷、牙籤、鉛筆或吸管等直線物體。

(2)課程活動簡述：

　　a. 大人以直線物體，在桌上排列建構各種相對空間變化的圖形。例如各個旋轉角度 90°、180° 及 270° 的「E」、「F」、「ㄇ」、「ㄒ」、「ㄐ」、「ㄚ」、「上」、「正」圖形，或可參考第九章「注音符號拼寫」中第五節「壹、相對空間仿畫」課程活動裡所列舉的各種圖形。

　　b. 讓孩子在大人所排列出圖形的下方，模仿建構出相同的圖形。

(3)無法操作處理方式：

　　a. 將模仿排列圖形的筆劃縮減為兩劃。

　　b. 讓孩子自行隨意拼排組合。

　　c. 改由孩子以直線物體排列建構各種圖形，讓大人模仿排列。

　　d. 加強先前相對空間相關課程或生活經驗。

(4)課程設計、安排、實施等注意考慮或補充事項：此課程活動的重點在於孩子「相對空間對照建構」能力的開展，所以排列的圖形並不一定是有意義的符號。

(三)全體與部分關係

1.二度空間：

(1)教材準備內容：七巧板兩組。

(2)課程活動簡述：

　　a. 大人以第一組七巧板組合成各種不同的形狀圖案。

　　b. 孩子以第二組七巧板模仿拼排出大人組合的形狀圖案。

(3)無法操作處理方式：

  a. 減少組成形狀圖案的七巧板片數。例如，先讓孩子模仿拼排由兩片七巧板組合成的形狀圖案後，再讓孩子模仿拼排由三、四片以上組合成的形狀。

  b. 讓孩子自行隨意拼排組合。

  c. 改由孩子以七巧板組合成各種不同的形狀圖案後，再由大人模仿拼排。

⑷課程設計、安排、實施等注意考慮或補充事項：

  a. 此課程也可以其他平面的各種形狀教材替代七巧板。

  b. 拼圖也是可以幫助孩子發展二度平面空間全體與部分關係概念的好教具。讀者可以選購市面上一些圖面溫馨可愛的拼圖，依孩子的能力，順序性安排兩片到一百片，甚至片數更多的拼圖活動。

2. 三度空間：

⑴教材準備內容：立體積木兩組。

⑵課程活動簡述：

  a. 大人以第一組立體積木組合成各種不同的造型排列。

  b. 孩子以第二組立體積木模仿堆積出大人組合的造型排列。

⑶無法操作處理方式：

  a. 減少造型排列的立體積木數量。例如，先讓孩子模仿堆積由兩塊立體積木組合成的造型排列後，再讓孩子模仿堆積由三、四塊以上立體積木組合成的造型排列。

  b. 讓孩子自行隨意堆積組合。

  c. 改由孩子以立體積木組合成各種不同的造型排列後，再由大人模仿堆積組合。

⑷課程設計、安排、實施等注意考慮或補充事項：此課程也可以準備二組日常生活中常見的空牙膏盒、香皂盒、餅乾盒、寶特瓶、奶粉罐……

等立體物品，將其任意堆積擺放，讓孩子模仿組合。

參、觸覺、嗅覺及味覺感受比較

　　就如在第二章第一節「五官生活刺激經驗」中所提到的，在五官感受中，視覺及聽覺是為優勢感官，因此我們往往會比較輕忽觸覺、嗅覺及味覺的刺激感受。事實上，觸覺除了可以輔助我們視覺符號的記憶學習之外，更是穩定情緒的重要來源。再以娃得福課程理論來說，嗅覺容易感情用事，聞到臭味時，我們生氣；聞到香味時，我們快樂。當我們清潔環境、清潔自己時，乾淨、清潔的味道令我們快樂！而聞到敬香、馨香時，我們有聖潔的感覺……嗅覺啟發了道德的開展(註6)。至於味覺呢？若將味覺想成灌溉施肥的過程，想著世界灌溉我們，我們升起反饋世界之情，從而我們形成「品味」能力。當穿衣、布置、園藝、妝點環境時，我們其實就在灌溉世界，形成世界的「品味」。品味是人類文化，是我們對世界的灌溉(註7)。無論如何，在我們日常生活中的刺激感受，仍然有相當大的比例是來自觸覺、嗅覺及味覺，所以為孩子有系統地提供觸覺、嗅覺及味覺的相關課程活動經驗，是有其必要性的。

一、觸覺

(一)大小觸覺分辨

　　1.教材準備內容：
　　　⑴大小不同的立方體方塊兩組。
　　　⑵不透明的神祕袋兩個。
　　2.課程活動簡述：
　　　⑴將一組立方體方塊全部放入第一個神祕袋中。

⑵在孩子沒有看到的情形下，隨機把另一組中的一個立方體方塊放進第二個神祕袋中。

⑶讓孩子伸手進去第二個神祕袋中觸摸袋中的立方體方塊，再嘗試從第一個神祕袋的立方體方塊中，摸出與第二個神祕袋中大小相同的立方體方塊。在這過程中，孩子可以多次重複觸摸兩袋中的立方體方塊，或是兩手同時觸摸兩袋中的立方體方塊，但就是不能有任何視覺上的接觸。

⑷從第二個神祕袋中取出立方體方塊，與孩子從第一個神祕袋中摸出的立方體方塊核對，如果錯誤，則將從第二個神祕袋中拿出的立方體方塊再放入原先的立方體方塊堆中，正確則將該立方體方塊置放一旁，大人繼續選擇下一個立方體方塊放入第二個神祕袋中，再度進行觸覺配對；但不論答對或答錯，都要將從第一個神祕袋中找出的立方體方塊放回原神祕袋中，以免第一個神祕袋中的立方體方塊數量逐漸減少，造成神祕袋中最後只剩一個立方體方塊的情形發生。

⑸同上步驟，讓孩子完成其他所有立方體方塊大小觸覺配對的課程。

3.**無法操作處理方式：**

⑴將立方體數量減少。例如，第一次就只觸摸配對一組兩個、兩組共四個的立方體，孩子會配對操作之後，再逐漸增加立方體數量讓孩子觸摸配對。

⑵先選擇大小對比性較大的立方體讓孩子觸摸配對。例如，觸摸分辨邊長十公分跟邊長一公分的立方體，當然會比觸摸分辨邊長十公分跟邊長九公分的立方體來得容易多了。

4.**課程設計、安排、實施等注意考慮或補充事項：**也可以選用形狀相同，大小尺寸不同的物體代替立方體。

㈡寬度觸覺分辨

　1.**教材準備內容**：

　⑴高度相同，直徑寬度不同的圓柱體兩組。

　⑵不透明的神祕袋兩個。

　2.**課程活動簡述**：同上「大小觸覺分辨」課程活動（見第 79 頁），唯須以圓柱體替代立方體方塊，請自行參閱。

　3.**無法操作處理方式**：同「大小觸覺分辨」課程，請自行參閱。

　4.**課程設計、安排、實施等注意考慮或補充事項**：也可以選用其他高度相同、寬度不同的物體代替圓柱體。

㈢長短觸覺分辨

　1.**教材準備內容**：

　⑴十根由一塊、二塊……到十塊套套接積木組接成的長棒兩組共二十根，每根長棒的顏色相同。

　⑵不透明的神祕袋兩個。

　2.**課程活動簡述**：同「大小觸覺分辨」課程，唯須以長棒替代立方體方塊，請自行參閱。

　3.**無法操作處理方式**：同「大小觸覺分辨」課程，請自行參閱。

　4.**課程設計、安排、實施等注意考慮或補充事項**：也可以選用其他寬度相同、長度不同的長條物體代替套套接積木組接成的長棒。

㈣二度空間形狀輪廓觸覺分辨

　1.**教材準備內容**：

　⑴木板或塑膠製成的各種形狀輪廓板片（例如七巧板）兩組。

(2)不透明的神祕袋兩個。

2. **課程活動簡述**：同「大小觸覺分辨」課程（見第 79 頁），唯須以形狀輪廓板片替代立方體方塊，請自行參閱。

3. **無法操作處理方式**：

(1)減少觸摸配對的形狀輪廓板片數量。

(2)先選擇差異對比性較大的形狀輪廓板片讓孩子觸摸配對。例如，觸摸分辨圓形跟正方形的形狀輪廓板片，會比觸摸分辨五邊形跟六邊形的形狀輪廓板片容易多了。

4. **課程設計、安排、實施等注意考慮或補充事項**：所使用的形狀輪廓板片，並不一定要規則的幾何形狀，也可以視孩子能力，順序性安排讓孩子觸摸配對不規則的形狀輪廓板片，如汽車或火車等的形狀輪廓板片。

(五)三度空間實體觸覺分辨

1. **教材準備內容**：

(1)有各種不同立體形狀（例如圓柱體、立方體、長方體等）的積木兩組。

(2)不透明的神祕袋兩個。

2. **課程活動簡述**：同「大小觸覺分辨」課程，唯須以立體形狀積木替代立方體方塊，請自行參閱。

3. **無法操作處理方式**：

(1)減少觸摸配對的立體形狀積木數量。

(2)先選擇差異對比性較大的立體形狀積木讓孩子觸摸配對。例如，觸摸分辨球體跟立方體，會比觸摸分辨球體跟橢圓體或卵形體容易多了。

4. **課程設計、安排、實施等注意考慮或補充事項**：也可以依困難程度，依序安排兩組各類不同的物品，例如：各種動物、蔬果、交通工具等立體模型，或彈珠、髮夾、鈴鼓、橡皮擦等生活中常見的立體物品替代立

體形狀積木。

㈥粗細質感分辨

1. **教材準備內容：**

   ⑴上面貼有各種不同粗細質感布料的布塊板片兩組。

   ⑵不透明的神祕袋兩個。

2. **課程活動簡述：**同「大小觸覺分辨」課程（見第 79 頁），唯須以布塊板片替代立方體方塊，請自行參閱。

3. **無法操作處理方式：**

   ⑴減少觸摸配對的布塊板片數量。

   ⑵先選擇差異對比性較大的布塊板片讓孩子觸摸配對。例如，觸摸分辨絲、麻布塊板片，會比觸摸分辨兩片不同粗細質感的麻布塊板片容易得多。

4. **課程設計、安排、實施等注意考慮或補充事項：**也可以不同粗細程度砂紙貼黏成的砂紙板片替代布塊板片。

㈦輕重分辨

1. **教材準備內容：**相同黑色底片圓盒裡裝著不同十元硬幣數量（例如：一、三、五、七個硬幣，分別以膠帶固定）的重量筒兩組，在裝有相同硬幣數量的重量筒底部，貼有相同顏色的圓形圈圈。

2. **課程活動簡述：**

   ⑴將第一組重量筒一字排開擺放在桌上，第二組重量筒則擺放在桌子一旁。

   ⑵讓孩子拿起第一組最左邊的重量筒放在手掌中，以上下稍微晃動的方式感受重量筒的重量，然後將重量筒放回原位。

⑶孩子以同樣的方式拿起第二組的重量筒，一一感受其重量，然後找出
與先前第一組相同重量的重量筒，並將兩個重量筒擺放一起。

⑷同上步驟，讓孩子一一完成其他所有重量筒重量觸覺配對。

⑸翻轉擺放在一起的重量筒，核對底部的顏色圈圈是否相同。

3. **無法操作處理方式：**

⑴減少配對的重量筒數量。

⑵先選擇重量對比性較大的重量筒讓孩子比較配對。例如，比較配對置
放十個硬幣及一個硬幣的重量筒，會比配對置放十個硬幣及九個硬幣
的重量筒容易。

⑶讓孩子在視覺的輔助下，比較不同硬幣數量的重量變化感受。

4. **課程設計、安排、實施等注意考慮或補充事項**：也可以配合「重量」
單元，準備半公斤的物品（例如石頭）當基準，讓孩子嘗試抓拿半公斤
的彈珠、積木等其他物品，最後以磅秤來核對重量。

㈧振動分辨

1. **教材準備內容**：不透明的搖搖寶特瓶兩組，裡面裝著大小相同、數量不
同的彈珠若干。

2. **課程活動簡述：**

⑴將第一組搖搖寶特瓶一字排開擺放在桌上，第二組搖搖寶特瓶則擺放
在桌子一旁。

⑵讓孩子拿起第一組最左邊的搖搖寶特瓶，以上下左右搖動的方式感受
瓶中的彈珠數量，然後放回原位。

⑶孩子以同樣的方式拿起第二組的搖搖寶特瓶，一一感受其彈珠振動數
量，然後找出與先前第一組相同彈珠數量的搖搖寶特瓶，並將兩個搖
搖寶特瓶擺放一起。

⑷同上步驟，讓孩子一一完成其他所有搖搖寶特瓶數量振動觸覺配對。

⑸打開擺放在一起的搖搖寶特瓶瓶蓋，倒出裡面的彈珠，核對彈珠數量是否相同。

3.**無法操作處理方式：**

⑴減少配對的搖搖寶特瓶數量。

⑵加大搖搖寶特瓶中彈珠數量對比性。例如，先比較配對置放十個彈珠及一個彈珠的搖搖寶特瓶後，再比較配對置放十個彈珠跟兩個（或三個到九個）彈珠的搖搖寶特瓶。

4.**課程設計、安排、實施等注意考慮或補充事項：**也可以其他的物品替代彈珠，唯須注意置放物品的大小及重量會影響課程活動的難易程度。

二、*嗅覺*

㈠氣味聯想

1.**教材準備內容：**數個不透明的胡椒瓶罐，每個瓶罐裡面裝有各種不同氣味的物品。

2.**課程活動簡述：**

⑴拿起一個胡椒瓶罐，讓孩子在看不見瓶罐中物品的情形之下，以鼻子嗅聞氣味。

⑵讓孩子說出瓶罐中物品的名稱，如果孩子不知該物品名稱，則讓孩子形容該氣味。

⑶倒出瓶罐中的物品，讓孩子核對確認。

⑷讓孩子聯想在什麼地方或什麼時候會聞到這種氣味，或是類似這種的氣味。例如：在醫院會聞到酒精的氣味，媽媽上班時的身上會有香水的氣味，滷肉裡面會有八角的氣味等。

3.無法操作處理方式：加強平常生活中的嗅聞經驗。

4.課程設計、安排、實施等注意考慮或補充事項：瓶罐裡面所裝的物品，應先以孩子熟悉且常聞到的氣味為優先，然後再慢慢擴展到一些比較特殊的氣味。

㈡嗅聞配對

1.教材準備內容：胡椒瓶罐的嗅覺瓶兩組，每組瓶罐的大小、顏色相同，而且不透明，裡面裝有濃厚或特殊味道的物品。

2.課程活動簡述：

⑴將第一組嗅覺瓶一字排開擺放在桌上，第二組嗅覺瓶則擺放在桌子一旁。

⑵讓孩子拿起第一組最左邊的嗅覺瓶，打開瓶蓋，以鼻子嗅聞氣味，然後將嗅覺瓶放回原位。

⑶孩子以同樣的方式，拿起第二組的嗅覺瓶，一一嗅聞感受瓶中氣味，如果不確定，也可以多次重複嗅聞，然後找出與先前第一組相同味道的嗅覺瓶，並將兩個嗅覺瓶擺放一起。

⑷同上步驟，讓孩子一一完成其他所有嗅覺瓶氣味嗅聞配對。

⑸倒出瓶中的內容物，核對是否相同。

3.無法操作處理方式：

⑴減少嗅聞配對的嗅覺瓶數量。

⑵安排選擇氣味對比性較大的嗅覺瓶讓孩子比較配對。例如，蒜頭跟香水的氣味對比性，就遠大於不同廠牌香水間的氣味對比性。

4.課程設計、安排、實施等注意考慮或補充事項：

嗅覺瓶內的內容物安排，可以有以下方式：

⑴配對不同類填充物。例如：八角、茶葉、香皂、花包、蒜頭。

⑵配對同類物：不同種類或廠牌的茶葉（例如：文山包種茶、凍頂烏龍茶、龍井茶、各類花茶等）、花草香精油（例如：薰衣草、迷迭香、玫瑰等）、香水（例如：POISON、CHANEL5、CHANEL19、POLO等）、香皂（例如：資生堂蜂蜜香皂、蜂王黑砂糖香皂、彎彎浴皂等）。

⑶配對氣味濃淡：例如，以不同的倍數稀釋相同的香精油，讓孩子嗅聞配對。

㈢氣味綜合混合分析

1. **教材準備內容**：數個不透明的胡椒瓶罐，每個瓶罐裡面裝有兩種或兩種以上不同氣味之物品。

2. **課程活動簡述**：

⑴拿起一個胡椒瓶罐，讓孩子在看不見瓶罐中物品的情形之下，以鼻子嗅聞氣味。

⑵讓孩子形容該氣味後，說出瓶罐中所有物品的名稱。

⑶倒出瓶罐中的物品，讓孩子核對確認。

3. **無法操作處理方式**：

⑴加強提供孩子日常生活嗅聞生活經驗，或先前「氣味聯想」及「嗅聞配對」等相關課程活動經驗。

⑵參閱以下「內容物困難程度順序考慮安排」相關說明。

4. **課程設計、安排、實施等注意考慮或補充事項**：

⑴此課程所混合使用的物品，最好是孩子在先前的「氣味聯想」及「嗅聞配對」等課程（見第85、86頁）或是日常生活中曾單獨嗅聞過該氣味的物品。

⑵此課程的內容物安排，可依以下困難程度順序考慮安排：

  a. 數量由少至多。例如，先混合填裝兩種不同物品，再逐漸增加到三、四種。

  b. 先選擇填裝不同種類、氣味對比性較大的物品，然後再填裝相同種類或氣味相似的物品。例如，先填裝正露丸跟香皂，然後再填裝桂花跟茉莉花。

  c. 先以相等比例分量填裝，然後再以不同比例分量填裝。例如，先填裝混合一滴的玫瑰香精油跟一滴的薰衣草香精油，然後再填裝混合二滴或二滴以上的玫瑰香精油跟一滴的薰衣草香精油。

三、味覺

(一)味覺水

1. 教材準備內容：

 (1)以各種酸、甜、苦、辣、鹹物品所調製出的味覺溶液味覺水，例如：檸檬汁、糖水、苦瓜汁、薑湯跟鹽水。

 (2)味覺水的製造原料。

 (3)白開水。

 (4)茶杯。

2. 課程活動簡述：

 (1)孩子準備好自己的茶杯。

 (2)大人將五瓶調製好的味覺水及白開水擺放在桌上。

 (3)讓孩子隨機選擇一瓶味覺水。

 (4)大人倒一小口的味覺水到孩子茶杯中，讓孩子品嘗味道。

 (5)讓孩子以白開水漱完口後，再繼續品嘗其他的味覺水。

 (6)孩子品嘗完所有味覺水之後，大人出示各瓶味覺水的製作原料，讓孩

子——品嘗各原料，感受各種味道變化。

3. **無法操作處理方式**：無。

4. **課程設計、安排、實施等注意考慮或補充事項**：

　　(1)營造神祕驚奇的氣氛吸引孩子品嘗各瓶味覺水，如果孩子排拒，則不必勉強。

　　(2)也可以酸、甜、苦、辣、鹹等原料，烘焙各種外表相同、味道不同的「味覺餅乾」來替代味覺水。

(二)水果評嚐大會

1. **教材準備內容**：各種當令水果。

2. **課程活動簡述**：讓孩子仔細品嚐各種水果之後，自由地表達描述與該水果味道相關的經驗，例如吃過鳳梨釋迦之後，孩子可能會說：「甜甜酸酸的，有鳳梨的味道。」

3. **無法操作處理方式**：聆聽其他孩子的發表討論。

4. **課程設計、安排、實施等注意考慮或補充事項**：

　　(1)此課程可以配合水果單元或是利用午餐後的水果時間進行。

　　(2)課程安排可先讓孩子只品嚐單一水果，然後再品嚐比較不同的水果（如鳳梨跟蘋果）；最後再讓孩子品嚐比較相同但是不同品種的水果（如青龍蘋果、五爪蘋果跟富士蘋果）。

　　(3)也可以用其他不同的食物替代水果，改為「食物評嚐大會」。

(三)味覺敏感度測試

1. **教材準備內容**：

　　(1)與先前味覺水課程中，所使用相同原料的味覺水，唯須再分為以高、中、低不同倍數（視所使用的原料來決定適合的高、中、低稀釋倍數，

例如五百倍、一百倍及二十倍）的白開水稀釋過的味覺水。

(2)茶杯。

2. **課程活動簡述：**

(1)孩子準備好自己的茶杯。

(2)大人先將用白開水高倍（如五百倍）稀釋過的味覺水，倒一小口到孩子茶杯中，讓孩子品嘗味道。然後，請孩子說出或是猜測是屬於哪種味道的味覺水。

(3)大人再將用白開水中倍（如一百倍）稀釋過的味覺水，倒一小口到孩子茶杯中，讓孩子品嘗味道，然後看孩子是否要修正原先的說法。

(4)最後大人再將用白開水低倍（如二十倍）稀釋過的味覺水，倒一小口到孩子茶杯中，讓孩子品嘗味道確認先前的答案是否正確。

(5)同上述步驟，讓孩子品嘗其他的味覺水。

3. **無法操作處理方式：**

(1)減少白開水稀釋倍數，提高味覺水濃度。

(2)加強先前「味覺水」課程活動或日常生活中的味覺經驗。

4. **課程設計、安排、實施等注意考慮或補充事項：**高倍稀釋的味覺水標準，應該是若有似無的味道，非常接近白開水，需要高度的味覺靈敏度才能分辨出來。中倍稀釋的味覺水標準，則是一般的味覺靈敏度就能分辨出來。低倍稀釋的味覺水標準，則是幾乎所有的味覺靈敏度都能分辨出來。讀者可以依此標準來決定稀釋的倍數。

(四)味道綜合混合分析

1. **教材準備內容：**各種不同水果打成的綜合果汁。

2. **課程活動簡述：**孩子品嘗混合兩種以上水果的綜合果汁後，大人提示該果汁是由幾種果汁打成的，讓孩子經由味覺來分析果汁中的水果種類。

3.無法操作處理方式：

(1)加強提供孩子日常生活味覺品嘗生活經驗，或先前「㈠味覺水」、「㈡水果評嘗大會」及「㈢味覺敏感度測試」等相關課程活動經驗。

(2)請參閱以下「內容物困難程度順序考慮安排」相關說明。

4.課程設計、安排、實施等注意考慮或補充事項：

(1)此課程中所混合使用的水果，必須是孩子在先前的課程或是日常生活中曾經單獨品嘗過，而且熟悉味道的水果。

(2)此課程的內容物安排，可依以下困難程度順序考慮安排：

a. 數量由少至多。例如，先混合兩種不同水果，再逐漸地增加到兩種以上。

b. 先選擇味道對比性較大的水果（例如：西瓜和檸檬），然後選擇味道相似的水果（例如：金桔和檸檬）。

c. 先以相等比例分量製作綜合果汁，然後再以不同比例分量製作綜合果汁（例如：甲水果占 10%，乙水果占 90%）。

d. 此課程也可以運用各種材料製作味覺綜合餅乾來代替綜合水果，或以各種綜合湯頭（例如：香菇雞湯、人蔘雞湯、蒜頭雞湯或火鍋湯頭），讓孩子品嘗分析湯頭所使用的原料。

第三節　邏輯思考

　　語文的聽、說、讀、寫率涉到符號的組合運用。如何接收理解由單獨的字音及字形符號所組合成的詞彙、句子等所要傳達的訊息，以及如何以單獨的字音及字形符號所組合成的詞彙、句子，來表達或傳遞訊息？凡此均有賴邏輯思考的運作。那麼，哪些邏輯思考會影響語文理解跟表達的運作呢？皮亞傑在《兒童的早

期邏輯發展》一書中提到：「語言的句法和語義都包含分類和序列的結構」（註8）。例如孩子說：「有一個美國人在公車上說中文。」在此句子中的「美國人」、「公車」以及「中文」都運用到分類的概念；至於不說「美人國」而說「美國人」當然是順序性的概念運用。所以，安排相關的課程活動，來加強孩子分類及順序性的邏輯思考發展，將有助於孩子日後語文符號組合運用的表達及理解。

壹、順序性

一、對比順序性

㈠教材準備內容

十根由一塊、二塊……到十塊套套接積木組接成的長棒，每根長棒的顏色相同，長度不同。

㈡課程活動簡述

1. 將十根套套接積木組接成的長棒散放在桌上。
2. 依由長到短，或是由短到長的順序，將十根長棒依序排列成一邊貼齊的長短序列樓梯。

㈢無法操作處理方式

1. 加強先前「長短分辨比較」課程活動相關經驗（見第 60 頁）。
2. 依孩子能力將長棒數量減少。例如，第一次就只拿兩根長棒，孩子會排列操作之後，再逐漸增加長棒數量，讓孩子排列操作。
3. 先選擇長度對比性較大的長棒讓孩子排列操作，等孩子會排列操作之後，再逐漸縮短長棒間的長度對比性。

㈣課程設計、安排、實施等注意考慮或補充事項

　　除了長短對比變化的順序性課程之外，也可以安排以下各類對比順序性的相關課程。課程活動步驟則類似本課程，所不同者只是教材內容的改變。

1. 寬窄對比：教材準備內容請參閱先前「寬窄分辨比較」課程活動（見第61頁）相關說明。

2. 大小對比：教材準備內容請參閱先前「大小分辨比較」課程活動（見第62頁）相關說明。

3. 顏色濃淡對比：可以各種序列性顏色（例如由深紅到淺紅）的色票或色板作為課程教材。

4. 重量輕重對比：教材準備內容請參閱先前「輕重分辨」課程活動（見第83頁）相關說明。

5. 質感粗糙細緻對比：教材準備內容請參閱先前「粗細質感分辨」課程活動（見第83頁）相關說明。

6. 溫度冷熱對比：可以安排各種不同水溫（例如攝氏 40°、30°、20°等）的水讓孩子進行課程活動。

7. 乾濕對比：可以安排各種不同乾濕程度（例如完全潮濕、有點濕及完全乾燥）的毛巾讓孩子進行課程活動。

8. 氣味濃淡對比：可以不同的倍數稀釋（例如無稀釋、十倍、五十倍及一百倍）相同的香精油，讓孩子進行課程活動。

9. 味道對比：教材準備內容請參閱先前「味覺敏感度測試」課程活動（見第89頁）相關說明。

10. 音調高低對比：安排可以發出不同高低音調的發聲器讓孩子進行課程活

動。

11.音量大小對比：安排可以發出不同音量大小的發聲器讓孩子進行課程活動。

二、視覺空間順序性

(一)教材準備內容

1.在幾何形狀順序模式卡上有幾何形狀圖案，例如正方形跟圓形，模式卡的左上方有一由左指向右方的箭頭符號，指示著形狀模式的順序方向，如圖 2-13。

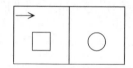

圖 2-13　幾何形狀順序模式卡

2.四組模式卡上的幾何形狀圖卡。

3.上有方格線條的幾何形狀順序排列長條紙板，方格總數與四組模式卡上的幾何形狀圖卡相同（例如，模式卡上有兩個圖形，紙板上則有八個方格），紙板左上方同樣有「→」符號，指示著形狀圖卡排列的順序方向，如圖 2-14。

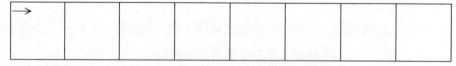

圖 2-14　幾何形狀順序排列長條紙板

㈡課程活動簡述

1. 把幾何形狀順序模式卡放在長條紙板上方。注意「→」符號位於左上方。

2. 由左至右一一指唸模式卡上的形狀名稱。例如：「正方形、圓形……。」

3. 依照模式卡上的形狀圖形順序，口中重述模式卡上的形狀名稱，手中同時將四組幾何形狀圖卡，由左至右一一置放在長條紙板的格線中。圖2-15為完成後的順序模式排列。

4. 由左至右一一指唸形狀名稱，核對是否為正確的順序模式。

圖 2-15　幾何形狀順序模式排列完成圖

㈢無法操作處理方式

1. 圖卡重複順序排列的次數從四次減少為三次或兩次。

2. 讓孩子先複述模式卡上的形狀名稱，然後再配合重複口述，置放圖卡。

㈣課程設計、安排、實施等注意考慮或補充事項

1. 長條紙板也可以塑膠布條替代，以利收拾。

2. 順序模式的教材也可以長線穿上各種不同顏色、形狀、大小的木珠模式；或排列立體積木、模型或是日常物品模式，來替代形狀圖卡的模式排列。

3. 順序模式的圖卡內容也可以把幾何形狀改成其他顏色、大小、動物、線條符號或是各種混合圖案。

4. 此課程的順序性安排請參考以下說明：

⑴模式的組成圖形數量，可以從兩個逐漸增加為三個或三個以上，請參閱圖 2-16。

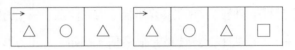

圖 2-16　模式組成圖形的數量變化

⑵長條紙板的方格列數，可以由一列增加為兩列或兩列以上方格，請參閱圖 2-17。

△	○	△	□	△	○	△	□
△	○	△	□	△	○	△	□

圖 2-17　長條紙板的列數變化

⑶設計方格欄數不是模式組成圖形數量的倍數，讓第二列開頭與第一列開頭的圖形不同。例如，圖 2-18 第二列開頭是接著排圓形，而不是如圖 2-17 的以三角形開始。

△	○	△	□	△	○	△	□	△
	○	△	□	△	○	△	□	△	○

圖 2-18　第二列模式起始變化

⑷如果孩子發展能力不錯，可以安排拿掉模式中一些部分，讓孩子推敲找出遺落部分的模式補遺課程活動，如圖 2-19 所示，讓孩子將第一列第二欄、第八欄以及第二列第七欄的空白欄中依序補上圓形、正方形以及正方形的圖卡。模式補遺的課程順序性安排也請參考上述⑴、⑵、

⑶各項相關說明。

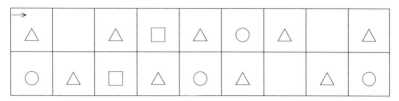

圖 2-19　模式補遺課程

三、時間順序性

㈠聽覺聲音時間順序性

1. 教材準備內容：無。

2. 課程活動簡述：大人以各種不同的模式拍手，請孩子聽過之後，模仿大人的模式拍手。

3. 無法操作處理方式：

⑴加強「聲音速度分辨記憶」相關課程活動經驗（見第41頁）。

⑵簡化拍手模式。

4. 課程設計、安排、實施等注意考慮或補充事項：

此課程的拍手模式型態可從下列三個方向安排：

⑴固定長音，如連續二拍。

⑵固定短音，如連續半拍。

⑶長短音混雜，如一長一短、二長一短、二短一長或「愛的鼓勵」等各種模式。

㈡事件先後時間順序性

1. 生活作息順序：

⑴教材準備內容：無。

⑵課程活動簡述：大人與孩子討論發表在學校或在家中的生活作息順序。
　　例如：早上起床、刷牙、吃早餐、換衣服、上學……。

⑶無法操作處理方式：

　　a. 讓孩子發表固定熟悉的生活作息。

　　b. 聆聽其他孩子的發表討論。

⑷課程設計、安排、實施等注意考慮或補充事項：

　　a. 學校的生活作息大家都相同，所以可讓孩子藉由團體討論，來發表
　　　及探討學校的生活作息順序。至於學校以外的生活作息則因人而異，
　　　所以適合個別發表。

　　b. 順序概念發展較好的孩子，可以將生活作息順序，鉅細靡遺交代得
　　　相當清楚；發展較弱的孩子，雖然剛開始無法如此完整地交代，常
　　　會遺漏一些細節，但只要持續提供適當的環境刺激，假以時日，就
　　　會有所進展。

2. 事件進行順序：

⑴教材準備內容：無。

⑵課程活動簡述：讓孩子討論發表某特定事件的進行順序。例如，讓孩
　　子說明某一遊戲的玩法：先要怎樣，再來要怎樣，然後要怎樣，最後
　　再怎樣等等。或讓孩子說明洗澡、吃飯或到公園玩等事件進行的先後
　　步驟順序。例如，洗澡時，先把乾淨衣服拿到浴室、開瓦斯開關、打
　　開熱水水龍頭、以冷水調節水溫、脫掉衣服……。

⑶無法操作處理方式：

　　a. 讓孩子發表自己熟悉的事件之進行步驟。

　　b. 聆聽其他孩子的發表討論。

⑷課程設計、安排、實施等注意考慮或補充事項：同樣地，大家在學校

共同的事件經驗，可讓孩子藉由團體討論，來彼此補充發表，如果屬於個人的事件經驗，則必須注意勿讓其他的孩子插嘴或打斷當事者的發表。

四、概念順序性

㈠動作模式

1.**教材準備內容**：無。

2.**課程活動簡述**：大人示範由兩種或兩種以上動作組合成的動作模式（例如摸鼻子—蹲下—站起來—拍手），讓孩子重複循環模仿該動作模式三、四次以上。

3.**無法操作處理方式**：

⑴簡化動作模式的動作組成數量。

⑵讓孩子自行創造動作模式。

4.**課程設計、安排、實施等注意考慮或補充事項**：

⑴也可以讓孩子一邊唱「頭耳肩膀膝腳趾」的歌曲，一邊重複觸摸歌詞所提的身體部位。

⑵也可以以重複的動作模式編排兒童律動，來發展孩子的相關概念。

㈡輪流模式

1.**教材準備內容**：點心時間的點心。

2.**課程活動簡述**：吃點心時間，以三到五個孩子一組，事先約定輪流吃點心的順序，然後依照輪流順序由甲先吃自己碗中的點心一口之後，換乙吃一口自己碗中的點心……然後再輪回甲，如此循環輪流下去。

3.**無法操作處理方式**：

⑴減少輪流順序的人數。

⑵依照順時針或逆時針方式輪流。

⑶加強日常生活中排隊輪流的觀念。

4.課程設計、安排、實施等注意考慮或補充事項：

⑴此課程可以激發孩子吃點心的興趣。

⑵其他例如玩撲克牌、大富翁或其他輪流的課程遊戲，都有助於孩子輪
流順序概念的建立。

貳、分類

一、一特徵分類

㈠我們是相同的

1.教材準備內容：無。

2.課程活動簡述：

⑴請一個孩子站出來，讓其他孩子看自己與該名孩子是否有相同的特點，
例如，「同樣是穿紅衣服」，然後把所有穿紅衣服的孩子集合一起，
沒有穿紅衣服的孩子集合一起。

⑵依上述步驟，讓孩子找出自己跟站出來的孩子相同的地方，一直到找
不出相同特點時，再換下一位孩子站出來讓其他孩子分類比較。

3.無法操作處理方式：觀看聆聽其他孩子進行課程。

4.課程設計、安排、實施等注意考慮或補充事項：此課程採取自由發
表的討論方式進行活動，大人只須炒熱討論的情境氣氛，無須強迫孩子
發表。

㈡圖卡分類

1. **教材準備內容**：不同顏色（紅、黃、藍）、形狀（正方形、圓形、三角形）及大小的圖卡共十八張。圖卡內容如下：紅色大圓形、紅色大三角形、紅色大正方形、紅色小圓形、紅色小三角形、紅色小正方形；黃色大圓形、黃色大三角形、黃色大正方形、黃色小圓形、黃色小三角形、黃色小正方形；藍色大圓形、藍色大三角形、藍色大正方形、藍色小圓形、藍色小三角形及藍色小正方形。

2. **課程活動簡述**：
   ⑴請孩子依圖形大小，把圖卡分為大小兩類。
   ⑵請孩子依圖形顏色，把圖卡分為紅黃藍三類。
   ⑶請孩子依圖形形狀，把圖卡分為正方形、圓形、三角形三類。

3. **無法操作處理方式**：
   ⑴加強先前「視覺分辨比較」相關課程活動經驗（見第 60 頁）。
   ⑵將三種顏色及形狀減少為兩項。例如，顏色只用紅、藍兩色，形狀只用正方形與圓形兩種形狀，使圖卡數量減少到八張。
   ⑶將「顏色」、「形狀」、「大小」三變數減少為兩項，以二變數一特徵來分類。
   a. 大小、形狀二變數：
   　(a)教材內容：相同顏色、不同大小及形狀的圖卡，例如：紅色大圓形、紅色大三角形、紅色大正方形；紅色小圓形、紅色小三角形及紅色小正方形圖卡共六張。
   　(b)操作方式：
   　　‧依大小分類。
   　　‧依形狀分類。

b. 大小、顏色二變數：

　(a)教材內容：相同形狀、不同顏色及大小的圖卡，例如：紅色大圓形、黃色大圓形、藍色大圓形；紅色小圓形、黃色小圓形及藍色小圓形圖卡共六張。

　(b)操作方式：

　　·依大小分類。

　　·依顏色分類。

c. 顏色、形狀二變數：

　(a)教材內容：相同大小、不同顏色與形狀的圖卡，例如：紅色圓形、紅色三角形、紅色正方形；黃色圓形、黃色三角形、黃色正方形；藍色圓形、藍色三角形及藍色正方形圖卡共九張。

　(b)操作方式：

　　·依顏色分類。

　　·依形狀分類。

4.課程設計、安排、實施等注意考慮或補充事項：

　(1)可以一些圖片或模型，讓孩子自行分類。例如，分為可以吃與不能吃的物品，或是有尾巴與沒有尾巴的動物等。

　(2)也可以安排非項分類的課程活動，亦即讓孩子找出不是大的、不是小的、不是紅的、不是黃的、不是藍的、不是圓形的、不是三角形的或者不是正方形的圖卡。

二、二特徵分類

㈠我們是相同的

1. **教材準備內容**：無。

2. **課程活動簡述**：

⑴同一特徵分類「我們是相同的」課程活動（見第 100 頁）類似，不同
處在於孩子要提出自己與站出來的孩子兩項相同的特點，然後再依孩
子所提出的特徵一一集合分析比較。例如，孩子發現自己與站出來的
孩子同樣姓林、且同樣是男孩，然後大人就集合姓林的孩子站一邊，
男孩站另一邊，而姓林的男孩則集合站在中間。

⑵依上述步驟，讓孩子找出自己與站出來的孩子相同的兩個特點，一直
到找不出時，再換下一位孩子站出來讓其他孩子分類比較。

3. **無法操作處理方式**：加強先前「一特徵分類」相關課程活動經驗（見
第 100 頁）。

4. **課程設計、安排、實施等注意考慮或補充事項**：請參閱一特徵分類
中「我們是相同的」課程活動相關說明。

㈡圖卡分類

1. **教材準備內容**：同一特徵分類「圖卡分類」課程（見第 101 頁），請自
行參閱。

2. **課程活動簡述**：

⑴依大小、形狀二特徵分類：請孩子依照以下分類方式，找出符合條件
的圖卡。分類方式請參閱表 2-1。

a. 大的圓形圖形。

b. 大的正方形圖形。

　　c. 大的三角形圖形。

　　d. 小的圓形圖形。

　　e. 小的正方形圖形。

　　f. 小的三角形圖形。

表 2-1　大小、形狀二特徵分類表

	圓形	正方形	三角形
大	大的圓形	大的正方形	大的三角形
小	小的圓形	小的正方形	小的三角形

(2)依大小、顏色二特徵分類：請孩子依照以下分類方式，找出符合條件的圖卡。分類方式請參閱表 2-2。

　　a. 大的紅色圖形。

　　b. 大的黃色圖形。

　　c. 大的藍色圖形。

　　d. 小的紅色圖形。

　　e. 小的黃色圖形。

　　f. 小的藍色圖形。

表 2-2　大小、顏色二特徵分類表

	紅色	黃色	藍色
大	大的紅色	大的黃色	大的藍色
小	小的紅色	小的黃色	小的藍色

(3)依顏色、形狀二特徵分類：請孩子依照以下分類方式，找出符合條件的圖卡。分類方式請參閱表 2-3。

　　a. 紅色的圓形。

b. 黃色的圓形。

c. 藍色的圓形。

d. 紅色的正方形。

e. 黃色的正方形。

f. 藍色的正方形。

g. 紅色的三角形。

h. 黃色的三角形。

i. 藍色的三角形。

表 2-3　顏色、形狀二特徵分類表

	圓形	正方形	三角形
紅色	紅色的圓形	紅色的正方形	紅色的三角形
黃色	黃色的圓形	黃色的正方形	黃色的三角形
藍色	藍色的圓形	藍色的正方形	藍色的三角形

3.**無法操作處理方式：**

(1)加強「一特徵分類」相關課程活動經驗（見第 100 頁）。

(2)加強「二特徵分類」中「我們是相同的」相關課程活動經驗（見第 103 頁）。

4.**課程設計、安排、實施等注意考慮或補充事項：**

也可以安排加入一非項特徵分類，或是二非項特徵分類的課程。

(1)一非項特徵分類：

a. 依大小、形狀二特徵分類：

(a)～大小∩形狀：不是大的但是是圓形、不是小的但是是三角形……等。

(b)大小∩～形狀：是大的但不是圓形、是小的但不是正方形……等。

b. 依大小、顏色二特徵分類：

(a)～大小∩顏色：不是大的但是是紅色、不是小的但是是黃色……等。

(b)大小∩～顏色：小的但不是黃色、大的但不是藍色……等。

c. 依顏色、形狀二特徵分類：

(a)～顏色∩形狀：不是紅色的圓形、不是藍色的正方形……等。

(b)顏色∩～形狀大小：是黃色但不是三角形、是藍色但不是圓形……等。

⑵二非項特徵分類：

a. 依大小、形狀二特徵分類（～大小∩～形狀）：不是大的也不是圓形、不是小的也不是三角形……等。

b. 依大小、顏色二特徵分類（～大小∩～顏色）：不是大的也不是紅色、不是小的也不是黃色……等。

c. 依顏色、形狀二特徵分類（～顏色∩～形狀）：不是紅色也不是圓形、不是藍色也不是正方形……等。

註釋

註 1： Uitgeverij De Ballon bvba 原著，陳孟君譯（1991）。跟班實一起畫線。23頁。台北：華一書局。

註 2： 紀斌雄發行（1987）。線條遊戲。3頁。台北：華一書局。

註 3： 馬丁‧韓福得，漢聲雜誌譯（1993）。威利在哪裡？台北：英文漢聲出版有限公司。

註 4： 本圖檔是由企鵝圖書有限公司授權：填色遊戲及有趣的填色，第 10 頁（2005）。

註 5： 安喬娜斯，漢聲雜誌譯（1991）。上學途中。台北：英文漢聲出版有限公司。

註 6：　林玉珠（2004）。娃得福幼教課程模式之理論與實踐（第六章）。265頁。

　　　　幼教課程模式。台北：心理出版社。

註 7：　同註 6。

註 8：　Jean Piaget & Barbel Inhelder原著，陸有詮、華意蓉合譯（1989）。兒童的

　　　　早期邏輯發展。20頁。台北：五洲出版社。

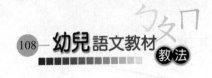

第三章

語言聽力理解

第一節 語言聲音聆聽

就如在第一章所述，語文發展是被動吸收與主動創造的交互過程，被動的語文刺激接收，更是個體主動創造的基礎。也就是說，孩子如果沒有經過語言聆聽的過程，是無法主動說話表達的。所以，語言聲音的刺激聆聽，也可以說是語文聽說讀寫最根本的基礎。因此，如何在生命的早期，為孩子提供一個優質語言聽覺刺激的環境，是我們以下要探討的。

壹、質量探討

一、量的探討

有些大人會認為：對小嬰兒有什麼好說的？他又聽不懂！是的，嬰兒剛開始或許是聽不懂，如果外在環境缺乏語言聲音的刺激，那麼他聽不懂的狀態就會一直持續下去，當然附帶的是——他也就不會說話。所以要讓孩子會聽會說，外在環境語言聲音的刺激是絕對必要的。經驗告訴我們：許多聽說能力發展較慢的孩子，經醫生檢查，生理方面一切正常，其造成原因常常是：在孩子生命的早期，缺乏聲音語言的刺激。孩子清醒時，常是盯著天花板看，或是獨自安靜地玩，如此長期下來，語言理解以及說話表達能力的發展，當然不如同齡的孩子。因此，並非要等到孩子聽得懂，才要為孩子提供語言聲音聆聽的環境，而是嬰兒一出生，甚至胎兒還在媽媽的懷裡，就應該適時適量地為孩子提供充滿豐富語言聽覺刺激的環境。

有些大人會忽略了孩子生命早期語言聽覺刺激環境的重要性，這固然令人擔憂，但是另外有些父母害怕孩子輸在起跑點上，只強調要讓孩子多聽，因此大量選購 CD 或錄音帶，讓孩子整天聆聽，為孩子提供過量的聽覺刺激，其作法亦值

得商榷。我們雖然強調要為孩子提供充滿豐富語言聽覺刺激的環境，要讓孩子多聽，但並非是無限量地對孩子展開二十四小時的疲勞轟炸，因為過度的刺激會引起孩子的焦慮和不安。總之，過與不及對於孩子的發展都一樣會有不良影響，皆不可取。

二、*質的探討*

提供給孩子的語言刺激，除了在量方面應該要充足之外，孩子的行為是大人行為的翻版，所以提供給孩子的語言刺激，在品質因素上，更是要加以掌握。以用語為例，曾經有位四歲的小孩滿口三字經，原來該孩子小時候在鄉下跟阿公一起住，阿公習慣開口閉口三字經，在耳濡目染的情境之下，學會三字經是很自然的事。除此之外，電視媒體常會以譁眾取寵的方式，創造不雅用語的流行文化，例如時下流行的用語──「爽」，就是一例。所以在提供給孩子語言刺激時，對於用語必須特別注意，否則孩子日後用語低俗，是會讓人瞧不起的！除此之外，提供給孩子的語言刺激，咬字發音是否清晰準確？語調腔調是否特異？這都是我們要留心的。例如，從小讓菲傭帶大的孩子，在這些方面就可能會有不利的影響。還有，時下的電視媒體，除了一些藝人會故意以奇怪的腔調或咬字發音來吸引觀眾外，連一些卡通影片的配音，也會出現奇怪的腔調或咬字發音。面對現今這些品質低落的外在語言刺激環境，如何讓孩子所受到的不良影響降到最低，實在是你我要更費心思量的！

對於語言品質的要求，除了用語、腔調及咬字發音之外，語言刺激提供者的說話態度，更是我們需要重視的。現在孩子知道的知識技能，涉獵之廣之精，只怕有時你我都要自嘆弗如，但其講話時的傲慢態度，卻也常讓人驚心不已！怎麼會這樣呢？其實這常常是我們大人造成的。試想，當我們提供孩子語言刺激時，是否以尊重的態度對待呢？對孩子是否呼來喚去甚至辱罵孩子？是否一邊做其他的事，一邊心不在焉地敷衍甚至不耐煩地回答、打發孩子？與孩子對話時是否誠

懇地注視著孩子？孩子說話時是否常常被我們打斷？想想！我們是以多麼不尊重的說話態度來對待孩子哪！而孩子雖然只能默默地承受，不會抗議，但在不知不覺之中，也感染了我們說話的態度，而表現於日後的言語之中。所以大人並無須訝異孩子粗暴傲慢的語言表達習性，因為這都是大人自己一手造成的。如果我們能拋開當前功利速成主義的束縛，正視與孩子每一次的對話，願意放慢腳步，真誠地與孩子一同分享生活經驗，那麼，孩子將會以最誠摯的態度對世界發聲！

貳、來源探討

就孩子語言聲音聆聽的來源，可分為：

1.實際的人聲：父母親屬、教師、保母……等。

2.科技產品：錄音帶、CD、電視、電腦、廣播……等。

我們希望孩子語言聲音聆聽的主要來源是來自於實際的人聲，尤其是媽媽。當然，我們也可以音樂故事帶、CD 或是幼兒電腦軟體等科技產品，當作孩子語言聆聽的另一個來源，但這些科技產品的聲音，遠遠不如真實人聲來得親切溫暖。在此我們也要特別強調：雖說當今科學發達，有很多科技產品可供選擇使用，但在幼兒教育的領域裡，這些科技產品常常僅能當成輔助工具，絕對不能越俎代庖，變成主角。如果大人為了貪圖方便，完全仰賴這些科技產品，那就是本末倒置了。就以語言聲音的聆聽而言，我們當然希望孩子聽到的是帶有感情生命的實際人聲，尤其是母親或親人的聲音。音樂帶、故事帶或其他電腦科技產品的聲音再好聽，對孩子而言，也比不上自己媽媽的聲音，到底媽媽是無可替代的，不是嗎？試想，能夠聆聽媽媽對他訴說每天心情及期待的胎兒，是多麼地幸福啊！同樣地，每晚睡前能在床頭聽媽媽說故事入眠的孩子，是多麼地叫人羨慕啊！因為除了聲音之外，孩子還感受到真實生命經驗的交流，這種早年「刻骨銘心」的經驗，會叫人永生難忘！這種感覺，豈是音樂故事帶或 CD 所能提供的？幼兒教育是門藝術，

不應該當成技術來運用，除了知道方法技巧之外，我們更應該用「心」來對待孩子。開展孩子智慧的是愛與關懷，絕對不會是冷冰冰的科技，如果大人願意付出時間用心去關懷孩子，孩子何嘗會願意去擁抱電視及電腦，成為「專職」的電視兒童或電腦兒童呢？

　　當然筆者並不是完全否定這些科技產品在幼兒教育應用上的價值，只是想特別強調：教育的成敗關鍵在於人，科技產品只是扮演輔助的角色，需要藉由大人的導引，電視、電腦等科技產品才能發揮其效用，所以應該是大人陪同孩子來使用這些科技產品，如此一來，它們才能顯現其效用。如果認為只要為孩子準備好這些科技產品，從此就不用關心孩子的學習，那是不負責任的作法。之前，我們已經造就了許多專職的電視兒童，在電腦科技教學被過度誇大效果的今天，我們實在不忍心看到更多無辜的孩子被迫塑造成專業的電腦兒童，這實在有賴我們一同來努力。教育孩子，靠的是我們的心，而不是科技產品！您的心，準備好了嗎？

參、語言聆聽課程安排

　　在孩子語言聆聽的課程安排上，我們應該兼顧孩子語言的廣度以及深度經驗。在孩子語言聆聽的廣度經驗方面，通常可以藉由聽故事、唸兒歌、單元課程討論和日常生活中大人與孩子、孩子與孩子間的對話等過程來提供，一般來說，孩子較不缺乏這方面的刺激經驗。所以以下的課程活動，特別針對孩子語言聆聽的深度經驗，來做順序性的結構安排。讀者可以將這些結構性的課程活動，依照順序，穿插在現行孩子廣度經驗的課程架構中，為孩子提供廣度、深度兼顧的語文聆聽刺激環境。

第二節　詞句聽力記憶

語言聽力理解要以詞句聽力記憶為基礎，否則聽了後句、忘記前句，就無從理解起了。由於語言聲音的短暫性特性，在短時間內很快就會消失，如果遺忘了，不像文字符號忘記了可以回頭再重複閱讀一遍，所以聽力記憶對於語言聽力理解是相當重要的。一些聽力記憶能力差的孩子，對於長一點的對話，常會聽了後句、忘記前句，或是只記住前句、忘記後句。

打個比喻，能記憶容納的空間就那麼大，如果要放這樣東西，就一定不能放另一樣東西。所以聽到像「教室裡面除了電燈以外，什麼都沒有」這樣的句子時，聽力記憶能力差的孩子會因為遺忘前半句，而把重點放在後半句，所以當被問及教室裡面有沒有電燈時，就會認為教室裡面什麼都沒有，所以也沒有電燈。再如當我們請孩子把脫下來的衣服放到櫃子後，再回來收玩具時，孩子很可能把脫下來的衣服放到櫃子後，卻忘記回來收玩具，而直接跑去玩了。大人會以為孩子故意不收玩具而惱怒，卻沒想到可能是孩子聽力記憶能力差所惹的禍，孩子並非故意的，而是我們大人所發出訊息的長度，超過孩子所能記憶的極限。

那麼，面對這樣的情形，我們該怎麼辦呢？如果從影響詞句聽力記憶能力的因素來分析，天生的遺傳智力等內在因素不是我們所能改變的，當然就不去考慮，倒是孩子後天環境接收語言訊息專注性習慣的改變及建立，是我們可以努力的。也就是說，孩子會聽了後句、忘記前句，有可能是天生遺傳的記憶力較差，但更有可能是孩子漫不經心的聽話態度與習慣所造成的，並不是孩子沒有能力聽，而是不願用心聽，所以很自然就會產生聽了後句、忘了前句的情形，只要孩子願意定下心來，花點心思去記憶聆聽，問題就解決了！

會發生這種狀況，很重要的原因當然就是先前所提，孩子學到了大人漫不經心的聽話態度，久而久之已經形成一種接收語言訊息的習慣模式了。當然，如果

以心理學的記憶與遺忘的觀點來看，孩子聽了後句、忘記前句是可以理解的，但有些孩子卻是只記得前半句，遺忘後半句，這應該如何解釋呢？這種情形很可能並非孩子忘記後半句，而是根本沒有把後半句聽進去。想想看，大人常出現不耐煩的聽話態度，當大人聽孩子講前半句之後，就由以往的經驗推想到孩子的下半句是什麼，因此打斷、中止孩子繼續說下去，也就是這樣提供了孩子只聽前半句，不聽後半句就來推斷全句的模式。大人由於生活經驗較豐富，所以所推論的結果通常和孩子所要表達的相去不遠，而孩子生活經驗較欠缺，以其有限的生活經驗，從前半句來推得的結論，當然會與事實相去甚遠。孩子從小養成了這種漫不經心的消極聆聽態度，日後聽課當然也就不會專注，學習效果自然就大打折扣了。相同的習慣延伸到閱讀，就是造成孩子唸小學時，數學應用問題只看前半題就答題，結果答案當然是慘不忍睹的根本原因。

所以，在生命的早期，養成孩子跟說話者有思想訊息上交流的積極聆聽態度，是相當重要的。孩子漫不經心及不耐煩的聽話習慣，根本解決之道，就是要從大人本身做起。大人隨時要檢討反省自己與孩子的對話態度，做個積極的聆聽者，用心與孩子交流，提供孩子一個良好傾聽態度的學習榜樣。除此之外，我們還可以藉由安排一些課程，充足地提供孩子有系統、循序漸進重述語言長度的機會，讓孩子處於有機會去發展詞句聽力記憶能力的環境，如此孩子就可以在沒有任何壓力之下，不知不覺、自然而然地增強詞句聽力的記憶能力，更重要的是，我們也可以達到建立孩子接收語言訊息專注性習慣的目的。

在我們進行詞句聽力記憶這項課程活動時，必須切記：培養孩子接收語言訊息專注性的習慣才是真正的目的，詞句聽力記憶的長度只是一項指標，至於記憶詞句的語言內容，更只是為了達到培養孩子接收語言訊息專注性習慣的手段而已，所以切勿要求孩子背誦詞句。背誦並不等於詞句聽力記憶，背誦記憶的內容並不是詞句聽力記憶所強調的；相反地，這些只是我們的工具、手段，而非目的，我們是利用逐漸增加詞句語言的長度內容，來發展孩子的詞句聽力記憶能力。例如

經由這些課程的練習，孩子的詞句聽力記憶能由原先的四個字、五個字一直發展到一次可以聽力記憶十個字，那麼不管課程內容是要求孩子重述 024623478 數字串，或是像「繽紛的落葉」這樣的句子，都不重要了，重要的是：孩子的詞句聽力記憶能力已經得以開展！

　　如果是強要孩子背下詞句內容，不但對於孩子的詞句聽力記憶能力發展幫助不大（不能說完全沒有幫助，因有多次重述的過程），而且只會徒增孩子的反感與壓力，進而產生排拒，造成孩子在這方面的能力沒有任何開展的機會。所以，在進行此課程時，切勿以要求孩子強行背誦詞句內容為課程目的，以免造成反效果，這是在設計或進行此課程活動時所應該注意的。所以如果以詞句聽力記憶的長度或是背誦記憶內容來要求孩子，根本是捨本逐末，遠離了原先設計的原意！以下課程設計，可以讓孩子用遊戲的心境，自然而毫無壓力地增進詞句聽力記憶能力，僅供參考，讀者也可針對詞句聽力記憶此一目的，自行設計課程活動。唯須再次提醒：提供孩子隨時在自然情境下，無壓力循序漸進地增加重述句子長度的學習環境，是增強詞句聽力的記憶能力的要訣。

壹、數字串複述

　　0 到 9 十個數字數名，可以有許多不同的排列組合，又是孩子所熟悉的，所以很適合用來當作詞句聽力記憶課程的內容。課程內容設計時，應注意同一數字串內，盡量不要有相同數字或是順序安排，以免影響困難度。例如「55555」、「12345」與「68341」雖然都是五字數字串，但複述「55555」及「12345」數字串，顯然是比複述「68341」數字串簡單多了。數字串複述字數長度，低標準為六個，一般標準為七至九個，十個以上算是高標準了。

　　能達高標準的孩子，表示詞句聽力記憶強，在聽力記憶上的學習，將占有極大的優勢，但並非成功學習的保證。六歲以上的學齡孩子，如果數字串複述字數，

不能達到一般標準的七個，表示日後在聽力記憶上的學習會較辛苦。不過，只要孩子從小能適度地提供聽力記憶的機會，孩子在智力遺傳上也沒特別的問題，要達到一般標準可說是輕而易舉的，而且只要孩子能達七至九個數字串複述的一般標準就已足夠，訓練要求孩子複述十個數字以上的數字串，對於孩子日後語言發展的邊際效應並不大，並不值得要求。所以數字串的題目設計，一般而言，最長一串沒有必要超過十個數字（如果孩子有能力，而且也有興趣繼續挑戰極限則屬例外），所以課程的題目設計，建議以十個數字串為最高極限。

一、數字串累加複述

(一)教材準備內容

由單一數字開始，逐次累加一個數字到前一個數字串，一直到十個數字的數字串累加複述題目。題目參考範例舉隅如下：

＊ 1-13-136-1362-13629-136297-1362974-13629745-136297450-1362974508

＊ 0-02-024-0241-02418-024183-0241837-02418376-024183769-0241837695

(二)課程活動簡述

1.大人由單一數字開始，清楚唸完數字後，讓孩子複述。

2.如果孩子能順利複述，則再清楚地唸多累加一個數字的數字串（前面數字仍相同），如此重複相同步驟，讓孩子逐一挑戰更長的數字串累加複述，一直到孩子無法複述才停止，然後再重新進行另一題組。

3.以題目「1-13-136-1362-13629-136297-1362974-13629745-136297450-1362974508」為例，大人唸數字「1」，孩子跟著複述「1」；再來大人唸數字串「13」，孩子複述「13」；大人再唸數字串「136」，孩子複述「136」……一直到孩子無法複述為止。

4.大人在唸數字串時，請勿讓孩子看到數字串的題目，否則就失去聽力記憶的意義了。

(三)無法操作處理方式

1.確定孩子可以沒有困難地唸出 0 到 9 的數名字音，否則取消課程，或只使用孩子可以唸出數名的數字串讓孩子聆聽複述。
2.加強第二章「語文學習前準備工作」中「聲音分辨記憶」（見第 33 頁）相關課程活動經驗。

(四)課程設計、安排、實施等注意考慮或補充事項

1.由於累加數字串前面的數字不變，所以累加複述的過程會較為容易。
2.鑑於篇幅限制，僅能提供有限的參考範例題目，若不敷使用，則請讀者參照參考題目範例，舉一反三，自行設計。或請參閱拙著《幼兒語文發展輔導手冊——語言組合運用篇》（註1），該書提供充足的「語言聽力理解」以及「語言思考表達」所有相關課程活動的題目範例，可為讀者省下設計題目的時間與精神。

二、數字串複述

(一)教材準備內容

由三個到十個數字所組成的數字串複述題目。題目參考範例舉隅如下，請參閱範例自行設計。

三字串	四字串	五字串	六字串	七字串	八字串	九字串	十字串
802	1093	96412	580239	7453218	95624071	452081763	9814730526
048	3647	87639	827065	2841096	79431860	673254098	2036789451

㈡課程活動簡述

1. 大人直接唸一數字串，讓孩子複述。例如，由「數字串累加複述」課程得知，孩子的能力約在六字數字串，我們就可以任選一組五字數字串讓孩子複述。

2. 孩子如果無法複述，則改唸少一數字的數字串，例如四字數字串讓孩子複述；如果孩子可以複述五字串，則可複述另一五字數字串或逐次挑戰更長的數字串複述，一直到孩子無法複述為止。

㈢無法操作處理方式

1. 減少複述的數字串長度。

2. 加強先前「數字串累加複述」相關課程活動經驗（見第 117 頁）。

㈣課程設計、安排、實施等注意考慮或補充事項

1. 與「數字串累加複述」課程相較，因為沒有逐一累加字數的過程，所以較為困難。

2. 在題目的設計上，各字串的數字應避免有任何部分重複的現象，如「23146」及「981467」二題目中有「146」數字串重複現象，應該修改成無重複的字串，如「23146」及「697841」或其他無任何部分重複的字串，否則就可能會與數字串累加複述的形式相近了。

3. 同樣地，大人在唸數字串時，請勿讓孩子看到數字串的題目，否則就失去聽力記憶的意義了。

4. 如果孩子的能力不錯，也可以讓孩子嘗試以顛倒的方式複述。例如大人唸「156」，孩子則複述「651」。

三、數字串接龍複述

(一)教材準備內容

無。

(二)課程活動簡述

由第一個孩子任意說一個 0 到 9 的數字，第二個孩子除了必須複述第一個孩子所說的數字之外，再加上一個數字，如此輪流接龍複述。例如：1-13-136-1362-13629-136297-1362974……，無法成功繼續接下去的孩子則退出。

(三)無法操作處理方式

加強先前「數字串累加複述」或「數字串複述」相關課程活動經驗（見第 117、118 頁）。

(四)課程設計、安排、實施等注意考慮或補充事項

1. 此課程類似「數字串累加複述」課程，但以團體輪流遊戲的方式進行。大人無須在意孩子所能複述字串數，孩子只要每多玩一次，就多一次發展詞句聽力記憶能力的機會，所以重點在於營造讓孩子樂於參與的氣氛，日子一久，孩子所能複述字串的數目，自然就會慢慢增加。
2. 雖說大人無須在意孩子所能複述的字串數，但此課程最好還是依孩子的能力分組實施，以免因能力懸殊，造成一些孩子的挫折感。

貳、詞彙串複述

同數字串複述，只是將數字串改為水果、動物、交通工具等孩子熟悉的詞彙串，在此必須強調的是：在使用詞彙串當作孩子詞句聽力記憶的課程內容之前，要先確定所使用的詞彙是孩子所熟悉的，如果詞彙串是孩子陌生的，會導致大人對於孩子詞句記憶能力的誤判。再則，所使用的詞彙，基本上是以二字組成為主，例如：老虎－貓咪－鴕鳥；並避免有相同字出現的詞彙或詞彙串，例如：媽媽－老鷹－老鼠。複述詞彙字數低標準為六個，一般標準為八到十個，十個以上為高標準。

一、詞彙串累加複述

(一)教材準備內容

由單一詞彙開始，逐次累加一個詞彙到前一個詞彙串，一直到五個詞彙的詞彙串累加複述題目。題目參考範例舉隅如下，請參閱範例自行設計。

葡萄；葡萄－蘋果；葡萄－蘋果－木瓜；葡萄－蘋果－木瓜－橘子；葡萄－蘋果－木瓜－橘子－番茄
蝴蝶；蝴蝶－蚱蜢；蝴蝶－蚱蜢－蜻蜓；蝴蝶－蚱蜢－蜻蜓－螳螂；蝴蝶－蚱蜢－蜻蜓－螳螂－老鷹

(二)課程活動簡述

同「數字串累加複述」課程，唯須將數字串改為詞彙串，請自行參閱（見第 117 頁）。

(三)無法操作處理方式

1.確定所使用的詞彙是孩子所熟悉的，否則取消課程，或只使用孩子熟悉的詞彙串讓孩子聆聽複述。

2.加強先前「數字串累加複述」相關課程活動經驗（見第 117 頁）。

㈣課程設計、安排、實施等注意考慮或補充事項

在此課程活動中，孩子是以詞彙為單位來記憶複述，而不是以單音為單位來記憶複述，所以五個詞彙雖是十個字音，但卻比複述十個數字串來得簡單。因此如果孩子有興趣，也可以提供五個以上的詞彙串讓孩子挑戰複述。

二、詞彙串複述

㈠教材準備內容

由二個到五個詞彙所組成的詞彙串複述題目。題目參考範例舉隅如下，請參閱範例自行設計。

二詞彙串	三詞彙串	四詞彙串	五詞彙串
鏟子-鉛筆 袋鼠-小鳥	筷子-茶杯-水桶 山羊-烏龜-蜘蛛	蚱蜢-蜻蜓-蝴蝶-蝸牛 果汁-餅乾-麵包-糖果	西瓜-香蕉-草莓-椰子-楊桃 蜘蛛-小鳥-袋鼠-山羊-烏龜

㈡課程活動簡述

同「數字串複述」課程，唯須將數字串改為詞彙串，請自行參閱（見第 118 頁）。

㈢無法操作處理方式

1.減少複述的詞彙串長度。

2.加強先前「詞彙串累加複述」相關課程活動經驗（見第 121 頁）。

㈣課程設計、安排、實施等注意考慮或補充事項

與「詞彙串累加複述」課程相較，因為沒有逐一累加字數的過程，所以較為困難。

三、詞彙串接龍複述

㈠教材準備內容

無。

㈡課程活動簡述

同「數字串接龍複述」課程（見第 120 頁），唯須將數字串改為詞彙串，請自行參閱。

㈢無法操作處理方式

加強先前「詞彙串累加複述」或「詞彙串複述」相關課程活動經驗（見第 121、122 頁）。

㈣課程設計、安排、實施等注意考慮或補充事項

同「數字串接龍複述」課程相關敘述，請自行參閱。

參、詞句複述

一、修辭詞句複述

(一)教材準備內容

詞句長短不一的修辭詞句。參考的修辭詞句範例舉隅如下,請參閱範例自行設計。

＊柔柔的風。

＊花雨滿天(註2)。

＊蝴蝶是會飛的花(註3)。

＊脾氣像夏天一樣暴躁(註4)。

＊雲都捨不得踏過的天空(註5)。

(二)課程活動簡述

大人清楚唸一詞句後,讓孩子複述此特定詞句。

(三)無法操作處理方式

1.減短複述詞句的長度。

2.讓孩子複述日常常用的熟悉詞句,例如:「爸爸上班了。」

3.加強先前「詞彙串複述」相關課程活動經驗(見第121頁)。

(四)課程設計、安排、實施等注意考慮或補充事項

1.孩子對於詞句所使用字詞的熟悉程度,以及詞句的繞舌程度,都會影響孩子詞句複述的長度。也就是說,有些短字句的詞句,有可能比長字句的詞句還難複述。也因此在此課程中,並不預設複述標準。

2.所選擇的修辭詞句，除了可以當成孩子複述的材料之外，也順便可讓孩子感受詞句的修辭技巧。

二、我在說什麼？

(一)教材準備內容

孩子熟悉的日常生活用句。參考範例舉隅如下，請參閱範例自行設計。

＊天氣很熱。

＊媽媽把冷氣打開。

＊早上爸爸開車帶弟弟去看醫生。

(二)課程活動簡述

大人以很小的音量說一個句子，聽見的孩子則複述。如果沒有人可以完整複述詞句，大人則逐漸增大音量，一直到有孩子可以正確地複述句子。

(三)無法操作處理方式

1.縮短複述句子的長度。

2.加強先前「詞彙串複述」相關課程活動經驗（見第 121 頁）。

(四)課程設計、安排、實施等注意考慮或補充事項

此課程的重點在於語言的詞句複述，並非聲音知覺反應，大人之所以要先以很小的音量來說句子，主要是希望藉此吸引孩子注意力的趣味性考量。

三、傳話遊戲

㈠教材準備內容

孩子熟悉的日常生活用句。可參閱先前「我在說什麼？」課程的教材準備內容（見第 125 頁）。

㈡課程活動簡述

1. 請孩子前後排列，大人小聲地在第一位孩子的耳邊說一個句子，例如：「天氣很熱。」
2. 請第一位孩子轉身小聲地在第二位孩子的耳邊傳述該句。
3. 讓孩子依序重複上一步驟，一直小聲傳述到最後一位孩子。
4. 由最後一位孩子依序往前，讓孩子一一大聲說出他們剛才聽到的句子。
5. 大人公布先前所說的句子。

㈢無法操作處理方式

1. 減短傳話句子的長度。
2. 加強先前「詞彙串複述」相關課程活動經驗（見第 121 頁）。

㈣課程設計、安排、實施等注意考慮或補充事項

1. 此課程的重點在於藉由傳話遊戲的趣味性情境，讓孩子在不知不覺中增進詞句聽力記憶的能力，所以是否孩子傳錯話並不重要。
2. 雖說大人無須在意孩子是否傳錯話，但此課程最好還是依孩子的能力分組實施，以免因能力懸殊，造成傳錯話的孩子一再遭到同伴的指責或產生挫折感。

肆、兒歌複誦

　　一般學前機構都會配合單元主題，安排孩子唸兒歌及詩詞的課程。雖然一般兒歌詩詞課程的安排，其目的並不一定是針對孩子的詞句聽力記憶發展，但經由兒歌詞句複誦的機會，多少對於孩子的詞句聽力記憶發展，也會有所幫助，所以也可列為詞句聽力記憶的輔助課程活動。只是如前所述，如何避免帶給孩子不必要的背誦壓力，是進行此課程所應該注意的。除了兒歌、詩詞之外，一些充滿童趣的童詩，也可當成孩子複誦的材料。而童謠歌曲的唱跳，與兒歌、詩詞以及童詩的複誦，一樣有異曲同工之處，同樣可列為詞句聽力記憶的輔助課程活動。由於兒歌、詩詞、童詩以及童謠歌曲的選擇，多會配合主題單元，請根據實際需要自行安排，在此就不提供任何參考範例。

伍、日常生活對話記憶聆聽

　　除了以上所提方式外，平時大人與孩子的對話句子的長度，對於孩子聽力記憶的發展，也有決定性的影響。例如，孩子與周遭大人的日常生活對話，如果都是使用長一點的句子，孩子經年累月接觸下來，詞句記憶的能力當然就在不知不覺中增加了！其實在日常生活對話中，如果能巧妙安排，依照孩子的能力，經常使用長一點的句子，就可以完全不著痕跡地達到孩子聽力記憶能力的訓練，豈不妙哉！只是日常生活對話的內容，比起正式課程更難預設、掌握及引導，大人需要具有高度臨機應變的能力，而且日常生活對話主要目的是在於溝通，如果為了提升孩子記憶能力，而造成溝通的誤解或是因此產生情緒上的問題，並不是明智之舉。總而言之，在孩子可以理解接受的範圍內，盡可能使用較長的句子溝通，也是輔導孩子提升記憶能力另外一種可考慮的方式。

第三節　語言聽力理解

　　幼兒語言聽力理解的發展，除了可以藉由聽故事、唸兒歌、單元課程討論和日常生活中大人與孩子、孩子與孩子間的對話等方式，來提供孩子語言聽力理解的廣度經驗外，也可以依序安排由詞彙、片語短句到長句子的語言聽力理解課程，提供孩子語言聽力理解的深度經驗。由於日常生活對話無須預設課程，而故事聆聽、兒歌及單元討論等課程，一般園所會根據實際需要，自行安排，再加上篇幅限制，所以在此就不探討，請自行參閱相關資料。以下就如何提供孩子語言聽力理解的深度經驗，依序安排由詞彙、片語短句到句子的語言聽力理解課程活動，提出探討。

壹、詞彙聽覺理解

　　詞彙是代表一個有意義的語意單位，兒童使用詞彙的能力在兒童語意發展中占了極重要的部分。寬廣的詞彙不只幫助兒童了解並表達較為高深的知識，而且可以提升兒童閱讀和書寫的能力（註6）。詞彙的知識和兒童語言能力及學業成就有很大的關聯，涉獵廣泛的詞彙不但使兒童有豐富的理解力並可傳達較複雜的思想，而且可以在閱讀和寫作上，有精湛的能力（註7）。總之，認識詞彙是語意發展中的基本條件之一。沒有足夠的詞彙能力，語言表達與理解均不可能。因此，詞彙認識的多寡是兒童語意發展的指標（註8）。

　　但如何擴展孩子的詞彙數量呢？答案還是老調重彈──為孩子準備一個充滿詞彙學習又無壓力的環境。以下提供一些孩子詞彙聽覺學習的課程形式與內容，供讀者參考。課程內容中有些詞彙或許對孩子較難，但所謂「較難」，是因為孩

子平常較少有機會去接觸這些詞彙，我們並不強求孩子立即了解這些詞彙的意義，但只要孩子日後持續不斷有接觸這些詞彙的機會及情境，一回生，二回不熟，三回也就熟了！至於詞彙表達方面學習的課程形式與內容，請自行參閱第四章「語言思考表達」中「字詞語言表達」相關敘述（見第 174 頁）。

一、輕聲點名遊戲

㈠教材準備內容

　　無。

㈡課程活動簡述

1. 孩子靜靜地坐著。
2. 大人用很輕微的聲音叫著某一個孩子的名字，被叫到的孩子就起身離開，如果孩子沒有反應，則逐漸加大呼喚的音量，直到孩子有所反應。
3. 依上述要領，大人依次輕聲呼喚每一個孩子的名字，直到所有的孩子都離開。

㈢無法操作處理方式

　　加大呼喚的音量。

㈣課程設計、安排、實施等注意考慮或補充事項

1. 當大人在呼喚某孩子時，必須留意小心不要注視該小孩，以免讓自己的視線目光成了孩子的線索，因為此活動的重點在於「詞彙聽覺理解」，而非「視覺知覺」。
2. 此課程的重點在於「詞彙聽覺理解」，並非「聲音知覺反應」，大人之

所以要先以很小的音量來呼喚孩子的名字，主要是希望藉以吸引孩子注意力的趣味性考量。

3.當孩子必須一個一個轉換到另一個活動空間時，此活動最適合使用。

二、餐廳點菜遊戲

(一)教材準備內容

1.各種食物圖卡或模型。

2.大小適當的盤子。

(二)課程活動簡述

1.將孩子分為客人、服務生及廚師三組，把各種食物圖卡或模型一字排開，擺放在廚房由廚師看管。

2.客人組孩子上餐廳，扮演服務生的孩子請客人點菜，例如客人以口頭點選漢堡。

3.扮演服務生的孩子走到廚房，告知廚師有關客人所點選的食物名稱。

4.如果廚房沒有客人所要點選的食物，則請服務生告知客人，請客人點選其他食物；如果有，廚師則從食物圖卡或模型中找出客人點選的食物，例如漢堡，將該食物模型或圖卡擺放在盤子上，交給服務生。

5.服務生檢查食物是否正確？如果錯誤，請廚師重新變換食物；如果正確，則將食物送至客人面前。

6.客人檢查食物是否正確？如果錯誤，請服務生重新變換圖卡或食物模型；如果正確，則變換孩子扮演的角色或結束課程。

㈢無法操作處理方式

1. 加強聽故事、唸兒歌、單元課程討論或是日常生活對話等孩子語言聆聽的廣度生活經驗。
2. 加強日常生活中的五官生活刺激經驗。
3. 觀看聆聽其他孩子進行課程。

㈣課程設計、安排、實施等注意考慮或補充事項

1. 此課程活動可以配合「食物」單元實施。
2. 此課程也可以配合「開商店」單元，改為「商店購物遊戲」。只要以各種日常生活用品圖卡、模型，代替各種食物圖卡或模型；以顧客、門市人員及倉庫管理人員代替客人、服務生及廚師即可。

三、名稱詞彙理解

㈠教材準備內容

孩子熟悉的動物、水果、器具或交通工具等圖卡數張。

㈡課程活動簡述

1. 將圖卡一字排開。
2. 大人請孩子找出某特定圖卡，例如，對孩子說：「請找出大象的圖卡。」
3. 如果孩子能夠正確找出大人所說的圖卡，則可以擁有該圖卡。
4. 如果孩子無法正確找出該圖卡，大人則解說正確的圖卡之後，再將該圖卡放回。
5. 依上述步驟讓孩子一一找出大人指定名稱的相對應圖卡。

㈢無法操作處理方式

請參閱先前「餐廳點菜遊戲」課程活動相關敘述（見第 130 頁）。

㈣課程設計、安排、實施等注意考慮或補充事項

此課程活動也可以改為大人說出周遭實際的物品名稱，讓孩子直接指出該物品。例如大人說：「電扇。」孩子則指出電扇的所在位置。唯大人所說出的物品名稱，應位於明顯易見的位置為宜。

四、一般詞彙理解

㈠詞首選詞尾

1. **教材準備內容**：詞首相同，詞首後面的括弧中有詞尾選項的詞首選詞尾題目，選項可分二項、三項及四項三種，詞尾參考答案以粗體字表示。題目參考範例舉隅如下，請參閱範例自行設計。

   ＊白（天　我）

   ＊山（常　羊　洞）

   ＊果（**汁　皮**　然　**題**）

2. **課程活動簡述**：大人依題目唸數個詞首相同的詞彙，問孩子哪個詞彙是正確或錯誤的。例如題目為「白（天　我）」，大人唸「白天、白我。」然後問：「白天對不對？白我對不對？」孩子說出正確的詞彙後，並讓孩子嘗試簡單地解釋該詞彙的意義。

3. **無法操作處理方式**：

   ⑴使用孩子熟悉的詞彙選項。

   ⑵加強聽故事、唸兒歌、單元課程討論或是日常生活對話等孩子語言聆

聽的廣度生活經驗。

⑶加強日常生活中的五官生活刺激經驗。

⑷聆聽其他孩子的討論說明。

4.**課程設計、安排、實施等注意考慮或補充事項：**

⑴對於孩子的錯誤答案，不要急著否定及糾正，可以聽聽孩子的說法。例如，假若孩子認為「白我」是正確的詞彙，大人可以反問：「什麼是『白我』？」可能會發現孩子是誤聽為「白鵝」，此時大人除了指出兩者差異之外，更應注意觀察，該孩子是否有聲音分辨困難的問題（請參閱第六章「發音矯治」相關敘述）。

⑵因為題目是口述的，所以題目的設計應避免同音字，例如：「高興」與「糕興」，從聽覺上判斷都是正確的。又許多孩子常會被二、三聲的分辨所困惑，例如：「麻同」會誤以為「馬桶」，而認為是正確的；再則，ㄥㄣ或ㄓㄔㄕ與ㄗㄘㄙ等容易混淆音的題目，例如星衣－新衣、吱道－知道、詞到－遲到、淋思－淋濕等等，也應該盡量避免。此課程的重點既然是一般詞彙理解，就不應該節外生枝牽扯出其他不相干的問題，至於二、三聲分辨以及ㄥㄣ或ㄓㄔㄕ與ㄗㄘㄙ等音混淆的各種問題，應該集中於發音矯治及拼音等相關課程解決，以免造成孩子更多的疑惑。

⑶此課程的題目可以為複選設計，即每題的答案可能不只一個。

㈡詞尾選詞首

1.**教材準備內容**：詞尾相同，詞尾前面的括弧中有詞首選項的詞尾選詞首題目，選項可分二項、三項及四項三種，詞首參考答案以粗體字表示。題目參考範例舉隅如下，請參閱範例自行設計。

＊（**水** 如）果

＊（斑　特　騎）馬

＊（文　參　組　增）加

2.課程活動簡述：請參閱先前「詞首選詞尾」課程活動相關敘述（見第132頁）。

3.無法操作處理方式：請參閱「詞首選詞尾」課程活動相關敘述。

4.課程設計、安排、實施等注意考慮或補充事項：請參閱「詞首選詞尾」課程活動相關敘述。

五、相似同義詞

㈠教材準備內容

一個詞彙後面的括弧中有相似同義詞選項的相似同義詞題目，選項可分二項或三項，相似同義詞參考答案以粗體字表示。題目參考範例舉隅如下，請參閱範例自行設計。

＊乾淨（**清潔**　清楚）

＊一樣（**相同**　**相等**　相信）

㈡課程活動簡述

依照題目，先唸目標詞彙，然後再唸其他比較的選項詞彙，最後再讓孩子一一比較目標詞彙與選項詞彙的意思有沒有一樣。例如題目為「乾淨（清潔　清楚）」，大人則說：「『乾淨』、『清潔』、『清楚』。『乾淨』跟『清潔』的意思一不一樣？『乾淨』跟『清楚』的意思一不一樣？」孩子回答後，讓孩子簡單地解釋為何相同或不同。

㈢無法操作處理方式

1.使用孩子熟悉的詞彙選項。

2.加強聽故事、唸兒歌、單元課程討論或是日常生活對話等孩子語言聆聽的廣度生活經驗。

3.加強先前「一般詞彙理解」相關課程活動經驗（見第 132 頁）。

4.聆聽其他孩子的討論說明。

㈣課程設計、安排、實施等注意考慮或補充事項

此課程活動的內容中，有些詞彙或許會對孩子較難。但如同先前所述，所謂較難，是因為孩子平常較少有機會去接觸這些詞彙，如果我們還是不提供孩子接觸這些詞彙的機會，那麼，這些詞彙對孩子來說，永遠都是困難的。所以只要我們提供相關的環境刺激，或許孩子剛開始會對這些詞彙有些困惑，但藉著聆聽其他孩子的發表討論，最後終能同化到自己的詞彙基模中，因而擴大自己的詞彙視野。往後的課程活動遇有類似情形，將不再贅述。

六、相對相反詞

㈠教材準備內容

一個詞彙後面的括弧中有相對相反詞選項的相對相反詞題目，選項可分二項或三項，相對相反詞參考答案以粗體字表示。題目參考範例舉隅如下，敬請讀者參閱範例自行設計。

＊胖（重　**瘦**）

＊大人（小人　**小孩**　男人）

(二)課程活動簡述

依照題目，先唸目標詞彙，然後再唸其他比較的相對相反選項詞彙，最後再讓孩子一一比較目標詞彙與選項詞彙的意思是不是相對相反。例如題目為「下（男　上　大）」，大人說：「『下』、『男』、『上』、『大』。『下』的相反是不是『男』？『下』的相反是不是『上』？『下』的相反是不是『大』？」孩子回答後，讓孩子簡單地解釋二字為何是相反。

(三)無法操作處理方式

請參閱「相似同義詞」課程無法操作處理方式相關說明（見第 134頁）。

(四)課程設計、安排、實施等注意考慮或補充事項

有些詞彙的相反詞是有些爭議的。例如，站的相反詞是坐還是躺呢？說坐或躺是站的相反詞，倒不如說是相對詞來得恰當，這是為何這個單元的標題訂為相對相反詞的原因。

七、詞彙簡縮擴張

(一)教材準備內容

可以簡縮及擴張互換的詞彙題目。題目參考範例舉隅如下，請參閱範例自行設計。

＊飛機場－機場。

＊國民小學－國小。

㈡課程活動簡述

1. 大人首先示範說明如何將詞彙簡縮。例如把「警察局」簡縮為「警局」，「電風扇」簡縮為「電扇」……。然後大人再示範說明如何將簡縮的詞彙擴張還原，例如再把「警局」擴張還原為「警察局」，「婚禮」擴張還原為「結婚典禮」……。
2. 孩子熟悉簡縮及擴張規則之後，由大人唸出題目讓孩子簡縮或擴張片語短句。

㈢無法操作處理方式

1. 讓孩子擴張縮減熟悉的詞彙。
2. 加強聽故事、唸兒歌、單元課程討論或是日常生活對話等孩子語言聆聽的廣度生活經驗。
3. 聆聽其他孩子的討論說明。

㈣課程設計、安排、實施等注意考慮或補充事項

1. 本課程所提供的題目範例，讀者可依需要將詞彙簡縮或擴張，一端的詞彙若為題目，破折號另一端的詞彙就是答案。
2. 如果孩子熟悉縮減擴張的模式，甚至可以鼓勵孩子自行說出擴張或縮減的詞彙。

貳、片語短句聽覺理解

在孩子具備相當程度的詞彙能力之後，便可以進入詞彙組合運用的階段。詞彙的組合運用依長度及複雜性來分，我們又概分為片語短句及一般句子。短句例

如「公雞啼」，雖然算是一個句子，但在長度及複雜性卻類似像「高高的山」這類的片語，所以特別從句子類型分出，而歸類在片語短句之中，這樣的分法應該更符合由簡單到複雜的課程安排原則。而以下形容詞、名詞、單位詞、動詞、受詞等標題名稱，是為了方便設計題目歸類用，大人應該了解各標題名稱的意義及題目分類，但不必要求孩子明瞭分辨。

一、形容詞＋名詞

(一)說形容詞找名詞

1. **教材準備內容**：某一特定形容詞後面的括弧中有名詞選項的「說形容詞找名詞」題目，詞尾參考答案以粗體字表示。題目參考範例舉隅如下，請參閱範例自行設計。

   ＊薄薄的（冬天　**衣服**　**紙**）

   ＊閃爍的（**星星**　筷子　**燈光**）

2. **課程活動簡述**：依照題目，先唸一特定形容詞，再問該形容詞可以接哪些名詞。例如，題目為「雄偉的（錢　蚱蜢　山）」。大人問：「雄偉的什麼？『雄偉的錢』對不對？『雄偉的蚱蜢』對不對？『雄偉的山』對不對？」除了讓孩子回答答案之外，更重要的是讓孩子解釋說明原因或討論想法。

3. **無法操作處理方式**：

   (1)使用孩子熟悉的詞彙選項。

   (2)加強聽故事、唸兒歌、單元課程討論或是日常生活對話等孩子語言聆聽的廣度生活經驗。

   (3)加強先前「詞彙聽覺理解」相關課程活動經驗（見第 128 頁）。

   (4)聆聽其他孩子的討論說明。

4. 課程設計、安排、實施等注意考慮或補充事項：此課程的題目可以為複選設計，亦即每題的答案可能不只一個。

㈡說名詞找形容詞

1. 教材準備內容：某一特定名詞前面的括弧中有形容詞選項的說名詞找形容詞題目，形容詞參考答案以粗體字表示。題目參考範例舉隅如下，請參閱範例自行設計。

　＊（幸福　**冰涼**　頑皮）的果汁

　＊（**圓圓**　**明亮**　**水汪汪**）的眼睛

2. 課程活動簡述：依照題目，先唸一特定名詞，再問該名詞可以接哪些形容詞。例如題目為「（一歲　雄偉　苦苦）的藥」，大人問：「『藥』，『一歲的藥』對不對？『雄偉的藥』對不對？『苦苦的藥』對不對？」除了讓孩子回答答案之外，更重要的是讓孩子解釋說明原因或討論想法。

3. 無法操作處理方式：請參閱「說形容詞找名詞」課程活動相關敘述（見第 138 頁）。

4. 課程設計、安排、實施等注意考慮或補充事項：此課程的題目同樣可以是複選設計。

二、單位詞＋主體

㈠主體找單位詞

1. 教材準備內容：某一特定主體後面的括弧中有單位詞選項的「主體找單位詞」題目，單位詞參考答案以粗體字表示。題目參考範例舉隅如下，請參閱範例自行設計。

　＊球（**個**　餐　粒　**顆**）

＊香味（**陣** 枚 股 卷）

2. **課程活動簡述**：依照題目，先唸一特定主體詞彙，再問該主體詞彙可以接哪些單位詞？例如題目為「人（張 條 個 筆）」。大人問：「『人』，『一張人』對不對？『一條人』對不對？『一個人』對不對？『一筆人』對不對？」除了讓孩子回答答案之外，更重要的是讓孩子解釋說明原因或討論想法。

3. **無法操作處理方式**：請參閱「說形容詞找名詞」課程無法操作處理方式相關說明（見第 138 頁）。

4. **課程設計、安排、實施等注意考慮或補充事項**：此課程的題目同樣可以是複選設計。

(二)單位詞找主體

1. **教材準備內容**：某一特定單位詞後面的括弧中有主體選項的「單位詞找主體」題目，主體參考答案以粗體字表示。題目參考範例舉隅如下，請參閱範例自行設計。

＊頭（**牛** 蚱蜢 **羊 豬**）

＊陣（**香味 風** 煙 **歌聲**）

2. **課程活動簡述**：依照題目，先唸一特定的單位詞，再問該單位詞可以接哪些主體詞彙。例如題目為「身（汗 鯨魚 泥土 灰塵）」，大人問：「『身』，『一身汗』對不對？『一身鯨魚』對不對？『一身泥土』對不對？『一身灰塵』對不對？」除了讓孩子回答答案之外，更重要的是讓孩子解釋說明原因或討論想法。

3. **無法操作處理方式**：請參閱「說形容詞找名詞」課程活動相關敘述（見第 138 頁）。

4. **課程設計、安排、實施等注意考慮或補充事項**：此課程的題目同樣

可以是複選設計。

三、動作主體＋動詞

(一)動詞找動作主體

1. **教材準備內容**：某一特定動詞前面的括弧中有動作主體選項的「動詞找動作主體」題目，動作主體參考答案以粗體字表示。題目參考範例舉隅如下，請參閱範例自行設計。

   ＊（**雨點　樹葉**　早餐）飄落

   ＊（**黑夜　冬天**　螞蟻）降臨

2. **課程活動簡述**：依照題目，先唸一特定動詞，再問該動詞可以接哪些動作主體。例如題目為「（風箏　飛機　公園）飛」，大人問：「『飛』，『風箏飛』對不對？『飛機飛』對不對？『公園飛』對不對？」除了讓孩子回答答案之外，更重要的是讓孩子解釋說明原因或討論想法。

3. **無法操作處理方式**：請參閱「說形容詞找名詞」課程無法操作處理方式相關說明（見第 138 頁）。

4. **課程設計、安排、實施等注意考慮或補充事項**：此課程的題目同樣可以是複選設計。

(二)動作主體找動詞

1. **教材準備內容**：某一特定動作主體後面的括弧中有動詞選項的「動作主體找動詞」題目，動詞參考答案以粗體字表示。題目參考範例舉隅如下，請參閱範例自行設計。

   ＊花兒（**謝**　吹　**開**）

   ＊冰雪（**融化**　凋謝　**消失**）

2. **課程活動簡述**：依照題目，先唸一特定動作主體，再問該動作主體可以接哪些動詞。例如題目為「狗（飛　叫　跳）」，大人問：「『狗』，『狗飛』對不對？『狗叫』對不對？『狗跳』對不對？」除了讓孩子回答答案之外，更重要的是讓孩子解釋說明原因或討論想法。

3. **無法操作處理方式**：請參閱一、形容詞＋名詞「說形容詞找名詞」課程活動相關敘述（見第 138 頁）。

4. **課程設計、安排、實施等注意考慮或補充事項**：此課程的題目同樣可以是複選設計。

四、動詞＋受詞

(一)動詞找受詞

1. **教材準備內容**：某一特定動詞後面的括弧中有受詞選項的「動詞找受詞」題目，受詞參考答案以粗體字表示。題目參考範例舉隅如下，請參閱範例自行設計。

＊掃（**地**　落葉　天空）

＊看（聲音　**電視**　報紙）

2. **課程活動簡述**：依照題目，先唸一特定動詞，再問該動詞可以接哪些受詞。例如題目為「剪（煙　布　紙）」，大人問：「『剪』，『剪煙』對不對？『剪布』對不對？『剪紙』對不對？」除了讓孩子回答答案之外，更重要的是讓孩子解釋說明原因或討論想法。

3. **無法操作處理方式**：請參閱一、形容詞＋名詞「說形容詞找名詞」課程無法操作處理方式相關說明。

4. **課程設計、安排、實施等注意考慮或補充事項**：此課程的題目同樣可以是複選設計。

㈡受詞找動詞

1. **教材準備內容**：某一特定受詞前面的括弧中有動詞選項的「受詞找動詞」題目，動詞參考答案以粗體字表示。題目參考範例舉隅如下，請參閱範例自行設計。

　＊（**擦**　綁　**流**）汗

　＊（**敲**　開　**關**）門

2. **課程活動簡述**：依照題目，先唸一特定受詞，再問孩子該受詞可以接哪些動詞。例如題目為「（切　丟　爬）山」，大人問：「『山』，『切山』對不對？『丟山』對不對？『爬山』對不對？」除了讓孩子回答答案之外，更重要的是讓孩子解釋說明原因或討論想法。

3. **無法操作處理方式**：請參閱一、形容詞＋名詞「說形容詞找名詞」課程活動相關敘述（見第 138 頁）。

4. **課程設計、安排、實施等注意考慮或補充事項**：此課程的題目同樣可以是複選設計。

五、片語短句簡縮擴張

㈠教材準備內容

可以簡縮及擴張互換的片語短句題目。題目參考範例舉隅如下，請參閱範例自行設計。

＊綠色的水──綠水。

＊出生的日子──生日。

㈡課程活動簡述

1. 大人首先示範說明如何將片語短句簡縮，例如，把「燙頭髮」簡縮為「燙髮」、「藍色的天空」簡縮為「藍天」……。然後，大人再示範說明如何將簡縮的片語短句擴張還原，例如再把「燙髮」擴張還原為「燙頭髮」、「春風」擴張還原為「春天的風」……。

2. 當孩子熟悉簡縮及擴張規則之後，大人唸出題目讓孩子簡縮或擴張片語短句。

㈢無法操作處理方式

1. 加強先前「詞彙簡縮擴張」課程活動相關經驗（見第 136 頁）。

2. 讓孩子擴張縮減熟悉的片語短句。

3. 加強聽故事、唸兒歌、單元課程討論或是日常生活對話等孩子語言聆聽的廣度生活經驗。

4. 加強先前「詞彙聽覺理解」相關課程活動經驗（見第 128 頁）。

5. 聆聽其他孩子的討論說明。

㈣課程設計、安排、實施等注意考慮或補充事項

1. 本課程所提供的參考題目，讀者可依需要將片語短句簡縮或擴張，一端的片語短句若為題目，破折號另一端的片語短句就是答案。

2. 如果孩子熟悉縮減擴張的模式，甚至可以鼓勵孩子自行創造擴張或縮減片語短句。

參、句子、段落聽覺理解

一、圖案、實物參考誘導

(一)聽句辨意理解

1.**教材準備內容**：無。

2.**課程活動簡述**：大人以四周環境狀況，敘述一個句子，讓孩子判斷對錯，例如：「XXX 今天沒來對不對？」、「教室的燈是亮的對不對？」、「老師現在是站著對不對？」……等等。

3.**無法操作處理方式**：

(1)讓孩子聽辨描述熟悉情境的句子。

(2)加強聽故事、唸兒歌、單元課程討論或是日常生活對話等孩子語言聆聽的廣度生活經驗。

(3)加強先前第二章「語文學習前準備工作」中「分類」章節相關課程（見第100頁）的活動經驗。

(4)觀看、聆聽其他孩子的討論說明。

4.**課程設計、安排、實施等注意考慮或補充事項**：請自行依現場狀況出題，此處不另提供參考題目。

(二)看圖辨意理解

1.**教材準備內容**：描述情境的圖卡或故事書畫面。

2.**課程活動簡述**：大人出示一張圖卡或以故事書中一張畫面為依據，說一個句子，讓孩子判斷對錯。例如：「一隻狐狸在看書對不對？」、「小猴子在跳繩對不對？」、「樹下有一隻小狗對不對？」、「豬寶寶在睡覺對不對？」……等等。

3.無法操作處理方式：

⑴使用孩子聆聽過的圖卡或故事書畫面。

⑵加強聽故事、唸兒歌、單元課程討論或是日常生活對話等孩子語言聆聽的廣度生活經驗。

⑶加強先前第二章「語文學習前準備工作」中「分類」章節課程活動（見第100頁）的相關經驗。

⑷觀看、聆聽其他孩子的討論說明。

4.課程設計、安排、實施等注意考慮或補充事項：請自行參考現有圖卡或故事書圖案出題，此處不另提供參考題目。

㈢理解選圖

1.教材準備內容：描述情境的圖卡或故事書畫面。

2.課程活動簡述：將數張圖卡或故事書畫面一字排開，請孩子選出特定的圖卡，例如「小白兔在釣魚」，然後孩子依指示句子把該圖卡找出。

3.無法操作處理方式：請參閱「㈡看圖辨意理解」課程活動敘述。

4.課程設計、安排、實施等注意考慮或補充事項：

⑴大人在描述畫面時，視線應避免注視該畫面，以免成為提供孩子答案的線索。

⑵另一形式也可以將圖片或圖卡擴充為兩組，大人從一組圖片中挑出一張（請勿讓孩子看到），並描述該圖片，孩子聽完後從另一組圖片中找出大人所描述的圖片，此形式的好處可以避免孩子從大人描述圖片時的視線注視，找到答案的線索。

⑶相關題目請自行參考現有圖卡或故事書畫面出題，此處不另提供參考題目。

㈣大風吹理解

1. **教材準備內容**：無。

2. **課程活動簡述**：

⑴孩子一字排列站好。

⑵大人擔任出題者。出題者先說：「大風吹。」其他的孩子則回應：「吹什麼？」出題者則決定吹怎樣的人，例如吹穿紅色衣服的人，這個時候穿紅色衣服的孩子則要跑離位置，當作被大風吹走，然後再回到原來的位置。

⑶讓孩子們自行檢視是否有人做出錯誤的反應。

3. **無法操作處理方式**：

⑴加強聽故事、唸兒歌、單元課程討論或是日常生活對話等孩子語言聆聽的廣度生活經驗。

⑵加強先前第二章「語文學習前準備工作」中「分類」課程活動相關經驗（見第 100 頁）。

⑶加強先前「㈠聽句辨意理解」、「㈡看圖辨意理解」及「㈢理解選圖」等相關課程活動經驗。

4. **課程設計、安排、實施等注意考慮或補充事項**：

⑴大人出題時，應該考慮該題目的條件不要涵蓋所有的孩子。例如，吹有眼睛的人，所有的孩子都有眼睛，所有的孩子都要動作，這類題目的缺點會造成有些孩子根本不會嘗試去理解出題者的題意，而只是跟著其他的人動作。所以題目條件以某些人符合、某些人不符合者最佳。當然，如果能避開先前所提缺點，視情形偶爾穿插涵蓋所有孩子，或者所有孩子都不涵蓋的題目，例如吹沒有眼睛的人，則可增加趣味性。

⑵請依現場狀況出題，此處不另安排參考題目。不過以下有一些出題方

向，可供讀者出題時參考：

a. 單項正向：吹穿裙子的人。

b. 複項正向：吹穿裙子、而且綁頭髮的人。

c. 單項逆向：吹沒有穿裙子的人。

d. 複項逆向：吹沒有穿裙子、而且沒有綁頭髮的人。

e. 複項正逆向：吹穿裙子、但是沒有綁頭髮的人。

㈤警察找小孩理解

1. **教材準備內容**：無。

2. **課程活動簡述**：大人表示有小孩走丟了，要請小朋友幫忙尋找。然後大人描述教室某一孩子的特徵，例如：留長頭髮、穿紅色衣服、女生，看誰能先找出符合該特徵的孩子。

3. **無法操作處理方式**：

⑴加強聽故事、唸兒歌、單元課程討論或是日常生活對話等孩子語言聆聽的廣度生活經驗。

⑵加強先前第二章「語文學習前準備工作」中「分類」課程活動相關經驗（見第100頁）。

⑶加強先前「㈠聽句辨意理解」、「㈡看圖辨意理解」、「㈢理解選圖」及「㈣大風吹理解」等相關課程活動經驗。

⑷觀看、聆聽其他孩子的討論說明。

4. **課程設計、安排、實施等注意考慮或補充事項**：

⑴大人在描述該孩子特徵時，視線應避免直接落在該孩子身上，以免讓其他孩子從大人的視線中找到線索。

⑵請依現場狀況出題，此處不另安排參考題目。

㈥圖卡用途理解

1. **教材準備內容**：孩子熟悉的日常生活用品器具圖卡。

2. **課程活動簡述**：

   ⑴將數張孩子熟悉的日常生活用品器具圖卡一字排開。

   ⑵用語言說出其中一張圖卡器具的用途，例如，問孩子：「哪一種東西可以用來掃地？」請孩子選出掃把圖卡。

   ⑶依上述步驟讓孩子找出其他各種用途的圖卡，例如：用來喝水的茶杯、用來寫字的鉛筆、用來盛飯的碗等等。

3. **無法操作處理方式**：

   ⑴使用孩子熟悉的日常生活用品器具圖卡。

   ⑵加強聽故事、唸兒歌、單元課程討論或是日常生活對話等孩子語言聆聽的廣度生活經驗。

   ⑶加強第二章「語言學習前準備工作」中「五官生活刺激經驗」的相關生活經驗（見第26頁）。

   ⑷觀看、聆聽其他孩子的討論說明。

4. **課程設計、安排、實施等注意考慮或補充事項**：

   ⑴此課程活動也可以實際的日常生活用品器具代替圖卡。

   ⑵請自行參考現有圖卡或實際的日常生活用品器具出題，此處不另提供參考題目。

㈦超級說一說理解

1. **教材準備內容**：孩子熟悉的圖案圖卡。

2. **課程活動簡述**：大人看一圖卡後，將該圖卡覆蓋，然後一直持續以語言描述該物（不能提及該物名稱任何字音）。孩子只能猜該物是什麼，不

可問問題，一直到猜出該物為止。例如覆蓋的圖卡是貓咪，大人可以說：「會抓老鼠，會喵喵叫……。」

3. **無法操作處理方式：**

(1)使用孩子熟悉的圖形圖卡。

(2)以更貼近答案的言語描述。

(3)加強聽故事、唸兒歌、單元課程討論或是日常生活對話等孩子語言聆聽的廣度生活經驗。

(4)加強先前第二章「語文學習前準備工作」中「五官生活刺激經驗」（見第26頁）的相關生活經驗。

(5)觀看、聆聽其他孩子的討論說明。

4. **課程設計、安排、實施等注意考慮或補充事項：**

(1)此課程活動也可以實際的日常生活用品器具代替圖卡。

(2)請自行參考現有圖卡或實際的日常生活用品器具出題，此處不另提供參考題目。

(八)描述理解畫圖

1. **教材準備內容：**

(1)鉛筆、橡皮擦、空白紙張。

(2)描述理解畫圖的題目。題目參考範例舉隅如下，圖形參考答案請參閱圖 3-1。

　　a. 先畫一個圓圈，然後在圓圈中畫一個×。

　　b. 先畫一個正方形，然後在正方形裡面畫一個圓圈。

　　c. 先在紙上畫一個圓圈，接著在圓圈中畫一個正方形。最後在正方形中打一個×。

　　d. 首先畫一個長方形，在長方形中畫兩條橫線，將它平分成三等份，

再由中心畫下一道線將長方形分為六等份，最後在中間偏右的方框中畫一個圓。

圖 3-1　描述理解畫圖圖形參考答案

2.課程活動簡述：大人依照題目，口唸句子敘述，孩子依大人所唸句意，將圖形畫在紙上。例如：先畫一個正方形，然後在正方形中間打一個×，結果如下。

3.無法操作處理方式：

⑴減低描述理解畫圖內容的複雜度。例如，畫一個三角形。

⑵逐次分段描述理解畫圖的內容。例如，大人先說：「先畫一個正方形。」等孩子畫好正方形之後，再說：「然後在正方形中間打一個×。」

⑶加強聽故事、唸兒歌、單元課程討論或是日常生活對話等孩子語言聆聽的廣度生活經驗。

4.課程設計、安排、實施等注意考慮或補充事項：也可以請幾位孩子將圖形畫在白板上，然後再讓孩子們彼此討論修正。

二、句意判斷

㈠教材準備內容

　　讓孩子判斷句意是否正確的句子。題目參考範例舉隅如下，每句後面的「○」、「×」符號為參考答案。

1.他朝媽媽不在的時候，偷吃了漢堡。×

　他趁媽媽不在的時候，偷吃了漢堡。○

　他到媽媽不在的時候，偷吃了漢堡。×

2.弟弟被媽媽罵了一頓，所以哭了起來。○

　弟弟被媽媽罵了一頓，不過哭了起來。×

　弟弟被媽媽罵了一頓，但是哭了起來。×

3.妹妹跌倒了，趕快把她撿起來。×

　妹妹跌倒了，趕快把她扶起來。○

　妹妹跌倒了，趕快把她挾起來。×

㈡課程活動簡述

　　依照題目，一一唸出句子，讓孩子判斷該句是否正確。例如，問孩子：「馬比雞天氣慢慢熱了，對不對？馬比雞跑得快多了，對不對？馬比雞飯前要洗手，對不對？」讓孩子一一回答對或錯。

㈢無法操作處理方式

1.使用孩子熟悉或意義更淺顯的句子。

2.加強聽故事、唸兒歌、單元課程討論或是日常生活對話等孩子語言聆聽的廣度生活經驗。

3.加強先前「片語短句聽覺理解」相關課程活動經驗（見第 137 頁）。

4.聆聽其他孩子的討論說明。

　　此活動除了讓孩子回答答案之外，更重要的是讓孩子解釋說明原因或討論想法。

三、同義話理解句意比較

㈠教材準備內容

　　讓孩子判斷同義話理解句意比較的句子。題目參考範例舉隅如下，前有數字編號者為題目句，前有「＊」符號者為比較句，每句後面的「○」、「×」符號為參考答案。

1.恐怕會下雨。

　　＊害怕下雨。×

　　＊一定會下雨。×

　　＊不會下雨。×

　　＊也許會下雨，也許不會。○

2.以前這裡有一棵樹。

　　＊從前這裡有一棵樹。○

　　＊前面有一棵樹。×

3.小心一點，否則會跌倒。

　　＊小心一點，就會跌倒。×

　　＊跌倒以後，就會小心一點。×

　　＊如果不小心一點，就會跌倒。○

㈡課程活動簡述

　　大人唸題目句（前有數字編號者）後，再唸比較句（前有＊符號者），讓孩子比較兩個句子是否意思相同。例如，以參考題目範例1.為例，大人問：「『恐怕會下雨』。『恐怕會下雨』跟『害怕下雨』，意思一不一樣？」孩子回答之後，大人再問：「『恐怕會下雨』。『恐怕會下雨』跟『一定會下雨』，意思一不一樣？」依此類推進行課程活動。

㈢無法操作處理方式

　　請參閱「句意判斷」課程無法操作處理方式相關說明（見第152頁）。

㈣課程設計、安排、實施等注意考慮或補充事項

　　此活動除了讓孩子回答答案之外，更重要的是讓孩子解釋說明原因或討論想法。

四、句意指正

㈠減字修正

1. **教材準備內容**：有多贅字的句子。題目參考範例舉隅如下，參考答案以粗體字表示，如果有兩個粗體字，則表示任一個粗體字都可以剔除，但只能剔除其中一個，不能同時剔除這兩個字。

   ＊弟弟摔**顛**倒了。

   ＊蜜蜂飛過**來**去。

2. **課程活動簡述**：大人依照題目唸有增字的句子，讓孩子把多增加的字剔除掉。例如大人唸：「燈亮暗了。」孩子則將句中的亮或暗字剔除掉，

改為「燈亮了」或「燈暗了」。

3. **無法操作處理方式：**

⑴使用長度短、孩子熟悉或意義更淺顯的句子。

⑵加強聽故事、唸兒歌、單元課程討論或是日常生活對話等孩子語言聆
聽的廣度生活經驗。

⑶加強先前「片語短句聽覺理解」相關課程活動經驗（見第 137 頁）。

⑷聆聽其他孩子的討論說明。

4. **課程設計、安排、實施等注意考慮或補充事項：**無。

㈡增字修正

1. **教材準備內容：**缺字待補的句子。題目參考範例舉隅如下，參考答案以
括弧表示，所以唸題目時，括弧內的字要略過不唸，例如題目為「貓咪
（抓）老鼠」，大人則唸：「貓咪老鼠。」

＊我用（筆）寫字

＊天空的（雲）很白

2. **課程活動簡述：**大人依照題目唸有缺字的句子，讓孩子把缺少的字補上
去。例如大人唸：「貓咪老鼠。」孩子則可以增加「抓」、「吃」、
「咬」等字，變成「貓咪抓老鼠」、「貓咪吃老鼠」或「貓咪咬老鼠」
……等等。

3. **無法操作處理方式：**請參閱「減字修正」課程無法操作處理方式相關
說明（見第 154 頁）。

4. **課程設計、安排、實施等注意考慮或補充事項：**無。

㈢字詞位置糾正

1. **教材準備內容：**字序位置錯誤的句子。題目參考範例舉隅如下，括弧中

的句子為參考答案。

＊小鳥好高飛。（小鳥飛好高。）

＊弟弟哭了忽然。（弟弟忽然哭了。）

2.課程活動簡述：大人唸一字序錯誤的句子，孩子將字序重新安排整理成正確的句子。例如大人唸：「我他比高。」孩子則將句子改成為「我比他高」或「他比我高」。

3.無法操作處理方式：

⑴使用長度短、孩子熟悉或意義更淺顯的句子。

⑵加強聽故事、唸兒歌、單元課程討論或是日常生活對話等孩子語言聆聽的廣度生活經驗。

⑶加強先前第二章「語文學習前準備工作」中「順序性」相關課程活動經驗（見第92頁）。

⑷加強先前「片語短句聽覺理解」相關課程活動經驗（見第137頁）。

⑸聆聽其他孩子的討論說明。

4.課程設計、安排、實施等注意考慮或補充事項：無。

㈣發現矛盾

1.教材準備內容：句意矛盾的句子。題目參考範例舉隅如下，括弧中的句子為參考答案。

＊拿糖果買錢。（拿錢買糖果。）

＊小心一點，就會跌倒。（小心一點，否則就會跌倒。）

2.課程活動簡述：大人唸不合邏輯的句子，讓孩子指出不合理的地方，並加以改正。例如大人唸：「電腦在打他。」孩子則將句子改為：「他在打電腦。」

3.無法操作處理方式：請參閱「減字修正」課程無法操作處理方式相關

說明（見第 154 頁）。

4. 課程設計、安排、實施等注意考慮或補充事項：此活動除了讓孩子回答答案之外，更重要的是讓孩子解釋說明原因或討論想法。

五、聽力理解

(一)明意聽覺理解

1. 老師說遊戲理解：

(1)教材準備內容：指示孩子做某動作的句子。題目參考範例舉隅如下，請參閱範例自行設計。

＊請摸摸頭髮（耳朵、屁股……）。

＊請先拍拍肚子、摸摸鼻子，再蹲下。

(2)課程活動簡述：當老師的人說一句子，孩子則要按照老師的指示做動作。例如，老師說：「拍拍手。」孩子則做拍拍手的動作。

(3)無法操作處理方式：

a. 使用步驟少、長度短、孩子熟悉或意義更淺顯的句子。

b. 加強聽故事、唸兒歌、單元課程討論或是日常生活對話等孩子語言聆聽的廣度生活經驗。

c. 參考其他孩子的動作反應。

(4)課程設計、安排、實施等注意考慮或補充事項：

a. 題目可依困難程度設計為：

(a)一步驟，如前例的拍拍手。

(b)二步驟，如請先拍手，再搖頭。

(c)三步驟，請先摸摸耳朵、拍拍臉然後再拍拍手。

b. 課程進行時要注意孩子動作空間的大小及安全。

2.執行指令：

(1)教材準備內容：指令指示卡數張，每張指令卡上面各有不同的指令指示句子，題目參考範例舉隅如下，請參閱範例自行設計。

＊請拿一枝鉛筆來。

＊請走到門邊拍拍手。

(2)課程活動簡述：

a. 將指令指示卡隨機覆蓋堆疊。

b. 孩子隨機抽取一張指令指示卡，大人為孩子唸出指示卡上的句子之後，讓孩子按照句意行動，例如：「請去找一枝筆來。」

c. 如果孩子能按照句意正確行動，就可以獲得該張指示卡，並於將物品歸位後，再次抽取另外一張指示卡，按照句意行動。

d. 如果孩子遺忘句意或執行錯誤，大人再次為孩子唸出指示卡上的句子，讓孩子按照句意行動。

e. 依上述步驟讓孩子完成所有指令指示卡上的指令動作，並結算獲得指令指示卡數量後，依情形再次重複活動或結束活動。

(3)無法操作處理方式：

a. 使用步驟少、長度短、孩子熟悉或意義更淺顯的句子。

b. 加強聽故事、唸兒歌、單元課程討論或是日常生活對話等孩子語言聆聽的廣度生活經驗。

(4)課程設計、安排、實施等注意考慮或補充事項：可以依孩子能力增加指令句子長度及難度。

3.六 W 問句：

(1)教材準備內容：包含六 W 條件的句子。題目參考範例舉隅如下，括弧內為參考答案。

＊昨天下雨，媽媽打著雨傘來學校接妹妹回家。

a. 昨天誰（WHO）打著雨傘來學校接妹妹回家？（媽媽）

b. 昨天媽媽打著雨傘來學校做什麼（WHAT）？（接妹妹回家）

c. 什麼時候（WHEN）媽媽打著雨傘來學校接妹妹回家？（昨天）

d. 昨天媽媽打著雨傘來學校接妹妹去哪裡（WHERE）？（回家）

e. 昨天媽媽怎麼（HOW）來學校接妹妹回家的？（打著雨傘）

f. 昨天為什麼（WHY）媽媽打著雨傘來學校接妹妹回家？（因為昨天下雨）

⑵課程活動簡述：大人先說一個句子後，再根據該句詢問孩子「什麼時候」、「什麼地方」、「誰」、「為什麼」、「如何怎樣」、「做什麼」等相關題目。例如大人說：「昨天是我的生日，爸爸開車載我去麥當勞吃漢堡慶祝。」然後大人就問：「昨天誰開車載我去麥當勞吃漢堡？」「昨天爸爸開車載我去哪裡吃漢堡？」……等等。

⑶無法操作處理方式：

a. 使用孩子熟悉或意義更淺顯的句子。

b. 加強聽故事、唸兒歌、單元課程討論或是日常生活對話等孩子語言聆聽的廣度生活經驗。

⑷課程設計、安排、實施等注意考慮或補充事項：無。

4. **兒歌複句聽力記憶理解：**

⑴教材準備內容：

a. 內容淺顯易懂的兒歌。

b. 與兒歌內容相關的題目，兒歌及題目參考範例舉隅如下，請參閱範例自行設計。

(a)選擇題：參考答案以粗體字表示。

‧小燕子，真靈巧，飛得低，飛得高，尖尖的尾巴像剪刀。 (註9)

＊小燕子的尾巴像什麼？（菜刀　小刀　**剪刀**）

＊小燕子的尾巴是什麼形狀？（圓圓的　**尖尖的**　長長的）

(b)是非題：參考答案以「○」、「×」附於題目之後表示。

・春天到！春天到！風兒來報告，到處看，抬頭找，春天到了誰知道？（註10）

＊春天到！花兒來報告。×風兒。

(c)問答題：參考答案附於題目之後括號內。

・爺爺上街買茄子，買了茄子買鞋子，茄子送媽媽，鞋子送妹妹。（註11）

＊爺爺買了什麼東西送妹妹？（鞋子）

＊爺爺買了什麼東西送媽媽？（茄子）

⑵課程活動簡述：大人唸簡短的兒歌，然後再根據兒歌內容詢問孩子問題。例如，大人唸：「姊姊照鏡子，大大的眼睛亮晶晶。（註12）」然後大人可以分選擇題、是非題及問答題三種題目形式詢問：

a. 選擇題：例如，題目「誰在照鏡子？（姊姊　媽媽　妹妹）」大人問：「誰在照鏡子？姊姊、媽媽還是妹妹？」

b. 是非題：例如，大人問：「姊姊在擦鏡子，對不對？妹妹在照鏡子，對不對？……」

c. 問答題：例如，大人問：「誰在照鏡子？」讓孩子直接回答答案。

⑶無法操作處理方式：

a. 使用孩子較熟悉、句子較短或意義更淺顯的兒歌。

b. 以兩項答案的選擇題形式呈現問題。

c. 聆聽其他孩子的討論說明。

⑷課程設計、安排、實施等注意考慮或補充事項：

a. 此課程活動可以配合園所的單元兒歌進行。

b. 三種呈現問題的方式中，選擇題由於有選項提示，所以最簡單；至

於是非題，如果問題的陳述是錯誤的，還要孩子補充說出正確的答案，所以有點類似問答題。因此在課程順序的安排上，選擇題較簡單，再來才是是非題跟問答題。

5.**故事聽力記憶理解：**

⑴教材準備內容：故事書。

⑵課程活動簡述：大人講完故事後，針對故事的內容出題詢問孩子。

⑶無法操作處理方式：

a. 使用孩子較熟悉、頁數較少或較淺顯易懂的故事書。

b. 安排設計較容易回答的問題。

c. 以兩項答案的選擇題形式呈現問題。

d. 聆聽其他孩子的討論說明。

⑷課程設計、安排、實施等注意考慮或補充事項：

a. 此課程活動可以配合單元所講述的故事進行。

b. 請根據配合相關的故事出題，在此不另提供參考題目。

c. 選擇、是非及問答等出題類型，請參閱「4.兒歌複句聽力記憶理解」課程活動相關敘述。

㈡隱意聽覺理解

1.**教材準備內容：**

必須從現有句子的語意去推敲答案的隱意聽覺理解題目。題目參考範例舉隅如下，請參閱範例自行設計。

⑴是非理解：參考答案附在問題後面以「○」、「×」符號表示。

a. 就要放學了。

＊現在放學了。×

＊現在還沒放學。○

＊等一下就放學了。○

　　b. 哪知道會下雨？

　　　＊沒有下雨。×

　　　＊原來以為不會下雨。○

　　　＊下雨了。○

　　c. 媽媽怎麼能離開呢？

　　　＊媽媽能離開。×

　　　＊媽媽不能離開。○

　　　＊媽媽離開了。○

⑵問答理解：參考答案附於題目之後的括弧內。

　　a. 小明，你不應該打弟弟的。

　　　＊小明有沒有打弟弟？（有。）

　　b. 爸爸！該起床了！

　　　＊爸爸起床了嗎？（還沒有。）

　　c. 中中是小惠的弟弟，他們常常在一起玩。

　　　＊他們是誰？（中中和小惠。）

2. 課程活動簡述：

　⑴是非理解：大人先唸題目句，然後再問問題句，讓孩子判斷該問題是
　　否正確。例如，大人先唸題目句：「妹妹早就不哭了。」然後問：
　　「妹妹沒有哭過，對不對？」讓孩子判斷是否正確。

　⑵問答理解：類似是非題，但以問答的方式呈現。例如大人說：「小明
　　喜歡吃雞肉和豬肉，但更喜歡吃魚肉；那麼小明最喜歡吃什麼肉？」

3. 無法操作處理方式：

　⑴安排設計孩子較熟悉、較容易回答的句子。

　⑵讓孩子充分地發表討論句子所隱含的意義。

⑶加強先前「明意聽覺理解」相關課程活動經驗（見第 157 頁）。

⑷聆聽其他孩子的討論說明。

4.課程設計、安排、實施等注意考慮或補充事項：與明意聽覺理解相較，隱意聽覺理解較無法直接從句子中找到答案，須從現有句子的語意去推敲答案。

㈢猜謎語

1.剝皮謎語：

⑴教材準備內容：孩子熟悉的圖案圖卡數張。

⑵課程活動簡述：

a. 在孩子沒看見的情形下，將一件物品或圖卡覆蓋當作答案。

b. 大人回答孩子所有的 Yes-No 問題，也就是大人只能回答「是」、「不是」或者「可以」、「不可以」，除非必要，否則不做其他任何說明。如此可讓孩子一邊問問題，一邊隨時回答答案，如果答案錯誤，再繼續問問題蒐集資訊，一直到孩子說出正確答案，大人出示覆蓋的答案來印證。例如大人把香蕉的圖卡覆蓋後，孩子問：「可不可以吃？」大人回答：「可以。」孩子繼續問：「是不是水果？」大人回答：「是。」孩子繼續問：「什麼顏色？」這個問題不是Yes-No的問題，所以大人應該拒絕回答，孩子應該改問：「是不是黃色？」這個時候大人可以補充說明：「皮是黃色。」但不主動補充說明果肉是白色或其他訊息（這些訊息應該由孩子自行蒐集），依此要領反覆問答，直到孩子找到答案為止。

⑶無法操作處理方式：

a. 安排使用孩子熟悉的圖案圖卡。

b. 加強聽故事、唸兒歌、單元課程討論或是日常生活對話等孩子語言

聆聽的廣度生活經驗。

c. 加強先前「明意聽覺理解」相關課程活動經驗（見第157頁）。

d. 聆聽其他孩子的討論說明。

⑷課程設計、安排、實施等注意考慮或補充事項：

a. 也可以實際的物品代替圖案圖卡。

b. 請自行參考現有圖卡或物品出題，在此不另提供參考題目。

2.選擇謎語：

⑴教材準備內容：合適的選擇謎語題目。題目參考範例舉隅如下，參考
答案以粗體字表示。

＊水兒見我皺眉，樹兒見我搖頭，花兒見我彎腰，雲兒見我逃走。

（註13）（雪　雷　**風**）

＊指向你的臉，按住你的心，請你通知你主人，快來開門接客人。

（註14）（電扇　**電鈴**　電視）

⑵課程活動簡述：先唸謎語題目，再唸出備選的答案讓孩子選擇。例如
題目為：「因為看不見，反要加一層。（註15）（玻璃　電燈　**眼鏡**）」
大人則唸：「因為看不見，反要加一層。答案是玻璃、電燈還是眼
鏡？」

⑶無法操作處理方式：

a. 安排設計孩子熟悉謎底的謎語。

b. 使用更淺顯易懂的用語。

c. 使用更接近謎底的題目描述。

d. 減少備選答案的數量。

e. 讓孩子充分地發表討論謎語所隱含的意義。

f. 加強聽故事、唸兒歌、單元課程討論或是日常生活對話等孩子語言
聆聽的廣度生活經驗。

　　g. 加強先前「明意聽覺理解」相關課程活動經驗（見第 157 頁）。

　　h. 聆聽其他孩子的討論說明。

⑷課程設計、安排、實施等注意考慮或補充事項：

　　a. 有些謎語題目的用字可能深了一點，孩子如果就謎語題目字面上的意義提出疑問，大人可以就題目字面上的意義加以解釋，但不必對於謎底答案再提供更多的線索，以避免失去猜謎語的意義。

　　b. 備選的答案並不是唯一的答案，如果孩子可以提出備選答案以外的合理答案更好。事實上，只要孩子能夠去認真思考謎底，不管提出的答案是否合理，都值得肯定。

　　c. 此課程的實施，也可以改成大人唸完謎語題目後，就讓孩子思考答案。如果孩子想不出來，大人再唸備選答案讓孩子選擇。

3.問答謎語：

⑴教材準備內容：合適的問答謎語題目。題目參考範例舉隅如下，參考答案附於題目之後的括弧內。

　　＊四四方方像塊糖，五顏六色氣味香；你若紙上寫錯字，它把錯字一掃光。（橡皮擦）(註 16)

　　＊空中一隻鳥，長線牽得牢；不怕風來吹，最怕雨來打。（風箏）(註17)

⑵課程活動簡述：唸完謎語題目，就讓孩子直接思考可能的答案。例如大人唸：「身重千萬斤，水中不會沉；大江大海都不怕，唯恐江小水不深。(註 18)」讓孩子思考答案。

⑶無法操作處理方式：

　　a. 安排設計孩子熟悉謎底的謎語。

　　b. 使用更淺顯易懂的用語。

　　c. 使用更接近謎底的題目描述。

　　d. 加強先前「選擇謎語」相關課程活動經驗（見第 164 頁）。

e. 讓孩子充分地發表討論謎語所隱含的意義。

f. 聆聽其他孩子的討論說明。

(4)課程設計、安排、實施等注意考慮或補充事項：

a. 與「選擇謎語」課程比較，「問答謎語」唸完謎語題目後，就讓孩子直接思考可能的答案，因沒有提供備選答案讓孩子選擇，所以困難度較高。

b. 孩子在回答的過程中如果遇到困難，大人可以重述題目，誘導孩子思考，如果還是有困難的話，也可以提示一些備選答案讓孩子選擇，而變成以選擇謎語的形式出現。因此在實施選擇謎語及問答謎語時，我們也可以做這樣的調整，如果孩子可以直接回答題目，就以問答謎語的形式實施，如果不能直接回答題目，就以選擇謎語的形式實施，只是當問答謎語要改成選擇謎語形式時，備選答案就有勞讀者費心了。

c. 請參閱「選擇謎語」注意考慮或補充事項 a.、b.兩項相關說明（見第 164 頁）。

4. 提示猜謎：

(1)教材準備內容：合適的提示猜謎題目。題目參考範例舉隅如下，參考答案附於題目之後的括弧內。

＊(1)一塊木板(2)兩頭坐人(3)忽高忽低。（蹺蹺板）

＊(1)名字有牛(2)不會耕田(3)揹著房子走。（蝸牛）

＊(1)長身體(2)黑心肝(3)越用越短。（鉛筆）

(2)課程活動簡述：例如題目為「(1)一線牽(2)風來幫忙(3)越飛越高。」大人首先說出第一個提示「一線牽」，然後讓孩子說出所有的可能答案，例如釣魚、拔河、滑水……等等，如果孩子答對風箏，大人補充說明完第二個及第三個提示後換下一題；如果說出第一個提示後，沒有人

答對，而且孩子再也想不出其他任何可能的答案，大人再說出第二個
提示「風來幫忙」，讓孩子再思索所有的可能答案；如果孩子還是想
不出是風箏，大人則說出最後一個提示「越飛越高」，孩子如果最後
還是想不出來，大人可以公布答案，並解釋說明題目與答案間的關聯。

⑶無法操作處理方式：

　　a. 安排設計孩子熟悉謎底的謎語。

　　b. 使用更淺顯易懂的用語。

　　c. 使用更接近謎底的提示描述。

　　d. 讓孩子充分地發表討論各提示所有的相關可能謎底。

　　e. 增加相關提示。

　　f. 加強聽故事、唸兒歌、單元課程討論或是日常生活對話等孩子語言
　　　　聆聽的廣度生活經驗。

　　g. 聆聽其他孩子的討論說明。

⑷課程設計、安排、實施等注意考慮或補充事項：同前所述，參考答案
　　並非唯一的答案，只要孩子回答的答案合理，都算是正確的答案；孩
　　子的用心都值得肯定。

註釋

註 1： 林德揚（2003）。幼兒語文發展輔導手冊——語言組合運用篇。高雄：幼
　　　　軒語文短期補習班。

註 2： 周夢蝶：聞雷，引自黃慶萱（1990）。修辭學。28 頁。台北：三民書局。

註 3： 杜淑貞（1991）。兒童文學與現代修辭學。658 頁。台北：富春文化。

註 4： 林園：四季的聯想，引自杜淑貞（1991）。兒童文學與現代修辭學。56
　　　　頁。台北：富春文化。

註 5： 鍾玲：赤足在草地上，引自黃慶萱（1990）。修辭學。272 頁。台北：三

民書局。

註 6： 林寶貴等（1997）。兒童書寫語言發展指標研究。78頁。台北：國立台灣師範大學特殊教育學系。

註 7： 同註 6。24 頁。

註 8： 同註 7。

註 9： 杜淑貞（1998）。小學生文學原理與技巧。15 頁。高雄：復文圖書出版社。

註 10：王毓芳主編。兒歌跳動唱（大班適用）。14 頁。台北：上人文化事業。

註 11：改寫自王金選：爺爺上街（1991）。花找花。17頁。台北：信誼基金出版社。

註 12：改寫自王毓芳主編，ㄅㄆㄇ彩色讀本。15 頁。台北：上人文化事業。

註 13：禹臨圖書編輯部編寫（1997）。指南針。6 頁。台北：禹臨圖書股份有限公司。

註 14：陳金田輯（1983）。猜猜看。55 頁。台北：中央日報社。

註 15：康維人（1984）。謎宮之旅。27 頁。台北：親親文化事業有限公司。

註 16：同註 13。18 頁。

註 17：同註 14。53 頁。

註 18：同註 14。49 頁。

第 ④ 章

語言思考表達

在孩子語言思考表達的課程安排上，我們也應兼顧孩子語言思考表達的廣度以及深度經驗。在本章的課程活動設計上，雖然深度經驗的課程活動占了大部分的篇幅，但並不表示筆者認為廣度經驗的課程活動不重要，而是認為廣度經驗的課程安排，是一般讀者較為熟悉的，所以會花費較多的篇幅來建構探討深度經驗結構性的課程安排。再則，為了探討的方便，我們將語言思考表達區分為廣度以及深度經驗，可是在課程的安排實施上，廣度以及深度經驗的課程活動，還是應該同時或交互進行。事實上，孩子語文的廣度以及深度經驗是交互、甚至是同時存在進行，不可分割的。所以我們所謂的廣度或是深度經驗的課程活動，也是相對而非絕對的，在此要請讀者鑑察。

同樣地，鑑於篇幅限制，在此章的課程活動中，僅能提供有限的參考範例題目，如果不敷使用，請參照參考題目範例，舉一反三，自行設計；或是參閱拙著《幼兒語文發展輔導手冊——語言組合運用篇》，此書中提供了充足的「語言思考表達」相關課程活動的題目範例，可為讀者省下設計題目的時間與精神。

第一節　廣度生活經驗表達

壹、日常生活對話

語言是溝通表達的工具，因此日常生活的情境對話，對於孩子語言思考表達發展影響很大。孩子語言思考表達能力的發展，除了要有正常的語言能力之外，還要累積溝通的臨場經驗，所以日常生活中，大人應該安排讓孩子多開口表達的情境與機會。但有許多體貼及善解「孩」意的大人，由於跟孩子相處久了，只要孩子一個特定的表情或動作，就知道孩子的心意，然後就趕緊滿足孩子的需求，

因此常會在不知不覺中，剝奪了孩子思考表達的機會。例如，看到孩子指著茶杯，大人就會對孩子說：「你要喝水對不對？來！我幫你倒。」在這種情境之下，大人甚至連讓孩子說個：「對」，或是點頭的機會都沒有，長久下來，當然就會造成孩子懶得開口的習慣，進而造成日後不擅於使用語言表達的情形。

　　以上述的例子來說，雖然我們大人只要經由孩子的一個小小的表情或動作，就可能知道孩子的心意，但聰明的大人卻會裝傻，詢問孩子說：「你要做什麼？」然後等待孩子回答：「我要喝水。」或「水水」之後，再視情形繼續詢問如「我幫你倒好不好？」、「要喝多少？」、「要喝熱水還是冷水？」等句子，提供孩子更多思考表達的情境與機會。當然，如果是孩子要急著上廁所或其他緊急狀況，聰明的大人就該趕快直接處理，而不該裝傻了！

　　除了上述大人體貼及善解「孩」意的行為舉止，不利於孩子的語言表達發展之外，另外一個阻礙孩子語言表達發展的不利因素，更是讓人憂心，那就是如錄音帶、錄影帶、CD、電視機及電腦等現代的視聽科技產物。在第三章「語言聽力理解」的「語言聲音聆聽的來源探討」中，我們強調過這些科技產物是可以當作語言聲音聆聽來源的輔助工具，但由於這些科技產品只能傳遞單向式的聲音及視覺符號，很少提供可以讓孩子使用語言表達的情境，所以對於孩子語言表達能力發展的幫助相當有限，通常也就只是有助於孩子語言的模仿發聲而已。反而是孩子如果長時間與這些科技產物為伍，相對地，就剝奪了孩子與人接觸相處的機會。

　　由於缺乏與他人雙向溝通互動的生活經驗，孩子語言表達的發展，就會停頓在「自我中心語言」單向式溝通的發展階段，例如孩子說一些牛頭不對馬嘴、不合情境的話；語言表達之後，不等他人回應，就逕行離開；不會拿捏什麼時候該是聆聽或說話的時機；不會辨識情境線索，一味地說一些不該說的「白目」的話等等。語言表達的目的是為了有效良好的溝通，而不是不顧外在情境的獨語，如何運用現代的科技產物，當成人們更有效良好溝通的橋樑，而非讓這些現代科技產物，成為禁錮人們溝通心靈的鎖鍊或怪獸，是身為一個教育者所要深思的。

貳、單元主題或生活感受創造思考表達

在語言思考表達的課程安排上，一般都會配合課程的主題單元，提供讓孩子們討論表達的機會。例如，討論到交通工具「船」，就可以讓孩子表達自己與船相關的生活經驗。當然，除了配合單元的主題課程之外，讓孩子發表戶外教學參觀的見聞、假日後發表假日做些什麼、孩子自己任意選擇主題表達或者是講故事，也都是不錯的課程安排。

語言思考表達課程的安排重點，在於創造引起孩子興趣發表討論的情境，來引導孩子有系統的表達陳述。所以如何在不影響孩子發表意願的情形之下，掌控及導引孩子的熱烈討論情境，不會變成流水帳或是離題毫無頭緒的討論，大人對於討論情境隨機應變的掌控能力，就顯得相當重要了。陳龍安老師曾提出十種發問技巧 (註1)，讀者若能熟練這些技巧，適時地依孩子的討論情境及主題，提出相關的題目來讓孩子思考討論，不但能掌控孩子的討論情境，更能持續激發孩子熱烈討論的情緒。在此謹將陳老師所提十種發問技巧，以及針對各技巧所設計的發問題目參考範例，提供讀者在進行相關課程活動時參考運用。

一、假如

＊假如你是一滴水，你會想住在哪裡？

＊假如你是無所不能的神仙，你想做哪些事情？

二、列舉

＊大象有長長的鼻子，還有哪些動物的身上也有長長的器官？

＊請盡可能列舉出因為風吹而會動的東西。

三、比較

＊請比較桌子和椅子，相同以及不同的地方。

＊請比較教室和公園，相同以及不同的地方。

四、替代

＊晚上停電看不到怎麼辦？

＊下雨了，沒有帶雨傘怎麼辦？

五、除了

＊杯子除了可以用來喝水之外，還可以用來做什麼？

＊衣架除了可以用來掛衣服之外，還可以用來做什麼？

六、可能

＊窗戶的玻璃破掉了，可能的原因有哪些？

＊弟弟在哭，可能的原因有哪些？

七、想像

＊如果大象的鼻子變短了，會發生怎樣的事情？

＊懶惰國的太陽、月亮、風、雲常請假，會發生怎樣的情形？

八、組合

＊讓孩子陳述一段裡頭提到「老師」和「媽媽」的句子或故事。

＊讓孩子說一個故事，故事裡頭必須包含聖誕老人、小美人魚和小紅帽。

九、六W

* 討論到「逛街」單元，讓孩子發表之前的逛街經驗。包括去哪裡
（WHERE）？跟誰去（WHO）？那裡有什麼（WHAT）？為什麼要去那
裡（WHY）？什麼時候去（WHEN）？如何去（HOW）？
* 灰姑娘為什麼要跟王子結婚？

十、類推

* 討論到「衣服」單元，大人提出「手套對手，就像鞋子對腳、帽子對頭是
一樣的」，讓孩子想出像衣服對身體、口罩對嘴巴、圍巾對脖子、眼鏡對
眼睛、護膝對膝蓋……等，依此類推。
* 討論到「居住地方」的單元，大人提出「人住在房子裡，就像垃圾住在垃
圾桶，血液住在血管」，讓孩子想出像：如汽車住在車庫、冰棒住在冰箱、
自來水住在水管或食物住在罐頭……等，依此類推。

第二節 字詞語言表達

壹、造詞練習

一、教材準備內容

合造詞的字音題目。題目參考範例舉隅如下，請參閱範例自行設計。

* 小 * 人 * 力 * 下 * 上 * 大

二、*課程活動簡述*

　　大人依題目唸出一字音，讓孩子造出含有該字音的字詞，越多越好。答案基本上以兩字詞為主，但孩子如果能造出三字詞、四字詞或成語、片語短句更好；某特定字音在詞中的位置也不限，可在詞首、詞中或詞尾，例如以「小」字為例，答案可以是：

　　㈠兩字詞：小心、國小……。

　　㈡三字詞：小不點、不小心、年紀小……。

　　㈢四字詞、成語或短句：三民國小、小心翼翼、人小鬼大、弟弟小心……。

三、*無法操作處理方式*

　　㈠使用可以造出孩子常用或熟悉詞彙的字音題目。

　　㈡加強聽故事、唸兒歌、單元課程討論或是日常生活對話等孩子語言聆聽及表達的廣度生活經驗。

　　㈢加強第三章「詞彙聽覺理解」相關課程活動經驗（見第128頁）。

　　㈣聆聽其他孩子的表達。

　　㈤讓某特定孩子出題，其他孩子回答。

　　㈥讓孩子自行出題，自行回答。

四、*課程設計、安排、實施等注意考慮或補充事項*

　　㈠題目以常用並可以造越多詞的字音為佳。

　　㈡此單元題目設計應避免二、三聲、ㄥ、ㄣ或ㄓ、ㄔ、ㄕ與ㄗ、ㄘ、ㄙ等易混淆音（請參閱第三章「語言聽力理解」中「一般詞彙理解」課程相關敘述，見132頁）。例如「國」，孩子常會造出「蘋果」，「新」則造出「星星」，「睡」則造出「碎掉」的詞彙；但像「豬」、「菜」等字，孩子比較不會誤造像「租約」及「薑尾」的詞彙，而前例的「小」字，也沒有容

易混淆的詞彙，故仍可使用。

㈢因為題目是口述，所以此練習是造出含某音的字詞，因此口頭答案可以包含各個同音異字詞，例如「高」，回答「高興」、「蛋糕」都是正確的。

㈣由於答案不只一個，所以本課程只列舉參考題目，沒有提供參考答案，如果讀者對於孩子所提出的答案有任何疑慮，請自行查閱字典。但仍把握住一大原則：答案是否正確並非課程活動唯一的目的，只要是孩子用心思考後所表達出來的內容，都值得肯定。

㈤如果孩子熟悉題目形式之後，也可以讓孩子自行出題，自行回答。

貳、詞首音造詞（詞首接詞尾）

一、圖卡猜猜看

㈠教材準備內容

孩子熟悉的圖案圖卡。

㈡課程活動簡述

大人覆蓋一張圖卡，不讓孩子看見，宣稱該圖卡圖案名稱第一個字為某字，並說明該圖卡圖案名稱為二或三個字，讓孩子猜會是什麼。例如，大人覆蓋一張香蕉的圖卡，跟孩子說明答案為兩個字，第一個字是香，讓孩子猜猜看會是什麼東西？如果孩子答錯則說「不是」，不做其他任何提示，讓孩子繼續猜想到正確答案為止。

㈢無法操作處理方式

1.使用孩子熟悉的圖案圖卡當作題目。

2.加強聽故事、唸兒歌、單元課程討論或是日常生活對話等孩子語言聆聽及表達的廣度生活經驗。

3.加強第三章「語言聽力理解」中「詞首選詞尾」相關課程活動經驗（見第 132 頁）。

4.聆聽其他孩子的表達。

㈣課程設計、安排、實施等注意考慮或補充事項

1.圖卡題目以孩子熟悉物品為優先考量。

2.單字詞彙如狗、雞、牛等圖卡不適用。

3.此單元題目請讀者依現有圖卡出題，在此不另提供參考題目。

二、口頭造詞

㈠教材準備內容

適合當詞首音詞的字音題目。題目參考範例舉隅如下，請參閱範例自行設計。

＊木　＊水　＊火　＊牛　＊坐

㈡課程活動簡述

讓孩子造出以某字音為字首的字詞，越多越好。例如「回」字，可以造出像「蛔蟲」、「迴轉」、「回家了」、「回心轉意」……等詞彙、短句及成語。

㈢無法操作處理方式

1.使用可以造出孩子常用或熟悉詞彙的字音題目。

2.加強聽故事、唸兒歌、單元課程討論或是日常生活對話等孩子語言聆聽及表達的廣度生活經驗。

3.加強第三章「語言聽力理解」中「詞首選詞尾」相關課程活動經驗（見第 132 頁）。

4.聆聽其他孩子的表達。

5.讓某特定孩子出題，其他孩子回答。

6.讓孩子自行出題，自行回答。

㈣課程設計、安排、實施等注意考慮或補充事項

請參閱「造詞練習」課程活動等相關敘述（見第 174 頁）。

參、詞尾音造詞（詞尾找詞首）

一、圖卡猜猜看

㈠教材準備內容

孩子熟悉的圖案圖卡。

㈡課程活動簡述

大人覆蓋一張圖卡，不讓孩子看見，宣稱該圖卡名稱最後一個字為某字，並說明該圖卡名稱為二或三個字，讓孩子猜會是什麼。例如，大人覆蓋一張垃圾桶的圖卡，跟孩子說明答案為三個字，第三個字是桶，讓孩子猜想答案會是何物。

㈢無法操作處理方式

　　請參閱「圖卡猜猜看（詞首接詞尾）」課程無法操作處理方式相關敘述（見第 176 頁）。

㈣課程設計、安排、實施等注意考慮或補充事項

　1.請參閱「詞首音造詞－圖卡猜猜看」課程活動相關敘述（見第 176 頁）。
　2.圖卡可與「詞首音造詞－圖卡猜猜看」課程共用。

二、*口頭造詞*

㈠教材準備內容

　　適合當詞尾音造詞的字音題目。題目參考範例舉隅如下，請參閱範例自行設計。
＊刀　＊子　＊包　＊色　＊果

㈡課程活動簡述

　　讓孩子造出以某字音為字尾的字詞，越多越好，答案也可以是二、三及四字詞或成語、片語短句。例如「護」字，可以造出像「窗戶」、「相互」、「小心愛護」……等詞彙片語。

㈢無法操作處理方式

　　請參閱「口頭造詞（詞首接詞尾）」課程無法操作處理方式相關敘述（見第 176 頁）。

（四）課程設計、安排、實施等注意考慮或補充事項

　　請參閱「詞首音造詞－口頭造詞」課程活動相關敘述（見第177頁）。

肆、詞彙接龍

一、教材準備內容
　　無。

二、課程活動簡述
　　大人任意說一詞彙，讓孩子續接詞彙，後面詞彙的詞首音須與前面詞彙的詞尾音相同，每個詞彙的字數不限，可為二、三及四字詞或成語、片語短句，如此續接下去，一直到無法續接下去為止。例如：冰箱－香蕉－膠水……。

三、無法操作處理方式
　　（一）加強聽故事、唸兒歌、單元課程討論或是日常生活對話等孩子語言聆聽及表達的廣度生活經驗。
　　（二）加強第三章「語言聽力理解」中「詞彙聽覺理解」相關課程活動經驗（見第128頁）。
　　（三）加強先前「造詞練習」、「詞首音造詞」及「詞尾音造詞」等相關課程活動經驗。
　　（四）聆聽其他孩子的表達。

四、課程設計、安排、實施等注意考慮或補充事項
　　此課程由大人或孩子自行隨機唸一詞彙出題，所以沒有特別提供參考題目。

若有必要，讀者也可以參閱下一課程活動「超級接龍」的詞彙出題。

伍、超級接龍

一、教材準備內容

超級接龍詞彙題目。題目可分三詞彙及四詞彙，題目參考範例舉隅如下，括弧內的詞彙為參考答案。

(一)三詞彙題目

＊大樹－木頭。（大樹－樹木－木頭）
＊花生－日期。（花生－生日－日期）

(二)四詞彙題目

＊木頭－袋鼠。（木頭－頭腦－腦袋－袋鼠）
＊果皮－餅乾。（果皮－皮蛋－蛋餅－餅乾）

二、課程活動簡述

大人說兩詞彙，讓孩子以詞彙接龍的方式，由第一個特定詞彙接到第二個特定詞彙，中間總共使用的詞彙長度及總數不限。例如，大人唸：「回家－海浪。」孩子則嘗試以詞彙接龍的方式唸：「回家－家人－人山人海－海浪。」

三、無法操作處理方式

(一)加強先前「壹、造詞練習」、「貳、詞首音造詞」、「參、詞尾音造詞」
　　及「肆、詞彙接龍」等相關課程活動經驗。
(二)聆聽其他孩子的表達。

四、課程設計、安排、實施等注意考慮或補充事項

本課程所提供參考題目分三詞彙及四詞彙,意指三個或四個詞彙就可以接龍完成(包含前後二個詞彙)。但三或四並非絕對的,孩子有可能繞了一大圈,前後用了十個詞彙才完成,若是如此,從毅力上考量,孩子的精神反而更值得嘉許!只是如果每次都要用很多詞彙才能完成的話,孩子會認為太困難,因而排拒課程!所以題目的安排,應盡量設計越少詞彙就可以完成的題目越好,如果孩子有興趣,而且能力也夠,可自行設計需要較多詞彙才能完成的題目,供孩子挑戰。

陸、詞彙字序組合變化

一、教材準備內容

字序位置改變前後皆有意義的詞彙題目。題目參考範例舉隅如下,請參閱範例自行設計。

＊蜜蜂　＊上車　＊拍球　＊牙刷　＊空中

二、課程活動簡述

(一)跟孩子說明,由相同字、不同的排列方式所形成的詞彙,會有不同的意義。

(二)舉例說出一些可以變換字序排列的詞彙(變換前後都要有意義),並說明其差異,例如「上車-車上」。

(三)大人再說類似的詞句,讓孩子嘗試改變字序回答,例如,大人說:「一萬」,讓孩子回答:「萬一」後,並讓孩子討論嘗試說明其差異,如果孩子無法回答,大人可說出答案後,再說明其差異。

三、無法操作處理方式

(一)加強聽故事、唸兒歌、單元課程討論或是日常生活對話等孩子語言聆聽及

表達的廣度生活經驗。

㈡加強第三章「語言聽力理解」中「詞彙聽覺理解」相關課程活動經驗（見第 128 頁）。

㈢加強第二章「語文學習前準備工作」中「順序性」相關課程活動經驗（見第 92 頁）。

㈣聆聽其他孩子的表達。

四、課程設計、安排、實施等注意考慮或補充事項

㈠題目參考範例的答案只要顛倒原詞句字序即可，在此不再贅述。

㈡也可以將原來的題目字序顛倒當題目，而原來的詞彙則變成答案。

㈢各詞彙的解釋，請自行參閱辭典。

㈣對於詞彙間的差異解釋，只要孩子能夠認真嘗試去思考，則不論其提出的解釋如何，都應值得肯定。

柒、說相對相反字詞

一、教材準備內容

適合說相對相反詞的詞彙題目。題目參考範例舉隅如下，括弧中的詞彙為參考答案。

＊左（右）

＊開始（結束）

＊硬梆梆（軟綿綿）

二、課程活動簡述

大人說出各字詞後，讓孩子說出該字詞的相對字詞。例如，大人說：「上」，

孩子則說：「下」。

三、無法操作處理方式

㈠使用孩子熟悉或意義較淺顯易懂的詞彙。

㈡讓孩子出題，大人或其他孩子回答。

㈢加強聽故事、唸兒歌、單元課程討論或是日常生活對話等孩子語言聆聽及表達的廣度生活經驗。

㈣加強第三章「語言聽力理解」中「相對相反詞」相關課程活動經驗（見第135頁）。

㈤聆聽其他孩子的表達。

四、課程設計、安排、實施等注意考慮或補充事項

㈠就如在第三章「語言聽力理解」中「相對相反詞」課程所述，有些詞彙如果說是相反，倒不如說是「相對」來得恰當。既然是相對，那麼答案就可能不只一個（當然有些題目要想出第二個較為合理的答案，也還不太容易），所以進行這個課程時，大人可以鼓勵孩子，盡可能地說出所有合理的答案。

㈡此課程如果以題目參考範例括弧中的詞彙為題目，那麼括弧前的詞彙就是答案。

㈢孩子熟悉課程模式之後，也可以讓孩子自行出題並說出相對字詞。

第三節　片語短句語言表達

壹、形式造片語短句

一、教材準備內容

形式造片語短句的題目。題目參考範例舉隅如下，括弧內為參考答案。

＊……呀……。（走呀走、跑呀跑、跳呀跳、轉呀轉、飛呀飛、唱呀唱、躲呀躲）

＊越……越……。（越飛越高、越跑越快、越下越大、越游越遠、越來越熱、越來越胖、越來越多）

＊既……又……。（既冷又餓、既快又好、既便宜又漂亮、既營養又衛生、既生氣又憤怒、既清潔又乾淨）

二、課程活動簡述

大人先說出某一特定形式，讓孩子依照此特定形式造片語短句。例如「又……又……」，可以造出像「又哭又笑」、「又吃又喝」、「又高又瘦」、「又颱風又下雨」等片語短句。

三、無法操作處理方式

㈠使用孩子熟悉或意義較淺顯易懂的片語短句形式。

㈡加強聽故事、唸兒歌、單元課程討論或是日常生活對話等孩子語言聆聽及表達的廣度生活經驗。

㈢加強先前「字詞語言表達」相關課程活動經驗（見第 174 頁）。

㈣聆聽其他孩子的表達。

四、課程設計、安排、實施等注意考慮或補充事項

㈠符合條件的答案不只一個,盡量鼓勵孩子盡可能想出所有可能的答案,所附的參考答案也並不是所有的可能答案。如果對於孩子所提出的答案有任何疑慮,請自行查閱字典。

㈡如果孩子熟悉題目形式之後,也可以讓孩子自行出題,自行回答。

貳、造片語短句

這個課程的主要目的是提供孩子思考運用各種片語短句模式的機會,對於形容詞、名詞、副詞、動詞及受詞等詞性名稱,並不要求孩子記憶或了解。而在進行自行表述的課程中,如果孩子沒有辦法掌握正確的形式,而說出其他形式的片語,也沒有關係,重點是孩子願意多嘗試以各種不同的模式思考表達。

一、形容詞＋名詞

㈠教材準備內容

說形容詞找名詞以及說名詞找形容詞的題目。題目參考範例舉隅如下,冒號後面的詞彙為參考答案。

1.說形容詞找名詞:

＊平靜的:水面、心情。

＊熱呼呼的:毛巾、披薩。

＊震耳欲聾的:喇叭聲、雷聲。

2.說名詞找形容詞：

　　＊月亮：圓圓、彎彎。

　　＊風：涼爽、冷颼颼。

　　＊雷聲：可怕、轟隆轟隆。

㈡課程活動簡述

1.說形容詞找名詞：大人說出一特定形容詞，鼓勵孩子盡可能地說出可
　被該形容詞修飾的所有名詞。例如，題目為「藍藍的」，大人則問：「藍
　藍的什麼？」孩子可能回答：「藍藍的天、藍藍的海……。」

2.說名詞找形容詞：大人說出一特定名詞，鼓勵孩子盡可能地說出所有
　可以修飾該名詞的形容詞。例如，題目為「山」，大人則問：「怎樣的
　山？」孩子則可能回答：「尖尖的山、高高的山……。」

㈢無法操作處理方式

1.使用孩子常用或熟悉的名詞或形容詞題目。

2.加強聽故事、唸兒歌、單元課程討論或是日常生活對話等孩子語言聆聽
　及表達的廣度生活經驗。

3.加強先前「字詞語言表達」相關課程活動經驗（見第 174 頁）。

4.加強第三章「語言聽力理解」中「形容詞＋名詞」課程活動的相關經驗
　（見第 138 頁）。

5.聆聽其他孩子的表達。

6.讓某特定孩子出題，大人或其他孩子回答。

7.讓孩子自行出題，自行回答。

(四)課程設計、安排、實施等注意考慮或補充事項

1. 符合條件的答案不只一個,讓孩子盡可能地討論出所有可能的答案。

2. 此課程也可以讓孩子自己隨意說「形容詞+名詞」形式的片語,例如:
「頑皮的弟弟」、「美麗的夕陽」……等等。如果孩子沒有辦法掌握
「形容詞+名詞」的形式,而說出其他形式的片語,也沒有關係,重點
是孩子願意多思考多說,所有孩子的語言表達都值得肯定。

二、*單位詞+名詞*

(一)教材準備內容

說單位詞找主體及說主體找單位詞的題目。題目參考範例舉隅如下,
冒號後的詞彙為參考答案。

1. **說單位詞找主體:**

　*陣:香味、風、煙、歌聲、嘲笑、憤怒、聲音。

　*道:眉毛、閃電、彩虹、菜、陽光。

2. **說主體找單位詞:**

　*球:個、粒、顆、盒、籃。

　*汗:頭、身、滴。

(二)課程活動簡述

1. **說單位詞找主體:**大人說出一單位詞,再讓孩子說出該單位詞各種可
能的主體。例如,示範題目為「杯」,大人則說:「杯,可以是一杯水、
一杯可樂,還有一杯什麼呢?」鼓勵孩子說出所有可能的答案。

2. **說主體找單位詞:**大人說出一主體,讓孩子說出該主體各種可能的單

位詞。例如，示範題目為「花」，大人則說：「花可以是一朵花、一盆花、一束花，還有呢？」鼓勵孩子說出所有可能的答案。

㈢無法操作處理方式

1.使用孩子常用或熟悉的主體或單位詞題目。

2.加強聽故事、唸兒歌、單元課程討論或是日常生活對話等孩子語言聆聽及表達的廣度生活經驗。

3.加強先前「字詞語言表達」相關課程活動經驗（見第 174 頁）。

4.加強第三章「語言聽力理解」中「單位詞＋主體」課程活動的相關經驗（見第 139 頁）。

5.聆聽其他孩子的表達。

6.讓某特定孩子出題，大人或其他孩子回答。

7.讓孩子自行出題，自行回答。

㈣課程設計、安排、實施等注意考慮或補充事項

1.符合條件的答案可能不只一個，大人可以鼓勵孩子，盡可能地說出所有合理的答案，等孩子再也想不出其他答案時，大人可以再補充說出孩子沒有提出的參考答案或其他的合理答案，看是否能再刺激孩子想出更多的答案。

2.此課程也可以讓孩子自己隨意說出「單位詞＋主體」形式的片語，例如：一隻狗、一條河流等等。

三、副詞＋動詞

㈠教材準備內容

說副詞找動詞以及說動詞找副詞的題目。題目參考範例舉隅如下，冒號後的詞彙為參考答案。

1. 說副詞找動詞：

  ＊立刻：起床、出去。

  ＊安靜地：看書、睡覺。

2. 說動詞找副詞：

  ＊哭：難過、傷心。

  ＊工作：辛苦、努力。

㈡課程活動簡述

1. 說副詞找動詞：大人說出一副詞後，鼓勵孩子盡可能地說出所有可以被該副詞修飾的動詞。例如，示範題目為「一直」，大人則說：「一直，可以是一直吵、一直哭，還可以是一直怎樣？」鼓勵孩子說出所有可能的答案。

2. 說動詞找副詞：大人說出一動詞，鼓勵孩子盡可能地說出所有可以修飾該動詞的副詞。例如，示範題目為「切」，大人則說：「切，可以是用力地切、輕輕地切，還有怎樣地切？」鼓勵孩子說出所有可能的答案。

㈢無法操作處理方式

1. 使用孩子常用或熟悉的動詞或副詞題目。

2. 加強聽故事、唸兒歌、單元課程討論或是日常生活對話等孩子語言聆聽及表達的廣度生活經驗。

3.加強先前「字詞語言表達」相關課程活動經驗（見第 174 頁）。

4.聆聽其他孩子的表達。

5.讓某特定孩子出題，大人或其他孩子回答。

6.讓孩子自行出題，自行回答。

㈣課程設計、安排、實施等注意考慮或補充事項

1.符合條件的答案可能不只一個，大人可以鼓勵孩子，盡可能地說出所有合理的答案，等孩子再也想不出其他答案時，大人可以再補充說出孩子沒有提出的參考答案或其他的合理答案，看是否能再刺激孩子想出更多的答案。

2.此課程也可以讓孩子自己隨意說出「副詞＋動詞」形式的片語，例如：快快地飛、大聲地說等等。

四、動詞＋受詞

㈠教材準備內容

說動詞找受詞以及說受詞找動詞的題目。題目參考範例舉隅如下，冒號後的詞彙為參考答案。

1.說動詞找受詞：

＊綁：書、頭髮。

＊搬：桌子、椅子。

2.說受詞找動詞：

＊球：踢、丟、投。

＊臉：摸、擦、敷。

(二)課程活動簡述

1. **說動詞找受詞**：大人說出一特定動詞，鼓勵孩子盡可能地說出所有可以接在該動詞後面的受詞。例如，題目為「騎」，大人則問：「騎，可以是騎車、騎馬，還可以騎什麼東西？」鼓勵孩子說出所有可能的答案。

2. **說受詞找動詞**：大人說出一受詞，鼓勵孩子盡可能地說出所有可以接該受詞的動詞。例如，題目為「手」，大人先示範說：「手，可以是拍手、洗手之外，還可以怎麼樣？」孩子可以補充回答：「舉手、擦手……等等。」

(三)無法操作處理方式

1. 使用孩子常用或熟悉的受詞或動詞題目。

2. 加強聽故事、唸兒歌、單元課程討論或是日常生活對話等孩子語言聆聽及表達的廣度生活經驗。

3. 加強先前「字詞語言表達」相關課程活動經驗（見第 174 頁）。

4. 加強第三章「語言聽力理解」中「動詞＋受詞」相關課程活動經驗（見第 142 頁）。

5. 聆聽其他孩子的表達。

6. 讓某特定孩子出題，大人或其他孩子回答。

7. 讓孩子自行出題，自行回答。

(四)課程設計、安排、實施等注意考慮或補充事項

1. 符合條件的答案可能不只一個，大人可以鼓勵孩子，盡可能地說出所有合理的答案，等孩子再也想不出其他答案時，大人可以再補充說出孩子沒有提出的參考答案或其他的合理答案，看是否能再刺激孩子想出更多

的答案。

2.此課程也可以讓孩子自己隨意說出「動詞＋受詞」形式的片語，例如：踢球、砍樹……等等。

參、簡易對句

一、完成片語句子

㈠教材準備內容

有相對詞彙的片語或句子，其中一個相對詞彙被省略的題目。題目參考範例舉隅如下，括弧內的詞彙為參考答案。

＊慢慢走，不要（跑）。

＊果汁冷冰冰，火鍋（熱呼呼）。

＊走路要抬頭挺胸，不可以（彎腰駝背）。

㈡課程活動簡述

大人依照題目說一不完整的片語或句子，讓孩子說出相對或相反詞彙，將該片語或句子完成。例如，題目為「手短腳（長）」，大人就問：「手短腳怎樣？」孩子則回答「長」或其他答案。

㈢無法操作處理方式

1.使用孩子常用或熟悉的片語或句子題目。

2.加強聽故事、唸兒歌、單元課程討論或是日常生活對話等孩子語言聆聽及表達的廣度生活經驗。

3.加強先前「字詞語言表達」相關課程活動經驗（見第 174 頁）。

4.加強第三章「語言聽力理解」中「相對相反詞」相關課程活動經驗（見第135頁）。

5.聆聽其他孩子的表達。

㈣課程設計、安排、實施等注意考慮或補充事項

1.符合條件的答案可能不只一個，讓孩子盡可能地討論出所有可能的答案。

2.孩子熟悉課程模式之後，也可以讓孩子自行嘗試說出含有相對詞彙的片語或句子。

二、說對句

㈠教材準備內容

對句題目。參考範例舉隅如下，破折號後面為參考答案。

＊拳打──腳踢、頭撞。

＊搭飛機──坐火車、騎機車。

＊爸爸開心──媽媽歡喜、弟弟高興。

＊他打我一拳──我踢他一腳、你咬他一口。

＊風呼呼地吹──雨嘩嘩地下、雷隆隆地打。

㈡課程活動簡述

大人首先示範對句形式。例如，題目為「媽媽煮飯」，大人說：「『媽媽煮飯』的對句可以是『爸爸看報』、『姊姊唱歌』、『弟弟睡覺』、『哥哥跑步』……等。」確定孩子了解形式之後，再唸其他短句，讓孩子說出對句。

㈢無法操作處理方式

1. 使用孩子常用或熟悉的短句題目。

2. 加強聽故事、唸兒歌、單元課程討論或是日常生活對話等孩子語言聆聽及表達的廣度生活經驗。

3. 加強先前「字詞語言表達」中「說相對相反字詞」相關課程活動經驗（見第 183 頁）。

4. 加強第三章「語言聽力理解」中「相對相反詞」相關課程活動經驗（見第 135 頁）。

5. 加強先前「完成片語句子」相關課程活動經驗（見第 193 頁）。

6. 聆聽其他孩子的表達。

㈣課程設計、安排、實施等注意考慮或補充事項

1. 符合條件的對句答案可能不只一個，讓孩子盡可能地討論出所有可能的對句答案。

2. 孩子熟悉課程模式之後，也可以讓孩子自行出題並說出對句。

肆、片語短句字序組合變化

一、教材準備內容

字序位置改變前後皆有意義的片語短句題目。題目參考範例舉隅如下，破折號之後為參考答案。

＊我愛媽媽──媽媽愛我、愛我媽媽。

＊吃飯了──吃了飯、飯吃了。

＊一桌十人──十人一桌、一人十桌、十桌一人。

二、課程活動簡述

㈠跟孩子說明，由相同字、不同的排列方式所造出的詞彙，會有不同的意義
（見「字詞語言表達」中「詞彙字序組合變化」課程活動相關敘述，見第
182頁）。同樣地，由相同字、不同的排列方式所造出的片語短句，也會
有不同的意義。

㈡舉例說出一些可以變換字序排列的有意義片語短句，並說明其差異。例如，
「冷氣吹——吹冷氣」。

㈢大人再說類似的詞句，讓孩子嘗試改變字序回答，並嘗試說明其差異。例
如，大人說：「好老師」，讓孩子回答：「老師好」，如果孩子無法回
答，則大人可說出答案後，再說明其差異。

三、無法操作處理方式

㈠加強聽故事、唸兒歌、單元課程討論或是日常生活對話等孩子語言聆聽及
表達的廣度生活經驗。

㈡加強「字詞語言表達」中「詞彙字序組合變化」相關課程活動經驗（見第
182頁）。

㈢加強第二章「語文學習前準備工作」中「順序性」相關課程活動經驗（見
第92頁）。

㈣聆聽其他孩子的表達。

四、課程設計、安排、實施等注意考慮或補充事項

㈠也可以將題目參考範例後的參考答案當作題目，而原來的題目就變成答案。

㈡孩子熟悉課程模式之後，也可讓孩子嘗試自行找出，可以變換字序排列的
有意義片語短句。

伍、片語短句改說

在這個課程活動中，對於如補語、限定用法及敘述用法等名稱，並不要求孩子記憶或了解。只要大人能掌握各分類特性，有組織性地安排課程，以提供孩子各種不同模式思考表達的刺激環境，此為課程重點。

一、教材準備內容

各類適合改說的片語短句題目。題目參考範例舉隅如下，冒號後的片語短句為參考答案。

㈠「形容詞＋名詞」和「名詞＋補語」改說

＊朵朵的浪花：浪花朵朵。

＊香噴噴的烤雞：烤雞香噴噴。

＊淅瀝淅瀝的雨聲：雨聲淅瀝淅瀝。

㈡限定與敘述用法轉換

＊有趣的故事：故事是有趣的。

＊翠綠的葉子：葉子是翠綠的。

＊熱騰騰的披薩：披薩是熱騰騰的。

㈢修飾語轉換

＊憤怒的大海：大海的憤怒。

＊清涼的微風：微風的清涼。

＊寧靜的夜晚：夜晚的寧靜。

㈣強調主體的轉換

＊鼻子流鼻涕：鼻子流的鼻涕、流鼻涕的鼻子。

＊鍋子煮湯：鍋子煮的湯、煮湯的鍋子。

＊報紙包垃圾：報紙包的垃圾、包垃圾的報紙。

二、課程活動簡述

㈠「形容詞＋名詞」和「名詞＋補語」改說

　　大人首先示範說明，如何將「形容詞＋名詞」的詞句改說成「名詞＋補語」的形式。例如，把「害怕的妹妹」改為「妹妹害怕」、把「頑皮的弟弟」改為「弟弟頑皮」等；然後再一一唸題目，讓孩子討論改說。

㈡限定與敘述用法轉換

　　大人先示範說明，如何將限定用法的詞句改說成敘述用法的形式。例如：把「新的帽子」改為「帽子是新的」、把「我的書」改為「書是我的」等；然後再一一唸題目，讓孩子討論改說。

㈢修飾語轉換

　　大人首先以實例示範說明，如何把修飾語轉換改說。例如，把「金黃的陽光」改為「陽光的金黃」、把「翠綠的樹」改為「樹的翠綠」等；然後再一一唸題目，讓孩子討論改說。

㈣強調主體的轉換

　　大人首先示範說明，如何將強調的主體轉換改說。例如，把「爸爸買

書」改為「爸爸買的書」及「買書的爸爸」；然後再一一唸題目，讓孩子討論改說。

三、無法操作處理方式

(一)使用孩子熟悉或意義較淺顯易懂的題目。

(二)加強聽故事、唸兒歌、單元課程討論或是日常生活對話等孩子語言聆聽及表達的廣度生活經驗。

(三)加強第三章「語言聽力理解」中「片語短句聽覺理解」（見第 137 頁）及先前「字詞語言表達」等相關課程活動經驗（見第 174 頁）。

(四)聆聽其他孩子的表達。

四、課程設計、安排、實施等注意考慮或補充事項

孩子熟悉課程模式之後，也可以讓孩子嘗試自行出題，自行改說片語短句。

第四節　句子、段落語言表達

壹、圖案、實物參考誘導

在這一部分中，有一些課程的設計形式，跟句子聽覺理解的圖案、實物參考誘導是相類似的（請參考第三章第三節相關課程活動敘述），所改變的不過是孩子由理解方（聽）改變成描述方（說）。為了討論上的方便，我們將聽、說的課程拆開討論，但在實際的運用上，聽說的課程常常是交互或是同時進行的。

一、圖畫情境描述說明

(一)教材準備內容

孩子自畫的圖畫。

(二)課程活動簡述

孩子畫完圖後，根據自己畫的圖，向大家描述說明圖畫中所要表達的情境，最後再讓該孩子回答其他孩子根據該圖所提出的問題。

(三)無法操作處理方式

1. 加強聽故事、唸兒歌、單元課程討論或是日常生活對話等孩子語言聆聽及表達的廣度生活經驗。
2. 加強先前「片語短句語言表達」（見第 185 頁）及第三章「語言聽力理解」中「句子、段落聽覺理解」等相關課程活動經驗（見第 145 頁）。
3. 聆聽其他孩子的表達。

(四)課程設計、安排、實施等注意考慮或補充事項

1. 大人在此處的角色乃在於如何誘導孩子多說，而不在於孩子所說內容的正確性，或是圖畫的表現內容和技巧，所以在討論的過程中，大人或其他孩子的負向言語，例如：「畫的好醜」、「一點都不像」等都應該被制止。
2. 此課程可以伴隨美勞圖畫課程實施，描述說明的主體可以推廣到所有的美勞作品，例如剪貼、捏陶，而非只限於圖畫。
3. 此課程活動讓孩子依其作品自行表述，在此不另提供參考題目。

二、**看圖說用途**

㈠教材準備內容

孩子熟悉的各種日常生活用品圖案圖卡。

㈡課程活動簡述

大人出示物品圖卡，讓孩子說出該物品的用途。例如，出示鉛筆的圖卡，孩子可能說：「那是鉛筆，可以用來寫字。」

㈢無法操作處理方式

請參閱「圖畫情境描述說明」相關課程活動敘述（見第 200 頁）。

㈣課程設計、安排、實施等注意考慮或補充事項

1.題目內容請自行配合現有圖卡出題，在此不另提供參考題目。
2.此課程也可直接以實際物品代替圖卡。

三、**聽句辨意描述**

㈠教材準備內容

無。

㈡課程活動簡述

讓一孩子當描述方，以四周環境狀況說一句子，再由其他孩子或大人當理解方來判斷對錯。例如：「XXX今天穿紅衣服」、「窗戶是開的」、「現在正在下雨」等。孩子所出的題目如果條件不夠完整或有瑕疵，大人

或其他孩子可以提出問題質疑，讓孩子回答或提出更完整的說明；但提出問題質疑的主要目的乃在於希望能讓孩子的思慮更為周延，切勿因而造成孩子的挫折感。相關課程請參考第三章「語言聽力理解」中「聽句辨意理解」課程活動相關敘述。

(三)無法操作處理方式

1.請參閱「圖畫情境描述說明」課程活動相關敘述（見第 200 頁）。
2.加強第三章「語言聽力理解」中「聽句辨意理解」相關課程活動經驗（見第 145 頁）。

(四)課程設計、安排、實施等注意考慮或補充事項

1.此課程請孩子自行依現場狀況出題，在此不另提供參考題目。
2.此課程可以配合第三章「語言聽力理解」中的「聽句辨意理解」課程一併進行。

四、看圖辨意描述

(一)教材準備內容

描述情境的圖卡或故事書畫面。

(二)課程活動簡述

出示一張圖卡或以故事書中一張畫面為依據，一孩子（描述方）說一句子，讓其他孩子或大人（理解方）判斷對錯。例如：「一隻貓咪在看書」、「小猴子在跳繩」、「樹下有一隻小狗」、「豬寶寶在睡覺」等等。請參閱第三章「語言聽力理解」中「看圖辨意理解」課程活動相關敘

述（見第 145 頁）。

㈢無法操作處理方式

1. 請參閱先前「圖畫情境描述說明」課程活動相關敘述（見第 200 頁）。
2. 加強第三章「語言聽力理解」中「看圖辨意理解」相關課程活動經驗。

㈣課程設計、安排、實施等注意考慮或補充事項

1. 此課程請孩子自行參考現有圖卡或故事書圖案描述出題，在此不另提供參考題目。
2. 此課程可以配合第三章「語言聽力理解」中「看圖辨意理解」課程一併進行（見第 145 頁）。

五、描述選圖

㈠教材準備內容

描述情境的圖卡或故事書畫面。

㈡課程活動簡述

將數張圖卡或圖書畫面一字排列，一孩子說一句子（描述方），例如：「小白兔在釣魚。」其他孩子（理解方）則把代表該句子的圖卡畫面找出。同樣地，孩子所出的題目如果條件不夠完整或有瑕疵，大人或其他孩子可以提出質疑。請參閱第三章「語言聽力理解」中「理解選圖」課程活動相關敘述（見第 146 頁）。

(三)無法操作處理方式

1. 請參閱「圖畫情境描述說明」課程活動相關敘述（見第 200 頁）。

2. 加強第三章「語言聽力理解」中「理解選圖」相關課程活動經驗。

(四)課程設計、安排、實施等注意考慮或補充事項

1. 此課程請孩子自行參考現有圖卡圖案描述出題，在此不另提供參考題目。

2. 此課程可以配合第三章「語言聽力理解」中「理解選圖」課程進行。

3. 此課程也可以將圖卡擴充為兩組，描述方從一組圖片中挑出一張，在其他孩子沒有看到該圖的情形下，描述該圖片，其他孩子聽完後從另一組圖片中找出描述方所描述的圖片，此形式可以避免描述方因為描述圖片時的視線注視，而成為提供其他孩子答案的線索。當然，如果不考慮其他孩子聽力理解的目的，而只考慮句子語言表達的目的，就算孩子在描述時注視著該圖片也無所謂。

六、大風吹表達

(一)教材準備內容

椅子，數量要比孩子人數少一把。

(二)課程活動簡述

1. 將椅子圍成圓圈形狀。

2. 一個孩子擔任出題者，站在圓圈中間，其他孩子則坐在椅子上。

3. 出題者先說：「大風吹。」其他的孩子則回應：「吹什麼？」出題者則決定吹怎樣的人，例如：「吹穿紅色衣服的人」，這個時候穿紅色衣服

的孩子則要離開原來位置換另一個位置，出題者也找一個位置坐，沒有找到位置坐的孩子擔任下一位出題者。

㈢無法操作處理方式

1.請參閱「圖畫情境描述說明」課程活動相關敘述（見第 200 頁）。
2.加強第三章「語言聽力理解」中「大風吹理解」相關課程活動經驗（見第 147 頁）。
3.觀看其他孩子進行課程活動。

㈣課程設計、安排、實施等注意考慮或補充事項

1.此課程請孩子自行依現場狀況出題，在此不另提供參考題目。
2.此課程可以配合第三章「語言聽力理解」中「大風吹理解」課程進行。
3.活動的進行只要注意孩子的安全問題，至於孩子出題的內容，大人無須限制或干涉。

七、警察找小孩描述

㈠教材準備內容

無。

㈡課程活動簡述

一孩子當描述方，描述教室某一個孩子的特徵，例如：留長頭髮、穿紅色衣服、女生，看誰能先找出具該特徵的孩子。

(三)無法操作處理方式

1. 請參閱先前「圖畫情境描述說明」課程活動相關敘述（見第 200 頁）。

2. 加強第三章「語言聽力理解」中「警察找小孩理解」相關課程活動經驗（見第 148 頁）。

(四)課程設計、安排、實施等注意考慮或補充事項

1. 此課程請孩子自行依現場狀況出題，在此不另提供參考題目。

2. 此課程可以配合第三章「語言聽力理解」中「警察找小孩理解」課程進行。

3. 大人應提醒在描述其他孩子的特徵時，視線應該避免直接落在該孩子身上，以免讓其他孩子從視線找到線索。當然，因為這課程的目的還是句子語言的表達，所以如果孩子無法做到，也無須硬性要求。

八、*超級說一說描述*

(一)教材準備內容

孩子熟悉的圖案圖卡。

(二)課程活動簡述

一孩子看一圖卡後，將該圖卡覆蓋，然後一直持續以語言描述該物（不能提及該物名稱任何字音），其他孩子或大人只能猜該物是什麼，但不可以問問題或說話，一直到猜出該物為止。

㈢無法操作處理方式

1. 請參閱先前「圖畫情境描述說明」課程活動相關敘述（見第 200 頁）。
2. 加強第三章「語言聽力理解」中「超級說一說理解」相關課程活動經驗（見第 149 頁）。

㈣課程設計、安排、實施等注意考慮或補充事項

1. 題目內容讓孩子配合現有的圖卡或生活用品器具實物出題，在此不另提供參考題目。
2. 此課程可以配合第三章「語言聽力理解」中「超級說一說理解」課程進行。

九、分享日分享物介紹

㈠教材準備內容

孩子自備分享物。

㈡課程活動簡述

教師可以設定一個禮拜中的某一天（例如星期一）為分享日，在當天，孩子可以將自己喜歡或是特別的東西，拿到學校介紹給大家。例如，帶來一張與總統合拍的相片，孩子可能會介紹是哪一天、在什麼地方遇見總統的、怎麼會跟總統合照……等等，介紹完後，還可以回答其他孩子或大人的詢問，例如：總統會不會很兇……等等。

(三)無法操作處理方式

請參閱「圖畫情境描述說明」課程活動相關敘述（見第 200 頁）。

(四)課程設計、安排、實施等注意考慮或補充事項

1. 此課程讓孩子依所帶來的分享物自行表述，在此不另提供參考題目。
2. 此課程的實施須針對可能產生的不良後果設計配套措施。例如，孩子帶來的東西會不會被弄壞或遺失？會不會對教室秩序造成不良影響？是否有安全上的顧慮等。
3. 孩子在介紹分享物的過程中，應避免大人或其他孩子任意打岔中斷介紹。
4. 大人可以善用介紹後的問題詢問，來炒熱討論的情境氣氛，誘導孩子多說多表達，這比糾正孩子所說內容的正確性，來得重要多了。

十、布紙偶娃娃劇

(一)教材準備內容

與故事情節相關的布、紙偶娃娃道具。

(二)課程活動簡述

大人根據故事或是單元主題，例如「三隻小豬」或是「過新年」單元，提供相關布偶、紙偶或娃娃的情境布置，讓孩子自行編導劇情，操弄這些布紙偶娃娃。

(三)無法操作處理方式

請參閱先前「圖畫情境描述說明」課程活動相關敘述。

㈣課程設計、安排、實施等注意考慮或補充事項

1. 此課程讓孩子依現有的布紙偶娃娃自行操弄表演，在此不另提供參考題目。

2. 孩子可以依自己的想法操弄表演，編導的劇情當然不一定要與原著相同。

3. 如果沒有跟故事內容相關的布紙偶娃娃，也可以直接提供孩子現有布紙偶娃娃等資源的情境布置，讓孩子自行編導劇情。

4. 也可以提供不同故事情節的所有布紙偶，例如「小飛俠」、「小紅帽」及「白雪公主」等，讓孩子自行編導當這些人物同聚一堂時，會發生怎樣的狀況。

十一、戲劇扮演

㈠教材準備內容

相關戲劇的道具、布景及服飾。

㈡課程活動簡述

類似先前「十、布紙偶娃娃劇」課程，不同的是，大人所提供相關布紙偶娃娃的情境布置，改成相關的道具、布景及服飾，由孩子身穿這些服飾，手持相關道具來扮演故事中或日常生活中的角色。

㈢無法操作處理方式

請參閱先前「圖畫情境描述說明」課程活動相關敘述（見第200頁）。

㈣課程設計、安排、實施等注意考慮或補充事項

1. 此課程讓孩子依現有的道具、布景及服飾自行操弄表演，在此不另提供參考題目。

2. 大人所提供的道具、布景及服飾是一個手段，是誘導孩子說話表達的手段，所以只要是能夠誘導孩子說話表達的情境，所準備的道具器材並不一定要很華麗。例如，一只舊手提箱及一件煮飯圍裙，就可以是誘導孩子扮演爸爸媽媽角色情境的道具。

3. 在這課程中，大人所要用心的是相關情境的提供，至於孩子角色及對話的內容，則應該由孩子自行決定設計，大人不應過度介入及干涉。

4. 與「布紙偶娃娃劇」課程一樣，此課程也可以搭配故事或單元主題來進行，甚至來個「小飛俠」、「小紅帽」及「白雪公主」等人物大集合，提供孩子一個天馬行空的想像創造空間。

十二、*故事講述*

㈠教材準備內容

合適的故事圖書。

㈡課程活動簡述

大人講完故事後，讓孩子看著書本圖片，用自己的話再重述一遍。

㈢無法操作處理方式

請參閱先前「圖畫情境描述說明」課程活動相關敘述（見第200頁）。

㈣課程設計、安排、實施等注意考慮或補充事項

1.此課程請孩子自行依現有的圖書資源或配合單元故事講述，在此不另提供參考題目。

2.此課程的目的是在於提供孩子說話表達的機會，而非記憶背誦，所以孩子所講述的內容是否與故事書中的文字敘述相同並不重要。事實上，如果孩子能合乎邏輯地以自己獨特的想法來述敘相同的故事，這是相當難能可貴的。

3.請孩子敘述的故事不一定是要大人講過的，如果孩子願意敘述大人沒講過的故事，更有助於孩子語言表達能力的發展。

貳、語言表達

一、老師說遊戲表達

㈠教材準備內容

無。

㈡課程活動簡述

1.由一個孩子當老師。

2.當老師的人說一句子，其他的人則要按照老師的指示做動作。例如，老師說：「拍拍手。」其他的孩子則做拍拍手的動作。請參閱第三章「語言聽力理解」中「老師說遊戲理解」課程活動相關敘述（見第157頁）。

(三)無法操作處理方式

1. 加強聽故事、唸兒歌、單元課程討論或是日常生活對話等孩子語言聆聽及表達的廣度生活經驗。
2. 加強先前「圖案、實物參考誘導」（見第 199 頁）以及第三章「語言聽力理解」中「句子、段落聽覺理解」相關課程活動經驗（見第 145 頁）。
3. 聆聽其他孩子表達。
4. 加強第三章「語言聽力理解」中「老師說遊戲理解」相關課程活動經驗。

(四)課程設計、安排、實施等注意考慮或補充事項

1. 題目由孩子自行設計，在此不另安排參考題目。
2. 課程進行時要注意孩子動作空間的大小及安全，如果孩子提出危險或不合適的指示題目時，大人應立刻制止。

二、*詞語替換*

(一)單詞替換

1. 指定替換：

(1)教材準備內容：合適的詞語替換題目。題目參考範例舉隅如下，括弧內的詞語為指定替換的詞語，括弧後的句子為參考答案。

　　a. 替換主詞

　　　＊小狗不見了。（雨傘）　雨傘不見了。

　　　＊花兒飄落了。（樹葉）　樹葉飄落了。

　　　＊落花輕輕地嘆息。（流水）　流水輕輕地嘆息。

　　b. 替換修飾詞

　　＊妹妹哭得很難過。（傷心）　妹妹哭得很傷心。

　　＊快來吃熱呼呼的飯。（香噴噴）　快來吃香噴噴的飯。

　　＊雨淅瀝淅瀝地下。（嘩啦嘩啦）　雨嘩啦嘩啦地下。

c. 替換地點位置

　　＊陽光照進了客廳。（教室）　陽光照進了教室。

　　＊街上人來人往。（菜市場）　菜市場人來人往。

　　＊哥哥從房間走出來。（浴室）　哥哥從浴室走出來。

d. 替換時間

　　＊明天是星期幾？（後天）　後天是星期幾？

　　＊爸爸九點上班。（八點）　爸爸八點上班。

　　＊從前這裡有一棵樹。（小時候）　小時候這裡有一棵樹。

e. 替換單位詞

　　＊飄來一股香味。（陣）　飄來一陣香味。

　　＊藍天裡，白雲一朵。（疊）　藍天裡，白雲一疊。

　　＊海邊有一朵朵的浪花。（層）　海邊有一層層的浪花。

f. 替換動詞

　　＊不小心跌倒了。（滑）　不小心滑倒了。

　　＊眼淚一直滴下來。（滾）　眼淚一直滾下來。

　　＊你看！天空有彩虹。（瞧）　你瞧！天空有彩虹。

(2)課程活動簡述：大人唸一句子及指定替換的詞語，讓孩子唸出替換詞
　　語後的句子。

a. 替換主詞：例如，題目為「爸爸在看報紙。（哥哥）」大人則說：
　　「爸爸在看報紙，替換──哥哥。」孩子則應該說：「哥哥在看報
　　紙。」

b. 替換修飾詞：例如，題目為「要小心路上的車子！（前面）」大人

則說：「要小心路上的車子，替換——前面。」孩子則應該說：「要小心前面的車子！」

c. 替換地點位置：例如，題目為「爸爸到海邊釣魚。（湖邊）」大人則說：「爸爸到海邊釣魚，替換——湖邊。」孩子則應該說：「爸爸到湖邊釣魚。」

d. 替換時間：例如，題目為「弟弟現在在床上睡覺。（剛才）」大人則說：「弟弟現在在床上睡覺，替換——剛才。」孩子則應該說：「弟弟剛才在床上睡覺。」

e. 替換單位詞：例如，題目為「地上有一張鈔票。（堆）」大人則說：「地上有一張鈔票，替換——堆。」孩子則應該說：「地上有一堆鈔票。」

f. 替換動詞：例如，題目為「姊姊說話真好聽。（唱歌）」大人則說：「姊姊說話真好聽，替換——唱歌。」孩子則應該說：「姊姊唱歌真好聽。」

(3)無法操作處理方式：

a. 請參閱先前「老師說遊戲表達」課程，無法操作處理方式1.、2.、3.項說明（見第211頁）。

b. 使用孩子熟悉或意義更淺顯簡短的詞彙句子。

(4)課程設計、安排、實施等注意考慮或補充事項：主詞、修飾詞、地點位置等標題名稱，是為了方便設計題目歸類用，不必要求孩子了解分辨。但是大人應該了解各標題名稱的意義及題目分類，才能掌握各分類特性，有組織性地安排課程題目。

2.詞語自行選擇替換：

(1)教材準備內容：合適的詞語替換題目。題目參考範例舉隅如下，請讀者參閱範例自行設計。

＊媽媽煮飯。

＊妹妹哭著要去公園。

＊馬路上有好多車子。

(2)課程活動簡述：大人唸一句子，孩子根據該句子，自行隨意替換任一詞語。例如，大人唸：「天上有鴿子在叫。」孩子則可以說：「樹上有鴿子在叫。」或「天上有鴿子在飛。」……等等。

(3)無法操作處理方式：

　　a. 請參閱「老師說遊戲表達」課程，無法操作處理方式1.、2.、3.項說明（見第211頁）。

　　b. 使用孩子熟悉或意義更淺顯的詞彙及句子。

　　c. 加強先前「單詞替換」中「指定替換」相關課程活動經驗（見第212頁）。

　　d. 使用孩子熟悉或意義更淺顯簡短的詞彙句子。

(4)課程設計、安排、實施等注意考慮或補充事項：此課程題目答案的彈性極大，在此不另附參考答案。

3. 接龍替換：

(1)教材準備內容：無。

(2)課程活動簡述：團體遊戲。第一個人隨意說一個句子，例如：「姊姊最喜歡唱歌。」接下來的人要將前一個人說的句子，替換掉一個詞語，例如：「姊姊最喜歡跳舞。」——「哥哥最喜歡跳舞。」——「哥哥最討厭跳舞。」……。

(3)無法操作處理方式：

　　a. 請參閱「老師說遊戲表達」課程無法操作處理方式1.、2.、3.項說明。

　　b. 加強先前「單詞替換」中「指定替換」（見第212頁）及「詞語自

行選擇替換」（見第 214 頁）等相關課程活動的經驗。

⑷課程設計、安排、實施等注意考慮或補充事項：題目由孩子或大人隨意出題，在此不另為這課程提供參考題目，如果有必要，請自行參考先前「詞語替換」各課程的題目。

(二)多詞替換

1.指定替換：

⑴教材準備內容：合適的詞語替換題目。題目參考範例舉隅如下，括弧內的詞語為指定替換的詞語，括弧後的句子為參考答案。

＊風輕輕地吹。（雨、下）　雨輕輕地下。

＊妹妹走進來。（弟弟、出去）　弟弟走出去。

＊姊姊把錢收起來。（書、藏）　姊姊把書藏起來。

⑵課程活動簡述：大人唸一句子及指定替換的詞語，讓孩子唸出替換詞語後的句子。與單詞指定替換不同的是，多詞指定替換的詞語一次指定兩個或兩個以上。例如，題目為「媽媽在煮飯。（爸爸、看報紙）」，大人則唸：「媽媽在煮飯。請替換爸爸和看報紙。」孩子則應該說：「爸爸在看報紙。」

⑶無法操作處理方式：

a. 請參閱先前「老師說遊戲表達」課程無法操作處理方式1.、2.、3.項說明（見第 157 頁）。

b. 加強先前「單詞替換」課程活動的相關經驗（見第 212 頁）。

c. 使用孩子熟悉或意義更淺顯簡短的詞彙句子。

⑷課程設計、安排、實施等注意考慮或補充事項：參考題目安排都是二詞語替換，孩子能力如果不錯，且也有興趣的話，大人可以自行設計三詞語替換的題目。

2. **詞語自行選擇替換：**

(1)教材準備內容：請自行參閱「單詞替換自行選擇替換」課程，也可以使用上述各詞語替換的題目，只要省略替換詞語不唸即可。

(2)課程活動簡述：大人唸一句子，孩子根據該句子自行隨意替換任何兩個或兩個以上詞語。例如，大人唸：「天上有鴿子在叫。」孩子則可以說：「樹上有麻雀在叫。」或「地上有小狗子在跑。」……等等。

(3)無法操作處理方式：

　　a. 請參閱「老師說遊戲表達」課程無法操作處理方式1.、2.、3.項說明。

　　b. 加強先前「單詞替換」及「多詞替換」中「指定替換」相關課程活動經驗（見第 212、216 頁）。

　　c. 使用孩子熟悉或意義更淺顯的詞彙及句子。

(4)課程設計、安排、實施等注意考慮或補充事項：此課程題目答案的彈性極大，在此不另附參考答案。

三、句子列舉填空

㈠教材準備內容

　　合適的句子列舉填空題目。題目參考範例舉隅如下，參考答案附於題目之後。

1. **修飾詞找被修飾物：**

　　＊要小心路上的（　　）。車子、石頭。

　　＊拿尖尖的（　　）要小心。鉛筆、刀子。

　　＊不要把白白的（　　）弄髒了。衣服、牆壁。

2. **被修飾物找修飾詞：**

＊（　　）的歌聲多麼美妙。小鳥、姊姊。

＊（　　）的肚子圓滾滾的。小豬、爸爸。

＊我聽到了（　　）的聲音。打雷、狗叫。

3.受詞找動詞：

＊媽媽正在（　　）衣服。洗、縫。

＊我們一起來（　　）球。踢、丟。

＊我把杯子（　　）破了。敲、打。

4.動詞找受詞：

＊弟弟在爬（　　）。樓梯、樹。

＊我幫忙擦（　　）。桌子、窗戶。

＊我會自己穿（　　）。外套、鞋子。

㈡課程活動簡述

　　大人唸一不完整的句子，孩子根據該句子，把不完整的部分用適當的詞語補完整。這課程題目的答案不只一個，大人可以鼓勵孩子，盡可能地說出所有合理的答案。

1.修飾詞找被修飾物：例如，題目為「爸爸喜歡藍藍的（　　）。」大人則說：「爸爸喜歡藍藍的什麼？」孩子可以說：「爸爸喜歡藍藍的天、爸爸喜歡藍藍的海……。」

2.被修飾物找修飾詞：例如，題目為「（　　）的天氣很冷。」大人則說：「怎樣的天氣很冷？」孩子可以說：「今天的天氣很冷、山上的天氣很冷……。」

3.受詞找動詞：先舉一題目示範，例如，題目為「爸爸（　　）報紙。」大人則說：「爸爸報紙，爸爸可以找報紙、買報紙、撕報紙，爸爸還可以對報紙做出怎樣的動作？」然後讓孩子思考其他所有可能的答案。

4.**動詞找受詞**：例如，題目為「哥哥騎（　）。」大人則問：「哥哥騎什麼？」孩子可以說：「哥哥騎馬、哥哥騎車……。」

(三)無法操作處理方式

1.使用孩子熟悉或意義更淺顯的詞彙及句子。

2.加強聽故事、唸兒歌、單元課程討論或是日常生活對話等孩子語言聆聽及表達的廣度生活經驗。

3.加強第四節「句子、段落語言表達」中「圖案、實物參考誘導」（見第199頁）以及第三章「語言聽力理解」中「句子、段落聽覺理解」相關課程活動經驗（見第145頁）。

4.加強先前「造片語短句」相關課程活動經驗（見第186頁）。

5.聆聽其他孩子的表達。

(四)課程設計、安排、實施等注意考慮或補充事項

1.此課程題目的合理答案不只一個，在此所列的參考答案並沒有包含所有的答案。

2.修飾詞、被修飾物、動詞及受詞等標題名稱，是為了方便設計題目歸類用，不必要求孩子了解分辨。但是讀者應該了解各標題名稱的意義及題目分類，才能掌握各分類特性，有組織性地安排課程題目。

四、句子插詞

(一)教材準備內容

合適的句子插詞題目。題目參考範例舉隅如下，括弧內的詞語是為指定插入的詞語，括弧後的句子為參考答案。

＊來吃飯。（快點）　快點來吃飯。

＊請等等我！（嘛）　請等等我嘛！

＊媽媽會知道的。（遲早）　媽媽遲早會知道的。

㈡課程活動簡述

　　大人唸一句子及指定插入的詞語，讓孩子唸出插入指定詞語後的句子。例如，題目為「快過來！（啦）」，大人則說：「快過來，請插入——啦。」孩子則應該說：「快過來啦！」

㈢無法操作處理方式

1.使用孩子熟悉或意義更淺顯的詞彙及句子。

2.加強聽故事、唸兒歌、單元課程討論或是日常生活對話等孩子語言聆聽及表達的廣度生活經驗。

3.加強第四節「句子、段落語言表達」中「圖案、實物參考誘導」（見第199頁）及第三章「語言聽力理解」中「句子、段落聽覺理解」等相關課程活動經驗（見第145頁）。

4.聆聽其他孩子的表達。

㈣課程設計、安排、實施等注意考慮或補充事項

　　由於有些插入詞語的位置並非固定唯一的，所以此課程題目的合理答案可能會有兩個以上。以「媽媽會知道的。（遲早）」為例，「媽媽遲早會知道的。」及「遲早媽媽會知道的。」都是合理的答案。遇到這類的題目，孩子回答一個答案之後，大人可以再補充其他合理的答案讓孩子加以比較和思考。

五、詞句擴張

(一)教材準備內容

合適的詞句擴張題目。題目參考範例舉隅如下，參考答案附於題目之後。

1.附加地方詞語：

*有三隻狗。樹下有三隻狗。

*蘋果壞掉了。冰箱裡的蘋果壞掉了。

*快點來吃點心。快點來教室吃點心。

2.附加時間詞語：

*天氣很冷。冬天的天氣很冷。

*你去了哪裡？昨天晚上你去了哪裡？

*爸爸吃了三碗飯。剛才爸爸吃了三碗飯。

3.附加原因理由：

*水還在流。水還在流，因為姊姊忘了關。

*我很難過。我很難過，因為我被媽媽罵了。

*地上濕濕的。地上濕濕的，因為剛剛下過雨。

4.附加結果：

*停電了。停電了，所以到處黑漆漆的。

*外面好吵。外面好吵，所以我睡不著覺。

*天氣很熱。天氣很熱，所以我們流了一身的汗。

5.句子綜合擴張：

*小鳥飛。小鳥飛得好高好遠。

*爸爸看報紙。爸爸躺在沙發上看著今天的報紙。

*生病了要吃藥。生病了要吃苦苦的藥。

6.接龍擴句：無。

(二)課程活動簡述

　　大人唸一句子，讓孩子附加詞語，擴張原句子。此課程題目的答案不只一個，大人可以鼓勵孩子，盡可能地說出所有合理的答案。

1.附加地方詞語：大人唸一句子後，讓孩子附加地方位置詞語，擴張原句子。例如，題目為：「哥哥在打球。」大人則說：「哥哥在打球，哥哥在哪裡打球呢？」孩子可能附加「公園」而回答：「哥哥在公園打球。」孩子熟悉題目形式之後，再來大人只要唸題目，讓孩子附加地方位置詞語，擴張原句子，不再做「在哪裡」的提示。例如題目為「我遇見小明。」大人唸：「我遇見小明。」不用加問「我在哪裡遇見小明」的提示，讓孩子自行說出像「我在學校遇見小明」的句子。

2.附加時間詞語：類似附加地方詞語擴張，不同的是，大人唸完一個句子後，讓孩子附加時間詞語，擴張原來的句子。例如，題目為：「哥哥在打球。」大人則唸：「哥哥在打球，哥哥什麼時候在打球？」孩子可能附加「剛才」而回答：「哥哥剛才在打球。」孩子熟悉題目形式之後，再來大人只要唸題目，讓孩子附加時間詞語，擴張原句子，不再做時間的提示。例如，題目為「弟弟遇見小明。」大人則唸：「弟弟遇見小明。」不用加問「弟弟什麼時候遇見小明」的提示，而讓孩子自行說出像「弟弟昨天遇見小明」的句子。

3.附加原因理由：類似附加地方詞語擴張，不同的是，大人示範唸完一個句子後，讓孩子附加原因理由的詞句，擴張原來的句子。例如，題目為：「媽媽生氣了。」大人則說：「媽媽生氣了。媽媽為什麼生氣了呢？例如，『媽媽生氣了，因為弟弟頑皮。』還有沒有其他可能的原因？」如此讓孩子盡量提出各種原因理由，擴張句子。同前，孩子熟悉題目形式

之後，再來大人只要唸題目，讓孩子自行附加原因理由擴張原句子，不再做「為什麼」的提示。

4. **附加結果**：類似附加原因理由擴張，不同者為大人示範唸完一句子，讓孩子附加結果的詞句，擴張原句子。例如，題目為：「媽媽生氣了。」大人則說：「媽媽生氣了。媽媽生氣了，然後可能會怎麼樣呢？例如，『媽媽生氣了，所以不帶我到公園玩了！』還有沒有其他可能會發生的事情呢？」如此讓孩子盡量提出各種可能的結果，擴張句子。同前，孩子熟悉題目形式之後，再來大人只要唸題目，讓孩子自行附加結果擴張原句子，不再做提示。

5. **句子綜合擴張**：大人唸一句子，讓孩子盡可能地附加各種詞句，將原句子擴張。例如，大人唸：「籃子裡放了一粒球。」孩子可以說：「籃子裡放了一粒圓圓的球、籃子裡放了一粒紅色的籃球……」等等。

6. **接龍擴句**：團體遊戲。第一個人隨意說一個句子，例如：「小鳥飛。」接下來的人要添加詞字擴張前一個人說的句子，一直到無法再擴張下後，再換別的題目開頭。例如：「小鳥在空中飛」——「快樂的小鳥在空中飛」——「兩隻快樂的小鳥在空中飛」——「兩隻快樂的小鳥在空中飛來飛去」——「兩隻快樂的小鳥在藍藍的空中飛來飛去」……。

㈢無法操作處理方式

請參閱先前「句子插詞」課程無法操作處理方式相關說明（見第 219 頁）。

㈣課程設計、安排、實施等注意考慮或補充事項

1. 此課程可以配合單元主題或故事出題。例如「聖誕節」單元，大人則可以安排與聖誕節相關的題目讓孩子擴張詞句。

2.如果孩子熟悉課程模式，也可以自行出題，自行回答。

3.接龍擴句題目由孩子或大人隨意出題，在此不另提供參考題目，如果有必要，讀者可以自行參考先前詞句擴張各課程的題目，唯接龍擴句的首句題目越短越好，以免因為句子太長而使孩子一開始就無法擴接下去。

六、續句

(一)教材準備內容

合適的續句題目。題目參考範例舉隅如下，冒號之後為參考答案。

1.句首接句尾：

＊今天：今天的天氣好熱。

＊我喜歡：我喜歡吃蘋果。

＊如果下雨：如果下雨，我就不去公園玩了。

2.句尾接句首：

＊打開：我把窗戶打開。

＊慢吞吞：弟弟吃飯總是慢吞吞。

＊爬來爬去：烏龜在地上爬來爬去。

(二)課程活動簡述

1.句首接句尾：大人唸出句子的句首部分，讓孩子續接句尾，完成一完整的句子。例如，題目為「小狗」，大人則說：「小狗怎麼樣？」孩子可以說：「小狗汪汪叫、小狗蹦蹦跳……。」

2.句尾接句首：大人唸出句子的句尾部分，讓孩子續接句首，完成一完整的句子。例如，題目為「吹」，大人則說：「吹，什麼吹？」孩子可以說：「風兒輕輕地吹、颱風呼呼地吹……。」

㈢無法操作處理方式

1. 使用孩子熟悉或意義更淺顯的續句題目。

2. 加強聽故事、唸兒歌、單元課程討論或是日常生活對話等孩子語言聆聽及表達的廣度生活經驗。

3. 加強第四節「句子、段落語言表達」中「圖案、實物參考誘導」（見第199 頁）及第三章「語言聽力理解」中「句子、段落聽覺理解」等相關課程活動經驗（見第145 頁）。

4. 聆聽其他孩子的表達。

㈣課程設計、安排、實施等注意考慮或補充事項

此課程的答案不只一個，應盡量鼓勵孩子想出所有可能的答案。

七、句式練習

㈠句式填充誘導

1. **教材準備內容**：某特定形式的不完整句子題目。題目參考範例舉隅如下，參考答案附於題目之後。

　⑴這是……不是……：

　　＊這是果汁，不是（　）。汽水

　　＊這是高山，不是（　）。大海

　　＊這是嘴巴，不是（　）。鼻子

　⑵……好像……一樣：

　　＊房間裡很熱，好像（　）一樣。烤箱

　　＊弟弟的動作很慢，好像（　）一樣。烏龜

＊（　　），好像鏡子一樣。圓圓的月亮

＊（　　），好像打雷一樣。弟弟的哭聲好大聲

(3)這麼……怎麼……：

＊這麼多的飯，怎麼（　　）？吃得完

＊這麼小的聲音，怎麼（　　）？聽得見

＊這麼（　　），怎麼吃得飽？少的飯

＊這麼（　　），怎麼鑽得進去？小的洞

(4)……還是……：

＊你是小孩，還是（　　）？大人

＊你喜歡男生，還是（　　）？女生

＊妹妹吃了漢堡，還是（　　）？披薩

(5)因為……所以……：

＊因為下雨了，所以（　　）。我們不能出去玩

＊因為現在是晚上，所以（　　）。看不到太陽

＊因為（　　），所以腳流血了。弟弟跌倒了

＊因為（　　），所以到處黑漆漆的。停電了

(6)……多麼……：

＊弟弟的哭聲，多麼（　　）！傷心

＊陣陣的微風吹來，多麼（　　）！涼快

＊（　　），多麼悅耳！小鳥的叫聲

＊（　　），多麼有趣！老師講的故事

(7)……在……（做）……：

＊小鳥在（　　）。天上飛

＊老師在（　　）。教室上課

＊蚊子在（　　）。房間飛來飛去

(8)有……有……還有……：

　　＊公園裡有（　　）有（　　）還有（　　）。鞦韆、滑梯、蹺蹺板

　　＊菜市場裡有（　　）有（　　）還有（　　）。魚、肉、青菜

　　＊浴室裡有（　　）有（　　）還有（　　）。毛巾、臉盆、香皂

(9)有……沒有……：

　　＊麥當勞裡有（　　）沒有（　　）。可樂、豆漿

　　＊浴室裡有（　　）沒有（　　）。毛巾、肥皂

　　＊冰箱裡有（　　）沒有（　　）。魚、水果

2.課程活動簡述：

(1)這是……不是……：大人說出一句「這是……不是……」形式的不完整句子，孩子根據該句子，用適當的詞語補足不完整的部分。例如，題目是「這是獅子，不是（　　）。」大人則問：「這是獅子，不是什麼？」孩子可以回答：「這是獅子，不是老虎。」或「這是獅子，不是貓咪。」等句子。

(2)……好像……一樣：大人說出一句「……好像……一樣」譬喻法形式的不完整句子，孩子根據該句子，用適當的詞語補足不完整的部分。例如，題目為「弟弟很瘦，好像（　　）一樣。」大人則問：「弟弟很瘦，好像什麼一樣？」孩子可以回答：「弟弟很瘦，好像竹竿一樣。」另一題目形式則說出喻依，讓孩子思考喻體(註2)，例如，題目為「（　　），好像圖畫一樣。」大人則問：「什麼好像圖畫一樣？」孩子可以回答：「風景很美，好像圖畫一樣。」

(3)這麼……怎麼……：大人說出一句「這麼……怎麼……」形式的不完整句子，孩子根據該句子，用適當的詞語補足不完整的部分。例如，題目為「這麼熱的水，怎麼（　　）？」大人則問：「這麼熱的水，怎麼怎麼樣？」孩子可以回答：「這麼熱的水，怎麼喝得下？」另一題

目形式如「這麼（　　），怎麼洗得完？」孩子可以回答：「這麼多的碗，怎麼洗得完？」

⑷……還是……：大人說出一句「……還是……」形式的不完整句子，孩子根據該句子，用適當的詞語補足不完整的部分。例如，題目為「弟弟坐車，還是（　　）？」大人則問：「弟弟坐車，還是怎樣？」孩子可以回答：「弟弟坐車，還是走路？」

⑸因為……所以……：大人說出一句「因為……所以……」形式的不完整句子，孩子根據該句子，用適當的詞語補足不完整的部分。例如，題目為「因為小明生病了，所以（　　）。」大人則問：「因為小明生病了，所以怎麼樣？」孩子可以回答：「因為小明生病了，所以沒來上學。」另一題目形式如「因為（　　），所以打不開。」大人則問：「因為怎麼樣，所以打不開？」孩子可以回答：「因為瓶蓋關得很緊，所以打不開。」

⑹……多麼……：大人說出一句「……多麼……」形式的不完整句子，孩子根據該句子，用適當的詞語補足不完整的部分。例如，題目為「小鳥的歌聲多麼（　　）。」大人則問：「小鳥的歌聲多麼怎樣？」孩子可以回答：「小鳥的歌聲多麼美妙。」

⑺……在……（做）……：大人說出一句「……在……（做）……」形式的不完整句子，孩子根據該句子，用適當的詞語補足不完整的部分。例如，題目為「螞蟻在（　　）。」大人則問：「螞蟻在那裡做什麼？」孩子可以回答：「螞蟻在牆上爬。」

⑻有……有……還有……：大人說出一句「有……有……還有……」形式的不完整句子，孩子根據該句子，用適當的詞語補足不完整的部分。例如，題目為「書桌上有（　　）、有（　　）還有（　　）。」大人則問：「書桌上有什麼、有什麼還有什麼？」孩子可以回答：「書桌上有

筆、有紙還有書。」

(9)有……沒有……：大人說出一句「有……沒有……」形式的不完整句
子，孩子根據該句子，用適當的詞語補足不完整的部分。例如，題目
為「哥哥有（　　）沒有（　　）。」大人則問：「哥哥有什麼，沒有什
麼？」孩子可以回答：「哥哥有筆，沒有紙。」

3.**無法操作處理方式**：

　　請參閱「句子插詞」課程無法操作處理方式相關說明（見第 219
頁）。

4.**課程設計、安排、實施等注意考慮或補充事項**：

(1)此課程的答案不只一個，盡量鼓勵孩子想出所有可能的答案。

(2)「這是……不是……」句型題目的答案以與題目同類型或相關性高的
詞彙為佳。以題目「這是獅子，不是（　　）。」為例，如果孩子回答
「這是獅子，不是房子。」就不如以獅子以外的動物作為答案來得適
當，而蝸牛的答案也沒有老虎來得好。「……還是……」、「有……
沒有……」等句型題目也是相同的情形。

(3)在「有……沒有……」句型題目的答案中，沒有的項目答案，可分為
在正常的狀況下沒有，以及特定的狀況下沒有。例如「天空中有飛機，
沒有輪船。」是屬前者，「天空中有月亮，沒有太陽。」則屬後者。
能說出後者句子的孩子，語言發展優於前者，因為前者的孩子會認為
現在天空就有太陽啊！怎麼會說沒有呢？

㈡句式造句

1.**教材準備內容**：含有特定句式的句式造句題目。題目參考範例舉隅如
下，請參閱範例自行設計。

＊這是……不是……

＊……好像……一樣

＊這麼……怎麼……

＊……還是……

＊因為……所以……

＊……多麼……

＊……在……（做）……

＊有……有……還有……

＊有……沒有……

2. **課程活動簡述**：唸出含有特定句式的句式造句題目，讓孩子直接以該句子形式造句。例如題目是：「這是……不是……」，大人則說：「請說出這是什麼，不是什麼的句子。」讓孩子說出像：「這是蘋果，不是西瓜。」的句子。

3. **無法操作處理方式**：

⑴使用孩子熟悉或意義更淺顯的句式讓孩子造句。

⑵加強聽故事、唸兒歌、單元課程討論或是日常生活對話等孩子語言聆聽及表達的廣度生活經驗。

⑶加強第四節「句子、段落語言表達」中「圖案、實物參考誘導」（見第 199 頁）及第三章「語言聽力理解」中「句子、段落聽覺理解」等相關課程活動經驗（見第 145 頁）。

⑷加強先前「句式填充誘導」相關課程活動經驗（見第 225 頁）。

⑸聆聽其他孩子的表達。

4. 課程設計、安排、實施等注意考慮或補充事項：

⑴此課程可以配合先前「句式填充誘導」課程進行。

⑵此課程的答案不只一個，盡量鼓勵孩子討論造出更多的句子，參考答案請參閱「句式填充誘導」課程的題目參考範例內容。

⑶孩子如果仿照句式填充誘導的題目造句，例如，孩子造出「這是獅子，不是老虎」的句子時，大人無須禁止，但可以以「還有呢？」的詢問方式，鼓勵孩子思考創造出自己獨創的句子。

⑷依孩子的能力，也可以讓孩子自定句式題目，然後討論說出符合該句式的句子。

八、詞語意義造句

㈠單詞意義造句

1. **教材準備內容**：合適造句的單詞意義造句題目。題目參考範例舉隅如下，請參閱範例自行設計。

    ＊也　＊更　＊一直　＊大概　＊已經

2. **課程活動簡述**：要求孩子嘗試造出含有大人所說出特定單一意義詞語的句子。例如，題目為「又」，孩子可以說：「弟弟又哭了！」；題目如果是「什麼時候」，孩子可能說：「媽媽什麼時候會回來？」

3. **無法操作處理方式**：

    ⑴使用孩子熟悉或意義更淺顯的單詞讓孩子造句。

    ⑵加強聽故事、唸兒歌、單元課程討論或是日常生活對話等孩子語言聆聽及表達的廣度生活經驗。

    ⑶加強第四節「句子、段落語言表達」中「圖案、實物參考誘導」（見第 199 頁）及第三章「語言聽力理解」中「句子、段落聽覺理解」等相關課程活動經驗（見第 145 頁）。

    ⑷加強「句式練習」相關課程活動經驗（見第 225 頁）。

    ⑸聆聽其他孩子的表達。

4.課程設計、安排、實施等注意考慮或補充事項：

(1)此課程應讓孩子以單一詞彙的意義為基礎單位來造句，所以此一單一詞彙是不可分割的。以「溝通」為例，如果孩子不了解是什麼意思，可能就會造出像「門前的水溝通到愛河」的句子了。

(2)盡量鼓勵孩子討論造出更多的句子，如果對孩子的答案有疑慮，請自行查閱字典，在此不另提供參考答案。

(二)複詞造句

1.**教材準備內容**：合適造句的複詞造句題目。題目參考範例舉隅如下，請參閱範例自行設計。

＊先……然後……

＊除……之外……

＊要是……就……

2.**課程活動簡述**：相對於單詞意義造句，複詞造句則是要求孩子，嘗試造出含有大人所說出特定二個詞語的句子。例如，題目為「一……就……」，讓孩子造出像「弟弟一看到媽媽就哭了！」的句子；再如題目為「學校、汽車」，讓孩子造出「學校操場停了好多輛汽車。」的句子。

3.**無法操作處理方式**：

(1)使用孩子熟悉或意義更淺顯的詞語讓孩子造句。

(2)加強聽故事、唸兒歌、單元課程討論或是日常生活對話等孩子語言聆聽及表達的廣度生活經驗。

(3)加強第四節「句子、段落語言表達」中「圖案、實物參考誘導」（見第199頁）及第三章「語言聽力理解」中「句子、段落聽覺理解」等相關課程活動經驗（見第145頁）。

(4)加強「單詞意義造句」相關課程活動經驗（見第231頁）。

⑸聆聽其他孩子的表達。

4.**課程設計、安排、實施等注意考慮或補充事項：**

⑴此課程可以配合「句式造句」課程進行。

⑵此課程題目來源可分為兩大類：

　　a. 連接詞。例如：「因為……所以……」、「不但……而且……」
　　　等。

　　b. 任意兩個詞語。例如：「飛機、所以」、「高興、多少」等。此類
　　　題目只要要求孩子所造的句子包含該特定詞語，可以不必要求詞語
　　　的先後順序。

⑶盡量鼓勵孩子討論造出更多的句子，如果對孩子的答案有疑慮，請自
　　行查閱字典，在此不另提供參考答案。

九、句子改說

㈠教材準備內容

　　合適的各類型句子改說題目。題目參考範例舉隅如下，參考答案附於
題目之後。

1.**主動與被動：**

＊烏雲遮住了太陽。太陽被烏雲遮住了。

＊老鼠咬壞了鞋子。鞋子被老鼠咬壞了。

＊爸爸被弟弟吵醒了。弟弟吵醒了爸爸。

＊果汁被妹妹喝光了。妹妹喝光了果汁。

2.**受詞在主詞後位置的變動：**

＊颱風吹倒了樹。颱風把樹吹倒了。

＊哥哥騎走了腳踏車。哥哥把腳踏車騎走了。

＊他把玻璃打破了。他打破了玻璃。

＊大樹把陽光遮住了。大樹遮住了陽光。

3. 受詞倒置主詞前：

＊好久沒下雨了。雨，好久沒下了。

＊不可以碰刀子。刀子，不可以碰。

＊媽媽洗好了衣服。衣服，媽媽洗好了。

＊電視，我不看了。我不看電視了。

＊桌子，弟弟擦好了。弟弟擦好了桌子。

＊這些字，我都認得。我都認得這些字。

4. 肯定句和否定句：

＊哥哥高興。哥哥不高興。

＊看到一個人。看不到一個人。

＊妹妹不哭了。妹妹哭了。

＊我不想去公園。我想去公園。

5. 否定句和雙重否定句：

＊我搬不動。我不是搬不動。

＊爸爸不想看書。爸爸不是不想看書。

＊我不是不喜歡小狗。我不喜歡小狗。

＊教室裡不是沒有電燈。教室裡沒有電燈。

6. 直述句和疑問句：

＊弟弟哭了。弟弟哭了嗎？

＊今天是星期一。今天是星期一嗎？

＊天氣很熱嗎？天氣很熱。

＊教室裡沒有椅子嗎？教室裡沒有椅子。

7. 修飾語置於中心語後：

　＊有一股淡淡的香味。有一股香味，淡淡的。

　＊咬到了硬梆梆的石頭。咬到了石頭，硬梆梆的。

　＊籃子裡有一個破的球。籃子裡有一個球，破的。

　＊來了一輛黑色的汽車。來了一輛汽車，黑色的。

　＊我喝了一碗熱騰騰的湯。我喝了一碗湯，熱騰騰的。

8. 直接間接受詞互換：

　＊媽媽盛給我一碗飯。媽媽盛一碗飯給我。

　＊我寄給阿公一張卡片。我寄一張卡片給阿公。

　＊弟弟拿一杯水給我。弟弟拿給我一杯水。

　＊我丟一根骨頭給小狗。我丟給小狗一根骨頭。

9. 因果句改寫：

　＊妹妹踢到了石頭，所以跌倒了。妹妹跌倒了，因為她踢到了石頭。

　＊弟弟生病，所以今天沒有上學。弟弟今天沒有上學，因為他生病。

　＊妹妹上學遲到了，因為她賴床。妹妹賴床，所以上學遲到了。

　＊今天不用上學，因為今天是星期日。今天是星期日，所以不用上學。

10. 時間地方副詞位置變換：

　＊傍晚弟弟哭了。弟弟傍晚哭了。

　＊以前這裡有一座橋。這裡以前有一座橋。

　＊在河邊有一頭牛。有一頭牛在河邊。

　＊餐廳裡，很多人在吃飯。很多人在餐廳裡吃飯。

11. 詢問原因：

　＊燈亮了。為什麼燈亮了呢？

　＊他跌倒了。為什麼他跌倒了呢？

　＊爸爸沒有吃早餐。為什麼爸爸沒有吃早餐呢？

12.感嘆句——多麼：

　＊小狗跑得快。小狗跑得多麼快啊！

　＊今天天氣非常熱。今天天氣多麼熱啊！

　＊妹妹哭得很傷心。妹妹哭得多麼傷心啊！

(二)課程活動簡述

　　大人首先示範說明句子改說的形式後，再出題讓孩子依該形式改說句子。

1. **主動與被動**：例如，題目為「哥哥打弟弟。」大人則說：「哥哥打弟弟，現在我們要把這句子改成弟弟被哥哥打。」如果孩子還不是很了解，則多舉些實例讓孩子熟悉。另一題目形式為被動句改主動句，例如將「弟弟被哥哥打。」的句子改成「哥哥打弟弟。」

2. **受詞在主詞後位置的變動**：例如，題目為「風把門吹開了。」大人則說：「風把門吹開了，現在我們要把這個句子改成風吹開了門。」如果孩子還不是很了解，則多舉些實例讓孩子熟悉。另一題目形式為把「風吹開了門」的句子改成「風把門吹開了」的形式。

3. **受詞倒置主詞前**：將「我接到球了。」的題目形式改為「球，我接到了。」另一題目形式則反向把「球，我接到了。」的句子改成「我接到球了。」的形式。

4. **肯定句和否定句**：將「小明的爸爸是醫生。」這類肯定句的題目改為「小明的爸爸不是醫生。」的否定句。另一題目形式則反向將「小明的爸爸不是醫生。」這類否定的句子，改成「小明的爸爸是醫生。」的肯定句。

5. **否定句和雙重否定句**：將「弟弟不喜歡喝牛奶。」這類否定句的題目形式改為「弟弟不是不喜歡喝牛奶。」的雙重否定句。另一題目形式則

反向將「弟弟不是不喜歡喝牛奶。」這類雙重否定的句子形式，改成像「弟弟不喜歡喝牛奶。」的否定句形式。

6. **直述句和疑問句**：將「他聰明。」這類直述句的題目改為「他聰明嗎？」的疑問句。另一題目形式則反向將「他聰明嗎？」這類疑問句改成「他聰明。」的直述句。

7. **修飾語置於中心語後**：將「我喝了三杯冰的果汁。」這類的句子改為像「我喝了三杯果汁，冰的。」的句子形式。

8. **直接間接受詞互換**：將「我送給他一本書。」的題目改為像「我送一本書給他。」的句子形式。另一題目形式則反向將「我送一本書給他。」的題目改成「我送給他一本書。」的句子形式。

9. **因果句改寫**：將「沒有開燈，所以教室很暗。」的題目改為像「教室很暗，因為沒有開燈。」的句子形式。另一題目形式則反向將「教室很暗，因為沒有開燈。」的句子改成「沒有開燈，所以教室很暗。」

10. **時間地方副詞位置變換**：將「媽媽剛好在家。」句子中的時間或地方副詞位置移動改為「剛好媽媽在家。」另一題目形式則反向將「剛好媽媽在家。」的句子改成「媽媽剛好在家。」

11. **詢問原因**：將「哥哥很生氣。」的句子，加上「為什麼」詢問原因，而變成「為什麼哥哥很生氣？」

12. **感嘆句──多麼**：將「這朵花非常香。」的直述句改為「這朵花多麼香啊！」的感嘆句。

(三)無法操作處理方式

請參閱「句子插詞」課程無法操作處理方式相關敘述（見第219頁）。

四課程設計、安排、實施等注意考慮或補充事項

如果孩子熟悉題目形式之後，也可以讓孩子依各類型句子自行出句子改說題目，自行回答。

十、歌曲改編

一教材準備內容

適合改編的歌曲童謠。參考歌曲範例舉隅如下，括弧內為改編過的歌曲參考範例。

*大象大象你的鼻子怎麼那麼長？媽媽說鼻子長才是漂亮。（長頸鹿長頸鹿你的脖子怎麼那麼長？媽媽說脖子長才是漂亮。）

*一隻哈巴狗，坐在大門口，眼睛黑黝黝，想吃肉骨頭。一隻哈巴狗，吃完肉骨頭，尾巴搖一搖，向我點點頭。（一隻小花貓，躲在大門口，鼻子黑黝黝，想吃魚骨頭。一隻小花貓，吃完魚骨頭，屁股搖一搖，向我喵喵叫。）

*小青蛙呀，小青蛙呀，在池塘裡遊玩，東邊跳跳，西邊跳跳，多麼快樂逍遙。（林老師呀，林老師呀，在教室裡看書，東邊看看，西邊看看，多麼快樂逍遙。）

二課程活動簡述

大人帶過歌曲後，跟孩子表示我們也可以來改編創作歌曲，大人先示範歌曲改編之後（請參閱改編過的歌曲參考範例），再讓孩子發揮創作改編歌曲。

㈢無法操作處理方式

1. 使用孩子熟悉或意義更淺顯的歌曲。

2. 加強聽故事、唸兒歌、單元課程討論或是日常生活對話等孩子語言聆聽及表達的廣度生活經驗。

3. 加強第四節「句子、段落語言表達」中「圖案、實物參考誘導」（見第199頁）及第三章「語言聽力理解」中「句子、段落聽覺理解」等相關課程活動經驗（見第145頁）。

4. 聆聽其他孩子的創作表達。

㈣課程設計、安排、實施等注意考慮或補充事項

此課程可以配合單元歌曲教學一併進行。

十一、故事接龍

㈠教材準備內容

無。

㈡課程活動簡述

大人或孩子任意說一句句子起頭，下一個孩子再說一句子續接下去（無須重述上一位所說的句子）。孩子續接句子的內容不限，可以是天馬行空或是荒誕怪異，但文法組合必須正確，如此一一續接下去，一直到無法續接下去為止。例如，弟弟走路踢到一顆石頭——那顆石頭哇哇大叫——弟弟好奇地把那顆石頭撿起來——……（——表示下一位的接句）。

(三)無法操作處理方式

1.使用孩子熟悉的故事背景。

2.加強聽故事、唸兒歌、單元課程討論或是日常生活對話等孩子語言聆聽及表達的廣度生活經驗。

3.加強第四節「句子、段落語言表達」中「圖案、實物參考誘導」（見第199 頁）及第三章「語言聽力理解」中「句子、段落聽覺理解」等相關課程活動經驗（見第 145 頁）。

4.加強「圖案、實物參考誘導」中「故事講述」相關課程活動經驗（見第210 頁）。

5.聆聽其他孩子的表達。

(四)課程設計、安排、實施等注意考慮或補充事項

此課程可以配合單元故事講述以及先前「圖案、實物參考誘導」中「故事講述」課程一併進行。起頭句請依課程情境自行設計或由孩子自由出題，在此不另提供參考題目。

第五節　台灣國語表達（註3）

以台語為母語的孩子，有時候在以國語表達的過程中，不難看到「台灣國語」的影子，只要大人提供正確的語言學習環境，多糾正幾次，孩子很快就可以修過來了。以下列舉了一般常見的台灣國語表達模式：

壹、台語詞彙同音表達

　　就是以台語詞彙的字音來替代國語詞彙，此類型常見於該台語詞彙的字音剛好可以跟國語字音相通的時候。例如，以注音符號拼寫「ㄋㄞˇ　ㄐㄧ」來表示「荔枝」。或是寫出「薯條要『問』（沾的意思）番茄醬才會好吃」這樣的句子。當大人要孩子以「幾乎」一詞造句時，孩子也可能會說：「昨天『幾乎』（姊夫的意思）帶我出去玩。」

貳、台語詞彙表達

　　也就是把台語詞彙翻譯成國語來使用。茲舉一些例子如下，括弧內為正確的用法。

　　＊頭先我不喜歡他。（起初我不喜歡他。）

　　＊輪胎沒風了。（輪胎沒氣了。）

　　＊麵包生菇了。（麵包發霉了。）

　　＊我爸爸在一家公司做經理。（我爸爸在一家公司當經理。）

　　＊姊姊長得有夠漂亮。（姊姊長得很漂亮。）

　　＊老師，失禮！（老師，對不起！）

　　＊那裡在火燒。（那裡發生火災。）

　　＊我們大家一起在拔蛋。（我們大家一起在剝蛋。）

　　＊請用薯條問番茄醬。（請用薯條沾番茄醬。）

　　＊客廳的電燈很光。（客廳的電燈很亮。）

　　＊一台摩托車。（一輛摩托車。）

　　＊一條歌。（一首歌。）

　　＊電風壞掉了。（電風扇壞掉了。）

＊小明跟小華在相打。（小明跟小華在打架。）

參、台語文法表達

也就是以台語文法的語言模式表達，常見的模式有以下幾種，括弧內為正確的用法。

一、「給」模式

＊老師！他給我打。（老師！他打我。）

＊別人都給我笑。（別人都笑我。）

＊我昨天去給人家請。（昨天別人請我吃飯。）

＊不要給我生氣起來。（不要讓我生氣。）

＊我要給你好看。（我要修理你。）

二、「有」、「沒有」模式

＊看沒有。（看不見、看不到、看不懂。）

＊找沒有到。（沒有找到。）

＊弟弟功課寫沒有完。（弟弟功課沒有寫完。）

＊拿沒有粉筆。（拿不到粉筆。）

＊他有在寫字。（他在寫字。）

＊我有對你說過。（我曾經對你說過。）

三、「去了」模式

＊他的病好去了。（他的病好了。）

＊車子壞去了。（車子壞了。）

＊錢沒有去了。（錢丟了、不見了。）

四、其他

＊我們來去夏威夷。（我們一起去夏威夷。）

＊你寫不對了。（你寫錯了。）

＊他看我不起。（他看不起我。）

＊我去廁所一下。（我去一下廁所。）

＊跑到腳扭到了。（跑得腳扭傷了。）

肆、台灣國語發音

以台語的發音習慣來說國語，就會把「謝謝」說成「ㄒㄝˋ ˙ㄒㄝ」；「老師」說成「老蘇」等。詳見第六章「發音矯治」中第三節「台灣國語發音解析」課程相關敘述。

註釋

註1： 陳龍安（1997）。創造思考教學的理論與實際。81-83頁。台北：心理出版社。

註2： 「喻體」是作者所要說明事物的主體；「喻依」是與喻體具有共同類似特點的另一人、事或物，目的是用來比方說明或形容喻體，是用來說明主體的另一件事物。詳情請自行參閱修辭學相關書籍的譬喻法修辭說明。

註3： 本節參考書目：

⑴賴慶雄（1999）。趣味語文廣場。138-141頁。台北：螢火蟲出版社。

⑵劉三雄、陳木城（1984）。台灣國語知多少。台北：親親文化事業有限公司。

第 **五** 章

注音符號形音聯結

第一節　緒論

所謂注音符號形音聯結是指：看到注音符號例如「ㄅ」的字形，就可以唸出「ㄅ」的字音；或是聽到「ㄅ」的字音就可以指出或寫出「ㄅ」的字形，也就是一般俗稱的注音符號認識，如果以圖示說明則為：字形←→字音。

1.字形→字音：由字形聯結字音，看到或觸摸到字形唸出該字字音。

2.字音→字形：由字音聯結字形，聽到字音指出或寫出相對應的字形。

一般對於注音符號形音聯結的教學，不外乎要求孩子直接記憶，大人們對於這種學習方式，也視為理所當然。然而，這種學習方式的學習效果如何呢？除了少數記性極佳的孩子之外，大人對於一般孩子邊學邊忘，無法在短時間之內，記憶這簡單的區區三十七個符號，常常表示無法理解，甚至感到憤怒或是沮喪。這時，大人所能做的，就是想盡辦法，花費更多的時間和心力要求孩子更「用力」地記憶。於是孩子承受了更大的壓力，大人與孩子之間的關係更趨於緊張。終於，有些孩子把所有的符號全部記起來了，但是這個可怕的學習經驗，也同時深深地烙印在幼小的心靈中；至於那些還是沒把符號記起來的孩子呢？下場常常是被憤怒及沮喪的大人所放棄，對這些孩子來說，注音符號的學習正象徵著悲慘日子的開始，而這個悲慘日子的起點常常是發生在幼稚園大班或小學剛入學的時候。想想，孩子的人生才剛開始，就重重地跌倒在起跑點上，很可能從此一倒不起，多讓人痛心哪！

注音符號的學習真的那麼困難嗎？是的，以直接記憶的學習方式，要求孩子在短時間內完全記憶注音符號，算是一件相當艱鉅的工程。試想如果我們大人要記憶三十七個完全陌生的語文符號，例如俄文、韓文或是阿拉伯文字母，我們有把握在多久的期限內，可以完全牢牢地記住呢？筆者還清楚地記得，大學時代因為無法在兩個星期內記憶五十個日文字母，而趕緊把選修的日文退選的情形。所

以，請不要責備孩子不夠用心，因為孩子的表現，可能比起我們小時候都還優異，只是生在這個時代，孩子這樣的表現，卻被大人所設定更嚴苛的標準批評得一無是處。然而，當我們害怕孩子被時代潮流淘汰，而用比上一代更嚴苛的標準來檢視孩子的學習成果時，我們是不是也應該檢視一下自己帶領孩子學習的方法，是否也優於上一代呢？孩子達不到大人的要求時，大人難道沒有一點責任嗎？

以直接記憶的學習方式，要求孩子在短時間內，完全記憶三十七個注音符號是相當困難的，就如同我們要求孩子一次就搬動一百公斤的重物，搬不動就是搬不動，孩子用力嘗試了一百次，重物還是原地不動。但如果我們大人把這一百公斤的重物分成十份，每次要求孩子只要搬動十公斤，孩子的負擔是不是就沒那麼重了？搬動的可能性是不是大多了呢？如果十公斤還是太重，那麼何不分為二十份、五十份甚至一百份呢？分為一百份，一天只要搬一公斤的重物，孩子搬起來輕鬆愉快，雖然表面上看來，速度好像很慢，可是至少每天都有進度，一百天後還是搬完了，比起貪多速成的大人，希望要求孩子一次就完成解決搬動一百公斤，任憑大人如何鞭策，孩子如何用盡心力，一百天之後，重物仍然是原地原封不動，一事無成，兩種情形孰優孰劣，不言自明。

或許大人都懂這些道理，但面對現行國小一年級課程安排，要求孩子以十週的時間，完成所有注音符號的形音聯結、拼音、拼讀、拼寫，速度根本無法慢下來呀！慢無法慢，快又快不了，叫人如何是好？其實，這個問題並不難解決，要求孩子十週學會注音符號，孩子的壓力負荷是大了一些，但是我們可以把孩子的學習期限，拉長為一年、兩年甚至三年啊！就如我們之前分析孩子學習注音符號形音聯結的基本條件所提，只要孩子在字音聽說方面，有能力分辨不同注音符號字音的差異，以及能正確模仿發出注音符號字音；而在字形視覺方面，有能力辨別不同形狀、線條，就可以開始學習注音符號了。而這些能力，有些孩子在三歲的時候就具備了，再不然，一般四、五歲的孩子開始學習注音符號，是絕對沒有問題的。

　　當然，孩子具備學習的基本能力是大前提，但更重要的是，大人打算安排怎樣的學習課程來配合孩子的能力、帶領孩子學習，是要有詳細的規畫，而不是毫無課程組織，隨興地要求孩子強行記憶。否則拉長孩子學習的時間，只是拉長原地踏步的時間，甚至是提前開始孩子悲慘的人生，而脫離了細分課程，放慢學習速度的原意！所以，如何以簡馭繁，配合孩子的學習能力，循序漸進地設計安排課程，帶領孩子克服學習障礙，讓孩子如爬樓梯般，一步一步地平穩順利學習，就是我們大人共同的責任了。只要大人用心一點、把孩子學習的時間拉長一點、學習的步調慢一點、引導的方法有技巧一點，那麼，孩子注音符號的學習，絕對可以是輕鬆、愉快而又有趣的。

第二節　注音符號的教學方法

　　一般現行常用的注音符號教學方法有分析法、綜合法及折衷法 (註1)。除了上述三種教學方法之外，筆者另外提倡綜合分析並行法。

壹、分析法

　　這是最早的方法，先認識各個注音符號的聲韻符，全部記熟以後，再逐漸學習注音符號的拼音四輕聲、字音、詞、句到有意義的課文。一般認為這種方法系統分明、學習快速，適合於有知識的成人來學習，但單學無意義的符號，刻板枯燥，不易引起學習興趣，不適宜用來教導兒童 (註2)。

貳、綜合法

　　這是目前國小教學注音符號的方法，目的是從完整的生活經驗中出發，讓幼兒在自然無壓力情況下對注音符號產生興趣。此一方法是讓孩子先在聽、說的教學環境中，明瞭課文語句的意思，然後再過渡到注音符號讀、寫的學習。其教學步驟是先教讀有意義的注音符號課文，在逐漸進入注音符號句、詞、單字、符號、聲調的分析學習之後，再練習拼音、拼寫。所以綜合法是先綜合，再分析，最後再綜合的教學法，並密切配合語文聽、說、讀、寫的綜合學習。例如，先讓孩子認唸語句「ㄉㄠˇ　ㄕ　ㄏㄠˇ」，再從句子中分析出詞語「ㄉㄠˇ　ㄕ」以及「ㄉㄠˇ」、「ㄕ」、「ㄏㄠˇ」等三個單字；然後分析出上述單字中所有的符號「ㄉ」、「ㄠ」、「ㄕ」、「ㄏ」讓孩子認唸及認寫，之後讓孩子分析比較「ㄠ」跟「ㄠˇ」的聲調變化，再來以聲符、韻符以及聲調比對的方式練習口語正、反拼音，拼音則強調直拼法（直拼法請參閱第七章「注音符號拼音」中第一節「拼音方法」相關課程活動敘述），不做各單音間之拼音練習；最後再做單字、語詞及語句的拼音聽寫。綜合法的教學步驟請參閱下表：

認唸語句	「ㄉㄠˇ　ㄕ　ㄏㄠˇ」
認唸語詞	「ㄉㄠˇ　ㄕ」
認唸單字	「ㄉㄠˇ」、「ㄕ」、「ㄏㄠˇ」
認唸及認寫符號	「ㄉ」、「ㄠ」、「ㄕ」、「ㄏ」
分析聲調	「ㄠ」、「ㄠˇ」
口語對比正拼及反拼	「ㄉㄠ　ㄏㄠ」、「ㄉㄠˇ　ㄏㄠˇ」
符號聽寫	「ㄉ」、「ㄠ」、「ㄕ」、「ㄏ」
單字拼音聽寫	「ㄉㄠˇ」、「ㄕ」、「ㄏㄠˇ」
詞語拼音聽寫	「ㄉㄠˇ　ㄕ」
語句拼音聽寫	「ㄉㄠˇ　ㄕ　ㄏㄠˇ」

參、折衷法

這是半綜合、半分析的方法，以字音為主，從有意義的單字或單詞教起，凡由一個或兩個注音符號拼成的單字或單音詞，都當作一個單位，不再分析，例如「ㄐㄧ」；凡由三個符號拼成的字，則加以分析。如「ㄐㄧㄚ」是由「ㄐㄧ」和「ㄚ」或是「ㄐ」和「ㄧㄚ」拼成的（註3）。以此由字音開始帶，然後再逐漸擴及詞、句、課文。拼音亦強調直拼法。

肆、綜合分析並行法

綜合法是現行國小注音符號教學採用的方法，一般認為這種教學法符合學習心理，最適合兒童學習，不像分析法刻板枯燥（註4）。但是分析法是否就一無可取之處呢？在胡永崇老師「國小一年級閱讀障礙學生注音符號學習的相關因素及意義化注音符號教學成效之研究」中指出：

「就閱讀教學的模式而言，基本的模式有二：⑴由下而上模式（bottom-up model）：重視生字、生詞之教學，再進而文句及課文之學習；⑵由上而下模式（top-down model）：先進行有意義的課文之閱讀及探討文意，再進行生詞、生字之教學。Vacca, Vacca及Gove（1995）認為，對於初學者或拼字解碼仍有困難者，由下而上的模式較為恰當。因此，本研究進行注音符號教學時，亦較採取由下而上之教學模式，拼音教學亦較採取間接拼音之教學方式。各注音符號之教學，先進行單音之教學，再進行拼音之指導及練習，然後再進行注音符號拼成之語詞的應用指導。（註5）」

「……在拼音教學方面，每次教學皆以當日所教之單音進行拼音教學。教學方式為先分析再綜合，性質上較屬於分析法。就閱讀教學的由下而上及由上而下

等二個模式而言，Vacca, Vacca 及 Gove（1995）認為，對於初學者或拼字解碼仍有困難者，由下而上的模式較為恰當。（註6）」

　　在胡老師的研究報告中，多次引用指出，由下而上的教學模式對於初學者較為恰當，而分析法就是採用由下而上的教學模式。此外，胡老師研究進行所使用的注音符號教學，也是採取由下而上的分析法教學模式。所以，分析法並非一無可取，如果能改進此法的缺點，而善加掌握分析法系統分明、學習快速的優點，對於孩子的學習將有相當大的幫助。

　　所以，對於學齡前孩子的注音符號學習，筆者採用「綜合分析並行法」，也就是將綜合法以及分析法兩種學習系統，同時並行使用。在分析法方面，「注音符號形音聯結」、「發音矯治」、「注音符號拼音」、「注音符號拼讀」及「注音符號拼寫」各個章節的編排，完全採取由下而上、循序漸進系統化的分析法編排，但是為了避免淪於分析法刻板枯燥、不易引起學習興趣的缺點，課程的安排會跟孩子實際的生活語文經驗互相聯結，而不只是毫無意義的符號學習。

　　而在綜合法方面，本書「語文學習前準備工作」、「語言聽力理解」、「語言思考表達」、「注音符號形音聯結」、「發音矯治」、「注音符號拼音」、「注音符號拼讀」及「注音符號拼寫」等各章節課程，提供了孩子完整聽說讀寫的語文生活經驗，是為綜合法中的「先綜合」；然後經由「注音符號形音聯結」、「發音矯治」、「注音符號拼音」、「注音符號拼讀」及「注音符號拼寫」各章節中課程的「再分析」後，最後又回到「發音矯治」、「注音符號拼音」、「注音符號拼讀」及「注音符號拼寫」各章節課程的「再綜合」。

　　易言之，「綜合分析並行法」兼具綜合法以及分析法的雙重優點，有綜合法讓孩子在自然無壓力情況下學習注音符號的長處，也有分析法循次漸進系統化的課程編排，讓孩子的學習更有效率，也因此對注音符號學習更有興趣等種種好處。筆者十多年來實際運用於學齡前孩子注音符號的學習，成效良好，是一套相當適

合學齡前孩子學習注音符號的教學方法。

第三節 注音符號形音聯結課程學習步驟規畫

那麼，應該如何規畫、組織孩子的注音符號形音聯結課程呢？我們從以下各層面來探討：

壹、注音符號形音聯結學習前的準備

一、學習注音符號形音聯結的基本條件

注音符號形音聯結的學習，牽涉到字形和字音，所以孩子至少必須具備以下相關的能力，才可能進入這方面課程的學習。

㈠在字音聽說方面

1.有能力分辨不同注音符號字音的差異。
2.能正確模仿發出注音符號字音。

㈡在字形視覺方面

要有能力辨別不同形狀、線條。如果孩子相關的能力發展，尚不足以進行注音符號形音聯結的學習，請加強輔導孩子發展相關能力（可參閱第二章「語文學習前準備工作」相關課程活動敘述），切勿強迫孩子學習，以免因揠苗助長而對孩子造成不可彌補的傷害。

二、孩子注音符號形音聯結的學習意願

當然，就算孩子具備了學習注音符號形音聯結的基本條件，但如果沒有學習意願，也是枉然！要孩子對於注音符號形音聯結的學習產生興趣，重點在於必須把注音符號生活化，讓孩子在生活周遭隨時都有接觸到注音符號的字形和字音，並且有使用到注音符號的機會，如此孩子在耳濡目染的情形下，就可以很輕鬆地自然學會注音符號。所以，如何巧心布置學習環境，安排設計學習課程，以提高孩子學習意願，就是大人的責任了！

三、注音符號形音聯結測試

如果孩子已經具備學習注音符號形音聯結的基本條件，孩子在充滿注音符號刺激的環境中，可能在不知不覺的情形下就學會了一些。所以在帶孩子注音符號形音聯結課程之前，我們可以先安排注音符號形音聯結的測試，以便了解孩子已經會了哪些符號，此測試記錄是日後孩子進行注音符號形音聯結課程的依據，孩子已經會的符號，日後只要做複習的工作，相關的課程就可省略跳過，而把更多的時間和精神用在不熟悉的符號學習上。

貳、以分組對比方式行注音符號形音聯結學習

注音符號共有三十七個，一次要孩子全部記住當然不可能，但一次學一個符號又嫌單調無趣，所以以下課程乃是依據符號特性分類，四到七個符號為一組，共分為八組，來進行形音聯結的學習，各組注音符號的發聲位置請參閱第六章「發音矯治」相關課程活動敘述。

一、組一ㄅㄆㄉㄊ

分組依據取ㄅ－ㄉ及ㄆ－ㄊ發聲位置為兩唇與舌尖的對比。

二、組二ㄇㄈㄋㄌ

分組依據取ㄇ－ㄋ發聲位置為兩唇與舌尖的對比；ㄈ－ㄌ則為唇齒與舌尖的對比。

三、組三ㄍㄎㄏㄐㄑㄒ

分組依據取ㄍㄎㄏ與ㄐㄑㄒ發聲位置為舌面與舌根的對比。

四、組四ㄓㄔㄕㄖㄗㄘㄙ

分組依據取ㄓㄔㄕㄖ與ㄗㄘㄙ發聲位置為舌尖後捲舌與舌尖前平舌對比。

五、組五ㄧㄨㄩㄚ

分組依據取ㄧ－ㄩ為齊齒呼與撮口呼對比；ㄨ－ㄚ為合口與開口對比。

六、組六ㄛㄡㄝㄟ

ㄛ－ㄡ分組依據取ㄡ為ㄛㄨ混音；ㄝ－ㄟ分組依據取ㄟ為ㄝㄧ混音。

七、組七ㄞㄠㄢㄤ

ㄞ－ㄠ分組依據取ㄞ為ㄚㄧ混音，ㄠ為ㄚㄨ混音的對比；ㄢ－ㄤ分組依據取ㄢ為ㄚㄋ混音，ㄤ為ㄚㄫ混音的對比。

八、組八ㄜㄦㄣㄥ

ㄜ－ㄦ分組依據為不捲舌與捲舌對比；ㄣ－ㄥ分組依據ㄣ為ㄜㄋ混音，ㄥ為ㄜㄫ混音的對比。

參、學習步驟循次漸進地由字音熟悉、字形熟悉、形音聯結熟悉、字形記憶最後到注音符號形音聯結與累加複習

形音聯結必須記憶字形字音，如果以直接強行記憶的方式學習，不但困難度較高，而且也單調乏味，孩子常會排拒學習。因此，我們可以安排孩子先單獨熟悉字音、字形，再進行形音聯結熟悉，然後記憶字形，最後再進入符號形音的聯結。由於經過種種課程的組織順序性安排，我們將符號形音聯結的學習變簡單有趣了，所以孩子一路學來，不但輕鬆愉快效果特佳，更重要的是孩子的成就感與自信心就這樣自然而然地建立起來了。

一、注音符號字音熟悉

在學習注音符號之前，孩子對於符號的字音可以說是相當陌生的，因為除了一些單拼字音，例如「吃」、「濕」、「嗚」等音之外，孩子聽到的都是注音符號的混合音，實在是沒有多少可以聽到注音符號單獨字音的機會。因此在進行形音聯結之前，先讓孩子有機會聽聽這些他不是那麼熟悉，甚至聽都沒聽過的陌生字音，是相當有必要的。針對注音符號字音熟悉這個目標，除了教室環境可以安排讓孩子經常接觸注音符號字音的刺激外（例如錄音帶或 CD 的播放），也可以經由相關課程活動的安排，來加強孩子對於注音符號字音的熟悉程度。

二、注音符號字形熟悉

與符號的字音相類似，在接觸注音符號之前，一般孩子對於注音符號的字形也是相當陌生的。試想，街道上的招牌廣告或是報紙等等，孩子從小到處都有看到國字甚至英文的機會，但是注音符號的字形呢？除了小小不起眼地依附在特定兒童書籍刊物的國字旁邊之外，還真的比英文字母稀有呢！因此孩子在進入形音聯結之前，當然也應該讓孩子事先熟悉一下符號的字形。所以，如果可以把注音

符號字形協調地融入教室學習環境的布置中，對於孩子日後注音符號形音聯結的學習，將會有很大的幫助。

至於熟悉注音符號的字形，除了透過一般常用的視覺管道之外，我們還可以透過觸覺和肌肉覺，來加深對於符號字形的印象，觸摸點字閱讀，就是以觸覺來熟悉字形的例子。而所謂「肌肉覺」呢？就是透過肌肉字形比劃來記憶字形。是否還記得國、高中時代背英文單字的情景？一個單字在白紙上寫個三、四十遍，邊寫邊唸，就這樣把單字背起來了。當被問及某某單字怎麼拼時，也是靠著手指一邊比劃，嘴巴一邊唸，而把單字拼出來的，這就是肌肉覺幫助字形記憶的一個例證，也是我們在安排相關課程時可以加以運用的（此例所要強調的是，肌肉覺是我們可以用來幫助孩子熟悉字形的一個學習管道，絕不是要讓孩子以邊寫邊唸三、四十遍的方式來記憶學習注音符號）。所以，在字形熟悉的課程中，我們也加入了觸覺及肌肉覺的管道，除了讓孩子對於符號的字形能有更深刻的印象，增加學習的效果之外，也可以增加課程的趣味性。因此，書中注音符號字形熟悉的相關課程，依照感官的學習管道歸類，可分為以下各種：

　　㈠視覺管道。

　　㈡視覺、肌肉覺管道。

　　㈢觸覺、視覺管道。

　　㈣觸覺管道。

三、注音符號字形字音熟悉

注音符號字音熟悉及注音符號字形熟悉的課程中，字音或者字形只是單獨出現，課程的設計只是要讓孩子單獨熟悉字音，或者單獨熟悉字形，並沒有讓注音符號的字形與相對應的字音同時出現；也就是說，會讓孩子去熟悉符號「ㄅ」的字形或字音，但是就是沒有讓孩子看到符號「ㄅ」的字形時，也同時聽到符號「ㄅ」的字音。這樣安排的原因在於，如果孩子之前對於注音符號從來沒有接觸

過,一次要同時熟悉字形和字音,會有手忙腳亂的疑慮,所以先讓孩子單獨對於注音符號的字音和字形都有初步的接觸之後,再來安排注音符號字形字音熟悉的課程,應該是較為恰當的 (註7)。所以,經過注音符號字音熟悉及注音符號字形熟悉的課程之後,正是帶入熟悉注音符號字形及相對應字音聯結課程的最好時機了。在注音符號字形字音熟悉的相關課程活動中,我們將讓孩子隨時隨地都有熟悉每個符號的字形與其相對應字音的機會。

　　一般而言,在我們所設計符號字形字音熟悉的教材課程中,孩子有比較多的機會去接觸熟悉注音符號字形。相較之下,孩子熟悉字音的最重要來源來自於大人,也因此孩子要接觸熟悉字音的機會就少多了!例如,孩子可以很容易藉由分辨圈選二十個注音符號「ㄅ」,而達到接觸字形「ㄅ」二十次的經驗,但要聽到「ㄅ」的字音被唸二十次,機會可就是少之又少了!所以在孩子進行字形字音熟悉的課程中,大人應該巧妙地安排,讓孩子有更多可以聽到字音的機會。但是在此要特別強調的是:所謂字形字音熟悉課程,是指在讓孩子看到字形的同時,也「聽」到該字字音,而不是讓孩子「唸」該字音,讓孩子唸字音是「形音聯結」的課程進度。

四、字形記憶

　　孩子熟悉符號的字形字音之後,在進入形音聯結之前,我們認為還要加入字形記憶的相關課程。理由是,形音聯結牽涉到字形的記憶和字音的記憶。孩子熟悉字形字音意謂著常看到、聽到符號的字形和字音,但並不表示就已經記得這個字形和字音了。如果要直接進入形音聯結的課程,就要面臨字形記憶,還有字音記憶這兩個問題。所以由字形字音熟悉的課程,就直接銜接形音聯結的課程,是稍嫌躁進了一點;應該在兩課程間再加入課程,先解決一個問題後再進入形音聯結的進度較妥當些。就單獨字形記憶和字音記憶的課程設計安排上,字音記憶必須要克服的問題較多,因為字音的顯現存在不像字形那般持久,字音一唸完,一

下子就消失了,所以在課程的設計上就困難得多。因此,我們選擇先解決字形記憶的問題,字音記憶的問題就安排在字形記憶課程後的形音聯結中解決,屆時因為有字形的配合,要克服字音唸完一下子就消失了的這個特性也就簡單多了。相似於字形熟悉課程,字形記憶課程依感官學習管道歸類,也可分為視覺管道、視觸覺管道以及觸覺管道。

五、注音符號個別形音聯結學習與累加複習相互配合

在孩子能記憶字形,而且對於字音也熟悉的情形之下,就可以輕鬆愉快地來進行形音聯結的課程了。形音聯結因聯結方向的不同,又可以分為先音後形——由字音聯結字形;以及先形後音——由字形聯結字音,所以課程的設計應該區分這兩種不同的聯結方向。

在進行形音聯結的課程時,我們一次只讓孩子學習一個新的符號,而且由於新符號的學習特別容易遺忘,所以在孩子學習一個新符號之後,一定要有一併複習舊符號的動作,否則只顧及新符號的學習,學一個新符號忘一個舊符號,最後還是必須從頭再來,得不償失。因此,在進行形音聯結的課程時,舊符號複習的重要性,絕對是不下於新符號的學習。

綜合上述的探討,本書對於注音符號形音聯結的課程規畫安排如下:

(一)注音符號個別形音聯結。

不貪多,一次只學習一個新的注音符號。

(二)符號形音聯結累加複習

由分組符號形音聯結累加複習、跨組符號形音聯結累加複習到最後的注音符號形音聯結總複習,孩子新符號的學習每告一段落,伴隨而來的就是層層的累加複習網,讓孩子舊符號的複習與新符號的學習同時並進。

　　1.分組符號形音聯結累加複習：

　　　⑴先音後形由字音聯結字形。

　　　⑵先形後音由字形聯結字音。

　　2.跨組符號形音聯結累加複習：以先前八組分組符號為基礎，孩子學習完組一ㄅㄆㄉㄊ四個符號之後，每再學習完一組新的符號，就與先前學過的分組符號，併入跨組符號的形音聯結累加複習，因此共有ㄅ－ㄉ、ㄅ－ㄒ、ㄅ－ㄙ、ㄅ－ㄚ、ㄅ－ㄟ、ㄅ－ㄤ等跨組的形音聯結累加複習課程了。

　　3.注音符號形音聯結總複習。

六、相似字形字音分辨

　　在三十七個注音符號中，有些字形很相似，有些字音很相近，所以在孩子學習過這些符號的形音聯結之後，有必要將這些相似的字形與字音，特別挑出來讓孩子對比分辨，以免造成孩子日後混淆的情形。由於我們注音符號形音聯結的學習的符號分組，主要是以發音的對比方式進行（請參閱先前「貳、以分組對比方式行注音符號形音聯結學習」相關課程活動敘述），所以一些相似字音都被歸類在同組，孩子在進行課程的過程中，不可避免地都會對比分辨這些相似字音的符號，所以也就無須再特別安排相似字音分辨的相關課程。但相似字形的符號，在進行形音聯結課程中，往往沒有被歸為同組，所以，在孩子學習完所有注音符號的形音聯結之後，安排了相似符號字形分辨的課程，將這些相似的字形，特別挑出來讓孩子對比分辨，如果孩子在通過注音符號形音聯結總複習的相關課程之後，對於相似符號字形分辨課程中的相似符號都可以毫不困難地分辨指認，那麼孩子對於注音符號形音聯結的學習，就算大功告成了。以下僅將三十七個注音符號中，一些字形或是字音相近的符號，歸類列舉，以供讀者參考。

㈠相似字形

ㄅ—ㄉ、ㄅ—ㄎ、ㄆ—ㄡ、ㄅ—ㄌ、ㄊ—ㄢ、ㄊ—ㄥ、ㄋ—ㄎ、ㄌ—ㄞ、
ㄍ—ㄑ、ㄎ—ㄢ、ㄏ—ㄟ、ㄑ—ㄥ、ㄒ—ㄚ、ㄘ—ㄣ、ㄙ—ㄥ、ㄙ—ㄠ、
ㄨ—ㄡ、ㄛ—ㄜ、ㄞ—ㄢ、ㄋ—ㄣ、ㄣ—ㄥ、ㄇ—ㄈ—ㄩ。

㈡相似字音

ㄅ—ㄆ、ㄉ—ㄊ、ㄍ—ㄎ、ㄑ—ㄒ、ㄓ—ㄗ、ㄔ—ㄘ、ㄕ—ㄙ、一—ㄩ、
ㄛ—ㄡ、ㄜ—ㄦ、ㄝ—ㄟ、ㄢ—ㄤ、ㄣ—ㄥ。

肆、學習步驟規畫簡表

綜合以上討論，我們可以把注音符號形音聯結的學習步驟簡化如下：

注音符號形音聯結前準備 ➡ 注音符號分組一字音熟悉 ➡ 注音符號分組一字形熟悉 ➡ 注音符號分組一字形字音熟悉 ➡ 注音符號分組一字形記憶 ➡ 注音符號分組一個別形音聯結 ➡ 注音符號分組一形音聯結累加複習 ➡ 注音符號分組二字音熟悉 ➡ 注音符號分組二字形熟悉 ➡ 注音符號分組二字形字音熟悉 ➡ 注音符號分組二字形記憶 ➡ 注音符號分組二個別形音聯結 ➡ 注音符號分組二形音聯結累加複習 ➡ 注音符號分組一、二跨組符號形音聯結累加複習……。

第四節 注音符號形音聯結課程闡述

在本章，我們依循上述課程學習步驟規畫，安排設計了一些課程活動，經由各個課程活動的教材準備內容、課程活動簡述、無法操作處理以及課程設計、安

排、實施等注意考慮或補充事項各方面來逐一探討，詳加闡述，希望讀者可以深入了解各個課程安排設計的原理及目的，對於注音符號形音聯結課程的輪廓和精義，將可以有著更完整清晰地掌握。

又由於許多課程活動的安排是相同的，只是學習的符號改變。例如，「字音ㄅ反拼示範」跟「字音ㄆ反拼示範」的課程，不論是在教材準備內容的安排設計，或是課程活動簡述等說明都是大同小異，限於篇幅限制，就只列舉一個或一組字音來當代表（通常以ㄅ或ㄅㄆㄉㄊ為代表），而不逐一重複說明，其他字音類似的課程，則請參閱範例自行安排設計運用，或可參考拙著《幼兒語文發展輔導手冊——注音符號形音聯結篇》(註8)，書中有最詳細完整的描述說明。

壹、注音符號形音聯結測試

一、教材準備內容

㈠注音符號卡一組三十七張。

㈡注音符號形音聯結測試記錄表，範例如表 5-1。

二、課程活動簡述

㈠將三十七張注音符號卡覆蓋堆疊。

㈡隨機抽取一張注音符號卡，詢問孩子是否能夠唸出該字字音，然後記錄於記錄表上。

㈢同上步驟，完成所有注音符號形音聯結的測試記錄。

㈣另一測試方式為一次一字排開四、五張注音符號卡，請孩子把會唸的符號卡自行挑出唸出該字音，此方式可避免孩子因連續多次不會回答所造成的挫折感。

表 5-1　注音符號形音聯結測試記錄表

△不認得　○認得　構音異常（註明）

指定音	ㄅ	ㄆ	ㄇ	ㄈ	ㄉ	ㄊ	ㄋ	ㄌ
結果								
指定音	ㄍ	ㄎ	ㄏ	ㄐ	ㄑ	ㄒ	ㄓ	ㄔ
結果								
指定音	ㄕ	ㄖ	ㄗ	ㄘ	ㄙ	ㄧ	ㄨ	ㄩ
結果								
指定音	ㄚ	ㄛ	ㄜ	ㄝ	ㄞ	ㄟ	ㄠ	ㄡ
結果								
指定音	ㄢ	ㄣ	ㄤ	ㄥ	ㄦ			
結果								

三、無法操作處理方式

　　此課程僅做注音符號形音聯結的測試記錄，不做任何的教導嘗試，如果確定孩子全部不會，此測試也可以省略。

四、課程設計、安排、實施等注意考慮或補充事項

　㈠此課程的安排目的，為孩子注音符號形音聯結現況做診斷及記錄，是想了解孩子已經會了哪些符號。所以，此測試記錄是日後孩子進行注音符號形音聯結課程的依據，孩子已經會了的符號，日後只要做複習的工作，相關的課程就可省略跳過，而把更多的時間跟精神用在不熟悉的符號學習上。

　㈡幫孩子做測試記錄時，當孩子不認得某些符號時，我們建議以△或其他中性符號記錄，而不用×這個負性符號記錄標示。

貳、注音符號字音熟悉

一、字音反拼示範

(一)教材準備內容

字音反拼示範表（以字音ㄅ為例，其他三十六個字音請參考附錄三「兩拼字音詞彙參考表」）。

表 5-2　字音ㄅ反拼示範表

字音	ㄅㄚ	ㄅ一	ㄅㄨ	ㄅㄞ	ㄅㄟ	ㄅㄠ	ㄅㄢ	ㄅㄣ	ㄅㄤ	ㄅㄥ
詞彙	嘴巴	逼近	／	瞎掰	茶杯	書包	斑馬	奔跑	幫忙	繃帶

(二)課程活動簡述

此處以字音ㄅ為例，其他三十六個字音請參考此例自行安排。

1. 大人唸出字音ㄅ反拼示範表中第一個字音。例如，大人說：「巴，嘴巴的巴，ㄅㄚ－ㄅ－ㄚ－ㄅㄚ。」
2. 同上步驟，由左至右完成字音ㄅ反拼示範課程。

(三)無法操作處理方式

此課程目的為符號字音聽力熟悉，孩子只需聆聽大人反拼示範，並不需要孩子做其他任何反應，因此在示範過程並不要求孩子跟隨複述，但如果孩子主動跟隨複述，也不用禁止。

㈣課程設計、安排、實施等注意考慮或補充事項

1. 就如前注音符號形音聯結學習步驟規畫中所述，在學習注音符號之前，孩子對於符號的字音可以說是相當陌生的，因為除了一些單拼的字音，例如「吃」、「濕」、「嗚」等音之外，孩子聽到的都是注音符號的混合音，實在是沒有多少可以聽到注音符號單獨字音的機會，因此我們安排了字音反拼示範這樣的課程，讓孩子熟悉注音符號單獨的字音。例如，藉由反拼示範嘴巴的這個「巴」字，孩子熟悉了「ㄅ」和「ㄚ」兩個單獨的字音。課程示範的過程會特別舉出相關的詞彙，是為了讓孩子能理解，原來日常生活中講話的詞彙，是由這些分析出來的符號字音所組成的。也因為這個動作，讓原本抽象的字音「ㄅ」和「ㄚ」，跟嘴巴的巴互相聯結，使得此一課程跟孩子的生活經驗相結合。而一連串反拼示範含有相同字音的詞彙，更能讓孩子對於特定符號的字音，留下深刻的印象。

2. 就如上所述，反拼示範舉出相關的詞彙，是為了讓孩子把抽象的字音跟生活經驗相結合，所以課程中所選字音反拼示範的詞彙，盡量以符合孩子的生活經驗為主，有些生澀的字詞，例如「餔」，舉例不但無法與孩子的生活經驗結合，反而容易造成孩子的困惑，我們就不舉例，而直接以「ㄅㄨ－ㄅ－ㄨ－ㄅㄨ」方式反拼，而詞彙的相對空格則以對角斜線表示。

3. 因為是要讓孩子把抽象的字音跟生活經驗相結合，所以選用國音存在的字音，國音中沒有的字音，例如「ㄅㄝ」，則不選用。

4. 這課程的目的為字音聽力熟悉，聲調的變化並非重點，所以所選擇的字音只限於一聲字音，其他聲調字音則捨棄不用，以免造成因為聲調的變化而讓孩子誤認為不同字音的困擾（此情形在韻母字音特別明顯）。

5. 雖無一聲字音，但有其他聲調者，仍使用該一聲字音。例如，國音中有「ㄋㄚˊ」、「ㄋㄚˇ」、「ㄋㄚˋ」、「˙ㄋㄚ」等音，但無「ㄋㄚ」音，仍使用「ㄋㄚ」音，原因在於「ㄋㄚ」一聲音是學習「ㄋㄚˊ」、「ㄋㄚˇ」、「ㄋㄚˋ」、「˙ㄋㄚ」等其他聲調音的基礎，在這階段，孩子先以字音反拼示範的方式熟悉這些字音，對於日後相關字音的學習，會有相當程度的幫助，所以該字音只要有其他聲調者，就不可以因為沒有一聲而捨棄不用。在此情形之下，因為國音之中沒有這個字音存在，當然也無法舉例相關詞彙，所以就沒有列舉相關詞彙，而直接以反拼的方式示範，至於詞彙的相對空格則以對角斜線表示。

6. 雖有該字音，但該字音所有聲調的字詞都是生澀不常使用的，則都不選用。

7. 由於此課程的目的是字音的聽力熟悉導入，而不是拼音，所以只選用兩拼字音做反拼示範，三拼字音則暫省略不用。

8. 一些容易造成孩子困擾的相關字音，應該避免使用。例如，玻璃的「玻」，實際上帶「ㄨ」音，而發「ㄅㄨㄛ」，無法以「ㄅㄛ－ㄅ－ㄛ－ㄅㄛ」方式拼出，其他如「ㄆㄛ」、「ㄇㄛ」、「ㄈㄛ」等音，也是相同的情形，為避免造成孩子的困惑，都應該省略不用。

二、字音節奏模式

㈠教材準備內容

字音節奏模式示範表（以字音「ㄅ」為例，其他三十六個字音請參考此例自行設計），題目參考範例舉隅如下，請參閱範例自行設計。

1. ㄅㄅㄅ－：ㄅㄅㄅ－ㄅㄅㄅ－ㄅㄅㄅ－ㄅㄅㄅ－……。

2. ㄅ－ㄅㄅ－：ㄅ－ㄅㄅ－ㄅ－ㄅㄅ－ㄅ－ㄅㄅ－……。

3.ㄅ—ㄅㄅㄅ—：ㄅ—ㄅㄅㄅ—ㄅ—ㄅㄅㄅ—ㄅ—ㄅㄅㄅ—……。

㈡課程活動簡述

　　此處以字音ㄅ為例，其他三十六個字音請參考此例自行安排。

1.大人參照示範表，發出字音節奏模式。例如「ㄅㄅㄅ—」，表示依序發出兩個一拍的「ㄅ」音及一個兩拍的「ㄅ」音節奏模式。大人可依孩子學習狀況，決定連續重複示範這節奏模式數次。例如，「ㄅㄅㄅ—ㄅㄅㄅ—ㄅㄅㄅ—ㄅㄅㄅ—……」，然後讓孩子仿照說出大人示範的節奏模式。

2.依上步驟，完成示範表上，字音「ㄅ」其他的節奏模式示範課程。

3.鼓勵孩子自行創造並且複述各種形式的字音節奏模式。

㈢無法操作處理方式

1.如果無法正確仿說字音節奏模式，縮短字音節奏模式的長度，例如「ㄅ—ㄅ」。

2.跟隨大人或其他孩子複述。

3.聆聽大人或其他孩子複述。

4.自創模式複述。

5.如果是無法正確發出字音，請參考第六章「發音矯治」中「構音異常矯治」相關課程敘述（見第359頁）。

㈣課程設計、安排、實施等注意考慮或補充事項

　　本課程的安排，是希望讓孩子藉由字音的口頭多次複述，來達到熟悉字音的目的；但有鑑於孩子不會喜歡單調的字音複述，我們就設計了各種不同的字音節奏複述模式，以提高孩子複述字音的興趣。所以，各種不同

的字音節奏模式只是一個手段，讓孩子多次地複述字音，加深孩子對於該字音的熟悉程度，才是主要的目的。因此，如果孩子無法正確地仿說出字音的節奏模式，並不需要強求孩子，此時可以將孩子無法複述的節奏模式，捨棄不用，讓孩子用他可以接受的節奏模式來複述字音，或者孩子自行創造，或由讀者自行設計其他簡單的模式，讓孩子加強練習，一樣可以達到熟悉字音的目的。至於孩子自行所設計的模式，不管是怎樣的模式，甚至沒有什麼規則可言，都沒有關係，因為只要孩子多複述字音一次，就可以對於該字音增加一次熟悉的印象，這不就是我們的目的嗎？

三、歌曲曲調模式

㈠教材準備內容

孩子熟悉的歌曲。

㈡課程活動簡述

此處以字音ㄅ為例，其他三十六個字音請參考此例自行安排。

1. 大人參照選擇一首孩子熟悉的歌曲，例如「小星星」、「兩隻老虎」、「妹妹背著洋娃娃」、「造飛機」或「補魚歌」等歌曲，以符號「ㄅ」的字音代替所有歌詞，從頭到尾按照該歌曲曲調，以字音「ㄅ」哼唱完整首歌曲。

2. 讓孩子以字音「ㄅ」哼唱大人示範的歌曲，或自行另外選擇其他自己喜歡的歌曲；甚至也可以字音「ㄅ」，哼唱自行創作的曲調。

㈢無法操作處理方式

1. 跟隨大人或其他孩子哼唱。

2.聆聽大人或其他孩子哼唱。

3.如果孩子因為沒有熟悉的曲調而無法哼唱，則此課程可以省略；然而，此一情況同時也表示孩子先前音樂環境的極度欠缺，是個相當值得留意的嚴重警訊。

4.如果是無法正確發出字音，請參考第六章「發音矯治」中「構音異常矯治」相關課程敘述（見第 359 頁）。

㈣課程設計、安排、實施等注意考慮或補充事項

相似「字音節奏模式」課程，本課程的安排，也是希望讓孩子藉由字音的口頭多次複述，來達到熟悉字音的目的，所以我們就用字音ㄅ哼唱曲調，來增加孩子的學習興趣。因此，重點是要讓孩子願意多次地重複這些字音，至於孩子所哼唱的曲調是否五音不全，或是荒腔走板，就不是重點了。大人若是因為執著於孩子哼唱曲調的正確性，而讓孩子喪失學習的興趣，那就有違課程設計的原意了。

四、字音串複述

㈠教材準備內容

字音串複述示範表題目，參考範例舉隅請見表 5-3（以ㄅㄆㄉㄊ示範表為例，其他ㄇㄈㄋㄌ等七組字音串複述示範表，請參考此例自行安排設計）。

表 5-3 字音串複述——ㄅㄆㄉㄊ

ㄅㄆㄅㄆ	ㄅㄅㄆㄆ	ㄅㄆㄆㄅ	ㄆㄅㄆㄅ	ㄆㄆㄅㄅ	ㄆㄅㄅㄆ
ㄅㄉㄅㄉ	ㄅㄅㄉㄉ	ㄅㄉㄉㄅ	ㄉㄅㄉㄅ	ㄉㄉㄅㄅ	ㄉㄅㄅㄉ
ㄅㄊㄅㄊ	ㄅㄅㄊㄊ	ㄅㄊㄊㄅ	ㄊㄅㄊㄅ	ㄊㄊㄅㄅ	ㄊㄅㄅㄊ
ㄉㄆㄉㄆ	ㄉㄉㄆㄆ	ㄉㄆㄆㄉ	ㄆㄉㄆㄉ	ㄆㄆㄉㄉ	ㄆㄉㄉㄆ
ㄊㄆㄊㄆ	ㄊㄊㄆㄆ	ㄊㄆㄆㄊ	ㄆㄊㄆㄊ	ㄆㄆㄊㄊ	ㄆㄊㄊㄆ
ㄊㄉㄊㄉ	ㄊㄊㄉㄉ	ㄊㄉㄉㄊ	ㄉㄊㄉㄊ	ㄉㄉㄊㄊ	ㄉㄊㄊㄉ

(二)課程活動簡述

此處以ㄅㄆㄉㄊ字音串為例，其他ㄇㄈㄋㄌ等七組字音串，請參考此例自行安排運用。

1. 大人參照示範表，唸出一組四字字音串，例如ㄅㄆㄅㄆ後，要求孩子依樣複述。

2. 依上步驟，大人以由左至右、由上而下的順序，唸出各組字音串，讓孩子依樣複述。

(三)無法操作處理方式

1. 如果是聽力記憶問題，無法一次記憶四字字音串，可以將一組四字字音串縮減為二字字音串，例如「ㄅㄅ」、「ㄅㄆ」、「ㄆㄅ」、「ㄆㄆ」。不過，雖然說讓孩子複述二字字音串，仍然可以達到本課程ㄅㄆㄉㄊ字音綜合熟悉的目的，但是以一個四足歲以上的孩子來說，如果一次無法記憶四個字音，日後語言的聽力理解發展，是令人相當憂心的。有關聽力記憶發展輔導的相關訊息，請參閱第三章「語言聽力理解」中「詞句聽力記憶」相關課程活動敘述（見第 114 頁）。

2. 跟隨大人或其他孩子複述。

3. 聆聽大人或其他孩子複述。

4.如果是無法順利流暢地發出字音串，請參閱第六章「發音矯治」中「構
　音異常矯治」相關課程活動敘述（見第 359 頁）。

㈣課程設計、安排、實施等注意考慮或補充事項

　　與前面字音節奏模式課程一樣，本課程的安排是希望讓孩子藉由口頭
多次複述不同排列組合的字音，來達到ㄅㄆㄉㄊ字音綜合熟悉的目的，於
是我們就設計了各組不同的字音串，以提高孩子複述字音的興趣。所以，
各組不同的字音串，只是一個手段，讓孩子多次地複述ㄅㄆㄉㄊ字音，以
加深孩子對於這些字音的熟悉程度，才是主要的目的。因此，如何用最簡
單的字音串，來引起孩子複述的興趣，是為設計的重點。本課程將字音ㄅ
ㄆㄉㄊ，以兩字字音對比，運用各種排列組合方式，設計了各組不同的四
字字音串複述模式，例如ㄅㄆㄆㄅ，但捨棄以四個不同字音排列組合成的
字音串，例如ㄆㄊㄅㄉ，因為四個不同字音組合成的四字字音串，其困難
程度遠遠超過以兩個不同字音組合成的四字字音串，四個不同字音組合成
的四字字音串這樣的設計，只會讓孩子在複述的過程中，遭遇更多記憶及
繞舌的困難，對於提高孩子多次複述字音的興趣，不但沒有幫助，反而會
有反效果。

五、字音熟悉分辨

㈠教材準備內容

　　字音熟悉分辨表，參考範例請見表5-4（以ㄅㄆㄉㄊ字音分辨表為例，
其他ㄇㄈㄋㄌ等七組字音分辨表，請參考此例自行安排設計）。

表 5-4　字音熟悉分辨——ㄅㄆㄉㄊ

ㄅ—ㄆ對比	ㄅ—ㄆ	ㄅ—ㄅ	ㄆ—ㄅ	ㄆ—ㄆ
ㄅ—ㄉ對比	ㄅ—ㄉ	ㄅ—ㄅ	ㄅ—ㄅ	ㄅ—ㄉ
ㄅ—ㄊ對比	ㄊ—ㄊ	ㄅ—ㄊ	ㄅ—ㄅ	ㄊ—ㄅ
ㄆ—ㄅ對比	ㄅ—ㄆ	ㄅ—ㄅ	ㄆ—ㄆ	ㄆ—ㄅ
ㄆ—ㄊ對比	ㄊ—ㄊ	ㄆ—ㄊ	ㄊ—ㄆ	ㄆ—ㄆ
ㄉ—ㄊ對比	ㄊ—ㄊ	ㄉ—ㄊ	ㄉ—ㄉ	ㄊ—ㄉ

(二)課程活動簡述

此處以ㄅㄆㄉㄊ字音為例，其他ㄇㄈㄋㄌ等七組字音，請參考此例自行安排運用。

1. 找到ㄅ—ㄆ對比列的ㄅ—ㄆ欄，大人先以口頭自問示範：「ㄅ、ㄆ，ㄅ和ㄆ一不一樣？」大人接著自行回答：「ㄅ、ㄆ，ㄅ和ㄆ不一樣。」

2. 大人找到ㄅ—ㄆ對比列的下一欄，ㄅ—ㄅ欄，大人再以口頭自問：「ㄅ、ㄅ，ㄅ和ㄅ一不一樣？」大人接著自行回答：「ㄅ、ㄅ，ㄅ和ㄅ是一樣的。」

3. 同上步驟，大人完成第三、四欄「ㄆ—ㄅ」及「ㄆ—ㄆ」自問自答的示範。

4. 回到ㄅ—ㄆ對比列的ㄅ—ㄆ欄，大人問孩子說：「ㄅ、ㄆ，ㄅ和ㄆ一不一樣？」看孩子是否能分辨其差異。

5. 同上步驟，完成ㄅ—ㄆ對比列中ㄅ—ㄅ欄、ㄆ—ㄅ欄及ㄆ—ㄆ欄等各欄的字音分辨。

6. 同上步驟，完成ㄅ—ㄉ、ㄅ—ㄊ、ㄆ—ㄉ、ㄆ—ㄊ、ㄉ—ㄊ等對比字音熟悉分辨課程。

(三)無法操作處理方式

1. 加強步驟 1. 到步驟 3. 大人自問自答模式的課程活動示範。

2. 加強先前「注音符號字音熟悉」相關課程活動經驗（見第 263 頁）。

3. 聆聽其他孩子分辨。

4. 加強輔導孩子發展聽覺分辨能力（可參閱第二章「語文學習前準備工作」中「聲音知覺與分辨記憶」課程活動相關敘述，見第 29 頁）。

(四)課程設計、安排、實施等注意考慮或補充事項

1. 示範過ㄅㄆ對比列各欄自問自答模式的課程活動簡述之後，如果孩子已經了解此課程的進行方式，實施ㄅㄧㄊ對比、ㄆㄧㄅ對比、ㄆㄧㄊ對比、ㄅㄧㄊ對比等各列課程時，就直接讓孩子回答問題，大人不用重複自問自答的課程活動簡述了。

2. 設計「字音熟悉分辨表」時，各欄注音符號對比請勿如下表依序編排，否則孩子可能會掌握其規律來回答，如此就失去分辨字音的意義了。

ㄅㄆ對比	ㄅ－ㄆ	ㄅ－ㄅ	ㄆ－ㄅ	ㄆ－ㄆ
ㄅㄉ對比	ㄅ－ㄉ	ㄅ－ㄅ	ㄉ－ㄅ	ㄉ－ㄉ
ㄅㄊ對比	ㄅ－ㄊ	ㄅ－ㄅ	ㄊ－ㄅ	ㄊ－ㄊ
ㄆㄉ對比	ㄆ－ㄉ	ㄆ－ㄆ	ㄉ－ㄆ	ㄉ－ㄉ
ㄆㄊ對比	ㄆ－ㄊ	ㄆ－ㄆ	ㄊ－ㄆ	ㄊ－ㄊ
ㄉㄊ對比	ㄉ－ㄊ	ㄉ－ㄉ	ㄊ－ㄉ	ㄊ－ㄊ

參、注音符號字形熟悉

一、視覺管道

㈠注音符號軟墊配對

1.教材準備內容：

四塊 EVA 軟墊，每塊軟墊上有可拿出ㄅ、ㄆ、ㄅ或ㄊ的注音符號字形（以符號ㄅㄆㄉㄊ為例，其他七組符號請參考此例自行安排設計）。

注音符號軟墊

2.課程活動簡述：

此處以符號ㄅㄆㄉㄊ為例，其他七組符號請參考此例自行安排運用。

⑴將ㄅㄆㄉㄊ四個注音符號字形，一一拿離軟墊後散放，而將軟墊一字排開。

⑵以手指撫摸比劃注音符號ㄅ字形後，找到相對應的軟墊字形輪廓框，壓入框中配對。

⑶同上步驟完成其他所有的注音符號字形與軟墊字形輪廓框的配對。

⑷換孩子操作。

3.無法操作處理方式：

⑴減少注音符號字形板與字形輪廓框的配對數量，例如先配對ㄅ、ㄉ字形，再配對ㄆ、ㄊ字形，最後再一次配對四個字形；如果還是有困難，也可先一次配對一個字形，四個字形都單獨配對過後，再兩兩配對，最後再一次配對四個字形。如此一來，本來一次的課程，可能因為孩子的個別差異，而拆成三次或是七次，只要孩子可以循序漸進地發展，課程都可以隨時拆開或合併，切記，課程是要配孩子的需要，而不是

要求孩子配合課程的硬性安排。

(2)如果孩子連單一的字形配對都有困難，就表示孩子還不具備學習注音
符號形音聯結的基本條件——有能力辨別不同形狀、線條。那麼就應
該立刻停止注音符號形音聯結的學習，而加強不同形狀、線條辨別能
力的發展（請參閱第二章「語文學習前準備工作」中「視覺空間發展
與分辨記憶」相關課程活動敘述，見第47頁）。

4.**課程設計、安排、實施等注意考慮或補充事項：**

(1)課程活動中會以手劃字形，是希望除了視覺之外，附加上肌肉覺，讓
孩子更容易達到熟悉字形的目的。孩子如果能依照大人課程活動示範
手劃字形最好，但切勿執著於課程活動示範而影響孩子的學習情緒，
更應小心不要變成要求孩子記憶課程活動示範的填鴨式教學！此一課
程的評判標準為：孩子看過大人示範之後，只要能夠將所有拿出散放
的注音符號字形全部正確放回輪廓框配對，就算通過了，並不一定非
要做出手劃字形的動作不可，因為此課程的目的是注音符號字形視覺
熟悉，肌肉覺只是扮演附帶的角色而已。

(2)此課程的目的是注音符號字形熟悉，所以大人在進行課程時，讓孩子
盡量有更多的機會熟悉ㄅㄆㄇㄈ的字形是為重點，但並不要求孩子可
以達到一看到ㄅㄆㄇㄈ字形，就立刻會唸ㄅㄆㄇㄈ字音這類形音聯結
的進度。如果孩子看到ㄅㄆㄇㄈ字形，就可以立刻唸出正確的字音，
就表示孩子已經沒有必要進行ㄅㄆㄇㄈ符號形音聯結的相關課程，而
可以直接進入下一階段的符號學習了。

(3)藉由軟墊的字形輪廓框，可以提醒孩子符號字形與字形輪廓框的配對
是否正確，對於孩子符號字形的熟悉有相當大的幫助。

(二)注音符號卡配對

1. **教材準備內容**：兩組ㄅㄆㄉㄊ注音符號卡，一組黃色，一組藍色，共八張（以符號ㄅㄆㄉㄊ為例，其他七組符號請參考此例自行安排設計）。

2. **課程活動簡述**：

   以符號ㄅㄆㄉㄊ為例，其他七組符號請參考此例自行安排運用。

   (1)將黃色組四張注音符號卡隨機由左至右一字排開，藍色組四張注音符號卡一旁散放。

   (2)以手指觸摸比劃黃色組最左邊一張符號卡上的字形後，再隨機選一張藍色組符號卡，放在黃色組最左邊一張符號卡的下面比對，如果兩張字形不一樣，就搖頭說不一樣，把那張藍色符號卡放回，再換一張藍色組符號卡比對；如果兩張字形一樣，就點頭說一樣，藍色符號卡就擺放原處不動。

   (3)同上步驟，完成其他所有符號卡的字形配對。

   (4)換孩子操作。

3. **無法操作處理方式**：

   (1)減少符號卡的配對數量。例如，先配對ㄅㄉ字形共四張符號卡，再配對ㄆㄊ字形共四張符號卡，最後再一次配對四個字形共八張符號卡。

   (2)執行上述步驟如果還有困難，則回頭加強先前「注音符號軟墊配對」相關課程活動經驗（見第273頁）。

4. **課程設計、安排、實施等注意考慮或補充事項**：

   (1)此課程的目的是字形熟悉，所以只做字卡字形的配對，並不要求孩子手一邊指著字形，嘴一邊唸該字字音。因此，除非孩子詢問字音，否則大人不要主動提起。再次強調，這個課程的評判標準為：只要孩子可以將兩組符號卡的字形正確配對，就算通過了，並不要求孩子一看

到字形就會唸出該字字音，因為那是屬於形音聯結的學習進度。

(2)注音符號卡配對由於沒有字形輪廓框的控制提示，所以會比注音符號軟墊配對困難些。

(3)此課程所使用的注音符號卡，也可以磁鐵注音符號或木板注音符號等有顯現注音符號字形的教具替代。

㈢符號蓋章

1.**教材準備內容：**

此處以符號ㄅㄆㄉㄊ為例，其他七組符號請參考此例自行設計安排設計。

符號印章

(1)紙上教材，上面有 8×2 的框格，第一列的每個框格中各有一個ㄅㄆㄉㄊ的一個符號，第二列框格空白。

(2)ㄅㄆㄉㄊ符號印章各一個，總共四個。

(3)印色台。

2.**課程活動簡述：**

此處以符號ㄅㄆㄉㄊ為例，其他七組符號請參考此例自行安排運用。

(1)指劃紙上第一列最左邊一個符號「ㄅ」，然後拿起符號印章一一比對，不是符號「ㄅ」則搖頭說不一樣，比對到符號「ㄅ」則點頭說一樣，然後將符號印章「ㄅ」沾上印色，蓋在紙上符號「ㄅ」下方的框格內。

(2)同上步驟，大人完成第一個框格中所有的符號蓋章配對。

(3)同上兩個步驟，讓孩子完成第二、三、四個框格所有的符號蓋章配對。

3.**無法操作處理方式：**

(1)把非工作列的框格以紙張遮蓋住，讓孩子將注意力集中於工作列上的注音符號。例如孩子在進行第二個框格的符號蓋章配對時，大人就將

第一、三、四個框格以紙張遮蓋住。

⑵減少符號蓋章配對的空白框格。

⑶執行上述步驟如果還有困難，則回頭加強先前「注音符號軟墊配對」

及「注音符號卡配對」相關課程活動經驗（見第 273、275 頁）。

⑷如果孩子可以正確比對符號字形，但無法精確地將印章完全地蓋在相

對應的框格中，大人可以給予必要的協助，幫助孩子將印章蓋上。

4.課程設計、安排、實施等注意考慮或補充事項：

此課程設計的目的希望藉由孩子蓋印章的過程，把放在符號字形上

的注意時間拉長，以加深孩子對於該符號字形的印象。再加上蓋印章的

活動對於一般孩子的吸引力較大，可以引起孩子濃厚的參與興趣。至於

孩子沒有辦法那麼精確地把印章蓋在格子內，這些小肌肉手眼協調的相

關問題，可以另外安排相關課程解決（請參閱第九章「注音符號拼寫」

中「握筆寫字基本條件及準備工作」相關課程活動敘述，見第532頁），

在此並不必急著處理。如果是大人一味地嘮叨要求孩子蓋正、蓋好，並

無法解決問題，更可能因而影響的孩子學習興趣，那就得不償失了。

㈣中空符號塗塗看

1.教材準備內容：紙上教材，上面有ㄅㄆㄉㄊ隨機排列的中空符號字形，

參考範例請見表 5-5（以符號ㄅㄆㄉㄊ為例，其他七組符號請參考此例自

行設計安排設計）。

表 5-5　中空符號塗塗看——ㄅㄆㄉㄊ

ㄅ塗紅色	ㄆ塗黃色	ㄉ塗藍色	ㄊ塗綠色
ㄊ　ㄅ		ㄊ　ㄆ	ㄅ
ㄅ	ㄆ	ㄊ	ㄆ
ㄅ　ㄆ	ㄉ	ㄊ　ㄆ	ㄅ
ㄆ　ㄊ	ㄅ		ㄉ
ㄅ　ㄅ	ㄆ	ㄊ	ㄉ
ㄅ	ㄊ　ㄆ		ㄉ
ㄊ　ㄆ	ㄅ	ㄅ　ㄅ	
ㄅ　ㄆ	ㄉ		ㄊ

2. 課程活動簡述：

此處以符號ㄅㄆㄉㄊ為例，其他七組符號請參考此例自行安排運用。

(1)拿出紅色色鉛筆，手指指劃說明列的字形ㄅ說：「我們現在要用紅色色鉛筆把所有的這個字塗滿。」大人用手指以由左至右、由上而下的順序一一指比符號，指到符號ㄅ時再比對說明列的字形ㄅ，點頭說一樣，再以紅色色鉛筆把該符號ㄅ的中空部分塗滿。

(2)同上步驟，讓孩子把剩下所有符號ㄅ的中空部分，用紅色色鉛筆塗滿。

(3)同上兩個步驟，依序示範用黃色、藍色及綠色色鉛筆把一個ㄆ、ㄉ、ㄊ符號的中空部分塗滿後，再讓孩子將剩下符號的中空部分，用特定顏色的色鉛筆塗滿。

3. 無法操作處理方式：

(1)如果孩子可以正確比對符號字形，但無法用色鉛筆精確的將符號的中空部分塗滿或塗出格外，大人可以給予必要的協助。

(2)減少中空符號的數量。

(3)如果孩子無法正確比對符號字形，則回頭加強先前「注音符號字形熟悉」相關課程活動經驗（見第273頁）。

4. 課程設計、安排、實施等注意考慮或補充事項：

相同於先前的符號蓋章，此課程設計的重點在於希望藉由孩子用色鉛筆塗滿字形顏色的過程，把放在符號字形上的注意時間拉長，以加深孩子對於該符號的印象。至於孩子是否能夠將符號的中空部分精確地塗滿，或是塗出字形輪廓之外，都比不上讓孩子因享受塗鴉之樂的過程，而加深對於符號字形的印象來得重要。

㈤籌碼排字遊戲

1.教材準備內容：

此處以符號ㄅㄆㄉㄊ為例，其他七組符號請參考此例自行安排設計。

籌碼排字遊戲

⑴ㄅㄆㄉㄊ注音符號卡各一張共四張。

⑵籌碼若干。

2.課程活動簡述：

此處以符號ㄅㄆㄉㄊ為例，其他七組符號請參考此例自行安排運用。

⑴將ㄅㄆㄉㄊ注音符號卡取好適當間隔一字排開。

⑵手指觸摸比劃符號卡ㄅ字形後，以比對方式在符號卡ㄅ下方，用籌碼排出符號ㄅ字形。

⑶同上步驟依序在符號卡ㄆ、ㄉ、ㄊ的下方用籌碼排出相對應的符號字形。

⑷將用籌碼排出的四個符號字形打散，讓孩子依樣用籌碼排出四個符號字形。

3.無法操作處理方式：將籌碼直接排在符號卡ㄅ、ㄆ、ㄉ、ㄊ的字形上。

4.課程設計、安排、實施等注意考慮或補充事項：

⑴相同於「㈢符號蓋章」及「㈣中空符號塗塗看」，此課程設計的重點仍在於希望藉由孩子以籌碼排字的過程，加深孩子對於符號字形的印

象，所以對於孩子排出來的字形到底像不像，就不是那麼重要了。因為孩子在仿排的過程，對於符號的字形一定會有深刻的印象，這不就是我們要的嗎？大人要思考的是，如何讓孩子願意一再地重複仿排的過程，以加深對於這些符號字形的印象，而不是捨本逐末地計較孩子所排的字形到底像不像，這對於孩子字形熟悉的學習，根本毫無幫助！如果我們多重視一點過程，而少在意一點結果，將會意外地發現孩子的學習成果反而會更好。所以對於孩子所仿排出「不太像樣」的字形，大人是不用太在意的。吹毛求疵地要求孩子百分之百精確仿排字形，反而會扼殺孩子的學習興趣，這並不是我們所樂見的！

不過，在此必須補充的是，如果孩子很用心地操作這課程，但是仿排出的字形卻「不太像樣」，這個結果是可以接受的；但如果這個「不太像樣」的字形，是因為孩子草率、敷衍的學習態度所造成的，我們當然就不能置之不理了。

(2)此課程若把籌碼排字改成黏土塑字，也可以達到相同的目的。

㈥以管窺天配對

1.**教材準備內容：**

　此處以符號ㄅㄆㄉㄊ為例，其他七組符號請參考此例自行安排設計。

(1)兩組ㄅㄆㄉㄊ注音符號卡，一組黃色，一組藍色，共八張。

(2)一個跟注音符號卡大小相符的盒子。

(3)三張與注音符號卡大小相同的卡片，中間分別有 1.5 公分×2 公分、2 公分×3 公分，以及 5 公分×7 公分，分別為小、中、大型的中空框窗。

以管窺天中空框窗

2.**課程活動簡述：**

此處以符號ㄅㄆㄉㄊ為例，其他七組符號請參考此例自行安排運用。

⑴將藍組符號卡覆蓋堆疊在大人面前，黃組符號卡則一字排開，擺放在孩子面前。

⑵大人隨機拿起一張藍色符號卡，在孩子沒有看見該符號卡字形的情形下，面朝上放置於盒中，上面並依序疊放大中小的中空框窗。

⑶讓孩子透過小中空框窗，依看到的部分從黃組符號卡中挑選出可能的字形。

⑷拿走小中空框窗，讓孩子透過中型中空框窗，依看到的部分再次確定剛才所挑選出的符號卡是否正確？孩子可以決定是否更換符號卡。

⑸孩子再度表示確定後，拿走中型中空框窗，讓孩子透過大型中空框窗，依看到的部分再次確定剛才所挑選出的符號卡是否正確？孩子可以決定是否再度更換符號卡。

⑹拿走大型中空框窗，核對是否正確。

⑺重複上述步驟完成其他所有字形以管窺天的課程。

3.**無法操作處理方式：**如果移除大型中空框窗之後，孩子還是無法找出相同的字形配對，則回頭加強先前「注音符號字形熟悉」相關課程活動經驗（見第 273 頁）。

4.**課程設計、安排、實施等注意考慮或補充事項：**

⑴這個課程的目的是希望藉由小、中、大型的中空框窗，依看到的部分讓孩子挑選出可能字形的過程，來加強對於ㄅㄆㄉㄊ字形的印象。首先，透過小型中空框窗，孩子所看到的字形線索相當有限，甚至很可能必須用猜的，但孩子當然不是亂猜，而會自行尋找運用相關的線索，如此勢必要能比較分析ㄅㄆㄉㄊ這幾個字形，也因此就可以對這幾個字形加深印象。在此要強調的是，我們是藉由孩子猜的過程去分析比

較後，讓孩子加深對字形的印象，因此重點在於孩子願意去猜，而不在於一猜就中（而且既然是猜，也沒有理由要求孩子必須一猜就中）。例如：「猜猜看，我星期天去哪裡玩？」像這類問題，一次猜中的機會是不大的，而且也只有不要求孩子一定要一猜就中，才能引發孩子勇於再次猜測的興趣。當然，孩子如果可以一猜就中最好，否則還可以透過中、大型的中空框窗觀察分析後的修正。所以猜是哪一個字形只是手段，藉由這個過程讓孩子去分析比較各個字形，才是課程的目的。如果一味地指責孩子不能一猜就中，進而影響孩子進行課程的意願，那就失去原先設計此課程的本意了！

⑵小中大的中空框窗規格，可依注音符號卡的大小而做調整。

㈦字形比劃配對

1. **教材準備內容**：兩組ㄅㄆㄉㄊ注音符號卡，一組黃色，一組藍色，共八張（以符號ㄅㄆㄉㄊ為例，其他七組符號請參考此例自行安排設計）。

2. **課程活動簡述**：

此處以符號ㄅㄆㄉㄊ為例，其他七組符號請參考此例自行安排運用。

⑴將藍組符號卡覆蓋堆疊在大人面前，黃組符號卡則一字排開，擺放在孩子面前。

⑵大人在孩子不能看到符號卡上字形的情形之下，抽取一張藍色符號卡後，將該符號卡上符號的字形，用手指在白板上或桌上慢慢比劃。

⑶孩子從黃色符號卡中，找出大人比劃的字形，然後跟藍色符號卡核對。

⑷重複上述步驟，完成其他所有字形比劃配對的課程。

3. **無法操作處理方式**：

⑴減慢符號比劃的速度。

⑵增加重複比劃符號的次數。

⑶減少比劃配對符號卡的數量為一組兩個字形一共四張。例如，先比劃配對ㄅㄆ、ㄆㄊ、ㄅㄆ、ㄅㄊ、ㄆㄉ或ㄅㄊ等兩字一組的字形，孩子熟悉之後再增加為一組三個字形共六張符號卡，例如ㄅㄆㄉ、ㄅㄆㄊ、ㄅㄉㄊ及ㄆㄉㄊ字形，最後再一次比劃配對ㄅㄆㄉㄊ四個字形共八張符號卡。

⑷如果經上述步驟處理之後，孩子在配對上仍有困難而備感壓力時，則可以直接跳過此課程。

4.課程設計、安排、實施等注意考慮或補充事項：

　　由於字形比劃過後，不會在白板或桌上留下痕跡，所以孩子必須將大人比劃時所接受到的訊息，在腦海中再重新拼湊組合，而又由於視覺記憶的限制，孩子可能會遺漏一些訊息，以致無法以完整的訊息來拼湊組合這個字形，所以此課程與上一個課程——「以管窺天配對」，有一個類似之處：就是孩子多多少少需要分析比較各個字形，來猜這個答案。所以孩子在找出相對應符號卡的過程，可能會遭到相當程度的困難，如果大人能夠了解在示範此一課程過程中的困難性，也知道字形比劃配對只是一個手段的話，那麼我們就不會那麼在意孩子每次是否一定能夠找出正確的符號卡配對，反而可以運用比劃示範過程的不明確性來引發孩子的興趣，多次興致勃勃地要求大人一再地重複進行此課程，以達到符號字形視覺熟悉的課程目的。

二、*視覺、肌肉覺管道*

㈠字形比劃

1.教材準備內容：兩組ㄅㄆㄉㄊ注音符號卡，一組黃色，一組藍色，共八張（以符號ㄅㄆㄉㄊ為例，其他七組符號請參考此例自行安排設計）。

2. 課程活動簡述：

　　此處以符號ㄅㄆㄉㄊ為例，其他七組符號請參考此例自行安排運用。

(1)將藍組符號卡覆蓋堆疊在孩子面前，黃組符號卡則一字排開擺放在大人面前。

(2)孩子抽取一張藍色符號卡後，用手指在白板或桌上比劃符號卡上的字形，大人則根據孩子的比劃，從黃色符號卡中找出孩子比劃的字形，然後與藍色符號卡核對。

(3)重複上述步驟，讓孩子完成其他所有符號字形比劃的課程。

3. 無法操作處理方式：如果孩子無法比劃字形，則加強先前「注音符號字形熟悉」相關課程活動經驗（見第273頁）。

4. 課程設計、安排、實施等注意考慮或補充事項：

(1)此課程類似先前字形比劃配對課程，不同的是由孩子比劃字形，大人猜測字形。大人如果覺得孩子比劃不清楚，可故意猜錯或者要求孩子重新比劃，讓孩子多次比劃該字形，來增加對於該符號字形的印象。此課程的重點在於讓孩子不斷地嘗試，如何把符號的字形比劃傳達給大人，以視覺及肌肉覺的管道，來增加對於該符號字形的印象，而絕對不是正確的字形筆順比劃。大人應該創造讓孩子不斷願意嘗試比劃的情境，使孩子藉由不斷地練習比劃這些字形，最後終能傳達比劃更完整的訊息，以加深這些字形的印象。如果大人因為孩子提供線索的不完整，無法找出字形而來指責孩子，或者執著於字形筆順的正確性，而企圖糾正、指導孩子的筆順（注音符號字形筆順問題，可安排在各符號形音聯結三階段教學課程中帶入，請參閱相關課程活動敘述），這些不當的動作都會偏離課程原先設計的目標，而因此降低孩子的學習意願，不可不慎！

(2)此課程也可以由一個孩子比劃字形，而由其他孩子找出比劃字形的符

號卡。

(二)字形背部比劃

1. **教材準備內容**：兩組ㄅㄆㄉㄊ注音符號卡，一組黃色，一組藍色，共八張（以符號ㄅㄆㄉㄊ為例，其他七組符號請參考此例自行安排設計）。

2. **課程活動簡述**：

   此處以符號ㄅㄆㄉㄊ為例，其他七組符號請參考此例自行安排運用。

   (1)將黃色組四張注音符號卡，由左至右一字排開，擺放在大人前面。

   (2)孩子位於大人後方，從藍色符號卡中抽取出一張符號卡，孩子依據該符號卡將該字形在大人背部多次重複、緩慢地寫劃，大人則依其觸覺，從面前黃組符號卡中挑選出孩子所寫的字形，然後與藍色符號卡核對。

3. **無法操作處理方式**：如果孩子無法比劃字形，可以加強先前「注音符號字形熟悉」相關課程活動經驗（見第 273 頁）。

4. **課程設計、安排、實施等注意考慮或補充事項**：

   (1)請參閱「字形比劃」課程設計、安排、實施等注意考慮或補充事項相關說明（見第 283 頁）。

   (2)此課程目的與「字形比劃」課程相同，改由孩子在大人背部寫劃字形，是基於課程活動的趣味性考量。

三、*觸覺、視覺管道*

(一)字形觸視覺配對（由觸覺找視覺配對）

1. **教材準備內容**：

   此處以符號ㄅㄆㄉㄊ為例，其他七組符號請參考此例自行安排設計。

   (1)ㄅㄆㄉㄊ注音符號木板字形兩組共八個。

(2)神祕袋一個。

2.課程活動簡述：

此處以符號ㄅㄆㄉㄊ為例，其他七組符號請參考此例自行安排運用。

(1)將一組注音符號木板字形一字排開，擺放在孩子面前。

(2)在孩子沒有看到的情形之下，把另一組中的一個注音符號木板字形，放進神祕袋內。

(3)讓孩子伸手進去神祕袋中，觸摸該字形後，再從一字排開的注音符號木板字形中挑出與放在神祕袋中相同的字形；孩子可以一邊觸摸，一邊尋找字形。

(4)從神祕袋中取出該字形核對。

(5)同上步驟，讓孩子完成其他所有字形觸視覺配對的課程。

3.無法操作處理方式：

(1)減少注音符號木板字形的數量為一組兩個不同的字形，例如ㄅㄆ、ㄆㄊ、ㄅㄆ、ㄅㄊ、ㄆㄉ或ㄉㄊ等字形；孩子熟悉之後再增加為一組三個不同的字形，例如ㄅㄆㄉ、ㄅㄆㄊ、ㄅㄉㄊ及ㄆㄉㄊ字形，最後再一次配對ㄅㄆㄉㄊ四個字形。

(2)如果孩子在使用觸覺感受字形變化有所困難，則可以直接跳過此課程，而加強輔導孩子發展觸覺感受相關能力（請參閱第二章「語文學習前準備工作」中「觸覺感受比較」相關課程活動敘述，見第79頁）。

4.課程設計、安排、實施等注意考慮或補充事項：

(1)與先前的許多課程設計一樣，我們希望藉由課程的趣味設計，來增加孩子的學習效果。加入觸覺的感官刺激，剛開始，無疑地會引起不常以觸覺感受字形變化孩子的高度興趣。然而，也由於孩子平日不擅長使用觸覺來感受字形變化，所以困難度也較高。因此如何技巧性地提供協助孩子事先避免可預期到的困難，讓孩子持續高度興趣進行這類

課程，來加強這些字形的印象，是大人所必須關心的重點。如果把重點放在孩子必須找出正確的字形，而讓孩子感受到壓力挫折，因而對這課程產生排拒，那麼根本就達不到讓孩子加深這些符號字形印象的目的了！

(2)由於觸覺管道的運用，在字形熟悉辨識上只是占著輔助視覺管道的地位，孩子如果能以觸覺很精確地辨識字形當然很好，但如果達不到，也沒有關係，只要孩子有興趣多觸摸一次，就能加深這些符號字形一次印象。如果孩子真的很不擅長使用觸覺，對這類課程備感壓力，那麼就直接跳過，因為我們主要是以視覺來進行符號形音聯結的學習，所以無法以觸覺很精確地辨識字形，對於日後的學習，並不會有很大的影響。

(二)字形觸視覺配對（由視覺找觸覺配對）

1.教材準備內容：

　　此處以符號ㄅㄆㄉㄊ為例，其他七組符號請參考此例自行安排設計。

(1)ㄅㄆㄉㄊ注音符號木板字形兩組共八個。

(2)神祕袋一個。

2.課程活動簡述：

　　此處以符號ㄅㄆㄉㄊ為例，其他七組符號請參考此例自行安排運用。

(1)將一組ㄅㄆㄉㄊ注音符號木板字形一字排開，擺放在孩子面前，另一組的注音符號木板字形全部放進神祕袋中。

(2)讓孩子自己從一字排開的注音符號木板字形中挑選出一木板字形，詳細注視撫觸其輪廓之後，再讓孩子伸手進去神祕袋中找出相同的木板字形核對，如果錯誤則把從一字排開注音符號木板字形中拿出的木板字形放回，正確則將該字形置放一旁，繼續選擇下一個字形進行觸視

覺配對，但不論答對或答錯，都要將從神祕袋中找出的木板字形放回
神祕袋中。

(3)同上兩個步驟，讓孩子完成其他所有字形觸視覺配對的課程。

3. 無法操作處理方式：請參閱「字形觸視覺配對（由觸覺找視覺配對）」
課程無法操作處理方式相關說明（見第285頁）。

4. 課程設計、安排、實施等注意考慮或補充事項：

(1)請參閱「字形觸視覺配對（由觸覺找視覺配對）」課程設計、安排、
實施等注意考慮或補充事項。

(2)孩子每次從神祕袋中找出木板字形核對後，就應放回神祕袋中，以免
神祕袋中的木板字形數量逐漸減少，造成神祕袋中最後只剩一個木板
字形的情形發生。

四、觸覺管道

(一)字形觸覺配對

1. 教材準備內容：

此處以符號ㄅㄆㄉㄊ為例，其他七組符號請參考此例自行安排設計。

(1)ㄅㄆㄉㄊ注音符號木板字形兩組共八個。

(2)神祕袋兩個。

2. 課程活動簡述：

以符號ㄅㄆㄉㄊ為例，其他七組符號請參考此例自行安排運用。

(1)將一組ㄅㄆㄉㄊ注音符號木板字形，全部放入第一個神祕袋中。

(2)在孩子沒有看到的情形下，隨機把另一組中的一個注音符號木板字形
放進第二個神祕袋中。

(3)讓孩子伸手進去第二個神祕袋中觸摸袋中的那個木板字形，再嘗試從

第一個神祕袋的四個木板字形中，摸出與第二個神祕袋中相同的注音符號木板字形；在這過程，孩子可以多次重複觸摸兩袋中的木板字形，或是兩手同時觸摸兩袋中的木板字形，但就是不能有視覺上的接觸。

⑷從第二個神祕袋中，取出該注音符號木板字形，跟孩子從第一個神祕袋中摸出的注音符號木板字形核對，如果錯誤，則將從第二個神祕袋中拿出的木板字形再放回原神祕袋中，正確則將該字形置放一旁，大人繼續選擇下一個字形放入第二個神祕袋中，再度進行觸覺配對；但不論答對或答錯，都要將從第一個神祕袋中找出的木板字形放回原神祕袋中，以免第一個神祕袋中的木板字形數量逐漸減少，造成神祕袋中最後只剩一個木板字形的情形發生。

⑸同上步驟，讓孩子完成其他所有字形觸覺配對的課程。

3. **無法操作處理方式**：減少注音符號木板字形的數量。請參閱「字形觸視覺配對（由觸覺找視覺配對）」課程無法操作處理方式相關說明（見第285頁）。

4. **課程設計、安排、實施等注意考慮或補充事項**：比起先前觸視覺配對的課程，字形觸覺配對課程的困難度又更高，因此如何事先避免可預期的困難，讓孩子持續高度興趣來進行這類課程，更是大人所要面對的重點。同樣地，如果孩子在進行此課程時，因為觸覺的使用而備感壓力，那麼此課程就可以直接省略跳過。

㈡符號觸覺寫認

1. **教材準備內容**：兩組ㄅㄆㄉㄊ注音符號卡，一組黃色，一組藍色，共八張（以符號ㄅㄆㄉㄊ為例，其他七組符號請參考此例自行安排設計）。

2. **課程活動簡述**：

此處以符號ㄅㄆㄉㄊ為例，其他七組符號請參考此例自行安排運用。

⑴將黃色組四張注音符號卡由左至右一字排開，擺放在孩子前面。

⑵大人位於孩子後方，從面前覆蓋的藍色符號卡中抽取出一張符號卡，大人依據該符號卡將該字形在孩子背部多次重複、緩慢地寫劃，孩子則依其觸覺，從面前黃組符號卡中挑選出大人所寫的字形，然後與藍色符號卡核對。

⑶同上步驟，完成其他所有的符號觸覺寫認。

3. 無法操作處理方式：

⑴減慢符號寫劃的速度。

⑵增加重複寫劃符號的次數。

⑶減少符號觸覺寫認的注音符號卡數量為一組兩個字形一共四張。例如先觸覺寫認ㄅㄆ、ㄆㄊ、ㄅㄆ、ㄅㄊ、ㄆㄅ、ㄅㄊ等兩字一組的字形，孩子熟悉之後再增加為一組三個字形共六張符號卡，例如ㄅㄆㄅ、ㄅㄆㄊ、ㄅㄅㄊ及ㄆㄅㄊ字形，最後再一次比劃配對ㄅㄆㄅㄊ四個字形共八張符號卡。

4. 課程設計、安排、實施等注意考慮或補充事項：請參閱「字形觸覺配對」課程設計、安排、實施等注意考慮或補充事項（見第288頁）。

肆、注音符號字形字音熟悉

一、注音符號配對連連看

㈠教材準備內容

紙上有四列注音符號，每列各有十二個隨機排列的ㄅㄆㄅㄊ符號，參考範例請見表5-6（以符號ㄅㄆㄅㄊ為例，其他七組符號請參考此例自行安排設計）。

表 5-6　注音符號配對連連看——ㄅㄆㄉㄊ

ㄅ	ㄆ	ㄉ	ㄅ	ㄆ	ㄊ	ㄅ	ㄊ	ㄅ	ㄆ	ㄊ	ㄅ
ㄉ	ㄅ	ㄊ	ㄆ	ㄉ	ㄆ	ㄅ	ㄅ	ㄊ	ㄅ	ㄆ	ㄊ
ㄊ	ㄅ	ㄅ	ㄉ	ㄊ	ㄅ	ㄆ	ㄅ	ㄆ	ㄊ	ㄉ	ㄆ
ㄆ	ㄊ	ㄆ	ㄊ	ㄅ	ㄅ	ㄉ	ㄊ	ㄅ	ㄅ	ㄅ	ㄅ

(二)課程活動簡述

1. 以手指觸摸比劃第一列最左邊一個符號ㄅ字形，並且口唸ㄅ字音後，以由左至右的順序，手指一個一個比指第二列的符號，如果不是ㄅ，就搖頭說不一樣；如果是ㄅ，就以手指觸摸比劃該ㄅ字形，並且口唸該字音ㄅ後，用筆將兩個符號ㄅ連在一起。如此，完成第一、第二列所有的符號ㄅ字形配對連連看。

2. 同上步驟，大人由左至右完成第一列與第二列所有的符號ㄆ、ㄉ、ㄊ字形配對連連看。

3. 讓孩子接著完成第二列與第三列及第三列與第四列的注音符號配對。

(三)無法操作處理方式

1. 如果孩子無法用筆連線，可以由孩子以手指指點後，再由大人幫忙或甚至代為連線（因為此課程的重點在於字形字音熟悉，而非握筆連線，握筆書寫課程請參閱第九章「注音符號拼寫」相關課程活動敘述）。

2. 把非工作列的注音符號以紙張遮蓋。例如，當孩子在連接第二列及第三

列的注音符號時，大人就可以將第一列及第四列的注音符號以白紙遮蓋住，讓孩子的注意力不會被其他不相干的訊息所分散。

3.大人由左至右一一為孩子指比字形，讓孩子判斷是否相同。

4.加強先前「注音符號字形熟悉」相關課程活動經驗（見第273頁）。

㈣課程設計、安排、實施等注意考慮或補充事項

1.此課程的目的是注音符號字形字音熟悉，所以大人在進行課程時，除了像在字形熟悉的相關課程中，讓孩子以視覺（眼睛看）和觸覺肌肉覺（手指觸摸比劃）熟悉ㄅㄆㄉㄊ的字形之外，應讓孩子的耳朵盡量有更多機會在接觸到ㄅㄆㄉㄊ字形的同時，也可以聽到ㄅㄆㄉㄊ的字音，此方為課程重點。不過，大人只是盡量製造ㄅㄆㄉㄊ這些符號，字形字音同時出現的環境，而不要求孩子可以立刻將該符號的字形字音聯結在一起。換句話說，也就是讓孩子常常在接觸符號字形的同時，例如字形ㄅ，可以同時聽到符號ㄅ的字音，但不會做出要求孩子跟著大人一起指唸符號ㄅ的動作，因為要求孩子跟著大人一起指唸符號ㄅ，是為形音聯結的動作，在此就進行形音聯結，似乎稍嫌快了一點，可能會帶給孩子相當程度的壓力，進而影響學習的情緒及意願。如果大人確定孩子對於ㄅㄆㄉㄊ字形字音熟悉程度，已經足以直接進行ㄅㄆㄉㄊ形音聯結的進度，那麼可以省略ㄅㄆㄉㄊ字形字音熟悉的相關課程，而直接跳至ㄅㄆㄉㄊ形音聯結相關的課程。

2.如果孩子以手指觸摸比劃字形後並無法口唸該字音，大人可以直接告知該字音唸法，但切勿要求孩子立刻記憶該字字音。在孩子接觸字形的同時，大人唸出該字形的字音，但不要求孩子一接觸該字形就會唸出該字音，是為字形字音熟悉的課程範圍；如果直接詢問孩子該字形怎麼唸，就屬於形音聯結的課程範圍了！

二、符號圈圈看

㈠教材準備內容

　　紙上有九列七行的所有聲符注音符號隨機排列，參考範例請見表 5-7（以符號ㄅㄆㄉㄊ為例，其他七組符號請參考此例自行設計安排）。

㈡課程活動簡述

　　此處以符號ㄅㄆㄉㄊ為例，其他七組符號請參考此例自行安排。

1. 大人拿出紅色色鉛筆，手指說明欄的字形ㄅ說：「我們現在要用紅色色鉛筆把所有的ㄅ圈起來。」大人用手指以由左至右，由上而下的順序，手指一個一個比指符號，如果不是ㄅ，就搖頭說不一樣；如果是ㄅ，就以手指觸摸比劃該ㄅ字形並口唸該字音後，再以紅色色鉛筆把該符號ㄅ圈起來。
2. 讓孩子依此要領，將剩下所有的符號ㄅ用紅色色鉛筆圈起來。
3. 同上述步驟，讓孩子依序用黃色、藍色及綠色色鉛筆把所有的符號ㄆ、ㄉ、ㄊ圈起來。

表 5-7　符號圈圈看──ㄅㄆㄉㄊ

ㄅ圈紅色		ㄆ圈黃色		ㄉ圈藍色		ㄊ圈綠色
彳	ㄊ	ㄌ	ㄍ	ㄑ	ㄓ	ㄕ
ㄕ	ㄈ	ㄘ	ㄅ	ㄇ	ㄎ	ㄆ
ㄣ	ㄑ	ㄒ	ㄆ	ㄖ	ㄈ	ㄎ
ㄐ	ㄉ	ㄆ	ㄍ	ㄋ	ㄙ	彳
ㄏ	ㄒ	ㄓ	ㄇ	ㄙ	ㄐ	ㄕ
ㄊ	ㄆ	ㄌ	ㄖ	ㄏ	ㄈ	彳
ㄗ	ㄅ	ㄋ	ㄍ	ㄑ	ㄎ	ㄒ
ㄎ	ㄐ	ㄕ	ㄅ	ㄋ	ㄓ	ㄏ
ㄖ	ㄇ	ㄗ	ㄊ	ㄘ	ㄌ	ㄥ

(三)無法操作處理方式

1. 把非工作列的注音符號以紙張遮蓋住，讓孩子將注意力集中於工作列上的注音符號。

2. 大人由左至右一一為孩子指比字形，讓孩子判斷是否相同。

3. 減少符號數量。

4. 大人適度提醒，例如：「這一列還有一個ㄅ沒圈到。」

5. 加強先前「注音符號配對連連看」相關課程活動經驗（見第 290 頁）。

(四)課程設計、安排、實施等注意考慮或補充事項

1. 此課程除了符號ㄅㄆㄉㄊ之外，也加入其他符號，主要目的是要讓孩子從更多、更複雜的符號背景中找出特定的符號，如此需要更多的專注力，也因此會讓孩子對於ㄅㄆㄉㄊ字形的印象更深刻熟悉；至於讓孩子熟悉其他符號的字形則是這課程附帶衍生的結果。由於這課程的目的是ㄅㄆㄉㄊ字形字音熟悉，所以在找到ㄅㄆㄉㄊ等符號的同時，我們會順便唸出字音來，但無須去唸ㄅㄆㄉㄊ以外符號的字音，如果為了達到孩子熟悉其他符號的字音的目的，而為孩子一一唸ㄅㄆㄉㄊ以外符號的字音，就偏離主題了。如果詢問孩子ㄅㄆㄉㄊ以外的符號唸法，那就更不可行了，原因是，目前孩子的課程進度為ㄅㄆㄉㄊ字形字音熟悉，詢問孩子其他符號的字音，孩子當然是不會的，這個動作是沒有意義的。如果想再次知道孩子已經會了哪些注音符號，可以回到先前「注音符號形音聯結測試」課程，再度直接對孩子做注音符號形音聯結測試。

2. 此課程也可以視孩子的學習狀況調整，可一次只圈兩個注音符號或者一次只圈一個注音符號。

三、符號小偵探

(一)教材準備內容

紙上上有六列九行共五十四個的聲韻符注音聯結符號，參考範例請見表 5-8（以符號ㄅㄆㄉㄊ為例，其他七組符號請參考此例自行安排設計）。

(二)課程活動簡述

此處以符號ㄅㄆㄉㄊ為例，其他七組符號請參考此例自行安排運用。

1. 拿出紅色色鉛筆，手指說明欄的字形ㄅ說：「我們現在要用紅色色鉛筆把所有的ㄅ圈起來。」大人用手指以由左至右，由上而下的順序一一指比每一個個別符號，如果不是ㄅ，就搖頭說不一樣；如果是ㄅ，就以手指觸摸比劃該ㄅ字形並口唸該字音後，再以紅色色鉛筆把該符號ㄅ圈起來。

2. 讓孩子依此要領，將剩下所有的符號ㄅ用紅色色鉛筆圈起來。

3. 同上述步驟，讓孩子依序用黃色、藍色及綠色色鉛筆把所有的符號ㄆ、ㄉ、ㄊ圈起來。

表 5-8　符號小偵探──ㄅㄆㄉㄊ

ㄅ圈紅色		ㄆ圈黃色		ㄉ圈藍色		ㄊ圈綠色	
ㄠˊ	ㄇㄥ	ㄊㄥˊ	ㄩㄢˊ	ㄔㄡ	ㄘㄤ	ㄅㄞˊ	ㄐㄧ
ㄉㄡ	ㄊㄞ	ㄆㄞ	ㄅㄚ	ㄇㄤ	ㄅㄚ	ㄙ	ㄉㄤ
ㄢˊ	ㄨㄤ	ㄅㄣ	ㄨㄞ	ㄑㄥ	ㄗㄢ	ㄌㄨ	ㄌㄞ
ㄒㄧ	ㄏㄨ	ㄊㄤ	ㄨˊ	ㄐㄩ	ㄗˊ	ㄅㄠ	ㄆㄞ
ㄆㄛ	ㄌㄟ	ㄈㄥ	ㄆㄠ	ㄊㄚ	ㄙㄣ	ㄅㄟ	ㄆㄟ
ㄩˇ	ㄅㄛ	ㄆㄛ	ㄊㄥ	ㄙㄥ	ㄆㄢ	ㄊㄠ	ㄧ

(三)無法操作處理方式

1. 請參閱「符號圈圈看」課程無法操作處理方式1.、2.、3.、4.項說明（見第293頁）。

2. 加強先前「符號圈圈看」相關課程活動經驗。

(四)課程設計、安排、實施等注意考慮或補充事項

1. 此課程設計與「符號圈圈看」類似，但不同的是，「符號圈圈看」每次只比對一個符號，此課程則必須從兩三個聯結符號及四輕聲符號中，一一比對圈選出特定的符號，背景符號也顯然是更加複雜了。

2. 此課程也可以視孩子的學習狀況調整，可一次只圈兩個注音符號或一次只圈一個注音符號。

伍、字形記憶

一、視覺管道

(一)視覺字形閃示記憶遊戲

1. **教材準備內容**：兩組ㄅㄆㄇㄈ注音符號卡，一組黃色，一組藍色，共八張（以符號ㄅㄆㄇㄈ為例，其他七組符號請參考此例自行安排設計）。

2. **課程活動簡述**：

    此處以符號ㄅㄆㄇㄈ為例，其他七組符號請參考此例自行安排運用。

    (1)將藍組符號卡覆蓋堆疊在大人面前，黃組符號卡則一字排開，擺放在孩子面前。

    (2)大人隨機拿起一張藍色符號卡，以約三、五秒的時間，由左至右從孩

子眼前閃示後再度覆蓋，孩子則從黃組符號卡中找出相同字形的符號

卡後核對。

⑶重複上步驟，直至孩子答對了所有的符號卡。

⑷步驟⑵也可以改為：拿起覆蓋的藍色符號卡，在孩子的眼前定格或順

逆時鐘方向旋轉閃示三、五秒後再覆蓋回原位，孩子則從黃組符號卡

中找出相同字形的符號卡後核對。

3.**無法操作處理方式：**

⑴放慢符號卡閃示的速度。

⑵減少視覺字形閃示記憶符號卡的數量。例如，先視覺字形閃示記憶ㄅ

ㄆ兩字字形共四張符號卡，再視覺字形閃示記憶ㄆㄊ兩字字形共四張

符號卡，最後再一次視覺字形閃示記憶ㄅㄆㄉㄊ四個字形共八張符號

卡。

⑶加強先前「注音符號字形熟悉」相關課程活動經驗（見第 273 頁）。

4.**課程設計、安排、實施等注意考慮或補充事項：**

⑴之前課程的設計著重在字形熟悉，當字形熟悉到某一程度後，就可以

進行字形記憶的課程了。字形熟悉，常用的方式為對照配對，也就是

在直接同時視覺或觸覺接觸兩字形的情形下進行比較配對。然而，字

形記憶卻是在視覺或觸覺接觸某一字形之後，再靠著對該字形的印象

記憶，與另一個字形比較配對，一次只能接觸一個字形，不能同時接

觸兩字形做比較，所以字形記憶課程的困難度會高於字形熟悉的課程。

⑵閃示符號卡的動作是為了增加孩子參與課程興趣的一個手段，我們的

目的是要讓孩子做出看到藍組符號卡字形後，運用視覺記憶從黃組符

號卡中找出相同字形的動作，以增加孩子對於符號字形的印象。所以

閃示符號卡的速度，必須配合孩子眼球的追蹤能力，以孩子可以清楚

看到符號卡中符號的速度為準，否則連符號卡中的符號字形都看不清

了，該如何來進行視覺記憶，又該如何來加深該符號字形的印象呢？如果覺得孩子眼球追蹤能力太弱，想輔導孩子眼球追蹤相關能力的發展，請參閱第二章「語文學習前準備工作」中「視覺空間發展與分辨記憶」相關課程活動敘述（見第 47 頁）。

(二)視覺字形拿取記憶遊戲

1. **教材準備內容**：兩組ㄅㄆㄉㄊ注音符號卡，一組黃色，一組藍色，共八張（以符號ㄅㄆㄉㄊ為例，其他七組符號請參考此例自行安排設計）。

2. **課程活動簡述**：

此處以符號ㄅㄆㄉㄊ為例，其他七組符號請參考此例自行設計安排運用。

⑴黃組符號卡覆蓋堆疊放置在桌上，藍組符號卡一字排開，擺放在孩子無法從桌面直接看到的一方。

⑵大人從桌上堆疊的黃組符號卡中任意抽取一張，讓孩子仔細記憶該字形之後再度覆蓋，讓孩子到藍組符號卡處從中找回相同字形的符號卡回來核對。

⑶經比對後，如果正確，從桌上抽取出的黃組符號卡則置放一旁；如果錯誤，則將黃組符號卡再度放回桌上覆蓋堆疊的符號卡堆中，但不管正確與否，都必須將找回的藍組符號卡放回原位置，以免藍組符號卡數量逐漸減少，造成最後只剩一張符號卡的情形發生。

⑷重複上述二步驟，答對所有符號卡後結束。

3. **無法操作處理方式**：減少符號卡的視覺拿取記憶數量。例如，先視覺拿取記憶ㄅ、ㄉ字形共四張符號卡，再視覺拿取記憶ㄆ、ㄊ字形共四張符號卡，最後再一次視覺拿取記憶ㄅ、ㄆ、ㄉ、ㄊ四個字形共八張符號卡。

4. **課程設計、安排、實施等注意考慮或補充事項**：孩子在記憶黃組符號卡字形的同時，不能讓他同時看到一字排開的藍組符號卡，否則就失去字形記憶的意義了。

㈢視覺字形翻卡記憶遊戲

1. **教材準備內容**：兩組ㄅㄆㄉㄊ注音符號卡，一組黃色，一組藍色，共八張（以符號ㄅㄆㄉㄊ為例，其他七組符號請參考此例自行安排設計）。

2. **課程活動簡述**：

　　此處以符號ㄅㄆㄉㄊ為例，其他七組符號請參考此例自行安排運用。

⑴將符號卡覆蓋隨機混合後，黃組符號卡一字排開，藍組符號卡則排在黃組符號卡的下方。

⑵讓孩子從黃組符號卡中隨機翻開一張符號卡後，再從藍組符號卡中隨機翻開一張符號卡，如果兩張符號卡字形相同則取出，如果兩張符號卡字形不同，則原位不動重新覆蓋。

⑶重複上步驟至拿走所有卡片結束課程。

3. **無法操作處理方式**：減少符號卡的視覺字形翻卡記憶數量，先視覺字形翻卡記憶兩字組符號卡，例如ㄅㄉ、ㄆㄊ、ㄅㄆ、ㄅㄊ、ㄆㄉ、ㄉㄊ等字形，再來視覺字形翻卡記憶三字組符號卡，例如ㄅㄆㄉ、ㄅㄆㄊ、ㄅㄉㄊ及ㄆㄉㄊ等字形，最後再一次視覺字形翻卡記憶ㄅㄆㄉㄊ四個字形。

4. **課程設計、安排、實施等注意考慮或補充事項**：此課程是藉由孩子不斷地觀察自己以及別人先前翻過的符號卡，來加深對於注音符號的視覺字形記憶。

ㄅㄆㄇ

(四)視覺字形多張拿取記憶遊戲

1.**教材準備內容**：兩組ㄅㄆㄉㄊ注音符號卡，一組黃色，一組藍色，共八張（以符號ㄅㄆㄉㄊ為例，其他七組符號請參考此例自行安排設計）。

2.**課程活動簡述**：

此處以符號ㄅㄆㄉㄊ為例，其他七組符號請參考此例自行安排運用。

(1)黃組符號卡覆蓋堆疊放置在桌上，藍組符號卡一字排開，擺放置在孩子無法從桌面直接看到的一方。

(2)大人從桌上堆疊的黃組符號卡中抽取兩張，孩子仔細記憶該字形之後再度覆蓋，讓孩子到藍組符號卡處，從中找出相同字形的兩張符號卡回來核對。

(3)經比對後，如果完全正確，大人則發出兩聲「叮咚」聲音；如果兩張都錯誤，則發出兩聲「ㄅㄚ－ㄅㄨ」聲音；如果答對一張，則發出一聲「叮咚」聲音，一聲「ㄅㄚ－ㄅㄨ」聲音，但不管正確與否，都必須將藍組符號卡放回原位置。

(4)重複上述二步驟，答對所有符號卡組合後結束。

3.**無法操作處理方式**：

(1)減少符號卡的數量為一組三個字形共六張，最後再增加為四個字形共八張符號卡。

(2)加強先前「字形記憶」相關課程活動經驗（見第296頁）。

(3)如果真的仍無法操作，則跳過此課程。

4.**課程設計、安排、實施等注意考慮或補充事項**：

(1)大人從桌上堆疊的四張符號卡中，抽取兩張符號卡的組合有：ㄅ－ㄆ、ㄅ－ㄉ、ㄅ－ㄊ、ㄆ－ㄉ、ㄆ－ㄊ、ㄉ－ㄊ共六組組合。

(2)大人從桌上堆疊的三張符號卡中，抽取兩張符號卡的組合有：

    a. ㄅㄆㄉ：ㄅ－ㄆ、ㄅ－ㄉ、ㄆ－ㄉ三組組合。

    b. ㄅㄆㄊ：ㄅ－ㄆ、ㄅ－ㄊ、ㄆ－ㄊ三組組合。

    c. ㄅㄉㄊ：ㄅ－ㄉ、ㄅ－ㄊ、ㄉ－ㄊ三組組合。

    d. ㄆㄉㄊ：ㄆ－ㄉ、ㄆ－ㄊ、ㄉ－ㄊ三組組合。

⑶大人發出「ㄅㄚ－ㄅㄨ」及「叮咚」的聲音，只是為了增加課程的趣味性，並不帶有任何褒貶的意味。

⑷如果孩子有興趣，也有能力，可以向視覺字形三張拿取記憶遊戲挑戰，也就是孩子要找出大人出示的三張符號卡，三張符號卡的組合有：ㄅ－ㄆㄉ、ㄅ－ㄆ－ㄊ、ㄅ－ㄉ－ㄊ、ㄆ－ㄉ－ㄊ四種組合。

⑸此課程的設計，是希望藉由拿取符號卡的過程，來增加孩子的學習興趣，以增加對於符號字形的視覺印象，所以如果孩子沒有辦法從四張符號卡中找出兩張相同字形，那麼，讓孩子從三張符號卡中找出兩張相同字形，也同樣可以達到相同的目的。因為只要孩子有興趣多操作此課程一次，就能更加深這些符號字形一次的視覺印象，所以重點是如何讓孩子能夠有興趣多次反覆的進行此課程，來增加對於這些符號字形的印象。讓孩子從四張符號卡中找出兩張，或者是三張相同的字形，只是為了達到加深符號視覺記憶的一個手段，並非目的。因此，孩子對於此課程，如果連從三張符號卡中找出兩張相同字形，都真的是備感壓力的話，那麼也可以直接跳過此課程，因為這代表了孩子在視覺記憶方面的能力較為欠缺。有關視覺記憶能力發展輔導的相關訊息，請參閱第二章「語文學習前準備工作」中「視覺空間發展與分辨記憶」相關課程活動敘述，在此不再贅述（見第 47 頁）。

㈤視覺字形位置記憶遊戲

1.**教材準備內容**：兩組ㄅㄆㄉㄊ注音符號卡，一組黃色，一組藍色，共八

張（以符號ㄅㄆㄉㄊ為例，其他七組符號請參考此例自行安排設計）。

2.**課程活動簡述：**

此處以符號ㄅㄆㄉㄊ為例，其他七組符號請參考此例自行安排運用。

(1)將藍組符號卡覆蓋堆疊放置在桌上。

(2)黃組符號卡由左至右一字排開，給孩子充足（約半分鐘到一分鐘）的時間記住各符號的位置。

(3)將黃組符號卡在原位置上覆蓋。

(4)大人從桌上堆疊的藍組符號卡中任意抽取一張，讓孩子回想指出黃組相同符號的位置，如果答對則將抽取出的藍組符號卡置放一旁，如果答錯則將藍組符號卡放回覆蓋堆疊的符號卡中。

(5)重新隨意調整黃組符號卡位置後，重複上述三步驟。

(6)孩子答對所有藍組覆蓋堆疊的符號卡後結束課程。

3.**無法操作處理方式**：減少符號卡視覺字形位置記憶數量為一組兩個不同字形，孩子熟悉之後，再增加為一組三個字形，最後再一次視覺位置記憶ㄅㄆㄉㄊ四個字形。

4.**課程設計、安排、實施等注意考慮或補充事項**：此課程的設計是希望藉由字形位置的記憶，來增加孩子的學習興趣，以加強對於符號字形的視覺印象，所以如果孩子沒有辦法一次視覺位置記憶ㄅㄆㄉㄊ四個字形，讓孩子多次視覺位置記憶兩個字形，也同樣可以達到相同的目的，因為只要孩子有興趣多操作此課程一次，就能更加深這些符號字形一次的視覺印象。所以重點是，如何讓孩子能夠有興趣多次反覆的進行此課程，來增加對於這些符號字形的印象，至於孩子是不是可以一次視覺位置記憶ㄅㄆㄉㄊ四個字形，是屬於視覺記憶能力的課程範圍，並不是本課程的討論重點！

（六）視覺字形位置記憶排列遊戲

1.教材準備內容：兩組ㄅㄆㄉㄊ注音符號卡，一組黃色，一組藍色，共八張（以符號ㄅㄆㄉㄊ為例，其他七組符號請參考此例自行安排設計）。

2.課程活動簡述：

　　此處以符號ㄅㄆㄉㄊ為例，其他七組符號請參考此例自行安排運用。

⑴將藍組符號卡覆蓋堆疊放置在桌上。

⑵將黃組符號卡由左至右，隨機順序一字排開，給孩子充足（約半分鐘到一分鐘）的時間記住各符號的位置。

⑶將黃組符號卡在原位置上覆蓋。

⑷讓孩子翻開覆蓋的藍組符號卡，根據記憶印象，一一把相同的字形符號卡擺放在黃組符號卡下方，將四張藍組符號卡擺放好後，再一一把黃組符號卡翻開核對。

⑸如果全部答對，就結束課程（如果孩子還想繼續進行，當然求之不得），否則重複上述四步驟。

3.無法操作處理方式：減少符號卡數量。詳情請參閱「視覺字形位置記憶遊戲」課程無法操作處理方式相關說明（見第 301 頁）。

4.課程設計、安排、實施等注意考慮或補充事項：請參閱「視覺字形位置記憶遊戲」課程設計、安排、實施等注意考慮或補充事項相關說明。

二、觸覺、視覺管道

(一)觸視覺字形記憶配對（由觸覺找視覺）

1. **教材準備內容：**

此處以符號ㄅㄆㄇㄈ為例，其他七組符號請參考此例自行安排設計。

(1)ㄅㄆㄇㄈ注音符號木板字形兩組共八個。

(2)神祕袋一個。

2. **課程活動簡述：**

此處以符號ㄅㄆㄇㄈ為例，其他七組符號請參考此例自行安排運用。

(1)將一組注音符號木板字形一字排開擺放在離孩子有一段距離的位置。

(2)在孩子沒有看到的情形下，大人把另一組的注音符號木板中的一個字形放進神祕袋內，請孩子閉上眼睛，把手伸進神祕袋中，仔細觸摸記憶該符號字形之後，再睜開眼睛，走到一字排開的注音符號木板字形中，挑出與放在神祕袋中相同的字形後走回，再從神祕袋中取出該字形核對，不論答錯或答對，孩子都將拿來的木板字形放回，大人也同時替換神祕袋中的字形讓孩子再試。

(3)同上步驟，讓孩子完成其他所有字形觸視覺配對的課程。

3. **無法操作處理方式：**請參閱先前「字形觸視覺配對（由觸覺找視覺配對）」課程無法操作處理方式相關說明（見第285頁）。

4. **課程設計、安排、實施等注意考慮或補充事項：**

(1)不論孩子答錯或答對，都要將從一字排開擺放處拿來的注音符號木板字形放回，也就是一字排開擺放的注音符號木板字形，從頭到尾的數量都不變，才不會一次拿走一個，造成最後只剩一個木板字形的情形發生，如此失去記憶配對的意義。

(2)在孩子把手伸進神祕袋去觸摸字形時，此時是靠觸覺來感受字形的輪

廓變化，並不會運用到視覺感官，所以這個時候請孩子閉上眼睛的目的，在於希望孩子把他所有的注意力全部放在字形的觸摸感受上，而不要被其他不相干的視覺訊息所分心；我們在仔細聽聲音、聞東西或是品嘗味道時，會把眼睛閉起來，也是基於相同的道理。

⑶請參閱先前「字形觸視覺配對（由觸覺找視覺配對）」課程設計、安排、實施等注意考慮或補充事項（見第 285 頁）。

㈡觸視覺字形記憶配對（由視覺找觸覺）

1.教材準備內容：

此處以符號ㄅㄆㄉㄊ為例，其他七組符號請參考此例自行安排設計。

⑴ㄅㄆㄉㄊ注音符號木板字形兩組共八個。

⑵神祕袋一個。

2.課程活動簡述：

此處以符號ㄅㄆㄉㄊ為例，其他七組符號請參考此例自行安排運用。

⑴將一組注音符號木板字形一字排開，擺放在孩子面前，把另一組的注音符號木板字形全部放進神祕袋中，置放在離孩子有一段距離的位置。

⑵孩子自己從一字排開的注音符號木板字形中挑選出一木板字形，詳細注視撫觸其輪廓之後放回原處，再讓孩子走到神祕袋旁，閉上眼睛，伸手進去神祕袋中找出相同的木板字形後，睜開眼睛走回來核對。不論答錯或答對，孩子都將從神祕袋中拿出來的字形放回。在這過程，如果孩子忘記該符號字形，可以回來重新再度注視撫觸該符號輪廓，但不可以一邊看字形，一邊伸手到神祕袋中去尋找字形，否則就變成字形觸視覺配對，而不是字形觸視覺記憶配對的課程了。

⑶同上步驟讓孩子完成其他所有字形觸視覺記憶配對的課程。

3.無法操作處理方式：請參閱「字形觸視覺配對（由觸覺找視覺）」

課程無法操作處理方式相關說明（見第285頁）。

4.**課程設計、安排、實施等注意考慮或補充事項：**

⑴不論孩子答錯或答對，都要將從神祕袋中摸出來的注音符號木板字形放回，以維持神祕袋中的注音符號木板字形，從頭到尾的數量都不變，如此才不會一次拿走一個，造成最後只剩一個木板字形的情形發生。

⑵請參閱「字形觸視覺配對（由觸覺找視覺配對）」課程設計、安排、實施等注意考慮或補充事項。

三、*觸覺管道*

㈠觸覺字形記憶配對

1.**教材準備內容：**

此處以符號ㄅㄆㄉㄊ為例，其他七組符號請參考此例自行安排設計。

⑴ㄅㄆㄉㄊ注音符號木板字形兩組共八個。

⑵神祕袋二個。

2.**課程活動簡述：**

此處以符號ㄅㄆㄉㄊ為例，其他七組符號請參考此例自行安排運用。

⑴將一組注音符號木板字形全部放入第一個神祕袋中，置放在離孩子有一段距離的位置。

⑵在孩子沒有看到的情形下，把另一組中的一個注音符號木板字形放進第二個神祕袋中，讓孩子閉上眼睛，伸手進去觸摸後，再睜開眼睛，走到第一個神祕袋的位置，嘗試從袋中摸出與第二個神祕袋中相同的注音符號木板字形，然後再走回第二個神祕袋處，取出袋中注音符號木板字形核對。不論答錯或答對，孩子將第一個神祕袋取出的符號放回，大人也同時替換第二個神秘袋中的符號字形讓孩子再試。在這過

程，孩子如果忘記符號輪廓，可以多次來回重複觸摸兩袋中的木板字形，但是不可兩手同時觸摸兩袋中的木板字形，否則就失去字形記憶的意義，而變成字形觸覺配對了！

⑶同上步驟，讓孩子完成其他所有字形觸覺配對的課程。

3.**無法操作處理方式**：請參閱「字形觸視覺配對（由觸覺找視覺配對）」課程無法操作處理方式相關說明（見第285頁）。

4.**課程設計、安排、實施等注意考慮或補充事項**：

⑴請參閱「字形觸視覺配對（由觸覺找視覺配對）」課程設計、安排、實施等注意考慮或補充事項。

⑵孩子每次從神祕袋中找出木板字形核對後，就應放回神祕袋中，以免神祕袋中的木板字形數量逐漸減少，造成神祕袋中最後只剩一個木板字形的情形發生。

㈡觸覺字形寫認記憶遊戲

1.**教材準備內容**：兩組ㄅㄆㄉㄊ注音符號卡，一組黃色，一組藍色，共八張（以符號ㄅㄆㄉㄊ為例，其他七組符號請參考此例自行安排設計）。

2.**課程活動簡述**：

　　在此以符號ㄅㄆㄉㄊ為例，其他七組符號請參考此例自行安排運用。

⑴在離孩子有一段距離的位置，將黃色組四張注音符號卡由左至右一字排開。

⑵請孩子閉上眼睛，大人位於孩子後方，從藍色符號卡中抽取出一張符號卡，大人依據該符號卡，將該字形在孩子背部多次重複、緩慢地寫劃。孩子睜開眼睛，依其觸覺記憶，走到黃組符號卡處，挑選出大人所寫的字形，然後走回來跟藍色符號卡核對。不論孩子答錯或答對，都要再將黃組符號卡放回。

⑶在這過程中，如果孩子表示忘記大人所寫符號字形，大人可以重複上述步驟，但大人在孩子背部多次重複、緩慢地寫劃字形時，不可以讓孩子以眼神去尋找注音符號卡。

⑷依上述步驟，完成其他所有的符號觸覺寫認。

3.**無法操作處理方式**：減少注音符號卡字形的數量，請參閱「視覺字形翻卡記憶遊戲」課程無法操作處理方式（見第 299 頁）。

4.**課程設計、安排、實施等注意考慮或補充事項**：請參閱「字形觸覺配對」課程設計、安排、實施等注意考慮或補充事項說明（見第288頁）。

陸、注音符號個別形音聯結學習與累加複習

一、注音符號個別形音聯結

㈠符號形音聯結三階段教學

1.**教材準備內容**：注音符號卡ㄅ（以符號ㄅ為例，其他三十六個符號請參考此例自行安排設計）。

2.**課程活動簡述**：

此處以符號ㄅ為例，其他三十六個符號請參考此例自行安排運用。

⑴第一階段教學：大人拿出注音符號卡ㄅ，以手指慢慢觸摸比劃注音符號卡ㄅ的字形輪廓，嘴唸ㄅ的字音，然後讓孩子仿做一遍；如果孩子觸摸比劃的筆順錯誤，大人再觸摸比劃示範後，可要求孩子遵照正確筆順。

⑵第二階段教學：大人說：「請指ㄅ給我看。」孩子則應該會用手指符號ㄅ，否則重回第一階段教學步驟。

⑶第三階段教學：大人手指符號卡ㄅ，問孩子：「這個符號怎麼唸？」

孩子應該能正確唸出符號ㄅ字音，否則重回第二階段教學步驟。

3. **無法操作處理方式**：加強先前「注音符號字形字音熟悉」（見第 290 頁）及「字形記憶」（見第 296 頁）等相關課程活動經驗。

4. **課程設計、安排、實施等注意考慮或補充事項**：

　　在之前一些讓孩子比劃字形的課程中，我們沒有特別要求孩子的筆順，因為在此之前，我們認為還不是帶入筆順的適當時機，而在形音聯結的三階段教學的第一階段教學課程中，我們認為帶入筆順的適當時機已經到來，所以在此課程就會要求孩子的筆順了！

　　至於之前沒有糾正孩子比劃字形的筆順，會不會造成孩子日後學習正確筆順的困擾？在回答這問題之前，我們必須指出：所謂的「正確筆順」，只不過是最符合人們書寫習慣、可以讓人以最快、最順手省力書寫字形筆劃的先後排列順序，真正嚴格說來，不應該稱之為「正確筆順」，而應該叫作「順手筆順」。因為對於右手拿筆寫字者來說，由左至右、由上而下的書寫筆順是最順手的，但對於左手拿筆寫字者來說，由右至左的筆順反是較順手的，由此來看，筆劃順序哪有絕對的「正確」可言？以不同筆順寫出來的字形看起來還不是一樣嗎？還不是一樣可以達到傳遞訊息的功能嗎？所以正確筆順的優點在於，書寫時可以更順手、更省時省力，如此而已！如果說不按照正確筆順所寫出來的字形就比較醜，那可能是以不符合人們書寫習慣的筆順，不順手所寫出來的結果，所以重點還是在於「順手」，而絕對不在於「正確」。

　　在此之前，一些有機會讓孩子比劃字形的課程中，由於孩子還沒有多少比劃字形的經驗，所以對於字形筆順，還在摸索階段，也還沒定型，所以那些筆順都是孩子臨時創造出來的，下一次可能又換另一種筆順了。對於孩子當時而言，如何把字形更完整的比劃出來才是重點，至於筆順呢？只要能把字形比劃出來，先比劃哪一劃，並不是孩子當時會去特別

考慮的，甚至根本想都沒想到筆順的問題，如此又怎會造成孩子日後學習筆順的困擾呢？所以當我們帶入孩子的筆順時，只要這個筆順真的是順手筆順，孩子寫起來會更順手、更省時省力，孩子很自然的就會樂意採用了。

　　我們常常發現大班的孩子，以自創筆順來臨摹自己的名字，只要這個筆順還沒有成為習慣，經大人稍加提醒，很輕易就可以建立正確的筆順了，更何況孩子只是以手指比劃字形而已，並不是真正握筆寫字，手指比劃字形筆順並不能跟握筆寫字筆順相提並論的。也就是說，我們可以教導孩子以一個筆順來比劃某字形，另一方面教導該孩子在握筆寫前一個相同字形的時候，用不同的筆順來寫，對於孩子來說，一個握筆，一個沒有握筆，是不同的情境，並不互相衝突，就像有些人用右手寫字，但卻用左手拿筷子吃飯的情形是一樣的。所以如果對於先前孩子幾次的錯誤筆順比劃就大驚小怪，那麼，我們不禁要質疑：「真的有那麼嚴重嗎？」再說，經過孩子多次的揣摩之後，這特定的筆劃順序，對孩子來說，說不定還比大人口中的正確筆劃還要順手，如果以順手的觀點來看，到底什麼才是正確的筆劃呢？該是孩子自創的筆順吧！如果您知道一些字形的所謂正確筆順也是變來變去，那麼就不會那麼在意這些正確筆順了！以「我」字為例，以往最後兩筆的順序是先寫右下部分的一撇之後，再點上右上部分的一點；而現在國小課本所用的筆順，最後兩筆卻是先寫右上部分的一點，再寫右下部分的一撇，如下所示：

一 二 手 手 我 我 我 （註9）

　　從小到大，筆者英文字母「M」的筆順是先寫左右兩豎，再補左上連到右下以及右上到左下的兩劃，而英文字母 N 的筆順也是先寫左右兩

豎，再補左上連到右下的這一劃，這兩個字的筆順都不是所謂的「正確筆順」，但卻都是符合由左至右、由上而下的順手原則，一路寫來，也不覺得這樣寫有比較醜，或是被誤認為別的字母，更沒有因此而被扣分。所以我們是否也該想想以往認為理所當然正確筆順的觀念：一個字真的只能有一個筆順而已嗎？只要符合左至右、由上而下的順手原則，不是離譜到由下往上寫，或是隨意地東跳西跳，先寫哪一劃又有什麼關係呢？

那麼，我們又為何要在此要求孩子遵照大人的筆順呢？其實我們並不是要求孩子遵照大人的正確筆順，而是要建立孩子順手筆順的習慣，我們認為孩子每個字都要自行去摸索最順手的筆順，未免太曠日費時，所以我們介紹以左至右、由上而下的順手原則讓孩子去運用，這原則雖然只有一個，但運用在字形的書寫上，卻可能有不同的筆順，也就是說，雖然沒有標準的筆順，但卻有字形書寫的筆順原則，只要孩子抓住這個原則，日後就算遇見沒學過的字形，依然可以很自然地依照字形書寫的筆順原則將該字形寫出來。

試想，我們是否有辦法把所有中國字的正確筆順，全部教導給孩子？否則日後孩子遇見沒學過的字，是否就沒辦法以正確的筆順寫出了？所以，孩子寫字形的筆順只要不要太離譜，先寫哪一劃，並不是那麼重要，我們大人自己在書寫字形時，是否百分之百都遵照所謂正確的筆順書寫呢？你我恐怕都沒有把握吧！所以，大人若是在此鑽牛角尖，過度在意孩子的筆順，似乎有點矯枉過正之嫌了！

最後，還要強調一點的是：雖然同一個字形可能有不同的筆順，孩子使用哪一種筆順，只要符合字形書寫的筆順原則，其實都沒有什麼關係，但孩子必須決定使用某一固定筆順，我們並不鼓勵孩子在寫同一字形時，筆順隨時更換不定。總之，大人該做的是先建立孩子順手筆順習慣，讓孩子在書寫字形時都能以符合字形書寫的筆順原則，建立自己書

寫字形的固定筆順，至於孩子書寫字形的固定筆順是否百分之百符合大人硬性規定的標準筆順，其實並沒有那麼重要了！就如吳敏而博士在〈什麼樣的筆順最順？〉一文中所提：

> 「老師在教小朋友遵循重要的順序時，不必強制每個小朋友寫一模一樣的筆順，或花費許多精力在做不斷地糾正。但是為了要讓學生有良好、規律的做事方法，大原則要強調，如「口」字的筆順不能從下而上，從右而左（註10）。」

(二)符號迷宮

1. **教材準備內容**：紙上教材，上面有方格，方格內有ㄅㄆㄉㄊ等符號字形，兩個星點為出入口，參考範例如表5-9（以符號ㄅ為例，其他三十六個符號請參考此例自行安排設計）。

表 5-9　符號迷宮——ㄅ

2. 課程活動簡述：

此處以符號ㄅ為例，其他三十六個符號請參考此例自行設計安排。

讓孩子拿筆從星點入口一路遵循符號ㄅ的路徑到達星點出口（孩子可以任選一個星點進入），孩子每走到一個符號ㄅ，就口唸一次符號ㄅ的字音。

3. 無法操作處理方式：

(1)加強先前「符號形音聯結三階段教學」相關課程活動經驗（見第 308

頁）。

(2)如果孩子握筆仍然不是很穩，可讓孩子先用手指指唸所有的符號ㄅ後，大人再幫助孩子完成握筆走符號迷宮的動作。

4.課程設計、安排、實施等注意考慮或補充事項：因為此課程的重點在於符號ㄅ形音聯結複習，而非握筆連線，所以只要孩子能指唸所有的符號ㄅ，如果握筆仍然不是很穩，大人可以幫助孩子完成握筆走符號迷宮的動作，因為走迷宮只是提供趣味性，是為了達到讓孩子複習符號ㄅ形音聯結的一個手段，根本不是目的。至於孩子握筆書寫課程輔導，請參閱第九章「注音符號拼寫」中「握筆寫字基本條件及準備工作」相關課程活動敘述（見第 532 頁）。

(三)小珠子托盤符號書寫

1.教材準備內容：

此處以符號ㄅ為例，其他三十六個符號請參考此例自行安排設計。

(1)注音符號卡ㄅ。

(2)鋪滿一層小珠子的托盤。

2.課程活動簡述：

此處以符號ㄅ為例，其他三十六個符號請參考此例自行安排運用。

(1)將注音符號卡ㄅ拿出，放置在鋪滿一層小珠子托盤的一旁。

(2)大人拿出注音符號卡ㄅ，以手指慢慢觸摸比劃注音符號卡ㄅ的字形輪廓，嘴唸ㄅ的字音，然後讓孩子仿做一遍。

(3)大人說：「現在我們要把ㄅ寫在盤子上。」然後大人以手指慢慢在托盤上觸摸比劃符號ㄅ的字形，讓符號ㄅ的字形輪廓顯現在托盤上。

(4)將托盤上符號ㄅ的字形抹去，讓孩子仿做一遍。

3.無法操作處理方式：加強先前「符號形音聯結三階段教學」相關課程

活動經驗（見第 308 頁）。

4. 課程設計、安排、實施等注意考慮或補充事項：在孩子學會了符號
　　ㄅ的形音聯結之後，已可以帶入符號ㄅ的筆順書寫課程了。一提到書寫，
　　我們很直覺地就想到握筆寫字，如果孩子小肌肉的發展已經可以握筆寫
　　字的話，這課程就可以直接用筆紙來進行符號ㄅ的書寫；但如果孩子的
　　小肌肉發展還不到可以握筆寫字的時候，小珠子托盤是讓孩子不用握筆，
　　就可以進行筆順書寫的一個課程安排。除了小珠子之外，托盤中的內容
　　物也可以用綠豆、紅豆、白米、太白粉、沙子、鹽巴等物替代，然而環
　　境清潔及蛀蟲問題是選擇托盤中內容物時，所必須考量的因素。

二、符號形音聯結累加複習

(一)分組符號形音聯結累加複習

1. 先音後形由字音聯結字形：

　　(1)小珠子托盤符號聽寫：

　　　　a. 教材準備內容（以符號ㄅㄆㄇㄈ為例，其他七組符號請參考此例自
　　　　　行安排設計）：

　　　　(a)注音符號卡ㄅㄆㄇㄈ。

　　　　(b)鋪滿一層小珠子的托盤。

　　　　b. 課程活動簡述（以符號ㄅㄆㄇㄈ為例，其他七組符號請參考此例自
　　　　　行安排運用）：

　　　　(a)將四張注音符號卡覆蓋堆疊。

　　　　(b)大人隨機抽取一張注音符號卡，在不讓孩子看見該字形狀況下，
　　　　　大人唸出該符號字音，讓孩子把該字形寫在小珠子托盤上。

　　　　(c)顯示符號卡上的字形跟孩子所書寫的字形比對，相同則將符號卡

置放一旁，寫錯則將符號卡隨機放入堆疊的符號卡中。

(d)重複上述二步驟，完成其他所有的符號聽寫課程。

c. 無法操作處理方式：加強先前「小珠子托盤符號書寫」相關課程活動經驗（見第314頁）。

d. 課程設計、安排、實施等注意考慮或補充事項：請參閱「小珠子托盤符號書寫」課程活動相關敘述。

(2)符號形音聯結比劃遊戲：

a. 教材準備內容：一組ㄅㄆㄉㄊ注音符號卡共四張（以符號ㄅㄆㄉㄊ為例，其他七組符號請參考此例自行安排設計）。

b. 課程活動簡述（以符號ㄅㄆㄉㄊ為例，其他七組符號請參考此例自行安排運用）：

(a)孩子抽取一張符號卡後，背向大人，以手指在白板或桌上比劃符號卡上的字形，大人依據孩子比劃的符號字形唸出該字形的字音，由孩子判斷對錯，如果答錯了，大人繼續回答；如果答對了，則請孩子出示符號卡核對。

(b)重複上述步驟，讓孩子完成其他所有符號字形的比劃課程。

c. 無法操作處理方式：加強「小珠子托盤符號聽寫」相關課程活動經驗。

d. 課程設計、安排、實施等注意考慮或補充事項：在實施的過程中，大人可以故意說錯為其他字音，孩子說「不對」後，大人要求孩子再度比劃字形，然後再度故意說錯，再重複上述步驟至第四次才說出正確的答案。例如，孩子比劃的是符號ㄆ，大人就先故意說ㄅ、ㄊ、ㄅ，最後才說是ㄆ，此動作的目的除了可以增加趣味性（原來大人也會答錯）之外，也可以檢視孩子是否把該符號的形音做了錯誤的聯結，再者也可以增加該符號的印象。

⑶符號聽音辨形寫認遊戲：

　a. 教材準備內容：一組ㄅㄆㄉㄊ注音符號卡共四張（以符號ㄅㄆㄉㄊ
　　為例，其他七組符號請參考此例自行安排設計）。

　b. 課程活動簡述（以符號ㄅㄆㄉㄊ為例，其他七組符號請參考此例自
　　行安排運用）：

　　⑴孩子位於大人後方，抽取出一張符號卡，孩子依據該符號卡將該
　　　字形在大人背部緩慢地寫劃，大人則依其觸覺，說出該符號字
　　　音，如果答錯，則孩子再次重複在大人背部寫劃相同字形；如果
　　　答對，則出示符號卡核對。

　　⑵同上步驟，完成其他所有的符號觸覺寫認。

　c. 無法操作處理方式：加強先前「小珠子托盤符號聽寫」相關課程活
　　動經驗（見第315頁）。

　d. 課程設計、安排、實施等注意考慮或補充事項：請參閱先前「符號
　　形音聯結比劃遊戲」課程活動相關敘述（見第316頁）。

⑷符號聽字音找字形遊戲：

　a. 教材準備內容：兩組ㄅㄆㄉㄊ注音符號卡，一組黃色，一組藍色，
　　共八張（以符號ㄅㄆㄉㄊ為例，其他七組符號請參考此例自行安排
　　設計）。

　b. 課程活動簡述（以符號ㄅㄆㄉㄊ為例，其他七組符號請參考此例自
　　行安排運用）：

　　⑴一組符號卡覆蓋堆疊放置在桌上，另一組符號卡一字排開，放置
　　　在另一方。

　　⑵大人從桌上堆疊的符號卡中任意抽取一張，在孩子沒有看到該字
　　　形的情形下唸出該字字音，孩子則根據大人所唸的字音，到另一
　　　組符號卡處找回相對應的字形符號卡，與大人手中的符號卡核

對。

(c)經比對後，如果正確，從桌上抽取出的符號卡則置放一旁；如果錯誤，則將從桌上抽取出的符號卡再度放回桌上堆疊覆蓋的符號卡堆中。但不管正確與否，都必須將找回的符號卡放回原位置。

(d)重複步驟(b)、(c)，答對所有符號卡後結束課程活動。

c. 無法操作處理方式：加強先前「先音後形由字音聯結字形」相關課程活動經驗（見第 315 頁）。

d. 課程設計、安排、實施等注意考慮或補充事項：孩子必須每次將找回的符號卡放回原位置，以免另一組的符號卡數量逐漸減少，造成最後只剩一張的情形發生，那就失去課程活動原先設計的目的了。

(5)符號觸聽覺聽音找形遊戲：

a. 教材準備內容（以符號ㄅㄆㄉㄊ為例，其他七組符號請參考此例自行安排設計）：

(a)一組ㄅㄆㄉㄊ注音符號木板字形共四個。

(b)神祕袋一個。

(c)一組ㄅㄆㄉㄊ注音符號卡共四張。

b. 課程活動簡述（以符號ㄅㄆㄉㄊ為例，其他七組符號請參考此例自行安排運用）：

(a)將注音符號木板字形全部放入神祕袋中。

(b)將ㄅㄆㄉㄊ四張注音符號覆蓋堆疊在桌上。

(c)大人從桌上堆疊的符號卡中任意抽取一張，在孩子沒有看到該字形的情形下唸出該字字音，孩子則根據大人所唸的字音，伸手到神祕袋中觸摸出與大人口唸字音相對應的符號木板字形後，再與大人抽取出的符號卡核對，如果錯誤，則將從桌上抽取出的符號卡再度放回桌上堆疊覆蓋的符號卡堆中，如果正確，則將從桌上

抽取出的符號卡放置一邊，但不管正確與否，都要將孩子觸摸出的木板字形放回神祕袋中。

(d)同上步驟，讓孩子完成其他所有符號觸聽覺聽音找形配對的課程。

c. 無法操作處理方式：

(a)減少注音符號卡及木板字形的數量為一組兩個不同字形，孩子熟悉之後再增加為一組三個不同字形，最後再增加為ㄅㄆㄉㄊ四個符號字形。

(b)如果孩子在使用觸覺感受字形變化有所困難，則可以直接跳過此課程，而加強輔導孩子發展觸覺感受相關能力。

d. 課程設計、安排、實施等注意考慮或補充事項：請參閱「字形觸視覺配對（由觸覺找視覺配對）」課程活動相關敘述（見第285頁）。

2. **先形後音由字形聯結字音：**

(1)符號形音聯結翻卡記憶遊戲：

a. 教材準備內容：兩組ㄅㄆㄉㄊ注音符號卡，一組黃色，一組藍色，共八張（以符號ㄅㄆㄉㄊ為例，其他七組符號請參考此例自行安排設計）。

b. 課程活動簡述（以符號ㄅㄆㄉㄊ為例，其他七組符號請參考此例自行安排運用）：

(a)將符號卡覆蓋隨機混合後，黃組符號卡一字排開，藍組符號卡則對應排在黃組符號卡的下方。

(b)讓孩子從黃組符號卡中隨機翻開一張符號卡，並唸出該符號字音後，再從藍組符號卡中隨機翻開一張符號卡並同樣唸出該符號字音，如果兩張符號卡相同則取出，不同則原位不動重新覆蓋。

(c)重複上步驟，直到拿走所有卡片結束課程活動。

c. 無法操作處理方式：

(a)無法正確做出符號ㄅㄆㄉㄊ正確的形音聯結，則加強先前「先音後形由字音聯結字形」相關課程活動經驗（見第315頁）。

(b)如果是因為符號卡數量太多，孩子因為無法記憶配對到相同的符號卡而不耐煩，則可以減少覆蓋記憶符號卡的數量為一組兩個不同字形共四張符號卡，待孩子熟悉之後再增加為一組三個不同的符號，最後再一次記憶配對ㄅㄆㄉㄊ四字一組共八張的符號卡。

d. 課程設計、安排、實施等注意考慮或補充事項：與先前「視覺字形翻卡記憶遊戲」課程不同處在於，在「視覺字形翻卡記憶遊戲」課程中，孩子翻開符號卡後不用唸該字音，在此課程中則要求孩子唸出符號卡的字音。

⑵符號閃示形音聯結遊戲：

a. 教材準備內容：一組ㄅㄆㄉㄊ注音符號卡共四張（以符號ㄅㄆㄉㄊ為例，其他七組符號請參考此例自行安排設計）。

b. 課程活動簡述（以符號ㄅㄆㄉㄊ為例，其他七組符號請參考此例自行安排運用）：

(a)大人隨機拿起一張符號卡，以約三、五秒的時間，由左至右從孩子眼前閃示後再度覆蓋，孩子則說出該符號卡的字音，然後大人翻開符號卡後核對。

(b)重複上述步驟，直到孩子答對了所有的符號卡。

c. 無法操作處理方式：

(a)無法正確做出符號ㄅㄆㄉㄊ正確的形音聯結，則加強先前「先音後形由字音聯結字形」相關課程活動經驗。

(b)如果是孩子眼球追蹤跟不上符號卡閃示的速度，則放慢符號卡閃示的速度。

d. 課程設計、安排、實施等注意考慮或補充事項：請參閱「視覺字形
閃示記憶遊戲」課程設計、安排、實施等注意考慮或補充事項之(2)
項相關說明（見第 297 頁）。

⑶以管窺天形音聯結遊戲：

a. 教材準備內容（以符號ㄅㄆㄉㄊ為例，其他七組符號請參考此例自
行安排設計）：

(a)一組ㄅㄆㄉㄊ注音符號卡共四張。

(b)一個與注音符號卡大小相符的盒子。

(c)三張與注音符號卡大小相同的卡片，中間分別有 1.5 公分×2 公
分、2 公分×3 公分及 5 公分×7 公分小中大的中空框窗。

b. 課程活動簡述（以符號ㄅㄆㄉㄊ為例，其他七組符號請參考此例自
行安排運用）：

(a)大人隨機拿起一張符號卡，在孩子沒有看見該符號卡字形的情形
下，面朝上放置於盒中，上面並依序疊放大中小的中空框窗。

(b)讓孩子透過小中空框窗，依看到的部分說出該符號的字音。

(c)拿走小中空框窗，讓孩子透過中型中空框窗，依看到的部分再次
確定剛才所說出該符號的字音是否正確？孩子可以決定是否更換
答案。

(d)拿走中型中空框窗，讓孩子透過大型中空框窗，依看到的部分再
次確定剛才所說出該符號的字音是否正確？孩子仍然可以決定是
否更換答案。

(e)拿走大型中空框窗，核對是否正確。

(f)重複上述步驟，完成其他所有字形以管窺天的課程。

c. 無法操作處理方式：加強「先音後形由字音聯結字形」相關課程活
動經驗（見第 315 頁）。

d. 課程設計、安排、實施等注意考慮或補充事項：

(a)在這個課程中，中空框窗的使用，仍然是為了增加孩子參與課程興趣的一個手段，目的是ㄅㄆㄉㄊ符號看字形唸字音形音聯結複習。所以，如果孩子一開始透過小中空框窗，就可以說出中空框窗後的符號，那當然最好，否則，只要在拿走所有的中空框窗之後，能夠正確說出符號卡上的符號，就算達到此課程原先設計的目的了。

(b)小、中、大的中空框窗規格，可依注音符號卡的大小而做調整。

(4)字形比劃形音聯結遊戲：

a. 教材準備內容：一組ㄅㄆㄉㄊ注音符號卡共四張（以符號ㄅㄆㄉㄊ為例，其他七組符號請參考此例自行安排設計）。

b. 課程活動簡述（以符號ㄅㄆㄉㄊ為例，其他七組符號請參考此例自行安排運用）：

(a)大人抽取一張符號卡後，以手指在白板或桌上比劃該符號卡上的字形，孩子依據大人比劃的字形唸出該字形的字音，然後與符號卡核對。

(b)重複上述步驟，完成其他所有字形比劃形音聯結的課程。

c. 無法操作處理方式：

(a)減慢符號比劃的速度。

(b)增加重複比劃符號的次數。

(c)如果經上述步驟處理之後，孩子在配對上仍有困難而備感壓力時，則可以直接跳過此課程。

d. 課程設計、安排、實施等注意考慮或補充事項：請參閱「字形比劃配對」課程設計、安排、實施等注意考慮或補充事項相關說明（見第282頁）。

⑸符號觸覺觸形唸音遊戲：

　a. 教材準備內容：

　　(a)一組ㄅㄆㄉㄊ注音符號木板字形共四個（以符號ㄅㄆㄉㄊ為例，其他七組符號請參考此例自行安排設計）。

　　(b)神祕袋一個。

　b. 課程活動簡述（以符號ㄅㄆㄉㄊ為例，其他七組符號請參考此例自行安排運用）：

　　(a)在孩子沒有看到的情形下，把一個注音符號木板字形放進神祕袋內，讓孩子伸手進去觸摸後，說出該符號的字音，然後再從神祕袋中取出該字形核對。

　　(b)同上步驟，讓孩子完成其他所有符號觸形唸音形音聯結的課程。

　c. 無法操作處理方式：如果孩子在使用觸覺感受字形變化有所困難，只要孩子從神祕袋中取出該木板字形，以視覺接觸後，可以正確唸出該符號的字音也就可以了，並不一定要求孩子非得靠觸覺的觸摸就能唸出該符號的字音。

　d. 課程設計、安排、實施等注意考慮或補充事項：請參閱「字形觸視覺配對（由觸覺找視覺配對）」課程設計、安排、實施等注意考慮或補充事項相關說明（見第285頁）。

⑹符號觸形唸音觸覺寫認遊戲：

　a. 教材準備內容：一組ㄅㄆㄉㄊ注音符號卡共四張（以符號ㄅㄆㄉㄊ為例，其他七組符號請參考此例自行安排設計）。

　b. 課程活動簡述（以符號ㄅㄆㄉㄊ為例，其他七組符號請參考此例自行安排運用）：

　　(a)大人位於孩子後方，抽取出一張符號卡，大人依據該符號卡將該字形在孩子背部緩慢地寫劃，孩子則依其觸覺，說出該符號字

音，如果答錯，則大人再次重複在孩子背部寫劃相同字形，如果答對則出示符號卡核對。

(b)同上步驟完成其他所有的符號觸覺寫認。

c. 無法操作處理方式：如果孩子在使用觸覺感受字形變化有所困難，大人則可以直接出示符號卡核對，不必執著於孩子背部的寫劃。

d. 課程設計、安排、實施等注意考慮或補充事項：請參閱「字形觸視覺配對（由觸覺找視覺配對）」課程設計、安排、實施等注意考慮或補充事項相關說明（見第285頁）。

(二)跨組符號形音聯結累加複習

1. 翻牌配對遊戲：

(1)教材準備內容：二組ㄅ到ㄌ注音符號卡，一組黃色，一組藍色，共十六張（以符號ㄅ到ㄌ為例，其他符號ㄅ到ㄒ、ㄅ到ㄙ、ㄅ到ㄚ、ㄅ到ㄟ、ㄅ到ㄤ、ㄅ到ㄦ等跨組的形音聯結累加複習課程，請參考此例自行安排設計）。

(2)課程活動簡述（以符號ㄅ到ㄌ為例，其他各跨組課程，請參考此例自行安排運用）：

a. 將黃色及藍色注音符號卡任意穿插混雜後，覆蓋堆疊於桌上。

b. 大人翻出一張符號卡，讓孩子唸出該符號字音後，將該符號卡放置桌上。

c. 換孩子翻一張符號卡，讓孩子唸出該符號字音，並且核對是否與桌上的符號卡一樣，如果相同，孩子則將兩張配對的符號卡拿走，否則依顏色分類置放於桌上。

d. 大人再翻出一張符號卡，讓孩子唸出該符號字音，並核對是否與桌上的符號卡一樣，如果相同，大人則將兩張配對的符號卡拿走，否

則仍依顏色分類置放於桌上。

e. 重複上述孩子及大人輪流翻符號卡配對步驟，直到完成所有符號卡的配對。

f. 結算符號卡，讓孩子說出自己及大人各有哪些符號卡。

(3)無法操作處理方式：加強先前「分組符號形音聯結累加複習」相關課程活動經驗（見第 315 頁）。

(4)課程設計、安排、實施等注意考慮或補充事項：此課程目的為符號ㄅ到ㄉ形音聯結複習，所以才會安排不論是大人或孩子翻出符號卡時，以及結算大人或孩子的符號卡時，都是讓孩子看過符號卡的字形之後唸出該符號的字音，如此孩子操作一次課程，就可以達到複習符號ㄅ到ㄉ形音聯結四次的效果。

2. **抓鬼牌遊戲：**

(1)教材準備內容：二組ㄅ到ㄉ注音符號卡，一組黃色，一組藍色，共十六張（以符號ㄅ到ㄉ為例，其他各跨組課程，請參考此例自行安排設計）。

(2)課程活動簡述（以符號ㄅ到ㄉ為例，其他各跨組課程，請參考此例自行安排運用）：

a. 從符號卡中任意抽出一張當鬼牌，反蓋置放一旁後，大人跟小孩拿走剩下所有的符號卡（有一人會多一張符號卡）。

b. 大人與孩子首先檢視手中的符號卡，只要有兩張相同者，就配對置放一旁，然後讓孩子唸這些符號的字音。

c. 兩人手持剩餘無法配對的符號卡，大人向孩子索取符號卡來與手中的符號卡配對，例如大人說：「請給我『ㄅ』。」孩子如果有符號「ㄅ」，則一定要拿出來給大人，大人就可以拿出手中的符號「ㄅ」與孩子拿出的符號「ㄅ」配對置放在一旁。但如果要的那張

符號卡剛好是鬼牌,當然就要不到,孩子可以表示手中沒有該牌,那也就無法配對了。然後,依此要領換成孩子向大人要牌,一直到剩下的一張符號卡再與鬼牌配對。

(3)無法操作處理方式:加強先前「分組符號形音聯結累加複習」相關課程活動經驗(見第315頁)。

(4)進行此課程的人數也可以兩人以上,索取符號卡的方式可以分為以下兩種:

a. 向特定人索取特定符號卡。例如,向小明索取符號卡「ㄅ」,小明如果有符號卡則拿出,否則就表示沒有。

b. 向所有的人索取特定符號卡。例如,表明索取符號卡「ㄅ」,擁有符號卡「ㄅ」的人則要將該張符號卡拿出來。

3. 注音符號順序連連看:

(1)教材準備內容(以聲符為例,其他韻母及聲韻母注音符號順序連連看課程,請參考此例自行安排設計):

a. 上面有二十一個黑點,每個黑點旁邊都有一個聲符字形,按順序將字形符號連接起來會出現圖形圖案的注音符號順序連連看。參考範例請見圖 5-1。

b. 一長條紙卡,上有ㄅ到ㄙ符號依序排列,如下圖:

ㄅ ㄆ ㄇ ㄈ ㄉ ㄊ ㄋ ㄌ ㄍ ㄎ ㄏ ㄐ ㄑ ㄒ ㄓ ㄔ ㄕ ㄖ ㄗ ㄘ ㄙ

圖 5-1　注音符號順序連連看（註11）

(2)課程活動簡述：

　　a. 將長條紙卡擺放在符號ㄅ到ㄙ順序連連看圖案上方。

　　b. 讓孩子由左至右的順序，一邊指唸長條紙卡上的符號，一邊從紙中找出該符號，並依序從符號ㄅ旁邊的黑點用鉛筆一直連線到符號ㄙ旁邊的黑點。

(3)無法操作處理方式：

　　a. 請參閱「翻牌配對遊戲」課程無法操作處理方式相關說明（見第324頁）。

　　b. 如果孩子握筆仍不是很穩，可讓孩子先用手指找出符號，再由大人幫助孩子完成連線的動作（因為此課程的重點並非握筆連線，握筆書寫課程請參閱第九章「注音符號拼寫」中「握筆寫字基本條件及準備工作」相關課程活動敘述，見第532頁）。

(4)課程設計、安排、實施等注意考慮或補充事項：

　　a. 此課程設計的目的為符號形音聯結複習，所以重點在於孩子看見符號的字形是否可以唸出該字字音，以及聽到字音是否可以聯結相對

應的字形，並不要求孩子記憶符號的順序。

b.坊間有許多此類注音符號順序連連看的相關教材，孩子如果有興趣，可以配合本課程使用。

㈢注音符號形音聯結總複習

1.注音符號木板字形拼排遊戲：

⑴教材準備內容：

a.一組注音符號木板字形，二十一個藍色聲符字形，十六個紅色韻符字形，一共三十七個。

b.上有適當數量的注音聲韻符聯結符號對照表，參考範例如下：

ㄅㄠ	ㄇㄠ	ㄐㄧ	ㄔㄜ	ㄅㄥ	ㄓㄨ	ㄈㄥ
ㄇㄨㄢ	ㄍㄨㄜ	ㄙㄨㄢ	ㄎㄨ	ㄘㄚ	ㄊㄤ	ㄑㄠ	ㄏㄜ

⑵課程活動簡述：

a.將二十一個藍色聲符注音符號木板字形，以及十六個紅色韻符注音符號木板字形分類一字排開，紅色韻符注音符號木板字形排列在藍色聲符注音符號木板字形的下方。

b.指唸注音聲韻符聯結符號對照表第一列最左邊一個聯結符號「ㄅㄠ」的聲母「ㄅ」，從一字排開的二十一個藍色聲符注音符號木板字形中，找出符號「ㄅ」；然後再指唸該聯結符號的韻母「ㄠ」，從一字排開的十六個紅色韻符注音符號木板字形中，找出符號「ㄠ」，把符號「ㄠ」擺放在符號「ㄅ」的下方。

c.把符號ㄅ及符號ㄠ擺回原位。

d.同上兩個步驟，讓孩子依由左至右、由上而下的順序指唸拼排完所

有的注音聲韻符聯結符號。

(3)無法操作處理方式：針對遺忘的符號，加強形音聯結的複習。

(4)課程設計、安排、實施等注意考慮或補充事項：本課程的目的是為注音符號形音聯結總複習，所以重點在於指唸各個單獨的符號，但絕不要求孩子做出拼出「ㄅ－ㄠ－ㄅㄠ」這種注音符號拼讀的動作。

2.注音符號詞彙蓋章：

(1)教材準備內容：

a. 適當數量的二列框格，第一列框格中各有注音聲韻符聯結符號，第二列框格空白，參考範例如下：

ㄎㄨ	ㄍㄨㄛ	ㄙㄨㄢ	ㄕㄨㄢ	ㄎㄚ	ㄊㄤ	ㄑㄠ	ㄏㄜ

b. 注音符號印章一組，總共三十七個。

c. 印色台一個。

(2)課程活動簡述：

a. 指唸框格第一列最左邊一個聯結符號「ㄎㄨ」的聲母「ㄎ」，找出並且拿起符號印章「ㄎ」沾上印色，蓋在紙上聯結符號「ㄎㄨ」下方的空白框格內，然後將符號印章「ㄎ」放回原處。

b. 指唸第一列最左邊一個聯結符號「ㄎㄨ」的韻母「ㄨ」，拿起符號印章「ㄨ」沾上印色，蓋在先前符號印章ㄎ所蓋的符號「ㄎ」字形下方適當位置，然後將符號印章ㄨ放回原處。

c. 同上兩個步驟，讓孩子依由左至右、由上而下的順序指唸完成所有聯結符號的蓋章配對。

(3)無法操作處理方式：

　　a. 把非工作列的框格以紙張遮蓋住，讓孩子將注意力集中於工作列上的注音符號。

　　b. 如果孩子可以正確地形音聯結，但無法精確地將印章完全蓋在相對應的框格中，大人可給予必要的協助，幫助孩子將印章蓋上。

　　c. 如果注音符號的形音聯結有困難，則可針對遺忘的符號加強形音聯結的複習。

⑷課程設計、安排、實施等注意考慮或補充事項：

　　a. 請參閱「符號蓋章」課程設計、安排、實施等注意考慮或補充事項相關說明（見第 276 頁）。

　　b. 請參閱「注音符號木板字形拼排遊戲」課程設計、安排、實施等注意考慮或補充事項相關說明（見第 328 頁）。

3. 蘿蔔蹲遊戲：

⑴教材準備內容：注音符號卡一組三十七張。

⑵課程活動簡述：

　　a. 大人與孩子每人選擇持有一張注音符號卡，然後圍個圓圈排列站好。

　　b. 大人先擔任出題者。出題者看自己手中所持有的注音符號卡，例如是「ㄅ」，然後決定要換手中所持什麼注音符號卡的人蹲（例如符號「ㄆ」）後，則說：「ㄅ蘿蔔蹲，ㄅ蘿蔔蹲，ㄅ蘿蔔蹲完ㄆ蘿蔔蹲。」

　　c. 此時持有注音符號卡「ㄆ」的人，就要出示手中的注音符號卡，然後擔任出題者。

　　d. 如果沒有人持有注音符號卡「ㄆ」，則原出題者再出題一次。

　　e. 重複 b. 到 d. 步驟，一直到結束課程活動。

⑶無法操作處理方式：針對遺忘的符號，加強形音聯結的複習。

⑷課程設計、安排、實施等注意考慮或補充事項：此課程也可以視孩子

的能力，安排孩子一次持有兩張或兩張以上的注音符號卡。

4. **卡片傳遞遊戲：**

　⑴教材準備內容：注音符號卡一組三十七張。

　⑵課程活動簡述：

　　a. 孩子圍個圓圈排列坐好。

　　b. 大人隨機選擇一張符號卡，交給一個孩子。

　　c. 讓孩子開始唱「倫敦鐵橋垮下來」的童謠，然後手中持有符號卡的孩子同時將符號卡傳遞出去。

　　d. 歌聲停止時，手中持有注音符號卡的人，就要站起來，出示手中的注音符號卡，然後大聲唸出該注音符號。

　　e. 重複 b.到 d.步驟，一直到結束課程活動。

　⑶無法操作處理方式：針對遺忘的符號，加強形音聯結的複習。

　⑷課程設計、安排、實施等注意考慮或補充事項：

　　a. 可以配合不同的童謠或是兒歌進行課程。

　　b. 也可以由大人隨時喊停，以增加緊張刺激的趣味性。

5. **賓果遊戲：**

　⑴教材準備內容：

　　a. 注音符號卡一組三十七張。

　　b. 九宮格賓果卡數張，參考範例如下：

ㄆ	ㄍ	ㄤ
ㄢ	ㄟ	ㄦ
ㄞ	ㄚ	ㄝ

ㄅ	ㄎ	ㄕ
ㄈ	ㄓ	ㄙ
ㄊ	ㄞ	ㄖ

ㄡ	ㄏ	ㄥ
ㄣ	ㄋ	ㄑ
ㄌ	ㄒ	ㄩ

　　c. 標記用籌碼（例如錢幣、鈕釦等）若干。

(2)課程活動簡述：

　　a. 孩子每人自選一張九宮格賓果卡。

　　b. 大人將注音符號卡覆蓋堆疊。

　　c. 大人隨機翻取一張符號卡，唸出該符號名稱，孩子檢視自己的九宮格賓果卡中，如果有該符號，則在該符號上面放置一個標記籌碼。

　　d. 重複上述步驟，最先連成一直線的孩子獲勝。

(3)無法操作處理方式：針對遺忘的符號，加強形音聯結的複習。

(4)課程設計、安排、實施等注意考慮或補充事項：

　　a. 也可以提供空白的九宮格賓果卡，讓孩子自己選擇位置，填寫喜歡的注音符號。

　　b. 此課程可依不同的目的，而設計不同的活動方式：

　　　(a)注音符號字形熟悉：大人隨機翻取符號卡後，一直顯示該符號，讓孩子一邊看該符號卡上的符號，一邊檢視配對自己九宮格賓果卡上的符號。

　　　(b)注音符號字形記憶：大人隨機翻取符號卡後，一顯示完該符號，就將該符號卡覆蓋，讓孩子靠著對該注音符號的字形記憶，檢視配對自己九宮格賓果卡上的符號。

　　　(c)先音後形由字音聯結字形複習：大人隨機翻取符號卡後，唸出該符號名稱，但不讓孩子看到該字形，讓孩子由大人唸的符號字音，來聯結自己九宮格賓果卡上的符號字形。

　　　(d)先形後音由字形聯結字音複習：讓孩子隨機翻取符號卡，先看到符號卡上的符號字形後，再唸出該符號的字音，然後再檢視配對自己九宮格賓果卡上的符號。

6. 我的朋友在哪裡？

(1)教材準備內容：

　a. 注音符號卡一組三十七張。

　b. 注音符號詞彙卡數張，上有以注音符號拼寫的詞彙名稱，例如「ㄇㄠ ㄇㄧ」、「ㄑㄧˋ ㄔㄜ」。

(2)課程活動簡述：

　a. 孩子每人選擇持有一張注音符號詞彙卡。

　b. 大人將注音符號卡覆蓋重疊。

　c. 大人隨機從覆蓋的注音符號卡中翻出一張符號卡，並唸出該符號字音，例如「ㄠ」，過程中勿讓任一個孩子看見被翻出的符號。

　d. 孩子依據聽到的字音，檢視手中卡片的符號，如果有該相對應的符號，例如「ㄇㄠ ㄇㄧ」，則出示卡片，並指出符號「ㄠ」的位置所在。

　e. 大人出示翻出的符號卡與孩子手指的符號核對。

　f. 重複 b.到 e.步驟，一直翻完所有的注音符號卡後結束活動。

(3)無法操作處理方式：針對遺忘的符號，加強形音聯結的複習。

(4)課程設計、安排、實施等注意考慮或補充事項：請參閱「注音符號木板字形拼排遊戲」課程設計、安排、實施等注意考慮或補充事項相關說明（見第328頁）。

7. 相似符號字形蓋章：

(1)教材準備內容：

　a. 適當數量的 2×2 框格，上面的框格中各有一組兩個相似的符號字形並列，下面框格空白，參考範例如下：

ㄅ	ㄆ		ㄅ	ㄥ		ㄅ	ㄎ		ㄜ	ㄛ

　　b. 注音符號印章一組，總共三十七個。

　　c. 印色台一個。

(2)課程活動簡述：

　　a. 指唸第一列最左邊的符號「ㄅ」，找出並且拿起符號印章「ㄅ」沾
　　　上印色，蓋在符號「ㄅ」下方的空白框格內，然後將符號印章「ㄅ」
　　　放回原處。

　　b. 指唸符號「ㄅ」右邊框格中的相似對照字形「ㄆ」，找出並且拿起
　　　符號印章「ㄆ」沾上印色，蓋在符號「ㄆ」下方的空白框格內，然
　　　後將符號印章「ㄆ」放回原處。

　　c. 同上兩個步驟，讓孩子依由左至右、由上而下的順序，指唸並且用
　　　印章在空白框格內蓋上所有的相似符號字形。

(3)無法操作處理方式：請參閱「符號蓋章」課程無法操作處理方式相關
　　說明（見第 276 頁）。

(4)課程設計、安排、實施等注意考慮或補充事項：

　　a. 請參閱「符號蓋章」課程設計、安排、實施等注意考慮或補充事項
　　　相關說明（見第 276 頁）。

　　b. 謹將注音符號中，相似的字形列舉如下：ㄅ－ㄆ、ㄅ－ㄎ、ㄆ－ㄡ、
　　　ㄆ－ㄌ、ㄊ－ㄎ、ㄊ－ㄥ、ㄋ－ㄎ、ㄌ－ㄞ、ㄍ－ㄑ、ㄎ－ㄏ、
　　　ㄏ－ㄟ、ㄑ－ㄥ、ㄒ－ㄚ、ㄘ－ㄣ、ㄙ－ㄥ、ㄙ－ㄠ、ㄨ－ㄡ、
　　　ㄛ－ㄜ、ㄞ－ㄢ、ㄋ－ㄣ、ㄣ－ㄥ、ㄇ－ㄈ－ㄩ。

註釋

註1：　陳弘昌（2000）。國小語文科教學研究。156頁。台北：五南圖書出版公司。

註2：　同註1。

註3：　同註1。157頁。

註4：　同註1。

註5：　胡永崇（2001）。國小一年級閱讀障礙學生注音符號學習的相關因素及意義化注音符教學成效之研究。屏東師院學報，第十五期，106頁。

註6：　同註4。115頁。

註7：　此為蒙特梭利教學中的「困難度孤立化」概念，把孩子學習的概念一次只設定一個。

註8：　林德揚（2003）。幼兒語文發展輔導手冊──注音符號形音聯結篇。高雄：幼軒語文短期補習班。

註9：　馬景賢等（2003）。拍拍手（國民小學國語第一冊康軒版）。12頁。台北：康軒文教事業。

註10：吳敏而（1998）。語文學習百分百。217頁。台北：天衛文化圖書有限公司。

註11：陳文龍、卓碧惠。ㄅㄆㄇ連連看。35頁。台北：天才文化事業股份有限公司。

第 六 章

發音矯治

第一節　構音異常類型

　　正常的構音是氣流由胸腔出來通過聲帶的振動後，經由唇、舌、牙齒、上顎、咽喉等的修正、阻斷或摩擦，發出語音。若在構音的過程中，構音的方法、位置、速度、強度或動作的協調出了問題，則會造成語音的改變，形成所謂的構音異常（註1）。構音異常的錯誤類型，有以下數種，每個孩子錯誤類型各有不同，有時會混合出現。

壹、替代音

　　利用別的語音來替代標準的語音。例如以「ㄗ」代替「ㄓ」，把「彰化」說成「髒話」；以「ㄌ」代替「ㄖ」，把「好熱」說成「好樂」。

貳、省略音

　　將字音中的聲母或韻母省略不發。例如省略「ㄨ」音，把「鳥窩」說成「鳥ㄛ」；省略「ㄩ」音，把「大約」說成「大ㄝ」。

參、添加音

　　在正確的語音中加上不必要的音。例如添加「ㄨ」音，把「老師」說成「老輸」，把「我們」說成「我ㄇㄨㄣˊ」。

肆、歪曲音

語音歪曲變化，聽起來不同於標準語音，其發出的聲音是語音系統中不存在的音。例如把「冤枉」說成「en 枉」，把「悠閒」說成「U 閒」。

第二節　構音異常可能原因

壹、器官缺陷或功能障礙

一、運動神經受損

構音動作是精巧的口腔動作，運動神經有障礙，會因為口腔動作協調不好、動作不靈活，而造成構音障礙（註2）。

二、發聲器官缺陷

例如，雙唇有裂縫，則雙唇音ㄅㄆㄇ會發得不正確；齒列不整、咬合不正或缺牙，則ㄈㄑㄒㄘㄙ會不正確；舌頭太大、太小、切除或活動不靈巧，會有ㄉㄊㄌㄍㄎ……等多個語音不正確；軟顎缺損或上抬不靈活，會有鼻音過重現象，干擾語音的清晰度（註3）。

三、聽力接收器官功能障礙

聲音知覺分辨是語言模仿發音的基礎，聽力接收器官的功能運作若有缺陷，那麼在聽別人說話時，將無法清楚地知覺以及分辨語音；而聽得不清楚，當然說得也不會標準了。

貳、智能障礙

發音技巧需要刺激和練習才能學會，如果智能有障礙、注意力短暫、記憶力差，學習能力較差，構音的學習較困難，則發展也會受影響。

參、器官功能發展尚未成熟

年齡小的孩子，常會因為發聲器官功能發展尚未成熟，所以講話會因為還無法發出某些音，而顯得模糊不清；但隨著孩子慢慢地長大，發聲器官功能發展更趨於成熟時，孩子說起話來當然會更清楚了。

肆、學習環境

一、錯誤的模仿對象

幼兒常接觸的人，如父母親、保母、同胞手足、玩伴、菲傭或祖父母等，如果有構音障礙的現象，便可能使他模仿到錯誤的發音。

二、語言使用環境的欠缺

孩子在嬰幼兒階段如果常常一人獨處，沒有說話的對象；或是有時因為父母或照顧者太善解人意，只要孩子隨便發出聲音或做個動作，就幫他完成事情；以及當前盛行的電視及電腦兒童，孩子只是眼睛盯著螢幕，造成孩子根本沒有使用語言的機會或需要，養成孩子很少開口說話的習慣，疏於運用發聲器官使用語言，也會是造成構音障礙的不良因素。

三、缺乏發音糾正及發聲技巧的教導

　　有些孩子不會注意比較自己說的話跟他人發音之間的差異，不會自我修正，所以會一直保留錯誤的發音方式。例如把飛機唸成「灰」機，只要我們教導孩子發「ㄈ」音時以門牙咬住下嘴唇，多練習個幾遍，一般很容易就可以解決了。

四、發聲部位運用習慣問題

　　構音必須運用到發聲部位，特別是口腔內軟顎、舌頭、上下顎、牙齒、上下唇及雙頰等部位的運用，但因為每種語言的不同，各個發聲部位使用的程度也不相同。就以國語及台語為例，相較於國語，台語不折不扣算是一種「懶惰語言」。所謂的「懶惰語言」，個人把它定義為「說話構音時，發聲部位運用程度較少的語言」。也就是說，當我們在說台語時，使用上下唇、牙齒、舌頭等部位的程度，遠不如在說國語的使用程度。舉個例子來說，我們常聽到的台灣國語，會把「國」唸成「ㄍㄛ╱」，而不是「ㄍㄨㄛ╱」，因為唸「ㄍㄛ╱」很輕鬆自然，但是唸「ㄍㄨㄛ╱」呢？必須突出雙唇，當然較辛苦吃力了。同樣的情形，我們也就不難理解，為何阿扁的「扁」會被唸成「ㄅㄝㄋˇ」了。

　　由於相較於國語，說台語時所使用發聲部位程度較小，不必像說國語般張開血盆大口。所以以台語為母語的人，說話時，早已經習慣於「唇不張、牙不露、舌不動」發聲部位的運用習慣，當以這種運用發聲部位的習慣，來說必須大幅度使用發聲部位的國語時，當然就會產生發音不標準的問題了。如果再加上學習環境中，缺乏他人發音糾正及發聲技巧的教導，日久習慣根深蒂固，更難糾正。

　　其實我們也可以舉另外一個例子，來說明母語發聲部位運用習慣對於其他語言學習的影響。例如，日語也是屬於懶惰語言，而英語呢？說英語時所要使用發聲部位的程度相當大，所以日本人學英文時，也會遇到相同的問題，例如把「milk」輕鬆懶惰地唸成「milogoo」，讓老美聽得傻眼。同樣地，台灣人說英文，雖然沒有那麼誇張，但是仍處處可見「台灣英文」的痕跡。不過，台灣人學

講英文，雖然不容易講得標準，但學起同屬懶惰語言的日語，卻是容易多了，料想日本人學說台語，應該也可以說得相當標準。

　　除了母語的發聲特性會影響孩子發聲部位的運用習慣之外，另外飲食習慣也會影響孩子發聲部位的運用。例如，孩子還沒長牙之前，由於沒有牙齒可供咀嚼，大人自然以流質食物餵食，但是當孩子牙齒長出來之後，有許多大人仍然為孩子準備流質或是軟質搗爛的泥糊狀食物，養成孩子「吃軟飯」，懶得動嘴咀嚼，甚至排拒固體食物的就食習慣。此習慣一旦養成了，連帶說話時，發聲部位的運用當然也是能省則省。所以，如果孩子常常把一口飯含在嘴裡很久都不咀嚼，通常這些孩子說話發音都不會很清楚，就是這個緣故。

第三節　台灣國語發音解析

　　就如發聲部位運用習慣問題章節所述，以台語為母語的人，說台語的發聲部位運用習慣會影響國語的發音。以下就一一從各發聲部位使用習慣所造成的台灣國語發音，做個整理解析。

壹、舌頭運用習慣

　　以「懶惰語言」中的「懶惰原則」（註4）來看，說話時舌頭最輕鬆自然的位置當然是平放，能不翹起上捲就不翹起上捲，所以依照這個舌頭發音的使用習慣，來發一些舌頭必須翹起上捲的音，錯誤當然就不可避免了。例如，以舌頭平放的方式來發音，「ㄓ」、「ㄔ」、「ㄕ」及「ㄦ」等音，就會偏向「ㄗ」、「ㄘ」、「ㄙ」及「ㄚ」音；如果舌頭的上捲程度不夠，「ㄦ」及「ㄖ」音，就會偏向「ㄜ」及「ㄌ」音了。因為台語發音舌頭的運用習慣不當，所造成的國語

錯誤發音模式，常見的有以下數種：

　　一、ㄓ→ㄗ

　　二、ㄔ→ㄘ

　　三、ㄕ→ㄙ

　　四、ㄦ→ㄚ

　　五、ㄦ→ㄛ

　　六、ㄖ→ㄌ

貳、嘴唇運用習慣

　　同樣地，台語發音時嘴唇部位的運用也是遠不如國語，如果以台語嘴唇的運用習慣來發國音，很容易就會造成凡是必須用力把嘴唇突出緊縮撮斂成圓形，或是把嘴唇展成扁平等吃力動作，都會受到相當程度的簡化，也因此造成了錯誤的發音。在台灣國語模式的發音中，因為不當嘴唇的運用習慣所造成的錯誤，占了相當大的比例，謹將常見的錯誤模式整理分析如下。

　　一、省略ㄧㄨㄩ

　　㈠含ㄝ結合韻：

　　　1.省略ㄧ：ㄧㄝ→ㄝ

　　　2.省略ㄩ：ㄩㄝ→ㄝ

　　㈡省略ㄨ：ㄨㄛ→ㄛ

　　二、多ㄨ

　　㈠ㄓ→ㄓㄨ

　　㈡ㄔ→ㄔㄨ

　　㈢ㄕ→ㄕㄨ

　　㈣ㄗ→ㄗㄨ

　　㈤ㄘ→ㄘㄨ

　　㈥ㄙ→ㄙㄨ

　　㈦ㄣ→ㄨㄣ

三、ㄩ→一

四、一ㄡ→U

五、一ㄢ、ㄩㄢ→en

六、ㄜ→ㄛ

七、ㄡ→ㄛ

八、ㄟ

　　㈠ㄟ→ㄨ一

　　㈡ㄟ→ㄝ

參、唇齒運用習慣

　　在國音中的「ㄈ」，是唯一的唇齒音，發音時須以上門牙輕輕接觸下嘴唇。由於台語中沒有唇齒音，因此以台語的發聲習慣來發「ㄈ」音時，就會把上門牙輕輕接觸下嘴唇這個麻煩的動作省略了，而發出偏向「ㄏㄨ」的音，形成了「ㄈ→ㄏㄨ」這種錯誤的發音模式。

肆、鼻音運用習慣

　　由於在發鼻音時，口中完全阻塞，氣息由鼻腔出來，發起音來會比較吃力，所以以台語為母語的人，會傾向把鼻音「ㄋ」偏向唸成「ㄌ」，而把鼻音音色較強的「ㄥ」偏向唸成鼻音音色較弱的「ㄣ」，形成以下兩種不當鼻音運用習慣的錯誤發音模式。

一、ㄋ→ㄌ

二、ㄥ→ㄣ

伍、多重部位運用習慣

　　以上我們就以單一部位的不當發聲習慣，來逐一討論對於國語發音的影響。但一般來說，以台語為母語的人，都會有上述各發聲部位不當的運用習慣，所以除了以上所列舉的錯誤發音模式之外，還會因為多重發聲部位不當的運用習慣，衍生出其他各種不同組合的錯誤發音模式。例如，因為舌頭不當的運用習慣將「ㄕ」唸成「ㄙ」，又因為嘴唇不當的運用習慣，再把「ㄙ」唸成「ㄙㄨ」，所以就會把「老師」唸成「老蘇」、「台視」唸成「台塑」。其他例如把「而且」唸成「ㄚˊ ㄑㄝˇ」、「智慧」唸成「ㄗㄨˋ ㄏㄨㄟˋ」或是「書本」唸成「ㄙㄨ ㄅㄨㄣˇ」等等，都是多重發聲部位不當的發聲習慣，交互作用所產生的綜合結果。

　　雖然多重發聲部位不當的發聲習慣，會因為不同的組合而產生其他各種不同的錯誤模式，但只要掌握住單一部位不當發聲習慣所造成的錯誤模式，就不難分析出因為多重發聲部位不當的運用習慣，所衍生出各種不同的錯誤發音模式。以下謹就因為單一部位的不當發聲習慣，所造成常見錯誤的台灣國語發音模式，製作表 6-1，供讀者分析參考。

表 6-1　發聲部位運用習慣與台灣國語發音解析表

原音	錯誤	運用習慣部位	詞彙舉例
ㄓ	ㄗ	舌頭	彰化→髒話；摘花→栽花。
ㄔ	ㄘ	舌頭	插嘴→擦嘴；魚翅→魚刺。
ㄕ	ㄙ	舌頭	好少→好掃；失戀→思戀。
ㄦ	ㄚ	舌頭	而且→ㄚˊ且；二樓→ㄚˋ樓。
ㄦ	ㄛ	舌頭	兒童→ㄛˊ童；耳朵→ㄛˇ朵。
ㄖ	ㄌ	舌頭	魯肉飯→魯漏飯；好熱→好樂。
ㄧㄝ	ㄝ	嘴唇	爺爺→ㄝˊ　•ㄝ；謝謝→ㄒㄝˋ　•ㄒㄝ。
ㄩㄝ	ㄝ	嘴唇	月亮→ㄝˋ亮；上學→上ㄒㄝˊ。
ㄨㄛ	ㄛ	嘴唇	我們→ㄛˇ們；糖果→糖ㄍㄛˇ。
ㄓ	ㄓㄨ	嘴唇	知道→豬道；只要→主要。
ㄔ	ㄔㄨ	嘴唇	吃飯→出飯；遲到→除到。
ㄕ	ㄕㄨ	嘴唇	老師→老輸；開始→開數。
ㄗ	ㄗㄨ	嘴唇	紫色→組色；寫字→寫ㄗㄨˋ。
ㄘ	ㄘㄨ	嘴唇	慈祥→ㄘㄨˊ祥；因此→因ㄘㄨˇ。
ㄙ	ㄙㄨ	嘴唇	死亡→ㄙㄨˇ亡；公司→公蘇。
ㄣ	ㄨㄣ	嘴唇	我們→我ㄇㄨㄣˊ；書本→書ㄅㄨㄣˇ。
ㄩ	ㄧ	嘴唇	居心→雞心；三軍→三斤。
ㄧㄡ	U	嘴唇	悠閒→U閒；害羞→害ㄒU。
ㄧㄢ	en	嘴唇	香煙→香en；麵包→ㄇenˋ包。
ㄩㄢ	en	嘴唇	冤枉→en枉；猜拳→猜ㄑenˊ。
ㄜ	ㄛ	嘴唇	噁心→ㄛˇ心；可憐→ㄎㄛˇ憐。
ㄡ	ㄛ	嘴唇	嘔吐→ㄛˇ吐；小狗→小ㄍㄛˇ。
ㄟ	ㄨㄧ	嘴唇	好累→好ㄌㄨㄧˋ；妹妹→ㄇㄨㄧˋ　•ㄇㄨㄧ。
ㄟ	ㄝ	嘴唇	好累→好ㄌㄝˋ；妹妹→ㄇㄝˋ　•ㄇㄝ。
ㄈ	ㄏㄨ	唇齒	飛機→灰機；發生→花生。
ㄋ	ㄌ	鼻音	頭腦→頭老；男生→蘭生。
ㄥ	ㄣ	鼻音	鯨魚→金魚；報警→抱緊。

第四節　注音符號發音分析

壹、聲母

一、聲母的分類

　　聲母是指呼氣氣流從肺裡出來，經過喉頭、口腔時，受到發音器官的某兩部位阻礙，所造成的聲音（註5），又稱為前音或輔音，相當於英文中的子音，而用來記錄聲母的符號就叫做聲符。聲母的分類，一般是依照發音部位和發音方法來區分，發音部位就是講什麼地方發生的阻礙。發音方法就是講發音的時候，阻礙的狀態程度如何，聲音是怎麼發出來的（註6）。

(一)按發音部位的分類

1. **雙唇音**：指上下嘴唇緊閉，氣流流出時，受到上下嘴唇的阻擋所發出的音，有ㄅ、ㄆ、ㄇ三個音。

2. **唇齒音**：指上門牙輕輕咬觸下嘴唇，氣流受到上門牙與下嘴唇的阻擋而發出的音，有ㄈ一個音。

3. **舌尖前音**：又叫平舌音。指舌尖向前平伸，接觸或接近下齒背（或上齒背），氣流受到阻擋所發出的音，有ㄗ、ㄘ、ㄙ三個音。

4. **舌尖音**：指舌尖和上門齒齦接觸，氣流受到阻擋而發出的音，有ㄉ、ㄊ、ㄋ、ㄌ四個音。

5. **舌尖後音**：又叫捲舌音、翹舌音。指舌尖翹起，向後接觸或接近前硬顎，氣流受到舌尖背後與上面前硬顎的所阻擋而發出的音，有ㄓ、ㄔ、ㄕ、ㄖ四個音。

6. **舌面前音**：又叫舌面音。指舌面前部接觸或接近前硬顎，氣流受到舌面前部與上面前硬顎的阻擋而形成的音，有ㄐ、ㄑ、ㄒ三個音。

7. **舌面後音**：又叫舌根音。指舌頭後縮，舌面後部抬起，然後和軟顎接觸或接近，氣流受到舌面後部與上面軟顎阻礙而形成的音，有ㄍ、ㄎ、ㄏ三個音。

(二)按發音方法的分類

1. **成阻、破阻的方式**：

聲母發音時，氣流的通路必有阻礙，從形成阻礙到解除阻礙為止，通常分為三個階段：

＊成阻階段：指阻礙開始形成。

＊持阻階段：指阻礙的持續保持。

＊破阻階段：指阻礙的解除、破除。

根據聲母發音時形成阻礙、持續阻礙到破除阻礙的方式不同，可以把聲母分為下列五類：

(1)塞音：又叫爆音或塞爆音。氣流流出時受到口腔某兩部分的阻擋，同時軟顎抬高擋住通往鼻腔的孔道，然後突然解除口腔的阻塞，讓氣流從口腔迸裂而出，產生一種爆發的聲音，就是塞音。塞音是在破除阻礙階段發音的。國音中的塞音有：

a. 雙唇塞音：ㄅ、ㄆ。

b. 舌尖塞音：ㄉ、ㄊ。

c. 舌根塞音：ㄍ、ㄎ。

(2)擦音：發音時，口腔裡的某兩部分互相接近，形成一條窄縫，同時軟顎抬起，堵塞鼻腔的通道，讓氣流不易迅速流出，從窄縫裡擠出來，而帶有摩擦成分的音，就是擦音。擦音是在持阻階段發音的。國音中

的擦音有：

a. 唇齒擦音：ㄈ。

b. 舌尖前擦音：ㄙ。

c. 舌尖後擦音：ㄕ、ㄖ。

d. 舌面前擦音：ㄒ。

e. 舌根擦音：ㄏ。

(3)塞擦音：這是「塞音」和「擦音」兩種發音方法的結合。發音時，氣流流到口腔時，先受到某二部位完全的阻擋，同時軟顎抬高，堵塞鼻腔的通道，然後讓氣流把阻塞部分衝開一條小縫，使氣流由狹縫裡摩擦出來而產生，這種用先破裂後摩擦兩種方法造成的聲音就叫「塞擦音」。塞擦音也是在持阻階段發音的。國音中的塞擦音有：

a. 舌尖前塞擦音：ㄗ、ㄘ。

b. 舌尖後塞擦音：ㄓ、ㄔ。

c. 舌面前塞擦音：ㄐ、ㄑ。

(4)鼻音：發音時，口腔中形成阻礙的部分完全阻塞，軟顎和小舌下垂，讓氣流從鼻腔通過，同時振動聲帶，造成鼻音。鼻音是持阻階段發音的。國音中的鼻音有：

a. 雙唇鼻音：ㄇ。

b. 舌尖鼻音：ㄋ。

(5)邊音：發音時，舌尖抵住上齒齦，舌頭兩邊留有縫隙，讓氣流從舌頭兩邊流出，同時振動聲帶，造成邊音。邊音是持阻階段發音的。國音中的邊音只有舌尖邊音「ㄌ」一個(註7)。

2.呼出氣流的強弱——送氣、不送氣：

所謂「送氣」、「不送氣」是就發音（主要是破阻）時，氣流衝出口腔的強弱而言。任何語音沒有不用氣而能發音的，不過有的氣流微弱

而短，自然透出，就叫它「不送氣」，有的氣流較強，要用力噴出，就叫它「送氣」（註8）。

⑴送氣音：ㄆ、ㄊ、ㄎ、ㄑ、ㄔ、ㄘ。

⑵不送氣音：ㄅ、ㄉ、ㄍ、ㄐ、ㄓ、ㄗ。

3.聲帶顫動方式：

⑴帶音（濁音）：發聲時，氣流振動聲帶的音，稱為帶音或濁音，國音中聲母有ㄖ、ㄇ、ㄋ、ㄌ共四個。

⑵不帶音（清音）：發聲時，氣流沒有振動聲帶的音，稱為不帶音或清音，國音中聲母除了上述ㄖ、ㄇ、ㄋ、ㄌ以外，其他十七個聲母都是。

二、聲母發音綜合分析表

綜合上述討論，謹製作「聲母發音綜合分析表」如表6-2，供讀者參考。

表 6-2　聲母發音綜合分析表

方法		部位	雙唇	唇齒	舌尖前	舌尖	舌尖後	舌面前	舌根
		上阻	上唇	上齒	下（上）齒背	上齒齦	前硬顎		軟顎
		下阻	下唇		舌尖		舌尖後	舌面前	舌面後
塞爆音	不帶音	不送氣	ㄅ			ㄉ			ㄍ
		送氣	ㄆ			ㄊ			ㄎ
塞擦音	不帶音	不送氣			ㄗ		ㄓ	ㄐ	
		送氣			ㄘ		ㄔ	ㄑ	
鼻聲	帶音		ㄇ			ㄋ			
邊聲	帶音					ㄌ			
擦聲	不帶音			ㄈ	ㄙ		ㄕ	ㄒ	ㄏ
	帶音						ㄖ		

三、*聲母的本音與命名*

　　由於聲母單獨發音時，並不容易清楚分辨，所以為了教學上的方便，在每個聲母本音（指聲母的實際發音）後面，配上不同的韻母，這個韻母又叫作「領音」。例如，ㄅ、ㄆ、ㄇ、ㄈ之後加拼領音「ㄛ」或「ㄜ」；ㄉ、ㄊ、ㄋ、ㄌ、ㄍ、ㄎ、ㄏ之後加拼領音「ㄜ」；ㄐ、ㄑ、ㄒ之後加拼領音「ㄧ」；ㄓ、ㄔ、ㄕ、ㄖ、ㄗ、ㄘ、ㄙ之後加拼領音「帀」，這就是給聲母命名，使聽的人容易聽清楚。

　　至於該給聲母取什麼名稱，本來沒有一定的道理，只要使名稱跟本音盡可能接近，在拼音的時候能避免不必要的雜音就可以了。所以有人在ㄅ、ㄆ、ㄇ、ㄈ之後加拼「ㄜ」而不拼「ㄛ」，就是這個原因 (註9)。因此我們必須了解，這些聲母真正的發音跟命名的發音是有差距的，就如英文字母「b」跟音標的「b」發音是不同的。如果不清楚聲母本音與命名之間的差異，在分辨聲母是帶音或不帶音之時，會認為二十一個聲母全屬帶音；拼音時也會因為領音的出現，無法讀得正確；而孩子在以注音符號拼寫時，會出現像「ㄍ」子、「ㄏ」水、小「ㄐ」及「ㄒ」瓜等情形，也就不必大驚小怪了！

貳、韻母

　　韻母是指氣流從喉頭出來，使聲帶顫動，發出的聲音，引起口、鼻腔共鳴，不受任何阻礙，只受唇舌的調節而成的聲音 (註10)，又叫後音或元音，相當於英文系統中的母音，而用來記錄韻母的符號就叫作「韻符」。不同韻母是由不同的空腔形成不同的共鳴腔而造成的，口腔的開合、舌頭的高低、伸前縮後、嘴形的開展或變圓等變化，均會造成不同形狀的共鳴腔 (註11)。一般從舌頭前後、舌位高低、唇形圓展等三個方向來探討，稱為「韻母三幅度」。

一、*韻母三幅度* （註12）

㈠舌頭的前後

發元音時，舌頭的前伸和後移，會形成不同的元音。如果舌頭前伸為前元音；中央為央元音；後移為後元音。例如ㄧ、ㄩ、ㄝ屬於前元音；ㄚ是央元音；ㄨ、ㄛ、ㄜ則歸類在後元音。

㈡舌位的高低

發元音時，舌位上升到接近上顎而不致發生摩擦音的韻母，稱為高元音；到正中位置叫中元音；下降到最低叫低元音。以舌位的高低幅度來分，ㄧ、ㄨ、ㄩ算高元音；ㄝ、ㄜ、ㄛ屬中元音；ㄚ則為低元音。

㈢唇形的圓展

發元音時，唇形收斂成圓形叫圓唇元音；而舒展成扁平或保持自然狀態的，叫展唇元音。例如，ㄩ、ㄨ、ㄛ屬於圓唇元音，而ㄧ、ㄚ、ㄝ、ㄜ則是展唇元音。

二、*韻母的分類*

㈠單韻母

指一個韻母從開始到結束，不論舌頭的位置、嘴形都沒有變化者，一共有ㄧ、ㄨ、ㄩ、ㄚ、ㄛ、ㄜ、ㄝ七個音，以韻母三幅度來分析單韻母如表6-3。

表 6-3　單韻母韻母三幅度分析表

單韻母	舌頭前後	舌頭高度	唇形
一	前伸	升高	展唇
ㄨ	後縮	升高	圓唇
ㄩ	前伸	升高	圓唇
ㄚ	中央	降到最低	展唇
ㄛ	後縮	正中央	圓唇
ㄜ	後縮	中高	展唇
ㄝ	前伸	正中央	展唇

㈡複韻母

兩個單韻母組合而成的韻母，有ㄞ（ㄚ＋一）、ㄟ（ㄝ＋一）、ㄠ（ㄚ＋ㄨ）及ㄡ（ㄛ＋ㄨ）四個音。

㈢聲隨韻母

一個單韻母，後面跟著一個聲母所組成，有ㄢ（ㄚ＋ㄋ）、ㄣ（ㄜ＋ㄋ）、ㄤ（ㄚ＋ㄥ）、ㄥ（ㄜ＋ㄥ）四個音。

㈣捲舌韻母

只有一個ㄦ音。

㈤結合韻母

一ㄨㄩ位於聲母與韻母之間時，發音稍短，有輔音的傾向，做媒介音用，叫介音或稱介母。結合韻母是由一、ㄨ、ㄩ三個介音和單韻母、複韻母或聲隨韻母所組成，共有二十二個。

1. 一組：有一丫、一ㄛ、一ㄝ、一ㄞ、一ㄠ、一ㄡ、一ㄢ、一ㄤ、一ㄣ、
一ㄥ十個。

2. ㄨ組：有ㄨㄚ、ㄨㄛ、ㄨㄞ、ㄨㄟ、ㄨㄢ、ㄨㄤ、ㄨㄣ、ㄨㄥ八個。

3. ㄩ組：有ㄩㄝ、ㄩㄢ、ㄩㄣ、ㄩㄥ四個。

三、韻母組成與四呼

(一)韻母組成

　　韻母組成包括韻頭（介音）、韻腹（主要元音）及韻尾三部分。韻頭有一、ㄨ、ㄩ三個；韻腹有一、ㄨ、ㄩ、ㄚ、ㄛ、ㄜ、ㄝ七個；韻尾則有一、ㄨ、ㄣ、兀四個。其中韻腹是必備，但韻頭及韻尾則可有可無。例如「ㄨㄤ」的韻頭是「ㄨ」，韻腹是「ㄚ」，韻尾是「兀」；「ㄩㄝ」的韻頭是「ㄩ」，韻腹是「ㄝ」，沒有韻尾；「ㄣ」沒有韻頭，韻腹是「ㄜ」韻尾是「ㄣ」；「ㄚ」只有韻腹，沒有韻頭跟韻尾。韻母與韻頭、韻腹及韻尾關係，請見表6-4。

表6-4　韻母與韻頭、韻腹及韻尾關係表

韻母	韻頭	韻腹	韻尾
ㄨㄤ	ㄨ	ㄚ	兀
ㄩㄝ	ㄩ	ㄝ	無
ㄣ	無	ㄜ	ㄣ
ㄚ	無	ㄚ	無

(二)四呼

　　由於韻頭的有無或不同，國音分齊齒呼、合口呼、撮口呼及開口呼，

合稱為「四呼」。

1. **齊齒呼**：凡含有「一」做主要元音或韻頭的國音叫齊齒呼，發音時牙齒並齊。例如：「江」、「七」、「椅」等。

2. **合口呼**：凡含有「ㄨ」做主要元音或韻頭的國音叫合口呼，發音時口腔合攏。例如：「瓜」、「湖」、「五」等。

3. **撮口呼**：凡含有「ㄩ」做主要元音或韻頭的國音叫撮口呼，發音時撮噘著嘴。例如：「絕」、「徐」、「魚」等。

4. **開口呼**：其他不含「一」、「ㄨ」、「ㄩ」做主要元音或韻頭的國音叫開口呼。例如：「哈」、「鵝」等。

四、韻母發音綜合分析表

綜合上述討論，謹製作「韻母發音綜合分析表」如表 6-5，供讀者參考。

表 6-5　韻母發音綜合分析表

	單韻母					複韻母				聲隨韻母				捲舌韻母
						收一		收ㄨ		收ㄋ		收ㄫ		收ㄖ
開口呼		ㄚ	ㄛ	ㄜ	ㄝ	ㄞ （ㄚ一）	ㄟ （ㄝ一）	ㄠ （ㄚㄨ）	ㄡ （ㄛㄨ）	ㄢ （ㄚㄋ）	ㄣ （ㄜㄋ）	ㄤ （ㄚㄫ）	ㄥ （ㄜㄫ）	ㄦ （ㄜㄖ）
	結合韻母													
齊齒呼	一	一 ㄚ	一 ㄛ		一 ㄝ	一 ㄞ		一 ㄠ	一 ㄡ	一 ㄢ	一 ㄣ	一 ㄤ	一 ㄥ	
合口呼	ㄨ	ㄨ ㄚ	ㄨ ㄛ			ㄨ ㄞ	ㄨ ㄟ			ㄨ ㄢ	ㄨ ㄣ	ㄨ ㄤ	ㄨ ㄥ	
撮口呼	ㄩ			一 ㄝ						ㄩ ㄢ	ㄩ ㄣ		ㄩ ㄥ	

第五節　注音符號發音檢定

壹、聲韻母單音模仿發音檢定

　　想知道孩子說話哪些語音不標準，可利用表 6-6 的注音符號聲韻母模仿發音檢定記錄表來檢定，大人逐一清楚地唸出每一個聲韻母，讓孩子模仿發音，大人再依據孩子發音情況，在結果列以符號逐一記錄結果，例如正確標示「○」，無法發音標示「△」，誤發他音或其他狀況則特別註明。當大人完成記錄表的檢定記錄之後，參考「表 6-2　聲母發音綜合分析表」及「表 6-5　韻母發音綜合分析表」，來檢視孩子無法正確發音的聲韻母，看是否有哪些特點。例如，沒有翹舌的習慣，而把ㄓ、ㄔ、ㄕ唸成ㄗ、ㄘ、ㄙ；或是會以送氣的方式來發不送氣音，而將ㄅ唸成ㄊ，ㄗ唸成ㄘ等等。

表 6-6　注音符號聲韻母模仿發音檢定記錄表

指定音	ㄅ	ㄆ	ㄇ	ㄈ	ㄉ	ㄊ	ㄋ	ㄌ	ㄍ	ㄎ
結果										
指定音	ㄏ	ㄐ	ㄑ	ㄒ	ㄓ	ㄔ	ㄕ	ㄖ	ㄗ	ㄘ
結果										
指定音	ㄙ	ㄧ	ㄨ	ㄩ	ㄚ	ㄛ	ㄜ	ㄝ	ㄞ	ㄟ
結果										
指定音	ㄠ	ㄡ	ㄢ	ㄣ	ㄤ	ㄥ	ㄦ			
結果										

貳、兩、三拼音模仿發音檢定

　　如果孩子聲韻母單音模仿的發音唸不清楚，說話當然一定有問題，但是聲韻母單音模仿的發音都正確，並不表示孩子說話就沒有問題。例如，有些孩子對於單獨的「ㄖ」和「ㄌ」不會混淆，但是遇到兩、三拼的結合音時，卻會產生問題，常會把「好熱」唸成「好樂」、「弱點」變成「落點」等。因此，檢定過聲韻母單音模仿發音之後，我們還必須檢定孩子兩、三拼結合字音的模仿發音。兩、三拼結合音模仿發音檢定記錄表的範例如表 6-7 與表 6-8，畫有斜線部分，表示國語中沒有此字音。讀者可以依據記錄表上聲韻母的組合，讓孩子模仿發音，並依孩子發音情況在記錄表上標示記號，然後再跟聲韻母單音模仿發音的檢定表比對是否符合。例如單獨的「ㄥ」如果有問題，則所有包含「ㄥ」的兩、三拼字音，都會有問題。檢定記錄表範例只舉韻母「ㄧ」、「ㄨ」及結合韻母「ㄧㄚ」、「ㄧㄝ」為例，其餘部分請參閱附錄三「兩拼字音詞彙參考表」及附錄四「三拼字音詞彙參考表」自行設計。

表 6-7　兩拼模仿發音檢定記錄表

	ㄅ	ㄆ	ㄇ	ㄈ	ㄉ	ㄊ	ㄋ	ㄌ	ㄍ	ㄎ	ㄏ	ㄐ	ㄑ	ㄒ	ㄓ	ㄔ	ㄕ	ㄖ	ㄗ	ㄘ	ㄙ	ㄧ	ㄨ	ㄩ
ㄧ	ㄅㄧ	ㄆㄧ	ㄇㄧ	／	ㄉㄧ	ㄊㄧ	ㄋㄧ	ㄌㄧ	／	／	／	ㄐㄧ	ㄑㄧ	ㄒㄧ	／	／	／	／	／	／	／	／	／	／
ㄨ	ㄅㄨ	ㄆㄨ	ㄇㄨ	ㄈㄨ	ㄉㄨ	ㄊㄨ	ㄋㄨ	ㄌㄨ	ㄍㄨ	ㄎㄨ	ㄏㄨ	／	／	／	ㄓㄨ	ㄔㄨ	／	ㄖㄨ	ㄗㄨ	ㄘㄨ	ㄙㄨ	／	／	／

表 6-8　三拼模仿發音檢定記錄表

	ㄅ	ㄆ	ㄇ	ㄈ	ㄉ	ㄊ	ㄋ	ㄌ	ㄍ	ㄎ	ㄏ	ㄐ	ㄑ	ㄒ	ㄓ	ㄔ	ㄕ	ㄖ	ㄗ	ㄘ
ㄧㄚ	／	／	／	／	／	／	／	／	／	／	／	ㄐㄧㄚ	ㄑㄧㄚ	ㄒㄧㄚ	／	／	／	／	／	／
ㄧㄝ	ㄅㄧㄝ	ㄆㄧㄝ	ㄇㄧㄝ	／	ㄉㄧㄝ	ㄊㄧㄝ	ㄋㄧㄝ	ㄌㄧㄝ	／	／	／	ㄐㄧㄝ	ㄑㄧㄝ	ㄒㄧㄝ	／	／	／	／	／	／

參、常見錯誤發音分析

　　檢定過相當數量孩子的發音之後，我們不難找出一般孩子比較容易錯誤的發音，並以構音異常類型及不當發音部位的發聲習慣來歸納分析，如表 6-9。

表 6-9　常見錯誤發音分析表

	替代音	省略音	添加音	歪曲音
舌頭習慣	ㄓ→ㄗ ㄔ→ㄘ ㄕ→ㄙ ㄖ→ㄌ ㄦ→ㄜ ㄦ→ㄛ ㄦ→ㄚ ㄤ→ㄢ ㄉ、ㄐ、ㄗ、ㄓ→ㄍ（舌根化） ㄊ、ㄑ、ㄘ、ㄔ→ㄎ（舌根化） ㄍ、ㄐ、ㄗ、ㄓ→ㄉ（舌尖化） ㄎ、ㄑ、ㄘ、ㄔ→ㄊ（舌尖化）			
唇形習慣	ㄩ→ㄧ ㄜ→ㄛ ㄡ→ㄛ ㄟ→ㄝ	省略ㄧㄨㄩ	多ㄨ	ㄧㄡ→ㄧㄨ ㄧㄢ、ㄩㄢ→en ㄟ→ㄨㄧ
唇齒習慣	ㄈ→ㄏㄨ			
鼻音習慣	ㄋ→ㄌ ㄥ→ㄣ ㄢ→ㄤ			
送氣習慣	ㄆ→ㄅ ㄊ→ㄉ ㄎ→ㄍ ㄘ→ㄗ ㄔ→ㄓ ㄑ→ㄐ			

第六節　構音異常矯治

經過先前的注音符號發音檢定，我們可以清楚地找出孩子錯誤發聲的字音。綜合先前構音異常產生的可能原因，如果孩子是因為器官缺陷、器官功能障礙或是智能障礙因素，而無法發出正確的字音，情況就較為複雜嚴重，必須到醫院進行鑑別診斷治療，並不是我們一般大人或幼教工作者所能解決的。所幸，絕大多數孩子構音異常產生的原因，都是來自於環境學習因素，一般來說都不會太嚴重，只要大人及早針對孩子產生的原因，提供良好語言刺激的學習環境，假以時日，孩子構音異常的情況就能逐漸改善。

造成構音異常學習環境的因素，大致上有：

1.錯誤的模仿對象。

2.語言使用環境的欠缺。

3.缺乏發音糾正及發聲技巧的教導。

4.發聲部位運用習慣問題等因素。

在這些因素中，語言使用環境的欠缺，會造成孩子不善於運用發聲部位，或是養成懶得運用發聲部位的習慣；而錯誤的模仿對象也養成了錯誤使用發聲部位的習慣；而且如果孩子先前欠缺使用語言環境及會有錯誤的模仿對象，也連帶會有缺乏發音糾正及教導發聲技巧的學習環境。所以，只要我們能解決孩子發聲部位運用習慣，以及缺乏發音糾正及發聲技巧教導學習環境的問題，欠缺使用語言環境及會有錯誤模仿對象的問題，也可以一併解決。因此，針對孩子不是生理醫學因素以及成熟因素，而是因為環境學習因素所造成的構音異常，我們可以從改變孩子發聲部位運用的習慣，以及缺乏發音糾正及發聲技巧教導學習環境的問題著手。

所以，在構音異常矯治的課程安排上，首先設計「發聲部位運動」的課程來

改變孩子不當的發聲習慣，接著再以「字音混淆聽力分辨」的課程，提供讓孩子自我發現錯誤發音的環境刺激，最後再以「字詞句模仿發音矯治」課程來教導孩子練習建立正確發音的技巧及習慣。

壹、發聲部位運動

　　發音一定要藉由發聲部位的運動來達成，所以如果孩子能夠越靈活地運用發聲部位，發出的字音當然也會越標準。相反地，如果孩子無法靈活地運用發聲部位，發出的字音當然也就會有問題。所以當孩子無法發出某些字音，很可能就是孩子對於該字音發聲部位的運用技巧尚不熟練，這時，如果大人一味地要求孩子重複發該字音，孩子不會還是不會，只是徒增孩子的挫折感。所以根本解決之道，應該加強該發聲部位的運動練習，以加強孩子對於該部位的控制運用能力，否則就像孩子站都站不穩了，卻要求孩子走路跑步，根本是強人所難。

　　所以，讀者除了可以根據孩子發音異常的字音，分析出該字音的關鍵發聲部位，加強該發聲部位的運動練習，來矯治孩子異常的發音之外，以下發聲部位運動的課程，更大的價值在於孩子構音異常的預防。如果孩子從一兩歲開始，大人就常常和孩子玩適合其能力發展的發聲部位運動課程，如此長久下來，孩子對於所有的發聲部位都能靈活地運用，日後自然就不會有構音異常的問題，當然也不需要大人如此大費周章來矯治了！

一、*喉部運動*

(一)關係音

　　《、ㄎ、ㄏ等舌根音。

㈡運動方式

1. 吞口水、喝水、吞東西等吞嚥動作。

2. 咕嚕咕嚕漱口。

3. 安排不同節奏連續發扣扣扣或咕咕咕聲。例如以「扣－扣」節奏模式發出「扣－扣扣－扣扣－扣……」等。

4. 以扣扣扣或咕咕咕的聲音哼唱不同曲調，例如「小星星」或「兩隻老虎」等等。

二、下顎運動

㈠關係音

ㄚ、ㄛ、ㄜ、ㄝ、ㄞ、ㄟ、ㄠ、ㄡ、ㄢ、ㄣ、ㄤ、ㄥ、ㄦ等開口呼。

㈡運動方式

1. 持續開合：

⑴咀嚼所需力道較小的食物。例如：飯、餅乾、爆米花、乖乖、蝦味先、洋芋片、軟糖、麥芽糖、牛奶糖、口香糖等。

⑵咀嚼需大力道咬啃堅硬的食物。例如：甘蔗、章魚、魷魚乾、肉干、豆干、牛肉干、干貝等。

⑶牙齒打架：安排不同的節奏讓上下牙齒互相碰觸。

⑷安排不同節奏連續發「ㄚ」音，例如：「ㄚ－ㄚㄚ－ㄚㄚ－ㄚ……」或「ㄚ－ㄚ－ㄚㄚㄚ……」等。

⑸以「ㄚ」音哼唱不同曲調，例如：「小星星」或「兩隻老虎」等等。

2.限度張開練習：

⑴反覆抬頭後仰張顎運動。

⑵口慢慢張開至最大，然後慢慢合閉。

⑶口迅速張開，然後迅速合閉。

⑷大口咬吃整顆蘋果、番石榴或大塊沙琪瑪等食物。

⑸打哈欠。

⑹牙齒檢查：請孩子張大口讓大人或其他孩子檢查牙齒。

三、唇運動

㈠關係音

ㄅ、ㄆ、ㄇ、ㄈ雙唇及唇齒音，以及一、ㄨ、ㄩ、ㄞ、ㄠ、ㄡ等音。

㈡運動方式

1.嘴唇緊閉含紙一段時間。

2.嘴唇含物（如湯圓）從甲盤子移到乙盤子。

3.把嘴唇尖突持久停頓。

4.來回迅速尖突及回縮嘴唇抿嘴。

5.把嘴唇盡量橫裂持久停頓。

6.來回迅速橫裂及回復嘴形。

7.小豬夾吸管：嘴唇外翻如小豬狀，以上嘴唇頂住鼻子夾運吸管（可以吸管粗細控制困難度）。

8.交替迅速地說ㄚ一ㄨㄩ。

9.唇畫：嘴唇塗口紅，變化嘴唇大小形狀，拓印各種唇畫。

10.發ㄚ、ㄛ、ㄜ、ㄝ、一、ㄨ、ㄩ各音，並以唇畫比較各音的唇印形狀。

11.使上唇與下唇接觸發出聲音（打啵兒）。

12.嘴唇含紙快速說「ㄇ」音後，勿讓紙掉落。

四、舌頭運動

(一)關係音

ㄅ、ㄊ、ㄋ、ㄌ、ㄍ、ㄎ、ㄏ、ㄓ、ㄔ、ㄕ、ㄖ、ㄗ、ㄘ、ㄙ、ㄐ、ㄑ、ㄒ、ㄦ等與舌頭相關音。

(二)運動方式

1.舔：

　(1)舔棒棒糖、麥芽糖、冰淇淋。

　(2)在盤子上塗果醬、巧克力醬等孩子喜歡的食物，讓孩子以舌頭舔食。

　(3)以小狗喝水狀，快速伸縮舌頭舔水。

　(4)在嘴唇四周塗果醬、巧克力醬等孩子喜歡的食物，再讓孩子用舌頭以左右水平移動的方式舔乾淨上下嘴唇上的食物。

　(5)在嘴唇四周塗果醬、巧克力醬等孩子喜歡的食物，再讓孩子用舌頭以順逆時針方式舔乾淨。

2.前後左右平伸：

　(1)舌頭前後水平伸展移動，伸出後縮回。

　(2)長舌比賽：讓孩子將舌頭盡量外伸，以尺記錄看誰舌頭最長。

　(3)口外舌尖上嘴唇左右水平移動。

　(4)口外舌尖下嘴唇左右水平移動。

3.上下：

　(1)安排不同節奏連續發「啦」、「搭」、「他」、「ㄌ」、「ㄉ」或

「ㄊ」音等。

(2)以「啦」、「搭」、「他」、「ㄌ」、「ㄅ」或「ㄊ」音哼唱如「小星星」或「兩隻老虎」等不同曲調。

(3)唱潑水歌後半段歌詞「ㄌㄨㄅㄚㄅㄚㄌㄨㄅㄚㄅㄚㄌㄨㄅㄚㄌㄨㄅㄚㄅㄟ，ㄌㄨㄅㄚㄌㄨㄅㄚㄌㄨㄅㄚㄌㄨㄅㄚㄅㄚㄅㄟ；ㄌㄨㄅㄚㄅㄚㄌㄨㄅㄚㄅㄚㄌㄨㄅㄚㄅㄚㄅㄟ，ㄌㄨㄅㄚㄌㄨㄅㄚㄅㄟ！」

(4)口外舌尖上下擺動舔上下唇。

(5)口內舌尖上下彈聲。

4.捲：

(1)口外捲舌練習。

(2)舌頭上捲，持續發ㄦ音，聲音持續最久者勝。

(3)嗑吃瓜子比賽。

(4)吃有子的水果（例如西瓜、番石榴、釋迦、龍眼等）吐子比賽，以吐出的子多者勝。

(5)舌尖抵下牙齦，舌面向外伸展。

5.其他：

(1)舌頭指揮家：嘴唇夾吸管以舌頭操控吸管上下左右方向指揮。

(2)用口含夾吸管傳遞橡皮筋。

(3)吹口香糖泡泡。

(4)用舌尖在餅乾中心挖洞。

(5)角力比賽：孩子用舌頭用力抵推左右頰使其突出，大人則從外頰施壓加力在孩子的舌頭上。

(6)舌頭觸覺分辨：讓孩子分辨口中物（例如造型 QQ 軟糖）的大小、形狀。

⑺讓孩子吃黏牙物，例麥芽糖、年糕、麻糬等物之後，再讓孩子以舌頭
　將黏牙殘渣清乾淨。

五、口呼氣練習

(一)關係音

ㄆ、ㄊ、ㄎ、ㄘ、ㄔ、ㄑ、ㄈ、ㄙ、ㄕ、ㄒ、ㄏ、ㄖ等送氣及擦聲音。

(二)運動方式

1.**一般練習**：

⑴吹風鈴、風車、笛子、口琴、哨子、紙球、塑膠球、水中小船、水面
　保麗龍球或吹熱湯、熱飯、熱開水等熱食。

⑵吸管咕嚕咕嚕吹水、吹肥皂泡泡、吹畫。

⑶玻璃哈氣。

⑷哈氣節奏。

⑸吃口香糖吹泡泡。

⑹吹哨子糖。

⑺吹口哨。

⑻上、下、左、右鼓頰。

⑼左右連續交換鼓頰。

⑽如青蛙一鼓一縮兩頰。

2.**強度**：

⑴吹遠比賽：吹棉花、衛生紙、紙片、保麗龍球、乒乓球、氣球、彈珠
　等物，看誰吹得最遠。

⑵逐漸拉開距離，讓孩子吹倒積木或寶特瓶空瓶等物。

⑶水果種子吐遠比賽：比賽吐西瓜、番石榴、釋迦、龍眼等水果的種子，看誰吐得最遠。

⑷孩子用力吹氣鼓脹兩頰，大人從外頰加壓。

⑸吹汽球、喇叭。

⑹發ㄆ、ㄅ、ㄎ、ㄘ、ㄔ、ㄑ等音，吹棉花、衛生紙、紙片、保麗龍球、乒乓球、氣球、彈珠等物，看誰吹得最遠。

3.**長度：**

⑴將劃有刻度的水瓶裝滿水，倒放在水中，孩子一口氣將空氣從可彎曲吸管吹入使瓶中水位下降，看誰的「口氣」最大，讓水位下降最多。

⑵吹氣長度：手放孩子嘴巴前，測試孩子可以持續吹氣多久。

⑶發音長度比賽：讓孩子持續發「ㄚ」音不能中斷，比賽看誰持續最久。

⑷呼聲長度比賽：讓孩子持續發印地安人呼聲（發ㄚ音時手心一拍一離嘴唇），比賽看誰持續最久。

4.**方向控制：**

⑴向上吹：孩子把自己的手擺放在鼻子前面，手掌心朝下，然後讓孩子看能不能用自己嘴巴的氣息，吹到自己的手掌心。然後，將孩子手掌的擺放位置逐漸調高到眼睛或額頭前面。

⑵向下吹：類似向上吹活動，唯將手掌擺放在下巴或胸前位置。

⑶向左吹：類似向上吹活動，唯孩子將自己的左手擺放在臉頰左邊位置，距離可以視實際狀況調整。

⑷向右吹：類似向上吹活動，惟孩子將自己的右手擺放在臉頰右邊位置，距離可以視實際狀況調整。

⑸吹圈圈肥皂泡：將沾上肥皂水的圈圈管，放在孩子面前，讓孩子以氣息吹過圈圈洞，吹出肥皂泡。可以調整圈圈管擺放位置，讓孩子控制氣息方向。

⑹吹平列物：將容易被吹倒的兩個高長狀物體（例如彩色筆、白板筆、長條積木等），相隔適當距離（約二十公分）平列在孩子前面約三十公分處，讓孩子在頭部必須面對正前方，不得轉動的情形下，依大人指示，以吹氣方式吹倒左邊或右邊的特定物，但不可同時將兩個物體同時吹倒。兩物體平放相隔距離可以逐漸縮小，以增進孩子氣息控制的精確度。

5.氣息控制：

⑴請靠近我：

　　a. 在長條桌面上以膠帶貼黏兩條長線，距離約六十公分。

　　b. 把彈珠擺放在第一條線上。

　　c. 讓孩子拿捏自己氣息的大小，吹一口氣，將彈珠從第一條線吹向第二條線，不論是超過或是未達第二條線，以彈珠最接近第二條線者為優勝。

　　d. 可以依孩子能力，逐漸將兩條線的距離拉長。

⑵保麗龍球過茶杯河：

　　a. 將數個茶杯裝滿水（利用表面張力原理，讓水面高出杯面），以非直線的方式緊臨相接。

　　b. 將保麗龍球放在第一個茶杯中，讓孩子把保麗龍球從第一個茶杯吹到最後一個茶杯。

⑶口吹高爾夫球：

　　a. 在紙盒上挖一個圓洞。

　　b. 將乒乓球或彈珠放在紙盒上。

　　c. 讓孩子將乒乓球或彈珠吹入紙盒內。

　　d. 圓洞大小及距離可以依孩子能力而調整。

(4)吹彈珠走路：

　　a. 以竹筷子或木條在長條桌上排列各種轉折的路徑。

　　b. 讓孩子將彈珠從路徑的一端吹到另一端。

　　c. 此活動可以依孩子能力調整路徑長度、轉折程度以及彈珠的重量大小。

(5)吹黏棉花：讓孩子以持續吹氣方式將棉花固定在牆上，計時看孩子可以將棉花固定多久。

(6)節奏呼氣：以不同氣息聲進行各種不同的節奏呼氣。例如「呼─呼─呼呼呼」或「噓噓噓─」等。

(7)吹彎蠟燭火燄：點燃一根蠟燭，放置在適當距離，讓孩子呼氣將蠟燭火燄吹彎，但不可以將蠟燭火燄吹滅。此活動必須特別留意用火安全。

六、鼻子呼氣

㈠關係音

　　ㄇ、ㄋ、ㄢ、ㄣ、ㄤ、ㄥ等音。

㈡運動方式

1. 用鼻子呼氣在鏡子上，使鏡子上有霧氣。

2. 以鼻音哼唱童謠歌曲。

3. 以鼻孔出氣方式吹動棉花、衛生紙、紙片、保麗龍球、乒乓球、氣球或彈珠等物前進。

七、肺活量鼻口吸氣練習

㈠吸奶嘴、奶瓶、麵條。

㈡湯匙喝湯。

㈢將兩頰內吸呈噘嘴狀。

㈣以鼻孔吸紙片。

㈤使用各種粗細吸管吸水、汽水、可樂、果汁等飲料。

㈥使用各種粗細吸管吸米漿、玉米濃湯、麵糊、芝麻糊等濃稠物。

㈦大吸管吸可通過吸管的固體物如珍珠奶茶的粉圓。

㈧以吸管吸移紙片、保麗龍球、氣球、乒乓球或彈珠等物。

㈨唱歌、跑步、爬山、游泳等換氣動作。

八、輪替綜合動作

㈠唇舌輪替

讓孩子持續複述「ㄆㄊㄆㄊ……」或「ㄆㄚ ㄊㄚ ㄆㄚ ㄊㄚ……」字音。

㈡雙唇、舌前、舌根輪替

讓孩子持續複述「ㄆㄊㄎㄆㄊㄎ……」或「ㄆㄚ ㄊㄚ ㄎㄚ ㄆㄚ ㄊㄚ ㄎㄚ……」字音（註13）。

貳、字音混淆聽力分辨

孩子的發音是經由聽覺模仿而來，要矯正孩子錯誤發音的先決條件，當然要孩子能夠分辨自己錯誤發音及正確發音之間的差異。所以我們必須確定孩子可以分辨自己錯誤發音及正確發音之間的差異，否則所有的發音矯治工作都不可能會有效果。

孩子無法分辨自己錯誤發音及正確發音之間差異的原因，常是來自於學習環境的因素。例如，孩子在之前的環境中，未曾聽過正確的發音，或是孩子從來就沒有留意自己說的話與別人的發音不同，而且也缺乏指出糾正孩子錯誤發音的外在環境。像這些情形，只要大人提供讓孩子分辨自己錯誤發音及正確發音之間差異的機會，一般孩子很快就可以恍然大悟地分辨出其中的差異。但如果是因為生理醫學上的因素，造成孩子聽力上分辨的困難，就必須尋求更專業的協助。

在字音混淆聽力分辨的課程安排上，因為聲韻母是構成字音的基本單位，所以我們當然會先要求孩子能夠分辨聲韻母單音間的差異。但由於絕大多數的字音都是由聲韻母結合而成的，所以當孩子能夠分辨自己錯發聲韻母及正確聲韻母之間的差異後，我們還必須確定孩子是否可以分辨自己錯發聲韻母的結合字音，以及正確聲韻母結合字音之間的差異，所以接下來也安排了聲韻母結合音分辨診斷的課程。

一、聲韻母單音混淆分辨診斷

(一)教材準備內容

欄數五欄，適當列數的字音混淆聽力分辨表，第一欄有「對比」字樣，其餘空白，參考範例如下：

對比				
對比				
對比				

(二)課程活動簡述

1. 將孩子錯誤的發音及正確的目標音填寫在第一欄的對比欄中，然後將第一欄兩個對比音的四種對比組合，隨機無順序地填寫在同列的第二到第

五欄中，參考範例如下：

en－ㄢ對比	en － en	en － ㄢ	ㄢ － en	ㄢ － ㄢ
ㄣ－ㄥ對比	ㄣ－ㄥ	ㄣ－ㄣ	ㄥ－ㄣ	ㄥ－ㄥ
ㄝ－ㄟ對比	ㄟ－ㄟ	ㄝ－ㄟ	ㄝ－ㄝ	ㄟ－ㄝ
ㄜ－ㄦ對比	ㄦ－ㄦ	ㄜ－ㄦ	ㄦ－ㄜ	ㄜ－ㄜ
ㄗ－ㄓ對比	ㄓ－ㄓ	ㄗ－ㄓ	ㄗ－ㄗ	ㄓ－ㄗ

2.找到第一列「en－ㄢ」對比列第二欄的「en－en」欄，大人問孩子：
「en、en，en和en一不一樣？」依據孩子是否能夠正確分辨，在該欄位
標示記號。

3.依上述步驟，依序進行「en－ㄢ」對比列第三到第五欄的「en－ㄢ」、
「ㄢ－en」、「ㄢ－ㄢ」欄字音對比，大人依序詢問孩子：「en、ㄢ，
en和ㄢ一不一樣？」「ㄢ、en，ㄢ和en一不一樣？」「ㄢ、ㄢ，ㄢ和ㄢ
一不一樣？」然後標示記號。

4.依上述步驟，完成其他對比列字音混淆聽力分辨的課程。

㈢無法操作處理方式

1.加強第五章「注音符號形音聯結」中「字音熟悉分辨」相關課程活動經
驗（見第270頁）。

2.加強輔導孩子發展聽覺分辨能力（請參閱第二章「語文學習前準備工作」
中「聲音知覺與分辨記憶」相關課程活動敘述，請見第29頁）。

㈣課程設計、安排、實施等注意考慮或補充事項

對比欄中的字音，請參考孩子「聲韻母單音模仿發音檢定」課程的結
果填寫（見第356頁）。

二、聲韻母結合音分辨診斷

(一)聲母結合音對比分辨

1. 教材準備內容：5×37 方格數組，第一欄方格中，除了第一列預留對比
   聲母空間而空白之外，第二列到三十七列方格中各有一個韻符或結合韻
   符，第二欄到第五欄，除了第一列方格中依序有「1-1」、「1-2」、
   「2-1」、「2-2」對比組合字樣外，其餘方格內預留記號標示空間而空
   白，參考範例如下：

	1-1	1-2	2-1	2-2
ㄚ				
ㄛ				
ㄜ				
ㄝ				
ㄞ				
ㄟ				
ㄠ				
ㄡ				
ㄢ				
ㄣ				
ㄤ				
ㄥ				
ㄦ				
一				
ㄨ				
ㄩ				
一ㄚ				
一ㄝ				
一ㄠ				
一ㄡ				
一ㄢ				
一ㄣ				
一ㄤ				
一ㄥ				
ㄨㄚ				
ㄨㄛ				
ㄨㄞ				
ㄨㄟ				
ㄨㄢ				
ㄨㄣ				
ㄨㄤ				
ㄨㄥ				
ㄩㄝ				
ㄩㄢ				
ㄩㄣ				
ㄩㄥ				

	1-1	1-2	2-1	2-2
ㄚ				
ㄛ				
ㄜ				
ㄝ				
ㄞ				
ㄟ				
ㄠ				
ㄡ				
ㄢ				
ㄣ				
ㄤ				
ㄥ				
ㄦ				
一				
ㄨ				
ㄩ				
一ㄚ				
一ㄝ				
一ㄠ				
一ㄡ				
一ㄢ				
一ㄣ				
一ㄤ				
一ㄥ				
ㄨㄚ				
ㄨㄛ				
ㄨㄞ				
ㄨㄟ				
ㄨㄢ				
ㄨㄣ				
ㄨㄤ				
ㄨㄥ				
ㄩㄝ				
ㄩㄢ				
ㄩㄣ				
ㄩㄥ				

	1-1	1-2	2-1	2-2
ㄚ				
ㄛ				
ㄜ				
ㄝ				
ㄞ				
ㄟ				
ㄠ				
ㄡ				
ㄢ				
ㄣ				
ㄤ				
ㄥ				
ㄦ				
一				
ㄨ				
ㄩ				
一ㄚ				
一ㄝ				
一ㄠ				
一ㄡ				
一ㄢ				
一ㄣ				
一ㄤ				
一ㄥ				
ㄨㄚ				
ㄨㄛ				
ㄨㄞ				
ㄨㄟ				
ㄨㄢ				
ㄨㄣ				
ㄨㄤ				
ㄨㄥ				
ㄩㄝ				
ㄩㄢ				
ㄩㄣ				
ㄩㄥ				

2.課程活動簡述：

(1)將孩子錯誤發音的聲符及正確的聲符填寫在第一欄第一列的對比欄位中，例如「ㄖㄌ」，寫在前面的「ㄖ」是第一對比音，寫在後面的「ㄌ」是第二對比音，參考範例如下（為節省篇幅，在此僅列出五列）：

ㄖㄌ	1-1	1-2	2-1	2-2		ㄗㄙ	1-1	1-2	2-1	2-2		ㄋㄌ	1-1	1-2	2-1	2-2
ㄚ						ㄚ						ㄚ				
ㄛ						ㄛ						ㄛ				
ㄜ						ㄜ						ㄜ				
ㄝ						ㄝ						ㄝ				

(2)找到第二列第一欄欄位中「ㄚ」，然後隨機選取第二列第二欄到第五欄中的一個欄位，依照該欄位第一列的對比組合提示，依序唸出第一或第二對比音與「ㄚ」的結合音讓孩子分辨是否相同。例如，大人先選取第二列第四欄的欄位，依據該欄第一列的「2-1」對比提示，大人依序唸出第二對比音「ㄌ」及第一對比音「ㄖ」與「ㄚ」的結合音「ㄌㄚ」跟「ㄖㄚ」讓孩子分辨是否相同，也就是，大人詢問孩子：「ㄌㄚ、ㄖㄚ，ㄌㄚ和ㄖㄚ一不一樣？」依據孩子是否能夠正確分辨，在該欄位標示記號。

(3)依上述步驟，從第二列第二欄到第五欄中，隨機選取任一尚未分辨的欄位，依照該欄位第一列的對比組合提示，唸出與「ㄚ」結合的字音是否相同。例如，第二、三、五欄的對比組合提示依序是「1-1」、「1-2」及「2-2」，所以大人就問：「ㄖㄚ、ㄖㄚ，ㄖㄚ和ㄖㄚ一不一樣？」、「ㄖㄚ、ㄌㄚ，ㄖㄚ和ㄌㄚ一不一樣？」「ㄌㄚ、ㄌㄚ，ㄌㄚ和ㄌㄚ一不一樣？」然後依據孩子是否能夠正確分辨，在適當的欄位標示記號。

(4)依上述步驟，進行其他各列聲母結合音對比分辨的課程。

3. **無法操作處理方式**：加強「聲韻母單音混淆分辨診斷」相關課程活動經驗（見第 370 頁）。

4. **課程設計、安排、實施等注意考慮或補充事項**：

   ⑴對比欄中的字音，請參考孩子「聲韻母單音模仿發音檢定」課程的結果填寫（見第 356 頁）。

   ⑵請勿按照「1-1」、「1-2」、「2-1」及「2-2」的對比組合提示順序讓孩子分辨字音，否則孩子有可能抓到規則發現第二、五欄字音相同，而第三、四欄字音不同，而且大人發音或記錄時，也應該盡量避免讓孩子看到記錄表。

(二)韻母結合音對比分辨

1. **教材準備內容**：25×5 方格數組，第一欄方格中，除了第一列預留對比韻母空間而空白之外，第二列到五列方格欄位依序有「1-1」、「1-2」、「2-1」、「2-2」對比組合字樣，第二欄到第二十五欄，除了第一列方格中各有一個聲符或介符外，其餘方格內預留記號標示空間而空白，範例如下：

	ㄅ	ㄆ	ㄇ	ㄈ	ㄉ	ㄊ	ㄋ	ㄌ	ㄍ	ㄎ	ㄏ	ㄐ	ㄑ	ㄒ	ㄓ	ㄔ	ㄕ	ㄖ	ㄗ	ㄘ	ㄙ	ㄧ	ㄨ	ㄩ
1-1																								
1-2																								
2-1																								
2-2																								

2. **課程活動簡述**：

   ⑴將孩子錯誤發音的韻符及正確的韻符填寫在第一欄第一列的對比欄位中，例如「ㄣㄥ」，寫在前面的「ㄣ」是第一對比音，寫在後面的「ㄥ」是第二對比音，範例如下頁：

	ㄥ	ㄅ	ㄆ	ㄇ	ㄈ	ㄉ	ㄊ	ㄋ	ㄌ	ㄍ	ㄎ	ㄏ	ㄐ	ㄑ	ㄒ	ㄓ	ㄔ	ㄕ	ㄖ	ㄗ	ㄘ	ㄙ	ㄧ	ㄨ	ㄩ
1-1																									
1-2																									
2-1																									
2-2																									

(2)找到第二欄第一列欄位中「ㄅ」，然後隨機選取第二欄第二列到第五列中的一個欄位，依照該欄位第一欄的對比組合提示，依序唸出第一或第二對比音與「ㄅ」的結合音讓孩子分辨是否相同。例如，大人先選取第二欄第四列的欄位，依據該列第一欄的「2-1」對比提示，大人依序唸出第二對比音「ㄥ」及第一對比音「ㄅ」與「ㄅ」的結合音「ㄅㄥ」跟「ㄅㄅ」讓孩子分辨是否相同。也就是，大人問孩子：「ㄅㄥ、ㄅㄅ，ㄅㄥ和ㄅㄅ一不一樣？」依據孩子是否能夠正確分辨，在該欄位標示記號。

(3)依上述步驟，從第二欄第二列到第五列中，隨機選取任一孩子尚未分辨的欄位，依照該欄位第一欄的對比組合提示，唸出與「ㄅ」結合的字音是否相同。例如，第二、三、五列的對比組合提示依序是「1-1」、「1-2」及「2-2」，所以大人就問：「ㄅㄅ、ㄅㄅ，ㄅㄅ和ㄅㄅ一不一樣？」、「ㄅㄅ、ㄅㄥ，ㄅㄅ和ㄅㄥ一不一樣？」、「ㄅㄥ、ㄅㄥ，ㄅㄥ和ㄅㄥ一不一樣？」然後依據孩子是否能夠正確分辨，在適當的欄位標示記號。

(4)依上述步驟，進行其他各欄位韻母結合音對比分辨的課程。

3.**無法操作處理方式**：加強「聲韻母單音混淆分辨診斷」相關課程活動經驗（見第370頁）。

4.**課程設計、安排、實施等注意考慮或補充事項**：請參閱「聲母結合音對比分辨」課程活動相關敘述（見第372頁）。

三、詞彙字音分辨

(一)教材準備內容

　　詞彙字音分辨表，第一欄從第二列到五列方格欄位依序有「1-1」、「1-2」、「2-1」、「2-2」對比組合字樣，第一列第二欄以後欄位空白，為對比詞彙的預留空間，第二列到第五列，第二欄以後的空白欄位，為標示孩子聽力分辨結果記號的預留空間，參考範例如下：

辨詞／對比組合							
1-1							
1-2							
2-1							
2-2							

(二)課程活動簡述

1. 選取一組孩子錯誤的字音對比，例如「ㄈ－ㄏㄨ」對比，將包含該組對比字音的詞彙，填寫在第一列第二欄以後的欄位中，參考範例如下：

辨詞／對比組合	會話ㄏㄨㄚˋ／廢話ㄈㄟˋ	飛機ㄈㄟ／灰機ㄏㄨㄟ	氣氛ㄈㄣ／氣昏ㄏㄨㄣ	發生ㄈㄚ／花生ㄏㄨㄚ	花卉ㄏㄨㄟˋ／花費ㄈㄟˋ	換錢ㄏㄨㄢˋ／飯錢ㄈㄢˋ	公會ㄏㄨㄟˋ／公費ㄈㄟˋ	
1-1								
1-2								
2-1								
2-2								

2. 找到第二欄第一列欄位中「會話－廢話」的詞彙對比欄位，「會話」為

第一對比詞彙,「廢話」為第二對比詞彙。

3. 隨機選取第二欄第二列到第五列中的一個欄位,依照該欄位第一欄的對比組合提示,依序唸出第一或第二對比詞彙讓孩子分辨是否相同。例如,大人先選取第二欄第四列的欄位,依據該列第一欄的「2-1」對比提示,大人依序唸出第二對比詞彙「廢話」及第一對比詞彙「會話」,讓孩子分辨是否相同。也就是,大人問孩子:「廢話、會話,廢話和會話一不一樣?」依據孩子是否能夠正確分辨,在該欄位標示記號。

4. 依上述步驟,從第二欄第二列到第五列中,隨機選取任一孩子尚未分辨的欄位,依照該欄位第一欄的對比組合提示,讓孩子判斷大人所唸的兩個詞彙是否相同。例如,第二、三、五列的對比組合提示依序是「1-1」、「1-2」及「2-2」,所以大人就問:「會話、會話,會話和會話一不一樣?」、「會話、廢話,會話和廢話一不一樣?」、「廢話、廢話,廢話和廢話一不一樣?」然後依據孩子是否能夠正確分辨,在適當的欄位標示記號。

5. 依上述步驟,進行其他各組詞彙字音分辨的課程。

㈢無法操作處理方式

加強先前「聲韻母結合音分辨診斷」相關課程活動經驗(見第 372 頁)。

㈣課程設計、安排、實施等注意考慮或補充事項

此課程安排目的在於讓孩子去分辨了解,二字詞彙會因為其中一個對比字音的不同,而有不同的意義。相關對比字音詞彙的安排設計,請自行參閱辭典選取。

參、字詞句模仿發音矯治

一、聲韻母單音模仿發音

　　經由注音符號發音檢定的課程，大人對於孩子會發出哪些錯誤的字音，已經可以完全地掌握；再來的發聲部位運動課程，對於孩子正確發音所必須運用關鍵的發聲部位，加強靈活運用的能力；再經由字音混淆聽力分辨的課程，也確定孩子可以分辨自己所發出的錯誤字音，跟正確字音的差異；然後大人就可以針對孩子錯誤的聲韻母發音，提供清晰正確的發音示範，並提示關鍵的發音技巧，讓孩子模仿練習發音。

　　以下筆者謹針對一般孩子常見錯誤的聲韻母發音狀況，提供糾正發聲的關鍵技巧，列製表 6-10，讀者可以配合第四節表 6-2 的「聲母發音綜合分析表」及表 6-5「韻母發音綜合分析表」一起使用，對於孩子聲韻母的發音矯治，會有相當大的幫助。至於注音符號每個聲韻母的詳細發音，同樣地，只要讀者用心體會上述聲母以及韻母發音綜合分析表，應該就可以掌握每個聲韻母的正確發音，有鑑於篇幅因素，在此就不再一一個別詳述。如果想了解注音符號每個聲韻母的詳細發音，請自行參閱「國語語音學」等相關書籍。所以如果孩子有一些特殊的錯誤發音模式，在下表 6-10 中沒有列出，讀者不難可以從聲、韻母發音綜合分析表中，找出造成錯誤發音的原因，進而為孩子提示發音的關鍵技巧，糾正錯誤的發音。

二、聲韻母字音串對比模仿發音

(一)教材準備內容

　　聲韻母字音串對比模仿發音題目，上有六組聲韻母字音串，每組字音串由孩子容易發錯及其對比的兩個特定聲韻母各兩個（總共四個）依各種排列方式所組成。以下為「ㄛ－ㄡ」聲韻母字音串對比模仿發音字音串參

表 6-10 注音符號聲韻母發聲矯治關鍵技巧表

原音	錯誤音	發聲矯治關鍵技巧
ㄓ	ㄗ	舌頭上翹
ㄔ	ㄘ	舌頭上翹
ㄕ	ㄙ	舌頭上翹
ㄖ	ㄌ	舌頭上翹、舌尖不亂動
ㄦ	ㄜ	舌頭上翹收「ㄖ」音
ㄜ	ㄛ	嘴唇稍偏扁圓，舌位稍為上升
ㄦ	ㄛ	先矯治發「ㄜ」後再糾正為「ㄦ」，技巧參閱上兩列說明
ㄤ	ㄢ	收「ㄫ」音，嘴巴張開，舌頭平放
ㄢ	ㄤ	口腔從開慢慢合起來，收「ㄋ」音，舌抵上齒齦收音；或以輕咬舌頭方式收音
ㄉ	ㄍ	舌尖輕觸上齒齦
ㄩ	ㄧ	嘴形緊縮外突
ㄡ	ㄛ	收「ㄨ」音
ㄟ	ㄝ	收「ㄧ」音
ㄈ	ㄏ	上齒輕觸下唇
ㄋ	ㄌ	氣息從鼻腔出來
ㄥ	ㄣ	收「ㄫ」音，嘴巴張開，舌頭平放
ㄆ	ㄅ	送氣
ㄊ	ㄉ	送氣
ㄎ	ㄍ	送氣
ㄘ	ㄗ	送氣
ㄔ	ㄓ	送氣
ㄑ	ㄐ	送氣

考範例，其他各組聲韻母對比模仿發音的字音串，請參閱範例自行設計。

＊ㄛㄡㄛㄡ ＊ㄛㄛㄡㄡ ＊ㄛㄡㄡㄛ ＊ㄡㄛㄡㄛ ＊ㄡㄡㄛㄛ ＊ㄡㄛㄛㄡ

㈡課程活動簡述

　　此處以ㄛ－ㄡ聲韻母字音串對比模仿發音表為例，其他各組聲韻母字音串對比模仿發音，請參考此例自行安排運用。

1. 大人參照示範表，唸出一組聲韻母對比音串，例如「ㄛㄡㄛㄡ」後，要求孩子依樣複述。
2. 依上述步驟，大人一一唸出其他各組聲韻母字音串，讓孩子依樣複述。

㈢無法操作處理方式

1. 如果孩子因為發音部位運用技巧問題，而在複述的過程中顯得相當吃力，則可以將四字的字音串縮減為二字字音串，例如「ㄛㄛ」、「ㄛㄡ」、「ㄡㄛ」、「ㄡㄡ」。
2. 加強先前「聲韻母單音模仿發音」相關課程活動經驗（見第 379 頁）。

㈣課程設計、安排、實施等注意考慮或補充事項

　　此課程可以配合第五章「注音符號形音聯結」中「字音串複述」課程進行（見第 268 頁）。

三、字音對比模仿發音

㈠教材準備內容

　　孩子無法正確發音的字音對比模仿發音表，發音表中方格內有兩兩一組的對比字音。以下為ㄇ－ㄌ字音對比模仿發音表參考範例（表 6-11），其他各組字音對比模仿發音表，請參考此範例自行設計。

表 6-11　ㄖ－ㄌ字音對比模仿發音表

熱樂	饒勞	擾老	繞勞	柔樓	糅摟	肉漏	然蘭	染懶	攘郎	嚷朗	讓浪
仍稜	扔冷	如盧	乳魯	入路	弱落	壖孌	軟卵	潤論	容隆	冗隴	

(二)課程活動簡述

1. 針對孩子錯誤的發音習慣，選擇設計適當的字音對比模仿發音表。例如，孩子習慣將「ㄖ」的結合音誤唸為「ㄌ」的結合音，便可以使用「ㄖ－ㄌ字音對比模仿發音表」。

2. 緩慢清楚地示範聲母「ㄖ」及「ㄌ」的發音，然後確定孩子可以正確地模仿發音。

3. 緩慢清楚地唸出第一欄方格中的第一個對比字音，例如「熱」後，讓孩子模仿發音。

4. 緩慢清楚地唸出第一欄方格中的第二個對比字音，例如「樂」後，讓孩子模仿發音。

5. 一一緩慢清楚地唸出第一欄方格中的兩個對比字音，例如「熱、樂」後，讓孩子模仿發音。

6. 依上述步驟，讓孩子完成其他各欄方格中字音對比的模仿發音。

(三)無法操作處理方式

加強先前「聲韻母字音串對比模仿發音」相關課程活動經驗（見第379頁）。

㈣課程設計、安排、實施等注意考慮或補充事項

此課程的對比字音是依孩子的錯誤發音習慣，選擇對比的聲韻母跟相同聲韻母所組合而成的字音，而且還必須是國音中存在的字音。課程中相關對比模仿字音的安排，請自行參閱辭典選取。

四、詞彙模仿發音及分辨記憶

經過先前的課程練習，如果孩子可以分辨自己先前錯誤發音與正確發音之間的差異，而且也可以清楚、正確地發音之後，再來孩子就必須面對詞彙模仿發音及記憶的問題。例如，以前孩子把「ㄋ」音唸成「ㄌ」音，所以不管「水泥」或「水梨」，一律都唸成「水梨」。現在孩子雖然已經會正確唸出「ㄋ」音，但什麼時候該唸「水泥」，什麼時候該唸「水梨」，大人必須提供正確詞彙的示範發音，讓孩子模仿發音及分辨記憶，否則孩子有可能從原來都唸成「水梨」，變成不管「水泥」或「水梨」，一律都改唸成「水泥」的情形。

以下課程分成詞彙模仿發音，以及詞彙分辨記憶兩部分。詞彙模仿發音課程，目的在於提供孩子正確詞彙的示範發音，並且讓孩子記憶詞彙發音；在孩子模仿記憶詞彙發音之後，再透過詞彙分辨記憶的課程，加強孩子先前錯誤發音詞彙的運用練習。

㈠詞彙模仿發音

1. 教材準備內容：詞彙模仿發音練習表，上有包含某特定聲韻母字音所組成的詞彙。以下為表 6-2「詞彙模仿發音練習表——ㄓ」參考範例，其他特定聲韻母所組成的詞彙練習表，敬請讀者參考附錄二「單拼字音詞彙參考表」、附錄三「兩拼字音詞彙參考表」及附錄四「三拼字音詞彙參考表」自行設計。

表 6-12　詞彙模仿發音練習表——ㄓ

字音	詞彙	字音	詞彙
ㄓ	蜘蛛	ㄓㄣ	枕頭
	品質		地震
	地址	ㄓㄤ	章魚
	智慧		長大
ㄓㄚ	殘渣		蚊帳
	掙扎	ㄓㄥ	風箏
	眨眼		整理
	蚱蜢		立正
ㄓㄜ	遮住	ㄓㄨ	豬肉
	摺紙		蠟燭
	學者		煮飯
	甘蔗		幫助
	躺著	ㄓㄨㄚ	抓癢
ㄓㄞ	摘花		爪子
	住宅	ㄓㄨㄛ	桌子
	寬窄		手鐲
	討債	ㄓㄨㄞ	很跩
ㄓㄠ	招手	ㄓㄨㄟ	追逐
	著火		點綴
	找尋	ㄓㄨㄢ	專心
	照片		旋轉
ㄓㄡ	四周		賺錢
	輪軸	ㄓㄨㄣ	諄諄
	掃帚		準備
	宇宙	ㄓㄨㄤ	化妝
ㄓㄢ	沾水		形狀
	展開	ㄓㄨㄥ	鬧鐘
	站著		種子
ㄓㄣ	打針		重量

2. **課程活動簡述**：大人緩慢清楚地一一示範發音詞彙模仿發音練習表中的詞彙，讓孩子模仿發音後，大人一一解釋各詞彙的意思。

3. **無法操作處理方式**：加強先前「字音對比模仿發音」相關課程活動經驗（見第 381 頁）。

4. **課程設計、安排、實施等注意考慮或補充事項**：課程中詞彙的選取方式，是將包含某特定聲韻母音節字音的詞彙，各選取孩子最熟悉的一個詞彙出來讓孩子模仿發音練習。其他相關詞彙的安排，請自行參閱辭典選取。

㈡詞彙對比發音分辨

1. **教材準備內容**：詞彙對比發音分辨題目，上有包含孩子先前容易發錯及其對比的兩個特定聲韻母字音的詞彙對比分辨題目數組。下為ㄋ－ㄌ字音對比模仿發音題目參考範例舉隅，其他字音對比發音分辨題目，請參考範例自行設計。

＊（離、泥）開。

＊小（瞭、鳥）。

＊（念、練）習。

2. **課程活動簡述**：

⑴針對孩子錯誤的發音習慣，選擇設計適當的詞彙對比發音分辨題目。例如，孩子習慣將「ㄋ」的結合音誤唸為「ㄌ」的結合音，便可以使用ㄋ－ㄌ詞彙對比發音分辨相關的題目。

⑵大人緩慢清楚地唸出題目。例如，「（離、泥）開」，大人問孩子：「是離開還是泥開？」請孩子複述正確的詞彙。

⑶依上述步驟讓孩子一一完成各組詞彙對比發音分辨的題目。

3. **無法操作處理方式**：加強先前「詞彙模仿發音」課程活動相關經驗（見

第 383 頁)。

4. 課程設計、安排、實施等注意考慮或補充事項：設計此課程題目時，
應該交互穿插使用正確的對比字音詞彙。例如，「離開」的正確對比字
音為「ㄌ」，再來「小鳥」的正確對比字音為「ㄋ」。如果使用像「熱
（鬧、烙）」、「（牛、流）奶」、「（女、呂）孩」等題目，完全都
是「ㄋ」的正確對比字音詞彙，而沒有對比音「ㄌ」的正確對比字音詞
彙，就比較不妥當了！

五、句子字音對比挑錯

(一)教材準備內容

包含孩子先前容易發錯或其對比聲韻母字音的字音對比挑錯句子。以
下為ㄈ－ㄏㄨ字音對比挑錯題目參考範例，其他字音對比挑錯句子，請參
閱範例自行設計。

＊新年要說恭喜花財。

＊爸爸喜歡吃發生。

＊天黑了，趕快肥家。

(二)課程活動簡述

1. 針對孩子錯誤的發音習慣，選擇設計適當的詞彙對比發音分辨題目。例
如，孩子習慣將「ㄈ」的結合音誤唸為「ㄏㄨ」的結合音，便可以使用
ㄈ－ㄏㄨ句子字音對比挑錯相關的題目。

2. 大人緩慢清楚地唸出題目。例如，「新年要說恭喜花財」，大人就問孩
子：「新年要說恭喜花財，對不對？」讓孩子發現並將「恭喜花財」糾
正為「恭喜發財」。

3.依上述步驟，讓孩子一一完成其他句子字音對比挑錯的題目。

㈢無法操作處理方式

加強先前「詞彙模仿發音及分辨記憶」相關課程活動經驗（見第 383 頁）。

㈣課程設計、安排、實施等注意考慮或補充事項

請參閱「詞彙對比發音分辨」課程活動相關敘述（見第 385 頁）。

六、*正音字句複述*

㈠教材準備內容

包含孩子先前容易發錯聲韻母字音的正音字句，以下為韻母ㄥ正音字句的參考範例舉隅，其他字音的正音字句，請參閱範例自行設計。

＊紅燈停。

＊蜻蜓驚醒恐龍。

＊姓名曾經更正。

＊刑警鄭重聲明。

＊猩猩證明清醒。

＊明星贈送冷凍檸檬。

㈡課程活動簡述

1.針對孩子錯誤的發音習慣，選擇設計適當的正音字句複述句子。例如，孩子習慣將韻母「ㄥ」誤唸為「ㄣ」，便可以設計韻母ㄥ正音字句複述句子，讓孩子複述練習。

2.大人緩慢清楚地唸出要孩子複述的正音字句，例如「紅燈停」，然後讓孩子複述該字句。

3.依上述步驟，讓孩子一一完成其他正音字句的複述。

(三)無法操作處理方式

加強先前「詞彙模仿發音及分辨記憶」相關課程活動經驗（見第 383 頁）。

(四)課程設計、安排、實施等注意考慮或補充事項

此課程所設計的句子，是每個字音都包含某特定聲韻母所組成的有意義的句子。

七、正音兒歌複述

(一)教材準備內容

包含孩子先前容易發錯聲韻母字音句子的兒歌。以下為韻母ㄤ正音兒歌參考範例舉隅，其他字音的正音兒歌複述，請參閱範例自行設計選用。

＊蒼蠅飛來ㄤㄤㄤ，骯骯髒髒不健康 (註14) 。

＊大地像張彈簧床，小狗躺著晒太陽 (註15) 。

＊康康躺在大操場，藍藍天空像海洋，白白雲像棉花糖，好想抓下嘗一嘗 (註16) 。

(二)課程活動簡述

1.針對孩子錯誤的發音習慣，選擇設計適當的正音兒歌。例如，孩子不擅於發韻母「ㄤ」，便可以安排使用「韻母ㄤ正音兒歌」。

2.大人一句一句緩慢清楚地唸出要孩子複述的正音兒歌，然後讓孩子一句
　一句複述。

3.依上述步驟，讓孩子完成整首正音兒歌的複述。

㈢無法操作處理方式

加強先前「正音字句複述」相關課程活動經驗（見第 387 頁）。

㈣課程設計、安排、實施等注意考慮或補充事項

1.此課程的兒歌設計選擇，很難每個字音都包含某一個特定的聲韻母，只
　能盡量朝這方面去設計選擇。

2.此課程可以配合單元兒歌課程進行。

八、對比拗口詞句複述

㈠教材準備內容

包含孩子容易發錯及其對比的兩個特定聲韻母字音，所組成的對比拗
口詞彙或句子。以下為ㄋ－ㄤ對比拗口詞句參考範例舉隅，其他對比字音
的拗口詞句，敬請參考以下範例自行設計。

＊旁觀

＊三商

＊站長飯放蛋

＊上山上

＊官方網站

＊晚上船上彈簧閃黃光

(二)課程活動簡述

1. 針對孩子錯誤的發音習慣，選擇設計適當的對比拗口詞句。例如，孩子對於「ㄢ」及「ㄤ」的發音經常混淆，便可以設計使用ㄢ－ㄤ對比拗口的詞句。

2. 大人緩慢清楚地唸出要孩子複述的對比拗口詞彙或句子，例如「旁觀」，然後讓孩子複述該對比拗口詞彙。

3. 依上述步驟，讓孩子一一完成其他對比拗口詞彙或句子的複述。

(三)無法操作處理方式

加強先前「正音字句複述」及「正音兒歌複述」等相關課程活動經驗（見第 387、388 頁）。

(四)課程設計、安排、實施等注意考慮或補充事項

此課程藉由孩子複述對比的特定聲韻母字音，所組成的對比拗口詞彙或句子，來讓孩子熟練這些對比字音的發音技巧，所以組成拗口詞彙或句子的每一個字音，一定含有兩個特定聲韻母中的任一個聲韻母。以「旁觀」來分析，「旁」含「ㄤ」，「觀」含「ㄢ」；而「官方網站」一詞也依序包含「ㄢ」、「ㄤ」、「ㄤ」及「ㄢ」等ㄢ－ㄤ對比韻母，所以在說這些對比拗口詞句時，必須更特別留意發聲部位的運用，才能清楚發音。

九、繞口令

(一)教材準備內容

包含孩子容易發錯及其對比的兩個特定聲韻母字音組成的繞口令句子。

以下為ㄈ－ㄏㄨ對比的繞口令參考範例舉隅，其他相關對比字音的繞口令，請自行安排設計。

＊灰雞上飛機：抱著灰雞上飛機，飛機起飛，灰雞要飛 (註17)。

＊影壁牆上畫三鳳：影壁牆上畫三鳳：黃鳳凰，紅鳳凰，粉紅鳳凰 (註18)。

＊粉紅佛花：會糊粉紅佛花，再糊粉紅佛花；不會糊粉紅佛花，就別糊粉
　紅佛花 (註19)。

㈡課程活動簡述

1. 針對孩子錯誤的發音習慣，選擇設計適當的繞口令句子。例如，孩子對
　於「ㄈ」及「ㄏㄨ」的發音經常混淆，便可以選擇ㄈ－ㄏㄨ對比的繞口
　令句子。

2. 大人緩慢清楚地唸出一句要孩子複述的繞口令句子，然後讓孩子複述該
　句繞口令。

3. 依上述步驟讓孩子一一緩慢地複述所有繞口令的句子。

4. 大人稍微加快速度再次一句一句唸該繞口令句子，讓孩子用稍快的速度
　一句一句複述。

5. 大人以更快的速度再一次一句一句唸繞口令句子，並要求孩子用最快的
　速度一句一句複述該繞口令。

6. 依上述步驟，讓孩子一一完成其他所有繞口令的複述。

㈢無法操作處理方式

1. 加強先前「對比拗口詞句複述」相關課程活動經驗（見第389頁）。
2. 放慢繞口令的速度。

㈣課程設計、安排、實施等注意考慮或補充事項

　　繞口令的內容也可以當成兒歌使用。

註釋

註 1：　林寶貴（1995）。語言障礙與矯治。128 頁。台北：五南圖書出版公司。

註 2：　東園國小資源班網站。

註 3：　同註 2。

註 4：　所謂的「懶惰原則」就是指說話時，發聲部位最輕鬆的使用原則，基本上
　　　　就是「能不動就不動，能少動絕不多動」。

註 5：　黃瑞枝（2001）。說話教材教法。29 頁。台北：五南圖書出版公司。

註 6：　鍾露昇（1967）。國語語音學。40 頁。台北：語文出版社。

註 7：　吳金娥等（1997）。國音及語言運用。110-111 頁。台北：三民書局。

註 8：　同註 7。111 頁。

註 9：　同註 7。105 頁。

註 10：同註 5。42-43 頁。

註 11：同註 1。127-128 頁。

註 12：同註 5。44 頁。

註 13：林麗英（1999）。家有學語兒（遊戲篇）。163 頁。台北：信誼基金出版
　　　　社。

註 14：東穎出版社編輯部（1985）。有趣的ㄅㄆㄇ（中）拼讀篇。35頁。台北：
　　　　東穎出版社。

註 15：賴玫瑰。ㄅㄆㄇ讀本。45 頁。台南：世一書局。

註 16：李玉萍（1993）。大家來學ㄅㄆㄇ（韻母篇）。38頁。台南：世一書局。

註 17：梁華蓉（1994）。娃娃繞口令。2頁。台南：世一書局。

註 18：同註 17。16 頁。

註 19：敦善編著（1985）。繞口令。143 頁。台北：星光出版社。

第 **七** 章

注音符號拼音

第一節　拼音方法

　　所謂的拼音，就是將聲母、韻母及聲調緊密正確地拼合起來。一般常用的拼音方法有「直接拼音法」以及「間接拼音法」兩種。

壹、直接拼音法

　　又稱為「直拼法」、「暗拼法」、「換聲頭法」及「不拼音的拼音法」（註1）。其原理就是不要讀出聲母和韻母，只要直接讀出字音（註2）。例如，一看到「ㄔㄨㄣ」時，無須先唸「ㄔ」，再唸「ㄨㄣ」，然後才拼成「ㄔㄨㄣ」，而是先用唸聲母的發音部位和發音方法來控制口腔姿勢，再唸出韻母的聲音，而直接把字音拼讀出來。所以唸「ㄔㄨㄣ」時，我們的口形是由「ㄨ」出發，而不是從「ㄔ」出發，聲符「ㄔ」只是提示舌頭翹起，阻擋氣流而已，整個口形都只是「ㄨㄣ」的變化，而直接將「ㄔㄨㄣ」拼讀出來。

貳、間接拼音法

　　間接拼音法依注音符號的數目來分有單拼、兩拼及三拼；如果依使用聲母的本音或是命名來拼音分，又可以區分為「音值拼讀」以及「名稱拼讀」。

一、依注音符號數目分類

㈠單拼法

　　這是一個字音僅用一個注音符號拼注的方式，又可以分為單用韻母（如

「ㄩㄟ」、「ㄞㄣ」等）及單用聲母（如「ㄔㄣ」、「ㄕㄣ」等）兩種。「ㄓ」、「ㄔ」、「ㄕ」、「ㄖ」、「ㄗ」、「ㄘ」及「ㄙ」等單用聲母，表面上是只用一個注音符號拼注，事實上是省略了空韻「ㄭ」，算是特例，因為按照語音拼讀的道理，聲母是不可能單獨用來拼音的 (註3)。

(二)兩拼法

這是用兩個注音符號來拼音的方式，仍可分為用一個聲母和一個韻母相拼（如「ㄑㄩㄟ」、「ㄏㄞㄣ」等）及用「ㄧ」、「ㄨ」、「ㄩ」做介音，與另外的韻母相拼的結合韻母拼合（如「ㄧㄚㄣ」、「ㄩㄥㄣ」等）。

(三)三拼法

這是用三個注音符號來拼音的方式，而且是用聲母來拼結合韻母。由於三拼法比較複雜，又分為以下幾種：

1. **正則拼讀法**：又稱為「普通拼讀法」。這是把三拼的音，介音先跟韻母拼成結合韻，然後再跟聲母相拼。例如「孫」，先拼「ㄨ─ㄣ─ㄨㄣ」，然後再拼成「ㄙ─ㄨㄣ─ㄙㄨㄣ」。

2. **變通拼讀法**：又稱為「聲介合符拼法」或「王小航法」。這是把三拼的音，先拼聲母和介音，最後再跟韻母相拼。例如「孫」，先拼「ㄙ─ㄨ─ㄙㄨ」，然後再拼成「ㄙㄨ─ㄣ─ㄙㄨㄣ」。不過變通拼讀法若是遇到變音的結合韻母就不適用，請參閱本章第五節「結合韻母拼音變音特例」相關課程活動敘述。例如「ㄑㄩㄢ」，如果先拼「ㄑㄩ」，再用「ㄑㄩ」跟「ㄢ」相拼，就會和實際的「ㄑㄩㄢ」音有出入，因為結合韻母「ㄩㄢ」會從原來的「ㄩㄚㄢ」變音偏向「ㄩㄝㄢ」，所以應該用「ㄑㄩ」去拼「ㄝㄢ」而不是「ㄚㄢ」。因此，如果不從結合韻母來分析，我們在拼變音的結合韻母，例如「ㄒㄩㄢ」時，到底是要用「ㄒㄩ」去

拼「ㄚㄋ」或是「ㄝㄋ」，就會遇到相當大的困擾。

3.**介音重用法**：由於變通拼讀法有上述缺點，為了解決結合韻母變音的問題，就產生一種把介音重用兩次的拼法，叫作「介音重用法」，又稱為「蕭家霖法」。例如拼「ㄑㄩㄢ」時，以「ㄑㄩ」和「ㄩㄢ」相拼，重用了兩次介音「ㄩ」來拼成「ㄑㄩㄢ」；同樣地，拼「ㄅㄨㄢ」時，以「ㄅㄨ」和「ㄨㄢ」相拼，重用了兩次介音「ㄨ」來拼成「ㄅㄨㄢ」(註4)。

二、*依使用本音或命名拼音分類*

在拼音的過程中，我們會面臨到一個問題，那就是要使用聲母的本音或是命名來拼音（聲母的本音及命名請參閱第六章「發音矯治」相關說明）。用聲母的本音來拼音，比較準確而理想，稱為「音值拼讀」；以聲母的命名來拼音，在推廣上比較方便，稱為「名稱拼讀」。事實上名稱拼讀完全靠熟練與強記，還容易訛讀；若能了解實際上的本音，用音值拼讀法比較科學，也比較不易出錯(註5)。

三、*聲調拼法*

㈠四聲數調法

先拼出一聲字音，然後按四聲順序拼讀其他聲調的字音。例如「ㄍㄠˋ」，先拼出「ㄍㄠ」，然後依一、二、三、四聲順序再數唸「ㄍㄠ」、「ㄍㄠˊ」、「ㄍㄠˇ」、「ㄍㄠˋ」數唸到四聲「ㄍㄠˋ」。

㈡韻母連調法

先把聲調跟韻母連結的拼法。例如拼「ㄍㄠˋ」，先把四聲調跟韻母「ㄠ」連結成「ㄠˋ」，然後以「ㄍ─ㄠˋ─ㄍㄠˋ」方式拼出「ㄍㄠˋ」。

參、直接拼音法跟間接拼音法比較

目前國小的拼音教學主張採用直接拼音法，可以避免把聲母的領音也讀出來所造成的錯誤（註6），而且速度也比較快（註7）。但如果我們分析直接拼音法，會發現直接拼音法是以注音符號聲韻符等視覺符號為線索，來把字音拼讀出來，例如，看到注音字形符號「ㄨㄚ」，把相對於該字形符號的「ㄨㄚ」音唸出來；而不是以注音符號聲韻母等聽覺符號為線索，來把字音拼唸出來，例如，聽到「ㄨ」和「ㄚ」的音，而拼念出「ㄨㄚ」音。所以直接拼音法應該改稱為「直接拼讀法」比較符合實際狀況。

當然，如果以現行國小綜合法教學來看（綜合法相關討論請參閱第五章「注音符號形音聯結」中第二節「注音符號的教學方法」課程活動相關敘述），綜合法本來就是語文聽、說、讀、寫的綜合學習，拼讀跟拼音是同時進行的，所以稱為拼讀法或是拼音法，在實際運用上差別不大。但是如果我們要運用在學齡前的孩子身上，從綜合分析並行法的分析觀點來探討，「拼音」是以注音符號聲韻母等聽覺聲音符號為線索，來把字音拼唸出來；而「拼讀」則是以注音符號聲韻符等視覺文字符號為線索，來把字音拼讀出來。拼音所要處理的只是聽覺聲音符號；而拼讀所必須處理的，除了聽覺聲音符號之外，還要加上視覺文字符號。所以，不會拼音一定不會拼讀；要會拼讀，除了要拼音之外，還必須熟悉注音符號的形音聯結（請參閱第一章的「幼兒語文學習參考架構表」）。那麼，對於年齡小的學齡前孩子，我們為何不循序漸進地讓孩子熟悉字音拼音及注音符號形音聯結之後，再來進行拼讀的課程，卻要把字音拼音、注音符號形音聯結以及拼讀三樣學習進度，一次就加在孩子的身上呢？而且在實務的運用上，一般三歲小班的孩子，就可以提供字音拼音相關的語言學習環境了，但若要進行注音符號拼讀的課程，一般來講，都必須等到孩子中、大班熟悉注音符號的形音聯結之後，才能進行。

當孩子進行注音符號形音聯結課程時，如果我們同時也以間接拼音法讓孩子

經歷字音拼音的語言經驗，等注音符號形音聯結學習完成後，孩子字音拼音的語言經驗也夠熟練了，這時候就可以很輕鬆地進入拼讀的學習課程，這樣不是很好嗎？在胡永崇老師「國小一年級閱讀障礙學生注音符號學習的相關因素及意義化注音符號教學成效之研究」中，也認為間接拼音法較適合初學或學習困難者，所以胡老師研究進行拼音教學時，亦較採取間接拼音之教學方式（請參閱第五章「注音符號形音聯結」中第二節「注音符號的教學方法」課程活動相關敘述）。吳敏而博士對於國小拼音教法的看法，也認為間接拼音法的好處是對注音學習緩慢的小朋友較有幫助，針對不同能力的孩子，可適時提供不同的方法，使其了解拼音的道理（註8）。所以，對於年齡較小的學齡前孩子，個人建議採行間接拼音法。

　　至於一般認為使用間接拼音法，會因為唸出聲母的領音，因而造成錯誤的問題，我們可以用以聲母的本音來拼音的「音值拼讀」來解決。關於間接拼音速度較慢的問題，拼音拼讀速度對於國小孩子來說，因為關係著閱讀速度，所以比較重要。但是對於學齡前的孩子來說，如何正確使用拼音技巧，把每個字音拼得準確，以及如何正確使用拼音技巧，去探討分析聲韻母與日常生活語言詞彙的關係，遠比速度快來得重要多了。不過雖說使用間接拼音法來拼音拼讀的速度較慢，學齡前的孩子如果有間接拼音法的語言經驗當作基礎，日後進入小學一年級改以直接拼音法拼讀時的速度，會比其他沒有間接拼音法經驗的孩子來得快。而且上述兩種教學法所造成的差異，很可能在進入小學一年之內，隨著小朋友學的國字越來越多，而差異越來越少，甚至根本沒有分別（註9）。

　　最後，在以間接拼音法拼音時，特別注意要依照順序，很快地一一正確唸出聲母、韻母及聲調，然後再將聲母、韻母及聲調緊密正確地拼合起來。例如，當大人在示範教導「杯，ㄅㄟ－ㄅㄟ－」的「ㄅㄟ－」時，應該讓孩子清楚地聽到並了解「ㄅㄟ」這個字音是用很快的速度唸出「ㄅ」和「ㄟ」所拼合成的，而不是要讓孩子不知所以然地記下「ㄅㄟ－ㄅㄟ－」這個組合模式，而沒有聽出「ㄅ」、「ㄟ」以及「ㄅㄟ」之間的關聯。

第二節　字音反拼示範熟悉

　　如果我們用這樣的比喻：ㄅ及ㄚ的字音是原料，經過拼音的加工生產過程而產生的ㄅㄚ這個音是為產品。孩子平常所使用的語言都是經過加工完成的產品，當我們要求孩子拼音時，就是要求孩子從以往的消費者，變為拼音的加工生產者。由於孩子之前沒有拼音的經驗，所以我們會先安排「字音反拼示範」的課程讓孩子熟悉拼音的模式，了解例如嘴巴這個「巴」的字音，是如何由ㄅ和ㄚ兩個音拼成的。

壹、教材準備內容

　　「字音反拼示範表」，反拼示範的字音又可分為兩拼以及三拼字音，國音中沒有的字音以斜線表示。參考範例請見表 7-1 及表 7-2。參考範例兩拼字音只舉「ㄇ」，三拼字音只舉「ㄒ」為例，其餘部分請參閱附錄三「兩拼字音詞彙參考表」及附錄四「三拼字音詞彙參考表」自行設計。

貳、課程活動簡述

一、大人唸出字音反拼示範表中的一個字音，例如大人說：「媽媽，如果我們把ㄇ和ㄚ很快地唸在一起，就會變成ㄇㄚ，ㄇㄚ－ㄇ－ㄚ－ㄇㄚ。」藉由這樣的示範，讓孩子了解媽媽的這個媽字，是由ㄇ和ㄚ兩個音拼成的。

二、如此每次依照「字音反拼示範表」示範幾個字音。

參、無法操作處理方式

此課程目的為字音反拼示範熟悉，孩子只需聆聽大人反拼示範，並不需要做其他任何的反應，示範過程中並不要求孩子跟隨複述，但如果孩子主動跟隨複述，也不禁止。

肆、課程設計、安排、實施等注意考慮或補充事項

一、此課程可以配合第五章的「注音符號字音熟悉」中「字音反拼示範」課程進行（見第 263 頁）。

二、此課程的目的為字音分析及拼音技巧的導入，聲調的變化並非重點，所以所選擇使用的字音只限於一聲字音，其他聲調字音則捨棄不用，以免模糊了學習的焦點。

三、此課程可以配合唸兒歌或是認字等課程帶入。大人可以從兒歌中挑選一些孩子熟悉的詞彙字音（以一聲字音為佳），反拼示範給孩子聽。

四、大人每次結構式地示範完反拼示範表中的字音後，也可以讓孩子任意舉唸字音考大人，再由大人反拼示範給孩子聽。

表 7-1　兩拼字音反拼示範表

字音	ㄇㄧ	ㄇㄨ	ㄇㄚ	ㄇㄛ	ㄇㄞ	ㄇㄟ	ㄇㄠ	ㄇㄡ	ㄇㄢ	ㄇㄣ	ㄇㄤ	ㄇㄥ
詞彙	貓咪	/	媽媽	/	/	/	小貓	/	/	悶熱	/	/

表 7-2　三拼字音反拼示範表

字音	ㄒㄧㄚ	ㄒㄧㄝ	ㄒㄧㄠ	ㄒㄧㄡ	ㄒㄧㄢ	ㄒㄧㄣ	ㄒㄧㄤ	ㄒㄧㄥ	ㄒㄩㄝ	ㄒㄩㄢ	ㄒㄩㄣ	ㄒㄩㄥ			
詞彙	龍蝦	一些	宵夜	害羞	新鮮	辛苦	香菇	星星	馬靴	宣布	燻黑	兄弟			

第三節　線索字音反拼

　　經過「字音反拼示範熟悉」課程之後，孩子對於拼音的模式已經有初步概念，可是要直接進入拼音的課程又太快了，所以我們就先安排「線索字音反拼」的課程，以提供聲母或韻母線索的方式，協助孩子熟練拼音的模式。

壹、兩拼字音反拼

一、聲母線索

(一)圖卡反拼遊戲

　　1.**教材準備內容**：孩子熟悉的動物、水果、器具或交通工具等圖卡，而且這些圖卡名稱中含有兩拼一聲的字音。

　　2.**課程活動簡述**：

　　⑴將圖卡覆蓋堆疊。

　　⑵大人或孩子隨機抽取一張圖卡後，孩子說出該圖卡圖案的名稱，例如：「是腳踏車。」大人就說：「腳踏車的車，ㄔ和什麼音在一起會變成車？ㄔㄜ－ㄔ－ㄜ－ㄔㄜ，ㄔ和ㄜ在一起會變成車。」

⑶讓孩子抽取下一張圖卡，並說出該圖卡的圖案名稱後，大人說出所要反拼的字音，並提供該字音的聲母線索，讓孩子拼出該字音。例如圖卡圖案是電燈。大人就說：「電燈的燈，ㄉ和什麼音在一起會變成燈？」讓孩子嘗試以「ㄉㄥ－ㄉ－ㄥ－ㄉㄥ」的方式回答：「ㄉ和ㄥ在一起會變成燈。」

⑷依上述步驟完成其他圖卡的反拼遊戲。

3.**無法操作處理方式：**

⑴使用孩子較熟悉的圖卡圖案名稱字音。

⑵加強先前「字音反拼示範熟悉」相關課程活動經驗（見第 401 頁）。

4.**課程設計、安排、實施等注意考慮或補充事項：**老虎圖卡因為沒有一聲字音不適合；蜻蜓圖卡因為是三拼字音而不適合；書包圖卡則「書」跟「包」兩個字音都可以拿來反拼使用。

㈡字音反拼遊戲

1.**教材準備內容：**兩拼字音反拼示範表，請參閱表 7-1。

2.**課程活動簡述：**

⑴大人依照表 7-1「兩拼字音反拼示範表」，說一個兩拼的字音，如果有適當詞彙則加唸該相關詞彙，然後提示該字音的聲母，讓孩子找出該字音的韻母。例如大人說：「巴，嘴巴的巴，ㄅ和什麼音在一起會變成巴？ㄅㄚ－ㄅ－ㄚ－ㄅㄚ，ㄅ和ㄚ在一起會變成巴。」如果沒有適當的詞彙，則直接唸出該字音，例如：「ㄅㄨ，ㄅ和什麼音在一起會變成ㄅㄨ？ㄅㄨ－ㄅ－ㄨ－ㄅㄨ，ㄅ和ㄨ在一起會變成ㄅㄨ。」

⑵示範完後，再依序舉其他字音，提示該字音的聲母，讓孩子分析出該字音的韻母，拼出該字音。例如：「杯，茶杯的杯，ㄅ和什麼音在一起會變成杯？」讓孩子以「ㄅㄟ－ㄅ－ㄟ－ㄅㄟ」的方式，回答：

「ㄅ和ㄟ在一起會變成杯。」

3.無法操作處理方式：

　(1)使用孩子較熟悉的字音。

　(2)加強先前「字音反拼示範熟悉」相關課程活動經驗（見第401頁）。

4.課程設計、安排、實施等注意考慮或補充事項：

　(1)此課程也可以配合單元兒歌進行，反拼的字音可以選自兒歌中的兩拼一聲字音。

　(2)詞彙選用注意事項敬請參閱第五章「注音符號形音聯結」中「字音反拼示範」課程中注意考慮或補充事項2的相關說明（見第264頁）。

二、韻母線索

㈠圖卡反拼遊戲

1.教材準備內容：同「聲母線索」中「圖卡反拼遊戲」課程，請自行參閱相關說明（見第403頁）。

2.課程活動簡述：類似「聲母線索──圖卡反拼遊戲」，只是大人所提供的線索改為韻母。例如抽取出的圖卡是書，大人就說：「書，ㄨ和什麼音在一起會變成書？ㄕㄨ－ㄕ－ㄨ－ㄕㄨ，ㄕ和ㄨ在一起會變成書。」示範完後，再讓孩子抽取下一張牌，說出圖卡名稱，大人說出所要反拼的字音，並提供該字音的韻母線索，讓孩子拼出該字音。

3.無法操作處理方式：同「聲母線索」中「圖卡反拼遊戲」課程，請自行參閱相關說明。

4.課程設計、安排、實施等注意考慮或補充事項：同「聲母線索」中「圖卡反拼遊戲」課程，請自行參閱相關說明。

㈡字音反拼遊戲

1. **教材準備內容**：兩拼字音反拼示範表，請參閱表 7-1。

2. **課程活動簡述**：類似「聲母線索」中「字音反拼遊戲」，大人先說一兩拼的字音，如果有適當詞彙則加唸該相關詞彙，然後提示該字音的韻母，讓孩子找出該字音的聲母。例如大人說：「包，書包的包，什麼音和ㄠ在一起會變包？ㄅㄠ－ㄅ－ㄠ－ㄅㄠ，ㄅ和ㄠ在一起會變成包。」如果沒有適當的詞彙，則直接唸出該字音，例如：「ㄋㄠ，什麼音和ㄠ在一起會變成ㄋㄠ？ㄋㄠ－ㄋ－ㄠ－ㄋㄠ，ㄋ和ㄠ在一起會變成ㄋㄠ。」示範完後，再依序舉其他字音，提示該字韻母，讓孩子分析出該字音的聲母，拼出該字音。

3. **無法操作處理方式**：同「聲母線索」中「字音反拼遊戲」，請自行參閱相關說明（見第 404 頁）。

4. **課程設計、安排、實施等注意考慮或補充事項**：同「聲母線索」中「字音反拼遊戲」，請自行參閱相關說明。

貳、三拼字音反拼

一、聲母線索

㈠圖卡反拼遊戲

1. **教材準備內容**：孩子熟悉的動物、水果、器具或交通工具等圖卡，而且這些圖卡名稱中含有三拼一聲的字音。

2. **課程活動簡述**：類似「兩拼字音反拼」課程中的「聲母線索圖卡反拼遊戲」，只是大人選定三拼的字音讓孩子反拼。例如，抽取出的圖卡是西

瓜，大人就說：「西瓜的瓜，ㄍ和什麼音在一起會變成瓜？」孩子則以「ㄍㄨㄚ－ㄍ－ㄨㄚ－ㄍㄨㄚ」的方式，分析出「ㄍ」和「ㄨㄚ」在一起會變成瓜。

3. **無法操作處理方式**：加強先前「兩拼字音反拼聲母線索」中「圖卡反拼遊戲」相關課程活動經驗（見第 403 頁）。

4. **課程設計、安排、實施等注意考慮或補充事項**：輪船圖卡因為沒有一聲字音不適合；書包圖卡因為是兩拼字音而不適合；蜻蜓圖卡中的「蜻」字音則可以拿來反拼使用。

㈡字音反拼遊戲

1. **教材準備內容**：三拼字音反拼示範表，請參閱表 7-2。

2. **課程活動簡述**：類似「兩拼字音反拼聲母線索」中「字音反拼遊戲」，唯大人所選用的是三拼字音。例如大人問：「摔倒的摔，ㄕ和什麼音在一起會變成摔？」孩子則以「ㄕㄨㄞ－ㄕ－ㄨㄞ－ㄕㄨㄞ」的方式分析出「ㄕ」和「ㄨㄞ」在一起會變成摔。

3. **無法操作處理方式**：加強先前「兩拼字音反拼聲母線索」中「字音反拼遊戲」相關課程活動經驗（見第 404 頁）。

4. **課程設計、安排、實施等注意考慮或補充事項**：此課程也可以配合單元兒歌進行，反拼的字音可以選自兒歌中的三拼一聲字音。

二、結合韻母線索

㈠圖卡反拼遊戲

1. **教材準備內容**：同「聲母線索——圖卡反拼遊戲」課程，請自行參閱相關說明（見第 406 頁）。

2. 課程活動簡述：類似聲母線索的圖卡反拼遊戲，只是大人所提供的線索改為結合韻母。例如，抽取出的圖卡是窗戶，大人就說：「窗戶的窗，ㄨㄤ和什麼音在一起會變成窗？」孩子則以「ㄔㄨㄤ－ㄔ－ㄨㄤ－ㄔㄨㄤ」的方式分析出「ㄔ」和「ㄨㄤ」在一起會變成窗。

3. 無法操作處理方式：加強先前「兩拼字音反拼韻母線索」中「圖卡反拼遊戲」相關課程活動經驗（見第405頁）。

4. 課程設計、安排、實施等注意考慮或補充事項：請參閱「三拼字音反拼聲母線索」中「圖卡反拼遊戲」課程活動相關敘述（見第406頁）。

㈡字音反拼遊戲

1. 教材準備內容：拼字音反拼示範表，請參閱表7-2。

2. 課程活動簡述：類似「兩拼字音反拼測試韻母線索」課程中的字音反拼遊戲，唯大人所選用的是三拼字音。例如大人問：「花瓶的花，ㄨㄚ和什麼音在一起會變成ㄏㄨㄚ？」孩子則以「ㄏ－ㄨㄚ－ㄏㄨㄚ」的方式分析出「ㄏ」和「ㄨㄚ」在一起會變成花。

3. 無法操作處理方式：加強先前「兩拼字音反拼韻母線索」中「字音反拼遊戲」相關課程活動經驗（見第406頁）。

4. 課程設計、安排、實施等注意考慮或補充事項：此課程也可以配合單元兒歌進行，反拼的字音可以選自兒歌中的三拼一聲字音。

第四節　口語字音一聲拼音

大人唸出聲母及韻母，例如「ㄅ－ㄚ－」，讓孩子很快地唸「ㄅ」及「ㄚ」音而得到「ㄅㄚ」音。然後讓孩子說出像「八樓」、「嘴巴」、「喇叭」等含有

「ㄅㄚ」音的詞彙。在字音拼音參考表（請見表 7-3 及表 7-4）的設計上，如果國字中沒有這個字音，或者這個字音十分冷僻少用，則以對角斜線顯示，例如ㄅ跟ㄩ。不過，國字中沒有這個字音並不表示不能拼音，前例的ㄅ跟ㄩ還是可以拼成ㄅㄩ。所以，如果大人強調的是拼音的實際運用，那麼國字中沒有或者十分冷僻少用的字音，當然可以不必要求孩子去拼；但如果大人強調的是拼音的能力，那麼當然可以讓孩子嘗試這些對角斜線的聲韻母拼音，因為中文沒有的字音並不表示不會在其他的語言中出現，如果擁有拼音的能力，則對於其他各種語言的拼音學習，自然可收事半功倍的效果。字音一聲拼音又可以分為兩拼以及三拼字音，表 7-3 及表 7-4 的參考範例中，只列出部分韻母，其餘部分請參閱附錄三「兩拼字音詞彙參考表」及附錄四「三拼字音詞彙參考表」自行設計。

表 7-3　兩拼字音拼音參考表

	ㄅ	ㄆ	ㄇ	ㄈ	ㄉ	ㄊ	ㄋ	ㄌ	ㄍ	ㄎ	ㄏ	ㄐ	ㄑ	ㄒ	ㄓ	ㄔ	ㄕ	ㄖ	ㄗ	ㄘ	ㄙ	ㄧ	ㄨ	ㄩ
ㄧ																								
ㄨ																								
ㄩ																								

表 7-4　三拼字音拼音參考表

	ㄅ	ㄆ	ㄇ	ㄈ	ㄉ	ㄊ	ㄋ	ㄌ	ㄍ	ㄎ	ㄏ	ㄐ	ㄑ	ㄒ	ㄓ	ㄔ	ㄕ	ㄖ	ㄗ	ㄘ	ㄙ
ㄧㄚ																					
ㄧㄝ																					
ㄧㄠ																					

壹、兩拼拼音

一、同聲母拼音

㈠教材準備內容

兩拼字音拼音參考表，參考範例請見表 7-3。

㈡課程活動簡述

1.依照表 7-3「兩拼字音拼音參考表」，大人一一唸某特定聲母及其他韻母，讓孩子練習同聲母拼音。例如，大人一一唸以「ㄅ」為聲母的兩拼字音，「ㄅ－ㄨ－」、「ㄅ－ㄚ－」、「ㄅ－ㄛ－」、「ㄅ－ㄞ－」等聲韻母，讓孩子拼出聲母為「ㄅ」的「ㄅㄨ」、「ㄅㄚ」、「ㄅㄛ」、「ㄅㄞ」等音。

2.然後大人再唸另一組聲母相同的字音如「ㄆ」，讓孩子拼出同聲母的兩拼字音。

3.依此要領，讓孩子拼完其他同聲母的字音。

㈢無法操作處理方式

加強先前「字音反拼示範熟悉」相關課程活動經驗（見第 401 頁）。

㈣課程設計、安排、實施等注意考慮或補充事項

同聲母拼音，即聲母不變，更改韻母，讓孩子感受其中拼音變化。

二、*同韻母拼音*

㈠教材準備內容

兩拼字音拼音參考表，參考範例請見表 7-3。

㈡課程活動簡述

1.依照表 7-3「兩拼字音拼音參考表」，大人一一唸聲母及某特定韻母，讓孩子練習同韻母拼音。例如，大人一一唸以「ㄨ」為韻母的兩拼字音，「ㄅ－ㄨ－」、「ㄆ－ㄨ－」、「ㄇ－ㄨ－」等聲韻母，讓孩子拼出韻母為「ㄨ」的「ㄅㄨ」、「ㄆㄨ」、「ㄇㄨ」等音。

2.然後大人再唸另一組韻母相同的字音如「ㄩ」，讓孩子拼出同韻母的兩拼字音。

3.依此要領，讓孩子拼完其他同韻母的字音。

㈢無法操作處理方式

加強先前「字音反拼示範熟悉」相關課程活動經驗（見第 401 頁）。

㈣課程設計、安排、實施等注意考慮或補充事項

同韻母拼音，即韻母不變，更改聲母，讓孩子感受其中的拼音變化。

貳、三拼拼音

類似兩拼拼音，不同的地方在於大人說出例如「ㄅ－ㄨㄟ－」、「ㄊ－ㄨㄢ－」、「ㄑ－ㄩㄝ－」等聲母及結合韻，讓孩子拼成「ㄅㄨㄟ」、「ㄊㄨㄢ」、「ㄑㄩㄝ」等三拼的字音。

一、同聲母拼音

(一)教材準備內容

三拼字音拼音參考表，參考範例請見表 7-4。

(二)課程活動簡述

1. 依照表 7-4「三拼字音拼音參考表」，大人一一唸某特定聲母及其他結合韻母，讓孩子練習同聲母拼音。例如，大人一一唸以「ㄅ」為聲母的三拼字音，「ㄅ－ㄨㄛ－」、「ㄅ－ㄨㄟ－」、「ㄅ－ㄨㄢ－」、「ㄅ－ㄨㄣ－」等聲母及結合韻，讓孩子拼出聲母為「ㄅ」的「ㄅㄨㄛ」、「ㄅㄨㄟ」、「ㄅㄨㄢ」、「ㄅㄨㄣ」等音。

2. 然後大人再唸另一組聲母相同的三拼字音，如「ㄊ」，讓孩子拼出以「ㄊ」為聲母的三拼字音。

3. 依此要領，讓孩子拼完其他同聲母的三拼字音。

(三)無法操作處理方式

加強先前「字音反拼示範熟悉」相關課程活動經驗（見第 401 頁）。

(四)課程設計、安排、實施等注意考慮或補充事項

同聲母不同結合韻拼音，即聲母不變，更改結合韻，讓孩子感受其中拼音變化。

二、同結合韻拼音

㈠教材準備內容

三拼字音拼音參考表，參考範例請見表 7-4。

㈡課程活動簡述

1. 依照「三拼字音拼音參考表」，大人一一唸聲母及某特定結合韻母，讓孩子練習同韻母拼音。例如，大人一一唸以「ㄨㄚ」為結合韻的三拼字音，「ㄍ－ㄨㄚ－」、「ㄎ－ㄨㄚ－」、「ㄏ－ㄨㄚ－」等聲母及結合韻，讓孩子拼出結合韻為「ㄨㄚ」的「ㄍㄨㄚ」、「ㄎㄨㄚ」、「ㄏㄨㄚ」等音。
2. 然後大人再唸另一組結合韻母相同的字音，如「ㄨㄛ」，讓孩子拼出以「ㄨㄛ」為結合韻的三拼字音。
3. 依此要領，讓孩子拼完其他同結合韻的三拼字音。

㈢無法操作處理方式

加強先前「字音反拼示範熟悉」相關課程活動經驗（見第 401 頁）。

㈣課程設計、安排、實施等注意考慮或補充事項

同結合韻不同聲母拼音，即結合韻不變，更改聲母，讓孩子感受其中的拼音變化。

參、隨機拼音

一、兩拼隨機拼音

(一)教材準備內容

兩拼字音拼音參考表,參考範例請見表 7-3。

(二)課程活動簡述

參考表 7-3「兩拼字音拼音參考表」,大人隨機唸一聲母及一韻母,讓孩子拼出該字音。例如先唸「ㄅ-ㄚ-」,讓孩子拼出「ㄅㄚ」後,再隨機唸「ㄇ-ㄠ-」,讓孩子拼出「ㄇㄠ」。

(三)無法操作處理方式

加強先前「兩拼拼音」相關課程活動經驗(見第 410 頁)。

(四)課程設計、安排、實施等注意考慮或補充事項

1. 先前同聲母或同韻母拼音,大人前後要讓孩子拼的字音不是聲母一樣就是韻母相同;而此隨機拼音課程,大人前後要讓孩子拼的字音,聲母和韻母是完全不同的。
2. 此課程也可以配合單元兒歌課程,在唸過單元兒歌之後,隨機挑選兒歌中的適合字音,讓孩子練習拼音。

二、三拼隨機拼音

(一)教材準備內容

三拼字音拼音參考表，參考範例請見表 7-4。

(二)課程活動簡述

類似先前「兩拼隨機拼音」課程，只是大人隨機唸聲母及結合韻，讓孩子練習三拼的隨機拼音。

(三)無法操作處理方式

加強先前「三拼拼音」相關課程活動經驗（見第 411 頁）。

(四)課程設計、安排、實施等注意考慮或補充事項

請參閱「兩拼隨機拼音」課程活動相關敘述（見第 414 頁）。

三、孩子自行隨機拼音

(一)教材準備內容

無。

(二)課程活動簡述

孩子熟悉先前課程的拼音模式之後，讓孩子輪流自己隨機唸聲、韻母（含結合韻母），然後拼出該字音。

(三)無法操作處理方式

加強先前「字音反拼示範熟悉」相關課程活動經驗（見第 401 頁）。

(四)課程設計、安排、實施等注意考慮或補充事項

之前的拼音課程，都是由大人唸出聲、韻母讓孩子拼音，在此課程，則由孩子自己隨機唸聲、韻母來拼音，孩子願意嘗試自己出題自己回答是重點，所以孩子所出的題目是兩拼、三拼或是一聲以外的字音都沒關係。

第五節　結合韻母拼音變音特例

兩個韻母在拼音的過程中，原有的音素會因為舌位前後高低的影響，而產生變音的現象。例如，聲隨韻母「ㄢ」是「ㄚ」跟「ㄋ」結合而成，但是當「ㄢ」跟「ㄧ」或「ㄩ」結合成結合韻母時，主要的元音「ㄚ」會偏向發「ㄝ」，變成原來應該唸成「ㄧㄚㄋ」的「ㄧㄢ」跟「ㄩㄚㄋ」的「ㄩㄢ」，唸成「ㄧㄝㄋ」跟「ㄩㄝㄋ」；同樣的情形，「ㄣ」、「ㄥ」跟「ㄧ」、「ㄩ」結合成結合韻母「ㄧㄣ」、「ㄩㄣ」、「ㄧㄥ」跟「ㄩㄥ」時，主要的元音「ㄜ」也會消失；至於單獨的結合韻母「ㄨㄥ」則不受影響，仍然唸成「ㄨㄜㄫ」，但前面如果加上聲母時，一般是主張「ㄜ」音就會消失，變成唸「ㄨㄫ」(註10)。但筆者就實際語音分析，認為應該是「ㄨㄜ」偏向發「ㄛ」音而唸成「ㄛㄫ」。例如，「東」唸成「ㄉㄛㄫ」應該是比唸成「ㄉㄨㄫ」更接近實際的發音，但無論如何，我們一定是不唸成「ㄉㄨㄜㄫ」的。謹將上述結合韻母拼音變音特例，整理成表 7-5，供讀者參考比較。

表 7-5　結合韻母拼音變音特例表

結合韻母	變音前	變音後	變化	相關字音詞彙舉例
ㄧㄢ	ㄧㄚㄋ	ㄧㄝㄋ	ㄚ音偏向發ㄝ音	香煙
ㄩㄢ	ㄩㄚㄋ	ㄩㄝㄋ	ㄚ音偏向發ㄝ音	冤枉
ㄧㄣ	ㄧㄜㄋ	ㄧㄋ	ㄜ音消失	因為
ㄩㄣ	ㄩㄜㄋ	ㄩㄋ	ㄜ音消失	暈倒
ㄧㄥ	ㄧㄜㄫ	ㄧㄫ	ㄜ音消失	應該
ㄩㄥ	ㄩㄜㄫ	ㄩㄫ；或ㄩㄛㄫ	ㄜ音消失；或ㄜㄫ偏向發ㄛㄫ	菲傭
ㄧㄨㄥ	ㄧㄨㄜㄫ	ㄧㄨㄫ；或ㄧㄛㄫ	ㄜ音消失；或ㄨㄜ偏向發ㄛ音	東西

第六節　正反拼複習

壹、圖卡聲母找朋友

一、教材準備內容

　　孩子熟悉的動物、水果、器具或交通工具等圖卡，而且這些圖卡名稱中含有一聲的字音。

二、課程活動簡述

　　㈠大人一一為孩子唸出各圖卡名稱，並確定孩子可以說出各圖卡的名稱。

　　㈡將所有的圖卡一字排開置放在孩子面前（或以磁鐵固定在白板上）。

　　㈢大人根據現有的圖卡，請孩子找出名稱中含有特定聲母字音的圖卡。例如大人問孩子：「哪一張圖卡名稱中的字音有『ㄈ』音？」

　　㈣孩子參照圖卡，一一以反拼的方式，找出例如飛機的圖卡，然後說：「飛

機的飛字音有『ㄈ』音。」

㈤大人還可以再問：「除了飛機的飛有『ㄈ』音之外，還有哪些字音含有『ㄈ』音？」讓孩子以正拼拼音方式說出同聲母結合字音如「ㄈ－ㄢ－翻」、「ㄈ－ㄤ－方」等。

三、無法操作處理方式

㈠加強先前「口語字音一聲拼音」相關課程活動經驗（見第 408 頁）。

㈡選擇孩子熟悉名稱的圖形圖卡。

㈢減少圖卡的選擇數量。

四、課程設計、安排、實施等注意考慮或補充事項

㈠此課程的圖卡張數可以依照孩子的能力來增減，如果孩子無法分析回答，圖卡數量可減至兩張，甚至只用一張，等孩子熟練之後再慢慢增加。

㈡名稱中含有特定聲母字音的圖卡可以不限一張，但要避免一聲以外的字音，例如「帆船」圖卡就不適用。

貳、圖卡韻母找朋友

一、教材準備內容

孩子熟悉的動物、水果、器具或交通工具等圖卡，而且這些圖卡名稱中含有一聲的字音。

二、課程活動簡述

㈠大人一一為孩子唸出各圖卡名稱，並確定孩子可以說出各圖卡的名稱。

㈡將所有的圖卡一字排開置放在孩子面前（或以磁鐵固定在白板上）。

㈢大人根據現有的圖卡，請孩子找出名稱中含有特定聲母字音的圖卡。例如大人問孩子：「哪一張圖卡名稱中的字音有『ㄟ』音？」

㈣孩子參照圖卡，一一以反拼的方式，找出例如飛機的圖卡，然後說：「飛機的飛字音有『ㄟ』音。」

㈤大人還可以再問：「除了飛機的飛有『ㄟ』音之外，還有哪些字音含有『ㄟ』音？」讓孩子以正拼拼音方式說出同韻母結合字音，如「ㄅ－ㄟ－杯」、「ㄏ－ㄟ－黑」等。

三、無法操作處理方式

請參閱「圖卡聲母找朋友」課程活動相關敘述（見第 417 頁）。

四、課程設計、安排、實施等注意考慮或補充事項

請參閱「圖卡聲母找朋友」課程活動相關敘述。

參、字音聲介母找朋友

一、教材準備內容

無。

二、課程活動簡述

大人隨意說出一字音，例如「ㄅㄤ」，讓孩子反拼分析出「ㄅㄤ－ㄅ－ㄤ－ㄅㄤ」後，問孩子還有哪些以「ㄅ」開始的字音（還有ㄅ什麼的），讓孩子以正拼拼音方式說出同聲母結合音如「ㄅ－ㄢ－ㄅㄢ」、「ㄅ－ㄚ－ㄅㄚ」等。

三、無法操作處理方式

加強先前「口語字音一聲拼音」相關課程活動經驗（見第 418 頁）。

四、課程設計、安排、實施等注意考慮或補充事項

㈠先前圖卡聲韻母找朋友課程，圖卡名稱中必須含有一聲的字音，在課程安排上會受到相當的限制（例如找不到含有某些聲韻母一聲字音的圖卡），可以此課程來彌補；所以，此課程可以與先前的圖卡聲韻母找朋友課程相互搭配使用。

㈡所選用的字音可以選自孩子熟悉的兒歌、字詞，或可參閱附錄三「兩拼字音詞彙參考表」及附錄四「三拼字音詞彙參考表」，從中平均選用包含各聲介母的字音。

肆、字音韻母找朋友

一、教材準備內容

無。

二、課程活動簡述

大人隨意說出一字音，例如「ㄅㄨ」，讓孩子反拼分析出「ㄅㄧㄨㄅㄨ」後，問孩子還有哪些字音含有「ㄨ」音（還有什麼ㄨ的），讓孩子以正拼拼音方式說出同韻母結合音，例如「ㄅㄧㄨㄅㄨ」、「ㄆㄧㄨㄆㄨ」等。

三、無法操作處理方式

加強先前「口語字音一聲拼音」相關課程活動經驗。

四、課程設計、安排、實施等注意考慮或補充事項

請參閱「字音聲介母找朋友」課程活動相關敘述（見第 419 頁）。

伍、字音小偵探

一、教材準備內容

由一聲字音所組成的詞彙、片語或短句，參考範例舉隅如下，請參閱範例自行設計。

*山崩。

*蜘蛛遭殃。

*飛機失蹤。

二、課程活動簡述

大人隨機說一個一聲的詞彙，例如「公雞」，然後問孩子說：「公雞中哪一個字音中有『ㄍ』音？」讓孩子逐字反拼分析，找出「公」字音中有「ㄍ」音。

三、無法操作處理方式

㈠減少備選字音字數。

㈡使用孩子熟悉的字音。

㈢加強先前「口語字音一聲拼音」相關課程活動經驗（見第 418 頁）。

四、課程設計、安排、實施等注意考慮或補充事項

此課程所選用的一聲詞彙，可以依孩子的能力從兩字增加到三、四字的詞彙、片語或是短句等，而且答案也可以不只一個。

第七節　聲調熟悉分辨

壹、聲調變化熟悉導入

一、教材準備內容

有字音聲調變化的兒歌或句子。參考範例舉隅如下，請參閱範例自行設計。

* 猴鉤狗（請以台語發音）：一隻猴仔牽一隻狗仔，過一條溝仔，狗仔跌落溝仔，猴仔舉鉤仔鉤狗仔（註11）。

* 弟弟低頭底下吹笛子。

* 熱湯很燙，躺下吃糖果。

* 白兔白白，屁股擺擺，點點頭來，互相拜拜（註12）。

* 媽媽騎馬，馬慢，媽媽罵馬。妞妞騎牛，牛侒，妞妞擰牛（註13）。

二、課程活動簡述

大人隨機唸說一有字音聲調變化的兒歌或句子，讓孩子感受聲調變化。

三、無法操作處理方式

無。

四、課程設計、安排、實施等注意考慮或補充事項

㈠此課程的目的在於讓孩子熟悉聲調的變化，導入孩子聲調變化的概念，並不要求孩子做出任何的反應。

㈡此課程也可以配合單元兒歌課程一併進行。

貳、四輕聲對比分辨

一、字音四輕聲對比分辨

㈠教材準備內容

字音四輕聲對比分辨表。參考範例舉隅如下，請參閱範例自行設計。

一聲對比	1-4	1-1	1-5	1-3	1-2
代表音	八-爸	八-八	八-吧	八-把	八-拔
四聲對比	1-4	4-4	4-5	2-4	3-4
代表音	媽-罵	罵-罵	罵-嗎	麻-罵	馬-罵
輕聲對比	4-5	1-5	2-5	5-5	3-5
代表音	蠟-啦	拉-啦	剌-啦	啦-啦	喇-啦
二聲對比	2-4	2-5	1-2	2-2	2-3
代表音	折-這	折-著	遮-折	折-折	折-者
三聲對比	3-4	1-3	3-5	3-3	2-3
代表音	葛-各	哥-葛	葛-個	葛-葛	革-葛

㈡課程活動簡述

1.大人依照上面「字音四輕聲對比分辨表」，唸出不同聲調的字音，讓孩子對比分辨。例如，參考範例舉隅中的一聲對比代表音為，「八-爸」、「八-八」、「八-吧」、「八-把」、「八-拔」；大人就問孩子：「八和爸有沒有一樣？八和八有沒有一樣？八和吧有沒有一樣？八和把有沒有一樣？八和拔有沒有一樣？」

2.依上述步驟，完成其他聲調對比分辨課程。

(三)無法操作處理方式

1. 加強輔導孩子發展聽覺分辨能力（可參閱第二章「語文學習前準備工作」中「聲音知覺與分辨記憶」相關課程活動敘述，見第 29 頁）。
2. 聆聽其他孩子分辨回答。

(四)課程設計、安排、實施等注意考慮或補充事項

1. 一、二、三、四聲分別以阿拉伯數字 1、2、3、4 對應代表，輕聲則以阿拉伯數字 5 來代表，所以對比列中「1-5」所代表的意義就是一聲和輕聲的對比。
2. 各對比列中的代表音也可以選用其他的字音代替。

二、詞彙四輕聲對比分辨

(一)教材準備內容

有聲調對比選項的「詞彙四輕聲對比分辨」題目。題目參考範例舉隅如下，請參閱範例自行設計。

1. 一、二聲對比：

＊（一　一ˊ）服

＊聰（ㄇㄥ　ㄇㄥˊ）

2. 一、三聲對比：

＊天（ㄎㄨㄥ　ㄎㄨㄥˇ）

＊（ㄉㄚ　ㄉㄚˇ）叭

3. 一、四聲對比：

＊害（ㄆㄚ　ㄆㄚˋ）

＊（ㄐㄧ　ㄐㄧˋ）蛋

4. 二、三聲對比：

＊（ㄆㄚˊ　ㄆㄚˇ）山

＊雞（ㄊㄨㄟˊ　ㄊㄨㄟˇ）

5. 二、四聲對比：

＊開（ㄇㄣˊ　ㄇㄣˋ）

＊（ㄈㄤˊ　ㄈㄤˋ）假

6. 三、四聲對比：

＊漢（ㄅㄠˇ　ㄅㄠˋ）

＊（ㄇㄚˇ　ㄇㄚˋ）人

7. 輕聲對比：

＊桌（ㄗ　　•ㄗ）

＊太（一ㄤˊ　•一ㄤ）

＊站（ㄓㄜˇ　•ㄓㄜ）

＊地（ㄓㄣˋ　•ㄓㄣ）

㈡課程活動簡述

1. 大人依題目唸出聲調對比的詞彙，問孩子哪個詞彙是正確或錯誤的。例
   如題目為「嘴（ㄅㄚ　ㄅㄚˊ）」，大人則唸：「嘴ㄅㄚ、嘴ㄅㄚˊ。」
   然後問：「嘴ㄅㄚ對不對？嘴ㄅㄚˊ對不對？」
2. 依上述步驟，讓孩子完成其他詞彙四輕聲的對比分辨課程。

㈢無法操作處理方式

1. 加強先前「字音四輕聲對比分辨」相關課程活動經驗（見第423頁）。
2. 使用孩子熟悉或意義較淺顯易懂的詞彙。

3.聆聽其他孩子分辨回答。

（四）課程設計、安排、實施等注意考慮或補充事項

此課程也可以選用單元兒歌的詞彙，配合單元兒歌一併進行。

三、句子四輕聲對比分辨

（一）教材準備內容

有聲調對比的四輕聲對比分辨句子。參考範例舉隅如下，請參閱範例自行設計。

1.一、二聲對比：

＊媽媽煮的豬肝麵真好吃。媽媽煮的竹竿麵真好吃。

＊媽媽把衣服晾在豬肝上。媽媽把衣服晾在竹竿上。

2.一、三聲對比：

＊我們要幫助可憐的人。我們要綁住可憐的人。

＊弟弟把小狗幫助了。弟弟把小狗綁住了。

3.一、四聲對比：

＊妹妹拿杯子喝水。妹妹拿被子喝水。

＊睡覺的時候要蓋杯子。睡覺的時候要蓋被子。

4.二、三聲對比：

＊姊姊正在讀書寫功課。姊姊正在賭輸寫功課。

＊小明賭博讀書錢了。小明賭博賭輸錢了。

5.二、四聲對比：

＊騎車有四個輪子。汽車有四個輪子。

＊哥哥騎車跌倒了。哥哥汽車跌倒了。

6. 三、四聲對比：

　＊松鼠的尾巴毛茸茸的。松樹的尾巴毛茸茸的。

　＊我家門前有一棵大松鼠。我家門前有一棵大松樹。

7. 輕聲對比：

　＊小明的爸爸是這本書的作者。小明的爸爸是這本書的坐著。

　＊弟弟在椅子上作者。弟弟在椅子上坐著。

㈡課程活動簡述

1. 大人依題目唸出聲調對比的句子，問孩子哪個句子是正確或錯誤的。例如大人問：「我們要幫助可憐的人，對不對？」然後再問：「我們要綁住可憐的人對不對？」
2. 依上述步驟，讓孩子完成其他的句子四輕聲的對比分辨課程。

㈢無法操作處理方式

1. 加強先前「詞彙四輕聲對比分辨」相關課程活動經驗（見第 424 頁）。
2. 使用孩子熟悉或意義較淺顯易懂的句子。
3. 聆聽其他孩子分辨回答。

㈣課程設計、安排、實施等注意考慮或補充事項

　　此課程也可以選用單元兒歌的句子，配合單元兒歌一併進行。

四、詞彙四輕聲混合對比分辨

㈠教材準備內容

　　有四輕聲聲調選項的「詞彙四輕聲混合對比分辨」題目。題目參考範

例舉隔如下，請參閱範例自行設計。

＊騎（ㄇㄚ　ㄇㄚˊ　ㄇㄚˇ　ㄇㄚˋ　˙ㄇㄚ）

＊繩（ㄕ　ㄕˊ　ㄕˇ　ㄕˋ　˙ㄕ）

＊（一ㄡ　一ㄡˊ　一ㄡˇ　一ㄡˋ　˙一ㄡ）泳

＊（ㄏㄡ　ㄏㄡˊ　ㄏㄡˇ　ㄏㄡˋ　˙ㄏㄡ）面

㈡課程活動簡述

1. 大人依題目唸出四輕聲混合對比分辨的詞彙，問孩子哪個詞彙是正確的。
   例如題目為「騎（ㄇㄚ　ㄇㄚˊ　ㄇㄚˇ　ㄇㄚˋ　˙ㄇㄚ）」，大人則一一詢問：「騎ㄇㄚ對不對？騎ㄇㄚˊ對不對？騎ㄇㄚˇ對不對？騎ㄇㄚˋ對不對？騎˙ㄇㄚ對不對？」讓孩子一一對比分辨。
2. 依上述步驟，讓孩子完成其他詞彙四輕聲混合的對比分辨課程。

㈢無法操作處理方式

1. 加強先前「詞彙四輕聲對比分辨」相關課程活動經驗（見第424頁）。
2. 使用孩子熟悉或意義較淺顯易懂的詞彙。
3. 聆聽其他孩子分辨回答。

㈣課程設計、安排、實施等注意考慮或補充事項

此課程也可以選用單元兒歌的詞彙，配合單元兒歌一併進行。

五、句子四輕聲混合挑錯

㈠教材準備內容

有聲調錯誤的四輕聲混合挑錯句子。句子參考範例舉隔如下，括弧內

為參考答案，請參閱範例自行設計。

＊進教室要先妥（脫）鞋子。

＊弟弟好談（貪）心。

＊太癢（陽）被烏雲遮著了。

＊教室裡面有一葛（個）人。

㈡課程活動簡述

1.大人唸出一句四輕聲混合挑錯的句子，讓孩子把錯誤聲調的字音挑出來。例如題目為「進教室要先妥（脫）鞋子。」大人則唸：「進教室要先妥鞋子。」讓孩子把錯誤的「妥鞋子」改成「脫鞋子」。

2.依上述步驟，讓孩子完成「句子四輕聲混合挑錯」課程。

㈢無法操作處理方式

1.加強先前「詞彙四輕聲混合對比分辨」相關課程活動經驗（見第 427 頁）。

2.使用孩子熟悉或意義較淺顯易懂的句子。

3.聆聽其他孩子回答。

㈣課程設計、安排、實施等注意考慮或補充事項

此課程也可以選用單元兒歌的句子，配合單元兒歌一併進行。

參、聲調複述

一、聲調字音複述

(一)教材準備內容

無。

(二)課程活動簡述

1. **單一聲調複述**：大人依序重複唸某一字音的四輕聲，讓孩子跟隨複述。例如大人唸：「ㄍㄚ－ㄍㄚ－ㄍㄚ－」，孩子跟著唸：「ㄍㄚ－ㄍㄚ－ㄍㄚ－」；大人再來唸：「ㄍㄚˊ－ㄍㄚˊ－ㄍㄚˊ－」，孩子也跟著唸：「ㄍㄚˊ－ㄍㄚˊ－ㄍㄚˊ－」；然後大人唸：「ㄍㄚˇ－ㄍㄚˇ－ㄍㄚˇ－」，孩子跟著唸：「ㄍㄚˇ－ㄍㄚˇ－ㄍㄚˇ－」；大人再唸：「ㄍㄚˋ－ㄍㄚˋ－ㄍㄚˋ－」，孩子跟著唸：「ㄍㄚˋ－ㄍㄚˋ－ㄍㄚˋ－」；大人最後唸：「˙ㄍㄚ－˙ㄍㄚ－˙ㄍㄚ－」，孩子跟著唸：「˙ㄍㄚ－˙ㄍㄚ－˙ㄍㄚ－」；如此完成一個字音四輕聲單一聲調的各別複述。大人可依孩子的學習狀況，增減複述的字音及次數。

2. **二聲調混合複述**：大人唸某一字音的兩個聲調，讓孩子跟隨複述。由四輕聲五個聲調中選擇兩個聲調，共有十種組合，僅以字音「ㄉㄚ」為例，將該字音一整個二聲調混合複述流程，分述如下，大人可依孩子的學習狀況，增減複述的字音及次數。

   ⑴一、二聲：大人唸：「ㄉㄚ－ㄉㄚˊ－」，孩子跟著唸：「ㄉㄚ－ㄉㄚˊ－」。

   ⑵一、三聲：大人唸：「ㄉㄚ－ㄉㄚˇ－」，孩子跟著唸：「ㄉㄚ－ㄉㄚˇ－」。

(3)一、四聲：大人唸：「ㄉㄚ－ㄉㄚˋ－」，孩子跟著唸：「ㄉㄚ－
ㄉㄚˋ－」。

(4)一、輕聲：大人唸：「ㄉㄚ－•ㄉㄚ－」，孩子跟著唸：「ㄉㄚ－
•ㄉㄚ－」。

(5)二、三聲：大人唸：「ㄉㄚˊ－ㄉㄚˇ－」，孩子跟著唸：「ㄉㄚˊ
－ㄉㄚˇ－」。

(6)二、四聲：大人唸：「ㄉㄚˊ－ㄉㄚˋ－」，孩子跟著唸：「ㄉㄚˊ
－ㄉㄚˋ－」。

(7)二、輕聲：大人唸：「ㄉㄚˊ－•ㄉㄚ－」，孩子跟著唸：「ㄉㄚˊ
－•ㄉㄚ－」。

(8)三、四聲：大人唸：「ㄉㄚˇ－ㄉㄚˋ－」，孩子跟著唸：「ㄉㄚˇ
－ㄉㄚˋ－」。

(9)三、輕聲：大人唸：「ㄉㄚˇ－•ㄉㄚ－」，孩子跟著唸：「ㄉㄚˇ
－•ㄉㄚ－」。

(10)四、輕聲：大人唸：「ㄉㄚˋ－•ㄉㄚ－」，孩子跟著唸：「ㄉㄚˋ
－•ㄉㄚ－」。

3.**三聲調混合複述**：大人唸某一字音的三個聲調，讓孩子跟隨複述。由
四輕聲五個聲調中選擇三個聲調，共有十種組合，僅以字音「ㄇㄚ」為
例，將該字音一整個三聲調混合複述流程，分述如下，大人可依孩子的
學習狀況，增減複述的字音及次數。

(1)一、二、三聲：大人唸：「ㄇㄚ－ㄇㄚˊ－ㄇㄚˇ－」，孩子跟著唸：
「ㄇㄚ－ㄇㄚˊ－ㄇㄚˇ－」。

(2)一、二、四聲：大人唸：「ㄇㄚ－ㄇㄚˊ－ㄇㄚˋ－」，孩子跟著唸：
「ㄇㄚ－ㄇㄚˊ－ㄇㄚˋ－」。

(3)一、二、輕聲：大人唸：「ㄇㄚ－ㄇㄚˊ－•ㄇㄚ－」，孩子跟著唸：

「ㄇㄚ－ㄇㄚˊ－•ㄇㄚ－」。

(4)一、三、四聲：大人唸：「ㄇㄚ－ㄇㄚˇ－ㄇㄚˋ－」，孩子跟著唸：
「ㄇㄚ－ㄇㄚˇ－ㄇㄚˋ－」。

(5)一、三、輕聲：大人唸：「ㄇㄚ－ㄇㄚˇ－•ㄇㄚ－」，孩子跟著唸：
「ㄇㄚ－ㄇㄚˇ－•ㄇㄚ－」。

(6)一、四、輕聲：大人唸：「ㄇㄚ－ㄇㄚˋ－•ㄇㄚ－」，孩子跟著唸：
「ㄇㄚ－ㄇㄚˋ－•ㄇㄚ－」。

(7)二、三、四聲：大人唸：「ㄇㄚˊ－ㄇㄚˇ－ㄇㄚˋ－」，孩子跟著
唸：「ㄇㄚˊ－ㄇㄚˇ－ㄇㄚˋ－」。

(8)二、三、輕聲：大人唸：「ㄇㄚˊ－ㄇㄚˇ－•ㄇㄚ－」，孩子跟著
唸：「ㄇㄚˊ－ㄇㄚˇ－•ㄇㄚ－」。

(9)二、四、輕聲：大人唸：「ㄇㄚˊ－ㄇㄚˋ－•ㄇㄚ－」，孩子跟著
唸：「ㄇㄚˊ－ㄇㄚˋ－•ㄇㄚ－」。

(10)三、四、輕聲：大人唸：「ㄇㄚˇ－ㄇㄚˋ－•ㄇㄚ－」，孩子跟著
唸：「ㄇㄚˇ－ㄇㄚˋ－•ㄇㄚ－」。

4.**四聲調混合複述**：大人唸某一字音的四個聲調，讓孩子跟隨複述。由
四輕聲五個聲調中選擇四個聲調，共有五種組合，僅以字音「ㄍㄜ」為
例，將該字音一整個四聲調混合複述流程，分述如下，大人可依孩子的
學習狀況，增減複述的字音及次數。

(1)一、二、三、四聲：大人唸：「ㄍㄜ－ㄍㄜˊ－ㄍㄜˇ－ㄍㄜˋ－」，
孩子跟著唸：「ㄍㄜ－ㄍㄜˊ－ㄍㄜˇ－ㄍㄜˋ－」。

(2)一、二、三、輕聲：大人唸：「ㄍㄜ－ㄍㄜˊ－ㄍㄜˇ－•ㄍㄜ－」，
孩子跟著唸：「ㄍㄜ－ㄍㄜˊ－ㄍㄜˇ－•ㄍㄜ－」。

(3)一、二、四、輕聲：大人唸：「ㄍㄜ－ㄍㄜˊ－ㄍㄜˋ－•ㄍㄜ－」，
孩子跟著唸：「ㄍㄜ－ㄍㄜˊ－ㄍㄜˋ－•ㄍㄜ－」。

(4)一、三、四、輕聲：大人唸：「ㄍㄜ－ㄍㄜˇ－ㄍㄜˋ－˙ㄍㄜ－」，孩子跟著唸：「ㄍㄜ－ㄍㄜˇ－ㄍㄜˋ－˙ㄍㄜ－」。

(5)二、三、四、輕聲：大人唸：「ㄍㄜˊ－ㄍㄜˇ－ㄍㄜˋ－˙ㄍㄜ－」，孩子跟著唸：「ㄍㄜˊ－ㄍㄜˇ－ㄍㄜˋ－˙ㄍㄜ－」。

㈢無法操作處理方式

1.加強先前「四輕聲對比分辨」相關課程活動經驗（見第 423 頁）。

2.聆聽其他孩子複述。

㈣課程設計、安排、實施等注意考慮或補充事項

在此課程中，我們將某特定聲調的字音做各種的組合變化，讓孩子從複述中感受聲調的變化。大人可依孩子的學習狀況，決定複述的字數及次數。複述的字音可選自課程中的單元兒歌、字音拼音參考表（見表 7-3 及表 7-4）或請自行參閱字典。

二、**聲調繞口令複述**

㈠教材準備內容

有特定字音聲調的繞口令。參考範例舉隅如下，請參閱範例自行設計。

＊非人磨墨墨磨人。

＊兩個演員：兩個演員，一個顏彥眼，一個袁遠圓。顏彥眼討厭袁遠圓，袁遠圓埋怨顏彥眼 (註14)。

＊兩人畫畫：花花與華華，一起來畫畫，花花畫華華，華華畫畫花花，花花畫的像華華，華華畫的像花花 (註15)。

＊汪王和王汪：汪先生名王，王先生名汪、汪王和王汪，兩人常來往。有

時汪王喊王汪，有時王汪喊汪王；汪王王汪，王汪汪王，汪汪汪汪，王
王王王（註16）。

㈡課程活動簡述

大人清楚一一唸有特定字音聲調的繞口令句子之後，讓孩子一一跟隨
複述。

㈢無法操作處理方式

1.加強先前「聲調字音複述」相關課程活動經驗（見第 430 頁）。
2.聆聽其他孩子複述。

㈣課程設計、安排、實施等注意考慮或補充事項

此課程可以配合單元兒歌課程一併進行。

肆、四輕聲一家親

一、教材準備內容

無。

二、課程活動簡述

大人說某一聲調的字音，讓孩子依序說出該字音的四輕聲。依大人說的字音
聲調，又可以分為一、二、三、四、輕聲起頭。

㈠一聲起頭

大人說某一聲字音，讓孩子依序說出該字音的四輕聲。例如大人說：

「ㄅㄚ」，孩子就回答：「ㄅㄚ－ㄅㄚˊ－ㄅㄚˇ－ㄅㄚˋ－˙ㄅㄚ－」。

㈡二聲起頭

類似一聲起頭，唯大人先說某二聲字音，讓孩子依序說出該字音的四輕聲。例如大人說：「ㄊㄡˊ」，孩子就回答：「ㄊㄡ－ㄊㄡˊ－ㄊㄡˇ－ㄊㄡˋ－˙ㄊㄡ－」。

㈢三聲起頭

類似一聲起頭，唯大人先說某三聲字音，讓孩子依序說出該字音的四輕聲。例如大人說：「ㄏㄠˇ」，孩子就回答：「ㄏㄠ－ㄏㄠˊ－ㄏㄠˇ－ㄏㄠˋ－˙ㄏㄠ－」。

㈣四聲起頭

類似一聲起頭，唯大人先說某四聲字音，讓孩子依序說出該字音的四輕聲。例如大人說：「ㄊㄤˋ」，孩子就回答：「ㄊㄤ－ㄊㄤˊ－ㄊㄤˇ－ㄊㄤˋ－˙ㄊㄤ－」。

㈤輕聲起頭

類似一聲起頭，唯大人先說某輕聲字音，讓孩子依序說出該字音的四輕聲。例如大人說：「˙ㄌㄜ」，孩子就回答：「ㄌㄜ－ㄌㄜˊ－ㄌㄜˇ－ㄌㄜˋ－˙ㄌㄜ－」。

三、無法操作處理方式

㈠加強先前「聲調字音複述」相關課程活動經驗（見第 430 頁）。

㈡聆聽其他孩子複述。

四、課程設計、安排、實施等注意考慮或補充事項

大人說某一聲調的字音可選自課程中的單元兒歌,或請自行參閱字典。

伍、聲調判斷

一、教材準備內容

無。

二、課程活動簡述

大人唸一字音,讓孩子以四輕聲一家親的方式判斷該音屬於第幾聲。例如大人唸:「ㄇㄚˋ」,孩子就以「ㄇㄚ－ㄇㄚˊ－ㄇㄚˇ－ㄇㄚˋ－˙ㄇㄚ－」的方式推算出該字音為第四聲。聲調判斷的課程依困難程度又分為同字音聲調順序判斷、同字音聲調無順序判斷及聲調綜合判斷三部分。

㈠同字音聲調順序判斷

大人依一、二、三、四、輕聲的順序唸同一字音,讓孩子判斷聲調。例如大人唸:「ㄕ」,孩子推斷出是一聲;大人再唸:「ㄕˊ」,孩子推斷出是二聲;大人再唸:「ㄕˇ」,孩子推斷出是三聲;大人再唸:「ㄕˋ」,孩子推斷出是四聲;大人最後再唸:「˙ㄕ」,讓孩子推斷出是輕聲,如此完成一整個流程後,再依一、二、三、四輕聲的順序唸另外一個相同字音,例如「ㄎㄜ－ㄎㄜˊ－ㄎㄜˇ－ㄎㄜˋ－˙ㄎㄜ－」讓孩子判斷聲調。

㈡同字音聲調無順序判斷

大人隨機不依順序地唸同一字音的四輕聲,讓孩子判斷聲調。例如大

人唸：「ㄊㄠˇ」，孩子推斷出是三聲；大人再唸：「ㄊㄠ」，孩子推斷出是一聲；大人再唸：「•ㄊㄠ」，讓孩子推斷出是輕聲；大人再唸：「ㄊㄠˋ」，孩子推斷出是四聲；大人最後再唸：「ㄊㄠˊ」，讓孩子推斷出是二聲，如此完成一整個流程後，再不依順序地唸另外一個相同字音的四輕聲，例如「•ㄓㄚ－ㄓㄚ－ㄓㄚˋ－ㄓㄚˇ－ㄓㄚˊ－」，讓孩子判斷聲調。

㈢聲調綜合判斷

大人隨機唸不同的字音，讓孩子判斷該字音的聲調。例如大人唸：「ㄈㄣˇ」，孩子推斷出是三聲；大人再唸：「ㄑㄩㄢ」，孩子推斷出是一聲；大人再唸：「•ㄇㄟ」，讓孩子推斷出是輕聲；大人再唸：「ㄏㄨˋ」，孩子推斷出是四聲；大人最後再唸：「ㄠˊ」，讓孩子推斷出是二聲……。大人如果發現孩子對於某聲調判斷能力較弱，例如二聲及三聲，則可以多增加孩子該聲調的練習機會。

三、無法操作處理方式
㈠加強先前「四輕聲一家親」相關課程活動經驗（見第434頁）。
㈡聆聽其他孩子回答。

四、課程設計、安排、實施等注意考慮或補充事項
此課程讓孩子判斷的字音，也可選自課程中的兒歌，而與單元兒歌課程一起進行。

陸、聲調小偵探

一、教材準備內容

　　無。

二、課程活動簡述

　　大人說一包含不同聲調的詞彙短句，然後指定孩子說出某特定聲調的字音。例如大人說：「鼻子，哪一個字音是輕聲？」讓孩子回答「子」是輕聲。

三、無法操作處理方式

　　㈠加強先前「聲調判斷」相關課程活動經驗（見第 436 頁）。

　　㈡聆聽其他孩子回答。

四、課程設計、安排、實施等注意考慮或補充事項

　　㈠此課程的詞彙短句字數可以依照孩子的能力，從兩個字增加到三個字（例如奇異果）或是四、五個字。

　　㈡此課程讓孩子判斷的詞彙短句，也可選自課程中的兒歌，而與單元兒歌課程一起進行。

　　㈢包含四輕聲聲調的片語短句參考範例舉隅如下，請參閱範例自行設計。

　　　＊綠草如茵呢　＊痛改前非吧　＊四海為家呀　＊袖手旁觀嗎

　　　＊他來我去啦　＊雨過天晴了　＊精明苦幹啊　＊諸如此類的

柒、說某聲

一、教材準備內容

(一)字音提示

字音聲調表格，第一列為字音列，第二列為聲調列。參考範例舉隅如下，請參閱範例自行設計。

字音	ㄤ	ㄕㄢ	ㄙ	ㄐㄧㄣ	ㄊㄢ	ㄈㄨ	ㄓ	ㄆㄠ	ㄔㄨ	ㄞ	ㄖㄥ	ㄍㄨㄥ	ㄕㄥ	ㄅㄡ	ㄚ
聲調	1	4	5	3	2	5	2	1	3	4	2	5	3	1	4

(二)無字音提示

無。

二、課程活動簡述

大人要求孩子說出一個一、二、三、四或輕聲的字音，可區分為字音提示及沒有字音提示。

(一)字音提示

依照字音聲調表格的字音列和聲調列，大人示範說：「如果我請你說出ㄤ的一聲，你就應該說ㄤ，如果我請你說出ㄕㄢ的四聲，你就應該說ㄕㄢˋ。」確定孩子知道如何進行課程之後，依照字音聲調表格的字音列和聲調列，說出其他的字音及聲調提示，讓孩子進行說某聲的課程。例如，依照參考範例第四欄，大人說：「請你說出ㄙ的輕聲。」

㈡無字音提示

　　大人直接要求孩子說出某聲調的字音。例如大人說：「請你說出四聲的字音。」讓孩子說出四聲的字音，越多越好。然後再以同樣的方式讓孩子說出一、二、三及輕聲的字音。

三、無法操作處理方式

　　㈠加強先前「聲調判斷」（見第 436 頁）及「聲調小偵探」（見第 438 頁）等相關課程活動經驗。

　　㈡聆聽其他孩子回答。

四、課程設計、安排、實施等注意考慮或補充事項

　　㈠參考範例聲調列中的數字「5」代表輕聲。

　　㈡同樣地，讓孩子判斷的字音也可選自課程中的兒歌，而與單元兒歌課程一　　起進行。

捌、同聲調判說

一、教材準備內容

　　各四輕聲聲調的字音表。參考範例舉隅如下，請參閱範例自行設計。

字音	ㄋㄟˋ	ㄊㄞˇ	ㄚ	ㄐㄩㄥˇ	ㄨㄟ	ㄓㄜˋ	ㄙˋ	ㄝˊ	ㄕ	ㄊㄢˊ	ㄍㄜ	ㄠˇ	ㄇㄣˊ	ㄇㄜ	ㄔㄣˊ

二、*課程活動簡述*

大人先說任一字音，例如「ㄋㄟˋ」，然後要孩子說出與「ㄋㄟˋ」同聲調的任何字音，例如「ㄞˋ」、「ㄑㄧˋ」等四聲字音。藉由課程的進行，大人可以知道孩子對於哪些聲調的判說較不熟練，就可以針對該聲調再進行加強。

三、*無法操作處理方式*

㈠加強先前「聲調判斷」、「聲調小偵探」及「說某聲」相關課程活動經驗（見第 436、438、439 頁）。

㈡聆聽其他孩子回答。

四、*課程設計、安排、實施等注意考慮或補充事項*

㈠進行此課程時，孩子首先必須判斷大人所說字音的聲調，然後再說出該聲調的字音，是為「聲調判斷」及「說某聲」課程的綜合練習。

㈡此課程讓孩子判斷的字音，也可選自課程中的兒歌而與單元兒歌課程一起進行。

玖、換裝變變變

一、*教材準備內容*

聲調變換前後皆有意義的詞彙字音。參考範例舉隅如下，請參閱範例自行設計。

㈠轉換一聲：一直，「直」改一聲。河水，「河」改一聲。

㈡轉換二聲：神氣，「氣」改二聲。升起，「起」改二聲。

㈢轉換三聲：很舊，「舊」改三聲。注意，「注」改三聲。

㈣轉換四聲：舀水，「舀」改四聲。好香，「香」改四聲。

㈤轉換輕聲：文字，「字」改輕聲。作者，「者」改輕聲。

二、課程活動簡述

　　大人唸一詞彙字音後，要求孩子將某個字音改成特定的聲調。例如大人說：「舞會，請把『舞』改成四聲。」孩子則依要求把「舞會」改成「誤會」。

三、無法操作處理方式

　　㈠加強先前「同聲調判說」相關課程活動經驗（見第 440 頁）。

　　㈡聆聽其他孩子回答。

四、課程設計、安排、實施等注意考慮或補充事項

　　此課程的重點在於字音聲調的變化運用，所以在字音聽覺上將參考範例中的「文字」改說成「文子」，對於孩子而言，其實與「蚊子」是沒兩樣的。

第八節　口語聲調拼音

壹、口語單一聲調拼音練習

一、教材準備內容

　　口語聲調拼音表。可分為二、三、四、輕聲；二、三、四聲調又可分為兩拼跟三拼，參考範例設計如下。參考範例中，只列出部分韻母及結合韻母，其餘部分請參閱附錄三「兩拼字音詞彙參考表」及附錄四「三拼字音詞彙參考表」自行設計。

(一)口語二聲拼音

1.兩拼拼音：

	ㄅ	ㄆ	ㄇ	ㄈ	ㄉ	ㄊ	ㄋ	ㄌ	ㄍ	ㄎ	ㄏ	ㄐ	ㄑ	ㄒ	ㄓ	ㄔ	ㄕ	ㄖ	ㄗ	ㄘ	ㄙ	ㄧ	ㄨ	ㄩ
ㄧ	ㄅㄧˊ	ㄆㄧˊ	ㄇㄧˊ		ㄉㄧˊ	ㄊㄧˊ	ㄋㄧˊ	ㄌㄧˊ				ㄐㄧˊ	ㄑㄧˊ	ㄒㄧˊ										
ㄨ	ㄅㄨˊ	ㄆㄨˊ	ㄇㄨˊ	ㄈㄨˊ	ㄉㄨˊ	ㄊㄨˊ	ㄋㄨˊ	ㄌㄨˊ	ㄍㄨˊ		ㄏㄨˊ				ㄓㄨˊ	ㄔㄨˊ	ㄕㄨˊ	ㄖㄨˊ	ㄗㄨˊ	ㄘㄨˊ	ㄙㄨˊ			

2.三拼拼音：

	ㄅ	ㄆ	ㄇ	ㄈ	ㄉ	ㄊ	ㄋ	ㄌ	ㄍ	ㄎ	ㄏ	ㄐ	ㄑ	ㄒ	ㄓ	ㄔ	ㄕ	ㄖ	ㄗ	ㄘ	ㄙ
ㄧㄚ												ㄐㄧㄚˊ		ㄒㄧㄚˊ							
ㄧㄝ	ㄅㄧㄝˊ				ㄉㄧㄝˊ		ㄋㄧㄝˊ					ㄐㄧㄝˊ	ㄑㄧㄝˊ	ㄒㄧㄝˊ							

(二)口語三聲拼音

1.兩拼拼音：

	ㄅ	ㄆ	ㄇ	ㄈ	ㄉ	ㄊ	ㄋ	ㄌ	ㄍ	ㄎ	ㄏ	ㄐ	ㄑ	ㄒ	ㄓ	ㄔ	ㄕ	ㄖ	ㄗ	ㄘ	ㄙ	ㄧ	ㄨ	ㄩ
ㄧ	ㄅㄧˇ	ㄆㄧˇ	ㄇㄧˇ		ㄉㄧˇ	ㄊㄧˇ	ㄋㄧˇ	ㄌㄧˇ				ㄐㄧˇ	ㄑㄧˇ	ㄒㄧˇ										
ㄨ	ㄅㄨˇ	ㄆㄨˇ	ㄇㄨˇ	ㄈㄨˇ	ㄉㄨˇ	ㄊㄨˇ	ㄋㄨˇ	ㄌㄨˇ	ㄍㄨˇ	ㄎㄨˇ	ㄏㄨˇ				ㄓㄨˇ	ㄔㄨˇ	ㄕㄨˇ	ㄖㄨˇ	ㄗㄨˇ					

2.三拼拼音：

	ㄅ	ㄆ	ㄇ	ㄈ	ㄉ	ㄊ	ㄋ	ㄌ	ㄍ	ㄎ	ㄏ	ㄐ	ㄑ	ㄒ	ㄓ	ㄔ	ㄕ	ㄖ	ㄗ	ㄙ
ㄧㄚ												ㄐㄧㄚˇ	ㄑㄧㄚˇ							
ㄧㄝ	ㄅㄧㄝˇ	ㄆㄧㄝˇ				ㄊㄧㄝˇ						ㄐㄧㄝˇ	ㄑㄧㄝˇ	ㄒㄧㄝˇ						

㈢口語四聲拼音

1.兩拼拼音：

	ㄅ	ㄆ	ㄇ	ㄈ	ㄉ	ㄊ	ㄋ	ㄌ	ㄍ	ㄎ	ㄏ	ㄐ	ㄑ	ㄒ	ㄓ	ㄔ	ㄕ	ㄖ	ㄗ	ㄘ	ㄙ	ㄧ	ㄨ	ㄩ
ㄧ	ㄅㄧ	ㄆㄧ	ㄇㄧ		ㄉㄧ	ㄊㄧ	ㄋㄧ	ㄌㄧ				ㄐㄧ	ㄑㄧ	ㄒㄧ										
ㄨ	ㄅㄨ	ㄆㄨ	ㄇㄨ	ㄈㄨ	ㄉㄨ	ㄊㄨ	ㄋㄨ	ㄌㄨ	ㄍㄨ	ㄎㄨ	ㄏㄨ				ㄓㄨ	ㄔㄨ	ㄕㄨ	ㄖㄨ		ㄘㄨ	ㄙㄨ			

2.三拼拼音：

	ㄅ	ㄆ	ㄇ	ㄈ	ㄉ	ㄊ	ㄋ	ㄌ	ㄍ	ㄎ	ㄏ	ㄐ	ㄑ	ㄒ	ㄓ	ㄔ	ㄕ	ㄖ	ㄗ	ㄘ	ㄙ
ㄧㄚ												ㄐㄧㄚ	ㄑㄧㄚ	ㄒㄧㄚ							
ㄧㄝ	ㄅㄧㄝ		ㄇㄧㄝ			ㄊㄧㄝ	ㄋㄧㄝ	ㄌㄧㄝ				ㄐㄧㄝ	ㄑㄧㄝ	ㄒㄧㄝ							

㈣口語輕聲拼音

˙ㄅㄚ	˙ㄅㄛ	˙ㄅㄞ	˙ㄆㄛ	˙ㄆㄞ	˙ㄆㄠ	˙ㄇㄚ	˙ㄇㄜ	˙ㄇㄟ	˙ㄇㄣ	˙ㄉㄜ	˙ㄉㄧ	˙ㄊㄚ
˙ㄊㄧㄢ	˙ㄊㄧㄥ	˙ㄊㄨㄥ	˙ㄋㄧㄢ	˙ㄋㄧㄤ	˙ㄌㄧㄤ	˙ㄍㄨㄚ	˙ㄍㄨㄛ	˙ㄎㄨㄞ	˙ㄏㄨㄛ	˙ㄐㄧㄚ	˙ㄐㄧㄝ	˙ㄐㄧㄡ

二、課程活動簡述

依照「口語聲調拼音表」，大人隨機唸出各聲調字音的聲韻母，讓孩子拼出該字音。例如大人說：「ㄅ－ㄨˊ－」，讓孩子拼出「ㄅㄨˊ」的字音。

三、*無法操作處理方式*

㈠加強先前「口語字音一聲拼音」及「聲調熟悉分辨」等相關課程活動經驗（見第 408、422 頁）。

㈡聆聽其他孩子回答。

四、*課程設計、安排、實施等注意考慮或補充事項*

㈠大人可以視孩子發展狀況，增減讓孩子拼音練習的機會，並不一定要拼完「口語聲調拼音表」中所列的所有字音。

㈡此課程的重點在於聲調變化的拼音，如果孩子基本的聲韻母一聲拼音還有問題，則不適合進行此課程，而應該加強先前「口語字音一聲拼音」相關課程活動經驗。

貳、口語拼音綜合練習

一、*口語四輕聲拼音*

㈠教材準備內容

無。

㈡課程活動簡述

大人隨機唸出各聲調字音的聲韻母，讓孩子拼出該字音，例如大人說：「ㄉ和ㄨ在一起，四聲。」讓孩子拼出「ㄉㄨˋ」。

㈢無法操作處理方式

1.加強先前「口語單一聲調拼音練習」相關課程活動經驗（見第442頁）。

2.聆聽其他孩子回答。

(四)課程設計、安排、實施等注意考慮或補充事項

此課程也可以配合單元兒歌課程，在唸過單元兒歌之後，隨機挑選兒歌中的適合聲調字音，讓孩子練習拼音。

二、猜猜我是誰──孩子解題

(一)教材準備內容

孩子熟悉的動物、水果、器具或交通工具圖案圖卡。

(二)課程活動簡述

1.大人在孩子沒有看見的情形下，隨機覆蓋一張圖卡。

2.提示所覆蓋圖卡名稱第一個字的聲韻母及聲調。例如大人說：「第一個字有ㄏ和ㄨㄚ音，一聲。」讓孩子依提示拼出「花」。

3.提示所覆蓋圖卡名稱第二個字的聲韻母及聲調，例如大人說：「第二個字有ㄆ和ㄣ音，二聲。」讓孩子依提示拼出「盆」。

4.孩子依拼出的字音得到「花盆」的答案。

5.翻開圖卡核對答案。

6.依上述步驟，讓孩子拼出其他圖卡的圖案名稱。

(三)無法操作處理方式

1.加強先前「口語四輕聲拼音」相關課程活動經驗（見第445頁）。

2.聆聽其他孩子回答。

㈣課程設計、安排、實施等注意考慮或補充事項

此課程可以依孩子的能力選用單字、兩字或三字詞彙的圖案圖卡。

三、*圖卡字音反拼*

㈠教材準備內容

孩子熟悉的動物、水果、器具或交通工具圖案圖卡。

㈡課程活動簡述

1.大人或孩子隨機抽取一張圖卡，讓孩子說出該圖卡圖案名稱，例如：「是漢堡。」孩子就以反拼方式拼出「漢－ㄏ－ㄢˋ－ㄏㄢˋ；堡－ㄅ－ㄠˇ－ㄅㄠˇ。」
2.依上述步驟，讓孩子反拼出其他圖卡的圖案名稱。

㈢無法操作處理方式

1.加強先前「正反拼複習」及「猜猜我是誰──孩子解題」相關課程活動經驗（見第 417、446 頁）。
2.聆聽其他孩子回答。

㈣課程設計、安排、實施等注意考慮或補充事項

此課程中所使用的圖卡圖案是為讓孩子字音反拼的手段，所以重點是孩子反拼自己說出的詞彙字音，至於反拼的詞彙字音是「電扇」或是「電風扇」就不是那麼重要了。

四、單字詞彙圖卡找朋友

㈠教材準備內容

孩子熟悉的動物、水果、器具或交通工具的單字詞彙圖案圖卡，例如：貓、狗、花、筆等。

㈡課程活動簡述

1. 出示孩子熟悉的單字詞彙圖案圖卡數張。
2. 大人一一為孩子唸出各圖案圖卡的名稱，並確定孩子可以說出各圖卡的名稱。
3. 將所有的圖卡一字排開置放在孩子面前，然後大人根據現有的圖案圖卡出題目。例如，大人問孩子哪一張圖案圖卡的名稱中有「ㄍ」音，而且是三聲？孩子參照圖案圖卡，找出例如「狗」的圖案圖卡。
4. 依上述步驟，大人根據現有的圖案圖卡，再出其他題目，讓孩子找出符合提示的圖卡。

㈢無法操作處理方式

1. 加強先前「猜猜我是誰──孩子解題」相關課程活動經驗（見第 446 頁）。
2. 聆聽其他孩子回答。

㈣課程設計、安排、實施等注意考慮或補充事項

1. 提供的線索可以聲、（結合）韻母交互使用。例如，上例可以請孩子找出名稱有「ㄡ」音，而且是三聲的圖卡。
2. 此課程的圖卡張數可以依照孩子的能力來增減，如果孩子無法分析回答，

圖卡數量可減至兩張或甚至一張，等孩子熟練之後再慢慢增加。

五、兩字詞彙圖卡找朋友

㈠教材準備內容

孩子熟悉的動物、水果、器具或交通工具的兩字詞彙圖案圖卡，例如：番茄、漢堡、電燈、蛋糕等。

㈡課程活動簡述

1. 出示孩子熟悉的兩字詞彙圖卡數張。
2. 大人一一為孩子唸出各圖卡名稱，並確定孩子可以說出各圖卡的名稱。
3. 將所有的圖卡一字排開置放在孩子面前，然後大人根據現有的圖卡出題目。例如，大人問孩子哪一張圖案圖卡的名稱中有「ㄑ」音，而且是二聲？孩子參照圖卡，找出例如「番茄」圖卡。
4. 依上述步驟，大人根據現有的圖案圖卡，再出其他題目，讓孩子找出符合提示的圖卡。

㈢無法操作處理方式

1. 加強先前「單字詞彙圖卡找朋友」相關課程活動經驗（見第448頁）。
2. 聆聽其他孩子回答。

㈣課程設計、安排、實施等注意考慮或補充事項

1. 提供的線索可以聲、（結合）韻母交互使用。例如，上例可以請孩子找出名稱有「ㄧㄝ」音，而且是二聲的圖案圖卡。
2. 此課程的圖卡張數可以依照孩子的能力來增減，如果孩子無法分析回答，

圖卡數量可減至兩張或甚至一張，等孩子熟練之後再慢慢增加。

3.如果孩子可以熟練地進行此課程，也可以選用三字詞彙的圖卡，例如：聖誕紅、奇異果、直昇機等，增加課程活動的困難度。

六、口語四輕聲拼音判斷

㈠教材準備內容

無。

㈡課程活動簡述

1.大人隨機唸一詞彙，例如「唱歌」，然後問孩子那個字音中有「ㄤ」音，而且是四聲。讓孩子依據提示，回答「唱」。

2.依上述步驟，大人隨機出題，讓孩子說出符合提示的字音。

㈢無法操作處理方式

1.加強先前「兩字詞彙圖卡找朋友」相關課程活動經驗（見第 449 頁）。

2.聆聽其他孩子回答。

㈣課程設計、安排、實施等注意考慮或補充事項

此課程也可以配合單元兒歌課程，在唸過單元兒歌之後，隨機挑選兒歌中的適合聲調字音，讓孩子練習口語四輕聲拼音判斷。

七、猜猜我是誰——*孩子出題*

㈠教材準備內容

孩子熟悉的動物、水果、器具或交通工具的圖案圖卡。

㈡課程活動簡述

1.讓某位孩子看過一張圖卡後，將該圖卡覆蓋。

2.讓覆蓋圖卡的孩子提示所覆蓋圖卡名稱第一個字的聲韻母及聲調。例如說：「第一個字有ㄆ和ㄨ音，二聲。」讓大人或其他孩子依提示拼出「ㄆㄨˊ」。

3.繼續讓該名孩子提示所覆蓋圖卡名稱第二個字的聲韻母及聲調。例如說：「第二個字有ㄊ和ㄠ音，二聲。」讓大人或其他孩子依提示拼出「ㄊㄠˊ」，而得到「葡萄」的答案。

4.翻開圖卡，核對該名孩子所提供的提示是否正確。

5.依上述步驟讓孩子輪流出題，進行課程活動。

㈢無法操作處理方式

1.加強先前「猜猜我是誰——孩子解題」相關課程活動經驗（見第 446 頁）。

2.觀看聆聽其他孩子進行課程。

㈣課程設計、安排、實施等注意考慮或補充事項

可以依孩子的能力選用單字、兩字或三字詞彙的圖案圖卡。

註釋

註 1： 胡建雄（1992）。國語首冊注音符號教學研析。收錄於國語首冊——注音符號教學手冊。254 頁。台北：教育部國教司。

註 2： 羅秋昭（2002）。國小語文科教材教法。62 頁。台北：五南圖書出版公司。

註 3： 吳金娥等（1997）。國音及語言運用。145 頁。台北：三民書局。

註 4： 同註 3。146 頁。

註 5： 同註 3。144 頁。

註 6： 同註 2。62 頁。

註 7： 同註 1。

註 8： 吳敏而（1998）。語文學習百分百。85 頁。台北：天衛文化圖書有限公司。

註 9： 同註 8。

註 10：同註 3。52 頁。

註 11：馬興國（1999）。繞口令大車拼。58 頁。台北：世潮出版有限公司。

註 12：王毓芳主編。ㄅㄆㄇ彩色讀本。32 頁。台北：上人文化。

註 13：梁華容主編（1994）。娃娃繞口令。10 頁。台南：世一書局。

註 14：改寫自「兩個演員」，顏福南（2000）。大家來說——繞口令。81 頁。台北：文經出版社。

註 15：改寫自「兩人畫畫」，馬興國（1999）。繞口令大車拼。106 頁。台北：世潮出版有限公司。

註 16：同註 11。177 頁。

第 八 章

注音符號拼讀

第一節　視覺符號意義解碼導入

壹、基本概念

　　人類溝通的形式可分為聲音符號以及視覺符號，再依功能分，可以分為表達及理解。當個體接收到視覺符號的訊息時，必須經過「視覺符號意義解碼」的過程，將訊息正確地解讀，才能無誤地理解對方所要表達的意念。這個「視覺符號意義解碼」的過程，就是我們所說的「閱讀」。如果無法對所接收到的視覺符號進行解碼，例如一般人看到不熟識俄文的文字符號時，當然就無法理解對方所要表達的意念了。

一、非文字視覺符號種類

　　在人類溝通所使用的視覺符號中，文字雖然是最重要的，但卻不是唯一的工具。如果我們以「視覺符號意義解碼」的觀念來理解「閱讀」，就能夠拋開「認字看書才是閱讀」的狹隘觀念。事實上，只要是以視覺來觀察解釋各種視覺符號訊息，那就是閱讀。所以在課程活動情境的安排上，孩子所要閱讀的訊息，不應該只有文字而已，其他例如舞蹈、身體語言、臉部表情、手語手勢、樂隊指揮、交通指揮、旗語、繪畫、黏土陶藝雕像、建築、戲劇等，甚至連烏雲密布、閃電、打雷等天象視覺訊息以及第二章中所提到的各種五官生活刺激經驗，都是可以當成孩子閱讀解碼的材料。事實上，可供孩子閱讀解碼的材料充斥在我們周遭，所以如何提升孩子對於身旁周遭視覺訊息的感受以及解讀的能力，才是閱讀課程的重點所在，否則如果孩子對於周遭切身具體的視覺訊息都視而不見了，我們又如何期待孩子對於抽象的文字視覺符號進行解讀呢？因此，在孩子進行「認字看書」

的閱讀活動之前，讓孩子多方經歷「非文字視覺符號意義解碼」的相關課程活動
或生活經驗，是相當重要的。

二、日常生活文字閱讀經驗

雖然我們強調：文字符號並不是在人類溝通中所唯一使用的視覺符號，但是
我們也不否認，由於文字視覺符號具有不受時間及空間限制的特性，卻是人類閱
讀的最重要訊息來源。所以提到閱讀，當然一定要探討文字視覺符號的閱讀。

就如先前所提到，有很多大人會抱持著「認字看書才是閱讀」的狹隘觀念，
所以認為孩子一定要到小學才能閱讀，而且應該正襟危坐地坐在椅子上，面前一
定要擺著一本書，才叫作閱讀。事實上，我們從「視覺符號意義解碼」的觀念來
探討，可以很清楚了解，閱讀就是視覺符號訊息的意義解碼。這裡所謂的「意義
解碼」，除了意指將視覺符號解碼成有意義的訊息之外，也意指著所要解碼的視
覺符號，對於訊息接收者是有意義的，所以訊息接收者才會願意嘗試去解碼閱讀。
當大人要求孩子認字看書，只是把重點放在單獨文字符號的解碼（例如會唸一段
國字或注音符號文字），而不管這些視覺文字符號訊息對於孩子是否有意義時，
這就偏離了閱讀的目的了。當然，單獨視覺文字符號解碼的技巧，是閱讀的工具，
對於文字閱讀，是絕對必要的，但如果以為孩子只要會唸國字或拼讀注音符號就
是閱讀，而不管這些閱讀的內容跟孩子的生活經驗是否有密切相關時，就失去閱
讀溝通的原意，孩子不但無法享受到閱讀的樂趣，反而會視閱讀為畏途了！

其實在我們日常生活情境中，到處可見對於孩子而言，具有重大意義的文字
視覺符號訊息。例如，孩子一看到麥當勞的「Ｍ」招牌，就吵著要吃漢堡、薯條，
這不就是「視覺符號意義解碼」嗎？這不就是文字視覺符號閱讀嗎？那麼，多大
的孩子就能進行文字視覺符號的閱讀呢？事實上，只要孩子視覺相關系統發展成
熟，就已經不斷地在進行觀察閱讀的動作了，如果就文字視覺符號訊息的閱讀，
一般來說，一歲多到兩歲的孩子，就可以閱讀得很好了。所以，在孩子生命的早

期，我們應該盡量提供孩子有意義文字閱讀的生活經驗，此經驗的重點不在於文字符號的單獨解碼（例如這個字怎麼唸），而在於文字符號訊息的傳遞理解功用（例如從電視節目播放表中，可以查到孩子喜歡看的卡通播放時間）。

對於孩子而言，了解文字符號訊息的功用，並嘗試去解碼並運用這些訊息，會比文字符號的認知記憶，更有意義、有趣。所以當我們大人在日常生活中，閱讀運用一些文字符號視覺訊息時，可以讓孩子參與情境，並跟孩子說明那些文字訊息的功用。例如，從電視節目播放表中查看節目播放時間、從電話號碼簿中查詢電話號碼、閱讀餐廳菜單點菜、閱讀使用說明書組合或使用物品、閱讀道路路標以及門牌號碼尋找住址、閱讀交通工具班次時刻表買票、閱讀大賣場物品區域標示尋找購買物品、閱讀食物包裝的保存期限、閱讀各種宣傳單廣告、閱讀物品包裝文字購買特定品牌的物品（例如統一、味全或是光泉牛乳；舒潔、春風或是五月花衛生紙等）、閱讀日月曆及時鐘確認時間、開車時閱讀參考路上的交通標誌、閱讀地圖前往目的地、閱讀各類帳單繳款、閱讀報紙蒐集查詢相關訊息、閱讀廁所標誌找尋廁所、閱讀信件接收訊息等等；而學校也可以藉由班級標示（例如花貓班、大象班等）、注意或指示事項標示（例如：在廁所標示「別忘沖水」；在洗手台標示「節約用水」；在教室門口標示「請脫鞋」等。）、學校布告欄（公布每日餐點或相關活動訊息）或通知單（相關活動訊息通知）等情境的設計，讓孩子更清楚地了解文字符號的功用。

貳、圖意詞彙解碼

一、導遊遊戲

㈠教材準備內容

學校現有環境。

㈡課程活動簡述

1. 選定一位孩子擔任導遊。

2. 讓擔任導遊的孩子走在前面，請他介紹學校的環境。例如，擔任導遊的孩子邊走邊介紹說：「這裡是視聽教室、這裡是小班教室、這裡是體能場……」。

3. 其他小孩或大人也可以視情形藉機隨意指著某環境或物品，請孩子解說該環境或物品名稱。

4. 第一位孩子介紹完後，換由其他的孩子擔任導遊，來介紹學校中其他尚未被介紹的特定環境，例如走入小班教室介紹桌子、椅子、故事書……等等。

5. 依上述步驟，讓孩子輪流導遊介紹學校特定區域環境，導遊介紹完所有學校的區域環境後，結束課程。

㈢無法操作處理方式

1. 讓孩子介紹熟悉的環境。

2. 觀看聆聽其他孩子介紹。

㈣課程設計、安排、實施等注意考慮或補充事項

此課程適用於孩子熟悉的所有環境。例如，家中或常去的公園等。

二、餐廳點菜遊戲

㈠教材準備內容

1. 菜單目錄表一份，上有各種食物的圖形。

2.菜單目錄表上的食物圖卡或模型。

㈡課程活動簡述

1.將孩子分為客人及老闆二組，把各種食物圖卡或模型一字排開，交由老闆看管。

2.客人組孩子上餐廳，扮演老闆的孩子把菜單目錄表交給客人點菜，客人從菜單目錄表的圖形中點選食物，例如披薩。

3.老闆從一字排開的食物圖卡或模型中找出客人點選的食物，將該食物模型或圖卡擺放在盤子上，送至客人面前。

4.客人檢查食物是否正確？如果錯誤，請老闆重新變換圖卡或食物模型；如果正確則變換孩子角色或結束課程。

㈢無法操作處理方式

加強先前第三章「語言聽力理解」中「餐廳點菜遊戲」相關課程活動經驗（見第 130 頁）。

㈣課程設計、安排、實施等注意考慮或補充事項

1.此課程可以配合第三章「語言聽力理解」中「餐廳點菜遊戲」課程一起進行。

2.此課程也可以配合「開商店」單元，改為「商店購物遊戲」。只要以各種日常生活用品圖卡、模型及商品型錄，代替各種食物圖卡、模型及菜單即可。

三、*圖卡辨識*

㈠教材準備內容

孩子熟悉的動物、水果、器具或交通工具等圖卡。

㈡課程活動簡述

1.將準備的圖卡覆蓋堆疊。

2.隨機抽取出示一張圖卡，讓孩子說出該圖卡內容的名稱。

3.如果孩子能夠正確說出該圖卡內容的名稱，則可以擁有該圖卡。

4.如果孩子無法正確說出該圖卡內容的名稱，大人則解說正確的名稱之後，再將圖卡放回覆蓋堆疊的圖卡中。

5.依上述步驟，讓孩子說出所有覆蓋堆疊的圖卡名稱。

㈢無法操作處理方式

1.選擇孩子熟悉的圖案圖卡。

2.加強孩子的五官生活刺激經驗。

㈣課程設計、安排、實施等注意考慮或補充事項

此課程也可以讓孩子直接辨識實際環境中現有的物品。

参、非文字視覺符號意義解碼

一、手語溝通

(一)教材準備內容

手語教材。

(二)課程活動簡述

1.大人首先提到耳朵失聰的人，會以手語來溝通。

2.大人依據手語教材示範幾個手語，讓孩子猜猜看各個手語所要傳達的訊息。

(三)無法操作處理方式

無。

(四)課程設計、安排、實施等注意考慮或補充事項

此課程的重點不在於手語的學習（當然如果孩子有興趣，大人可以安排），而是孩子在嘗試猜測過程所使用「視覺符號意義解碼」技巧與策略的練習，所以孩子是否能夠正確猜出各個手語所要傳達的訊息，並不如讓孩子願意一再地提出猜測答案來得重要。

二、來逛動物園

(一)教材準備內容

無。

㈡課程活動簡述

1. 大人跟孩子說：「我們現在要去參觀動物園，會看到很多動物。」
2. 大人就以肢體動作模仿扮演某種動物，例如，用左手食指、拇指捏住鼻尖，右手手臂從左手臂圍成的圈圈穿過去，模仿大象的長鼻子，然後孩子說出大人所模仿的動物名稱，以及理由依據。
3. 依上述步驟，大人一一模仿各種動物讓孩子說出大人所模仿的動物名稱，以及理由依據。

㈢無法操作處理方式

1. 示範模仿扮演孩子熟悉的動物。
2. 觀看聆聽其他孩子回答。
3. 實際走訪參觀動物園。

㈣課程設計、安排、實施等注意考慮或補充事項

1. 此課程可以與動物園單元課程配合進行。
2. 由於大人以肢體動作模仿扮演某種動物，可能會有某種程度上失真，所以此課程的重點不在於孩子說出大人原先所認定設想模仿的動物名稱，而在於孩子所說出不同動物名稱的理由。
3. 大人模仿扮演完後，可以鼓勵孩子以他自己的方式來模仿扮演喜歡的動物。所以此課程也可以配合第九章「注音符號拼寫」中「來逛動物園」課程（見第 515 頁）一起進行。
4. 此課程可以與動物園單元課程配合進行。

三、他在做什麼？

㈠教材準備內容

各種做某特定事情所需的工具或道具。

㈡課程活動簡述

示範表演者（大人或小孩）不用語言，只用動作及工具表達日常生活常做的事，讓孩子說出示範表演者在做什麼事。例如，示範表演者一手拿牙刷，一手拿漱口杯，做出刷牙的動作，讓孩子說出在刷牙。其他例子如炒菜、洗澡、穿脫衣服鞋子、看報、喝水、吃飯、開車、騎車、剪頭髮等等。

㈢無法操作處理方式

1.示範表演孩子熟悉的日常生活事件。
2.觀看聆聽其他孩子回答。
3.加強孩子的五官生活刺激經驗。

㈣課程設計、安排、實施等注意考慮或補充事項

說出示範表演動作，例如刷牙後，可以讓孩子以他的刷牙方式表演示範，所以此課程也可以配合第九章「注音符號拼寫」中「比手畫腳」課程一起進行。

四、猜猜我是誰

㈠教材準備內容

各種行業特徵的服裝或工具。

㈡課程活動簡述

讓擔任表演者的孩子身穿各種行業特徵的服裝，手拿各種行業特殊的工具，讓其他孩子說出表演者的職業。例如，表演者身穿白色衣服，耳掛聽診器，讓孩子說出醫生的職業。其他例子如警察、郵差、教師、農夫、漁夫、樵夫等等。

㈢無法操作處理方式

1.示範表演孩子熟悉的工作行業。
2.觀看聆聽其他孩子回答。
3.加強孩子的五官生活刺激經驗。

㈣課程設計、安排、實施等注意考慮或補充事項

1.孩子說出表演者擔任的工作行業，例如醫生，接著也可以讓孩子以他的方式表演示範醫生，所以此課程也可以配合第九章「注音符號拼寫」中「職業大集合」課程（見第517頁）一起進行。
2.此課程可以配合職業單元課程進行。

五、臉部表情

(一)教材準備內容

無。

(二)課程活動簡述

大人表現出喜、怒、哀、樂、憂傷、煩惱等各種表情，讓孩子說出大人所要表現的心情。

(三)無法操作處理方式

1. 示範表演孩子熟悉的表情。
2. 觀看聆聽其他孩子回答。

(四)課程設計、安排、實施等注意考慮或補充事項

1. 此課程可以配合「我的心情」單元課程進行。
2. 也可以讓孩子以他的方式表演各種臉部表情，所以此課程也可以配合第九章「注音符號拼寫」中「臉部表情」課程（見第519頁）一起進行。

六、身體在講話

(一)教材準備內容

無。

(二)課程活動簡述

大人表演示範各種身體語言姿勢（例如手抱胸、雙手插腰、下巴上揚

等），讓孩子說出大人身體語言姿勢所要表達的訊息。

㈢無法操作處理方式

1.示範表演孩子熟悉的身體語言姿勢。
2.觀看聆聽其他孩子回答。

㈣課程設計、安排、實施等注意考慮或補充事項

看完大人所表演示範的各種身體語言姿勢之後，也可以讓孩子嘗試表演示範各種身體語言姿勢，所以此課程也可以配合第九章「注音符號拼寫」中「身體在講話」課程（見第520頁）一起進行。

七、實物圖卡理解描述

㈠教材準備內容

孩子熟悉的動物、水果、器具或交通工具等圖卡或實際物品。

㈡課程活動簡述

1.大人隨機出示一張圖卡或一樣物品。
2.讓孩子看後，說該物一個以上特徵，然後以一句話總括，例如：「球，紅色的；紅色的球。」或是「球，小小的，圓圓的；小小圓圓的球。」
3.如果孩子能夠正確地以一句話總括說出該圖卡或物品一個以上的特徵，即可擁有該圖卡或物品。
4.如果孩子無法以一句話總括說出該圖卡或物品一個以上的特徵，大人則示範解說之後，再將圖卡或物品放回。
5.依上述步驟讓孩子以一句話，總括說出所有圖卡或物品一個以上的特徵。

㊂無法操作處理方式

1.使用孩子熟悉的圖卡圖案或物品。

2.觀看聆聽其他孩子回答。

㊃課程設計、安排、實施等注意考慮或補充事項

此課程可依孩子能力，將要求孩子總括特徵的數量調整為一個、兩個或三個以上。

八、看圖說圖意

㊀看圖續說故事

1.**教材準備內容**：適合孩子程度的圖畫書。

2.**課程活動簡述**：大人依圖畫書內容講述，講到最後一頁就停止，讓孩子根據最後一頁的圖畫續說結局。

3.**無法操作處理方式**：

⑴使用孩子熟悉的圖畫書。

⑵觀看聆聽其他孩子回答。

4.**課程設計、安排、實施等注意考慮或補充事項**：此課程可以配合單元故事課程進行。

㊁單圖看圖說圖意

1.**教材準備內容**：大人沒有講述過的各種單張圖片、圖卡或相片。

2.**課程活動簡述**：大人出示未經描述過的各種圖片、圖卡或相片，讓孩子仔細看圖後描述圖意。

3.無法操作處理方式：

⑴使用孩子情境熟悉的圖片、圖卡或相片。

⑵觀看聆聽其他孩子回答。

4.課程設計、安排、實施等注意考慮或補充事項：圖片內容來源也可以讓孩子畫完圖後，讓其他孩子閱讀該圖，說出該圖所要表達的訊息，最後再由作者說明。

(三)多圖看圖說圖意

1.教材準備內容：大人沒有講述過，適合孩子程度的圖畫書；只有圖片，而無文字敘述者更好。

2.課程活動簡述：讓孩子仔細翻閱完未經大人講述過的圖畫書，然後孩子再依圖畫書的順序，一一解說每頁圖畫所要表達的訊息，說出一個完整的故事。

3.無法操作處理方式：

⑴使用孩子熟悉的圖片、圖卡或相片。

⑵觀看聆聽其他孩子回答。

4.課程設計、安排、實施等注意考慮或補充事項：此課程可以配合單元故事課程進行。

九、事件順序圖卡重組

(一)教材準備內容

由數張圖卡組成的事件順序圖卡，每組事件順序圖卡都描述著一件事件。例如「打氣球事件順序卡」，第一張圖卡畫著小孩在打氣球，第二張圖卡畫著氣球越打越大，第三張圖卡畫著氣球因為太大而破掉了。

㈡課程活動簡述

1.將一組事件順序圖卡，例如將打氣球事件順序卡一字排開。

2.讓孩子一一仔細閱讀每張圖卡之後，找出事件最先發生的圖卡。例如，小孩在打氣球的圖卡。

3.然後依序再找出接下來發生及最後發生的事件順序圖卡。例如，氣球越打越大及氣球太大而破掉的圖卡。

4.讓孩子依照自己安排圖卡順序，解說整個事件發生的經過。

㈢無法操作處理方式

1.大人排好事件順序圖卡的順序，讓孩子依照圖卡順序述說整個事件發生的經過。

2.觀看聆聽其他孩子回答。

㈣課程設計、安排、實施等注意考慮或補充事項

1.依孩子發展能力，增減事件順序圖卡的圖卡數量。例如，從兩張一組到七、八張一組。

2.只要孩子的解釋合理，可以有各種不同的圖卡排列順序。

3.坊間有一些順序圖卡的教材，讀者可以自行依困難程度配合安排使用。

第二節　注音符號單字拼讀

壹、分類拼讀

一、注音符號字形拼讀

(一)教材準備內容

單獨注音符號字形（木板、磁鐵或紙卡）。

(二)課程活動簡述

以一聲兩拼為例，其他各聲調兩、三拼課程，請參考此例自行安排設計。

1. 大人拿出一個注音符號聲符及韻符字形，例如「ㄅ」及「ㄚ」，把聲符字形「ㄅ」放在距離韻符字形「ㄚ」有一段距離的上方。
2. 依序指唸聲符字形「ㄅ」及韻符字形「ㄚ」後，將兩個字形相靠後拼讀出「ㄅㄚ」，然後列舉出像八樓、嘴巴、喇叭等含有「ㄅㄚ」音的詞彙。
3. 依上述步驟，變換聲符或韻符字形，讓孩子練習拼讀，並讓孩子嘗試說出含有該字音的詞彙。

(三)無法操作處理方式

1. 如果是忘記聲韻符字形符號的發音，則加強第五章「注音符號形音聯結」相關注音符號形音聯結的課程活動。
2. 如果孩子知道聲韻符字形符號例如「ㄅ」和「ㄚ」的個別發音，但卻無

法拼讀出例如「ㄅㄚ」的字音，則加強先前第七章「注音符號拼音」中，相關字音的拼音課程活動。

㈣課程設計、安排、實施等注意考慮或補充事項

1. 此課程可以依聲調以及單、兩、三拼，再細分為以下課程：

   ⑴一聲：

   　a. 兩拼：例如「ㄅㄚ」、「ㄔㄠ」等。

   　b. 三拼：例如「ㄍㄨㄚ」、「ㄅㄨㄢ」等。

   ⑵二聲：

   　a. 單拼：例如「ㄔˊ」、「ㄠˊ」等。

   　b. 兩拼：例如「ㄓㄡˊ」、「ㄍㄜˊ」等。

   　c. 三拼：例如「ㄒㄩㄢˊ」、「ㄒㄩㄥˊ」等。

   ⑶三聲：

   　a. 單拼：例如「ㄡˇ」、「ㄘˇ」等。

   　b. 兩拼：例如「ㄅㄡˇ」、「ㄙㄚˇ」等。

   　c. 三拼：例如「ㄋㄧㄡˇ」、「ㄗㄨㄟˇ」等。

   ⑷四聲：

   　a. 單拼：例如「ㄞˋ」、「ㄨˋ」等。

   　b. 兩拼：例如「ㄇㄜˋ」、「ㄅㄡˋ」等。

   　c. 三拼：例如「ㄐㄧㄢˋ」、「ㄆㄧㄢˋ」等。

   ⑸輕聲：

   　a. 單拼：例如「˙ㄗ」、「˙ㄕ」等。

   　b. 兩拼：例如「˙ㄕㄤ」、「˙ㄇㄚ」等。

   　c. 三拼：例如「˙ㄏㄨㄛ」、「˙ㄐㄧㄝ」等。

2. 如果孩子能力發展不錯，也可以混合各聲調及單、兩、三拼字音讓孩子

　　拼讀。

3. 拼讀字音的選用可參考書後附錄二「單拼字音詞彙參考表」、附錄三「兩拼字音詞彙參考表」及附錄四「三拼字音詞彙參考表」；或請參閱字典自行設計。

二、找找好朋友

(一)教材準備內容

1. 各種不同顏色的色鉛筆。

2. 紙上有三列注音符號。第一列為聲符，第二列為韻符或結合韻符，第三列為第一列及第二列聲、（結合）韻符的結合音。謹以一聲兩拼（聲符ㄅ、ㄊ、ㄋ、ㄌ；韻符ㄧ、ㄨ、ㄩ）以及一聲三拼（聲符ㄅ、ㄆ、ㄇ；韻符ㄧㄝ、ㄧㄠ、ㄧㄢ）為例，參考範例舉隅如下，其他二、三、四、輕聲的單、兩、三拼課程內容，請參閱範例自行設計。

(1)一聲兩拼：

(2)一聲三拼：

(二)課程活動簡述

以一聲兩拼為例，其他各聲調兩、三拼課程，請參考此例自行安排設計。

1. 讓孩子選擇一枝色鉛筆。

2. 孩子以色鉛筆指放在第一列第一個的聲符，例如「ㄅ」上面，並唸出該字音。

3. 孩子移動色鉛筆，從第一列第一個的聲符連到第二列第一個韻符，例如「ㄧ」，並唸出該字音。

4. 孩子用色鉛筆繼續從第二列韻符，連到第三列中，由剛才第一列聲符及第二列韻符所組成的結合音，「ㄅㄧ」，並唸出該字音。如此孩子就以色鉛筆把「ㄅ」、「ㄧ」和「ㄅㄧ」等聲韻符及結合音連起來。

5. 重複上述步驟，讓孩子拼讀完所有的聲韻符組合。

(三)無法操作處理方式

請參閱「注音符號字形拼讀」課程活動相關敘述（見第469頁）。

㈣課程設計、安排、實施等注意考慮或補充事項

　　此課程也可以把聲、（結合）韻符及其結合音寫在白板上，讓孩子拿白板筆依照上述課程活動簡述拼讀字音。

三、*讀讀我是誰*

㈠教材準備內容

　　上有注音符號單字的注音字卡數張。

㈡課程活動簡述

1. 大人將注音符號字卡覆蓋堆疊。
2. 大人隨機抽取出一張注音符號字卡，讓孩子根據字卡上的聲、（結合）韻符拼讀出該字音，如果孩子正確拼讀出該字音，則可以擁有該字卡，否則大人再示範拼讀該字音之後，再將該注音符號字卡放入覆蓋堆疊的字卡中。
3. 依上述步驟讓孩子拼讀出所有的注音符號字卡。

㈢無法操作處理方式

1. 請參閱「注音符號字形拼讀」課程活動相關敘述（見第 469 頁）。
2. 觀看聆聽其他孩子回答。

㈣課程設計、安排、實施等注意考慮或補充事項

　　注音字卡單字分類及其他注意事項，請參閱「注音符號字形拼讀」課程相關說明。

四、和聲韻母做朋友

(一)教材準備內容

1. 鉛筆一枝。

2. 紙上有各種聲、（結合）韻符組合的單字。謹以二聲單拼、二聲兩拼（韻符ㄨ）以及二聲三拼（結合韻符ㄨㄛ）參考範例舉隅如下，其他課程內容請參考此例自行安排設計。

　　(1)二聲單拼：

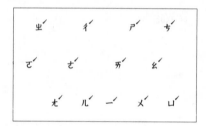

　　(2)二聲兩拼：

　　(3)二聲三拼：

㈡課程活動簡述

1.讓孩子拼讀第一列第一個字音，例如「ㄅㄧㄨˋㄅㄨˋㄧ」（或「ㄅㄧㄨㄅㄨ，ㄅㄨㄧㄅㄨˋㄧ」），然後用鉛筆將「ㄅㄨˋ」圈起來。

2.依上述步驟，讓孩子隨機或由左至右從上而下的方式拼讀其他的字音。

㈢無法操作處理方式

請參閱「注音符號字形拼讀」課程活動相關敘述（見第 469 頁）。

㈣課程設計、安排、實施等注意考慮或補充事項

此課程也可以把各種聲、（結合）韻符組合的單字寫在白板上，讓孩子拿白板筆依照上述課程活動簡述拼讀字音。

貳、綜合比較拼讀

一、拼讀聲調指錯

㈠教材準備內容

注音符號單字字卡數張，一面有如「ㄅㄚ」、「ㄗㄥˊ」、「ㄖㄜˇ」、「ㄌㄚˋ」、「●ㄓㄜ」等注音符號四輕聲拼成的單字，另一面則有所要對比聲調的字音，例如「ㄅㄚˊ」、「ㄗㄥ」、「ㄖㄜˋ」、「●ㄌㄚ」、「ㄓㄜˇ」，參考範例舉隅如下，請參考此例自行安排設計。

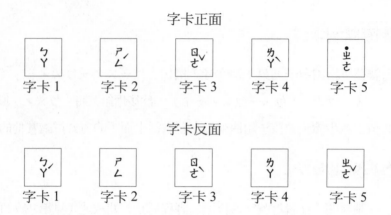

字卡正面

字卡1　字卡2　字卡3　字卡4　字卡5

字卡反面

字卡1　字卡2　字卡3　字卡4　字卡5

㈡課程活動簡述

1.大人隨機出示一張注音符號字卡的一面，例如「ㄇㄜˇ」。

2.大人依聲調對比的安排，故意唸出字卡另一面所標示錯誤的聲調，例如「ㄇㄜˋ」（三、四聲對比）。

3.如果孩子能夠發現錯誤，並加以糾正拼讀出正確的字音，例如說：「不對，你唸的是四聲『ㄇㄜˋ』，應該唸成三聲『ㄇㄜˇ』才對。」即可擁有該字卡。

4.如果孩子無法發現錯誤或糾正拼讀出正確的字音，大人則說：「不對，我剛才唸的是四聲『ㄇㄜˋ』（將字卡翻至反面出示符號『ㄇㄜˋ』），應該唸成三聲『ㄇㄜˇ』（再將字卡翻回正面出示符號『ㄇㄜˇ』）才對。」然後再將該注音符號字卡放回字卡中。

5.依上述步驟，讓孩子糾正大人所有注音符號字卡的錯誤聲調。

6.孩子糾正一面所有注音符號字卡的錯誤聲調之後，大人收回全部字卡，依同樣步驟，再讓孩子糾正字卡另一面注音符號的錯誤聲調。

㈢無法操作處理方式

1.加強先前「分類拼讀」相關課程活動經驗（見第 469 頁）。

2.觀看聆聽其他孩子回答。

㈣課程設計、安排、實施等注意考慮或補充事項

1.一個完整的「拼讀聲調指錯」課程，字卡正反面題目應該包含以下所有
聲調的對比：

⑴一、二聲對比：ㄅㄚ－ㄅㄚˊ；ㄨㄚ－ㄨㄚˊ。

⑵一、三聲對比：ㄊㄤ－ㄊㄤˇ；ㄉㄚ－ㄉㄚˇ。

⑶一、四聲對比：ㄆㄚ－ㄆㄚˋ；ㄆㄧㄠ－ㄆㄧㄠˋ。

⑷一、輕聲對比：ㄗ－˙ㄗ；ㄉㄚ－˙ㄉㄚ。

⑸二、一聲對比：ㄅㄚˊ－ㄅㄚ；ㄨㄚˊ－ㄨㄚ（同一、二聲對比字卡，
翻面使用）。

⑹二、三聲對比：ㄎㄜˊ－ㄎㄜˇ；ㄉㄚˊ－ㄉㄚˇ。

⑺二、四聲對比：ㄇㄣˊ－ㄇㄣˋ；ㄅㄧˊ－ㄅㄧˋ。

⑻二、輕聲對比：ㄇㄣˊ－˙ㄇㄣ；ㄍㄜˊ－˙ㄍㄜ。

⑼三、一聲對比：ㄊㄤˇ－ㄊㄤ；ㄉㄚˇ－ㄉㄚ（同一、三聲對比字卡，
翻面使用）。

⑽三、二聲對比：ㄎㄜˇ－ㄎㄜˊ；ㄉㄚˇ－ㄉㄚˊ（同二、三聲對比字
卡，翻面使用）。

⑾三、四聲對比：ㄈㄢˇ－ㄈㄢˋ；ㄇㄚˇ－ㄇㄚˋ。

⑿三、輕聲對比：ㄓㄜˇ－˙ㄓㄜ；ㄏㄨㄛˇ－˙ㄏㄨㄛ。

⒀四、一聲對比：ㄆㄚˋ－ㄆㄚ；ㄆㄧㄠˋ－ㄆㄧㄠ（同一、四聲對比
字卡，翻面使用）。

⑭四、二聲對比：ㄇㄣˋ－ㄇㄣˊ；ㄅㄧˋ－ㄅㄧˊ（同二、四聲對比字卡，翻面使用）。

⑮四、三聲對比：ㄈㄢˋ－ㄈㄢˇ；ㄇㄚˋ－ㄇㄚˇ（同三、四聲對比字卡，翻面使用）。

⑯四、輕聲對比：ㄚˋ－˙ㄚ；ㄏㄨㄛˋ－˙ㄏㄨㄛ。

⑰輕、一聲對比：˙ㄗ－ㄗ；˙ㄌㄚ－ㄌㄚ（同一、輕聲對比字卡，翻面使用）。

⑱輕、二聲對比：˙ㄇㄣ－ㄇㄣˊ；˙ㄍㄜ－ㄍㄜˊ（同二、輕聲對比字卡，翻面使用）。

⑲輕、三聲對比：˙ㄓㄜ－ㄓㄜˇ；˙ㄏㄨㄛ－ㄏㄨㄛˇ（同三、輕聲對比字卡，翻面使用）。

⑳輕、四聲對比：˙ㄚ－ㄚˋ；˙ㄏㄨㄛ－ㄏㄨㄛˋ（同四、輕聲對比字卡，翻面使用）。

2.大人依聲調對比的安排，故意唸出錯誤的聲調，例如三、一聲對比就是將「ㄖㄜˇ」唸成「ㄖㄜ」（前面的聲調表示字卡上所正確標示的聲調，後面的聲調表示大人準備故意唸錯的聲調）；三、二聲對比就是將「ㄖㄜˇ」唸成「ㄖㄜˊ」；三、四聲對比就是將「ㄖㄜˇ」唸成「ㄖㄜˋ」；三、輕聲對比就是將「ㄖㄜˇ」唸成「˙ㄖㄜ」。

3.字卡大小可依孩子人數多寡設計，或也可以直接將注音符號寫在黑板或白板上進行課程。

二、拼讀相似音指錯

(一)教材準備內容

注音符號單字字卡數張，一面有如「ㄅㄥ」、「ㄈㄚˊ」、「ㄕㄤˇ」、

「ㄦˋ」等注音符號拼成的單字，另一面則有所要對比的相似字音，例如「ㄅㄣ」、「ㄏㄨㄚˊ」、「ㄕㄢˇ」、「ㄜˋ」，參考範例舉隅如下，請參考此例自行安排設計。

字卡正面

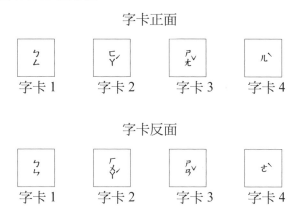

字卡1　　　字卡2　　　字卡3　　　字卡4

字卡反面

字卡1　　　字卡2　　　字卡3　　　字卡4

(二)課程活動簡述

1. 大人隨機出示一張注音符號字卡，例如「ㄅㄥ」。

2. 大人依對比的相似字音安排，故意唸出字卡另一面所標示的字音，例如「ㄅㄣ」。

3. 如果孩子能夠發現錯誤，並加以糾正拼讀出正確的字音，例如說：「不對，你唸的是『ㄅㄣ』，應該唸成『ㄅㄥ』才對。」即可以擁有該字卡。

4. 如果孩子無法發現錯誤或糾正拼讀出正確的字音，大人則說：「不對，我剛才唸的是『ㄅㄣ』（將字卡翻至反面出示符號『ㄅㄣ』），應該唸成『ㄅㄥ』才對。」然後再將該注音符號字卡放回字卡中。

5. 依上述步驟，讓孩子糾正大人所有注音符號字卡的錯誤字音。

6. 孩子糾正一面所有注音符號字卡的錯誤字音之後，大人收回全部字卡，依同樣步驟，再讓孩子糾正字卡另一面注音符號的錯誤字音。

(三)無法操作處理方式

1.加強先前「分類拼讀」相關課程活動經驗（見第 469 頁）。

2.觀看聆聽其他孩子回答。

(四)課程設計、安排、實施等注意考慮或補充事項

常見的相似字音有：ㄅ－ㄆ、ㄈ－ㄏㄨ、ㄉ－ㄊ、ㄍ－ㄎ、ㄑ－ㄒ、ㄓ－ㄗ、ㄔ－ㄘ、ㄕ－ㄙ、一－ㄩ、ㄛ－ㄡ、ㄜ－ㄦ、ㄝ－ㄟ、ㄢ－ㄤ、ㄣ－ㄥ、ㄖ－ㄌ、ㄋ－ㄌ等。

三、聲調比較拼讀

(一)教材準備內容

同「拼讀聲調指錯」課程，請自行參閱（見第 475 頁）。

(二)課程活動簡述

1.大人隨機出示一張注音符號字卡的一面，例如「ㄇㄜˇ」，讓孩子拼讀出該字音。

2.大人將字卡翻至反面出示符號「ㄇㄜˋ」，讓孩子拼讀出該字音。

3.如果孩子能夠正確地拼讀出正反面字卡的字音，即可擁有該字卡。

4.如果孩子無法拼讀出正確的字音，大人則重新示範拼讀字卡字音後，再將該注音符號字卡放回字卡中。

5.依上述步驟，讓孩子拼讀出所有注音符號字卡的字音。

㈢無法操作處理方式

1.加強先前「拼讀聲調指錯」相關課程活動經驗（見第 475 頁）。
2.觀看聆聽其他孩子回答。

㈣課程設計、安排、實施等注意考慮或補充事項

　　一般孩子二、三聲容易混淆，可以特別加強練習。

四、相似音比較拼讀

㈠教材準備內容

　　同「拼讀相似音指錯」，請自行參閱（見第 478 頁）。

㈡課程活動簡述

1.大人隨機出示一張注音符號字卡，例如「ㄅㄥ」，讓孩子拼讀出該字音。
2.大人將字卡翻至反面出示符號「ㄅㄣ」，讓孩子拼讀出該字音。
3.如果孩子能夠正確地拼讀出正反面字卡的字音，即可擁有該字卡。
4.如果孩子無法拼讀出正確的字音，大人則重新示範拼讀字卡字音後，再將該注音符號字卡放回字卡中。
5.依上述步驟讓孩子拼讀出所有注音符號字卡的字音。

㈢無法操作處理方式

1.加強先前「拼讀相似音指錯」相關課程活動經驗。
2.觀看聆聽其他孩子回答。

㈣課程設計、安排、實施等注意考慮或補充事項

請參閱「拼讀相似音指錯」課程活動相關敘述（見第 478 頁）。

第三節　注音符號意義閱讀理解

壹、詞彙拼讀理解

一、圖文理解

㈠標示遊戲

1. **教材準備內容**：注音字卡數張，每張字卡上各有一個以注音符號拼成的物品名稱，例如：「ㄓㄨㄛ　•ㄗ」、「一ˇ　•ㄗ」、「ㄅㄧㄢˋ　ㄕˋ」等等。

2. **課程活動簡述**：

   ⑴將孩子分為兩組。

   ⑵第一組的孩子以隨機的方式拿取一張注音字卡，拼讀字卡上所寫注音符號後，將該字卡標示在該物品（如桌子）上。

   ⑶第一組孩子標示完注音字卡後，由第二組孩子檢查標示是否正確。

   ⑷換由第二組孩子拼讀注音字卡標示，第一組孩子檢查，如此輪流進行課程。

3. **無法操作處理方式**：

   ⑴加強先前「綜合比較拼讀」相關課程活動經驗（見第 475 頁）。

⑵觀看聆聽其他孩子拼讀標示。

4.**課程設計、安排、實施等注意考慮或補充事項**：標示過程請注意孩子安全，勿讓孩子攀爬物品標示。

㈡餐廳點菜遊戲

1.**教材準備內容**：

⑴菜單目錄表一張，上面有以注音符號拼成的各種食物名稱，例如「ㄏㄢˋ ㄅㄠˇ」、「ㄓㄚˋ ㄐㄧ」、「ㄕㄨˇ ㄊㄧㄠˊ」等。

⑵菜單目錄表上注音符號食物名稱字卡一組。

⑶菜單目錄表上的食物圖卡或模型。

2.**課程活動簡述**：

⑴將孩子分為客人、服務生及廚師三組。

⑵客人組孩子上餐廳，扮演服務生的孩子拿出菜單目錄，讓客人組孩子拼讀菜單目錄上的注音符號點菜，例如客人點選「ㄏㄢˋ ㄅㄠˇ」。

⑶扮演服務生的孩子從注音符號食物名稱字卡中，拼讀找出「ㄏㄢˋ ㄅㄠˇ」的字卡，並將該字卡送交在廚房的廚師，但不得以口語告知廚師客人所點菜名。

⑷廚房的廚師拼讀出注音符號字卡上的食物名稱，將該食物模型或圖卡連同注音符號字卡，擺放在盤子上，交給服務生。

⑸服務生檢查食物是否正確？如果錯誤，請廚師重新拼讀字卡，更換食物；如果正確則將食物送至客人面前。

⑹客人檢查食物是否正確？如果錯誤，請服務生重新更換圖卡或食物；如果正確則變換孩子角色或結束課程。

3.**無法操作處理方式**：

⑴加強先前「綜合比較拼讀」相關課程活動經驗（見第 475 頁）。

⑵觀看聆聽其他孩子進行課程。

4.課程設計、安排、實施等注意考慮或補充事項：此課程可以配合其他「餐廳點菜遊戲」課程或「食物」單元課程實施。

㈢圖卡注音符號字卡配對

1.教材準備內容：

⑴孩子熟悉的動物、水果、器具或交通工具等圖卡數張。

⑵上有注音符號拼成的上述動物、水果、器具或交通工具等圖卡名稱的注音符號名稱字卡，例如「ㄈㄟ ㄐㄧ」、「ㄨㄣˊ ˙ㄗ」、「ㄈㄥˋ ㄌㄧˊ」等。

2.課程活動簡述：

⑴出示一張注音符號名稱字卡。

⑵孩子拼讀出字卡上注音符號的名稱，然後找出該名稱的圖卡，把圖卡放置於注音符號名稱字卡之下。

⑶重複上述二步驟，讓孩子完成所有的圖卡注音符號字卡配對。

3.無法操作處理方式：

⑴加強先前「綜合比較拼讀」相關課程活動經驗（見第475頁）。

⑵觀看聆聽其他孩子進行課程。

4.課程設計、安排、實施等注意考慮或補充事項：此課程也可以設計成「詞彙圖文理解」紙上教材方式來進行，如圖8-1，示範方式相似，只是改以鉛筆畫線連接圖案及注音符號名稱。

圖 8-1　詞彙圖文理解

㈣姓名相片配對

1.教材準備內容：

⑴班上所有孩子的個人相片，相片背面有該孩子注音符號拼成的姓名。

⑵班上孩子姓名手冊一本，手冊頁面分割為上、中、下三部分，各部分都可以單獨翻閱，頁面上部分有以注音符號拼成班上所有孩子的姓氏，頁面中、下部分有以注音符號拼成班上所有孩子的名字，所有姓氏名字以隨機無順序方式排列。

2.課程活動簡述：

⑴將孩子的相片堆疊置放。

⑵隨機出示一張班上孩子的相片。

⑶孩子說出該相片孩子的姓名，例如「王小明」。

⑷讓孩子翻閱姓名手冊上部分頁面，拼讀找出「ㄨㄤˊ」。

⑸依上述步驟，讓孩子依序翻閱姓名手冊中、下部分頁面，拼讀找出「ㄒㄧㄠˇ」和「ㄇㄧㄥˊ」。

⑹核對姓名手冊上、中、下部分頁面的姓名組合與相片背面注音符號拼成的姓名是否相同，如果相同，孩子則可以擁有該相片，如果不同則將相片置回。

⑺依上述步驟，完成所有姓名相片的配對，點數每人擁有相片數量後，收回相片，結束課程。

3. **無法操作處理方式：**

⑴減少姓名手冊人數。

⑵加強先前「綜合比較拼讀」相關課程活動經驗（見第 475 頁）。

⑶觀看聆聽其他孩子進行課程。

4. **課程設計、安排、實施等注意考慮或補充事項：** 如果班級人數太多，可以視情形將姓名手冊分為兩冊或兩冊以上。

二、注音符號拼讀理解

㈠詞彙聲調拼讀理解

1. **字卡詞彙聲調拼讀理解：**

⑴教材準備內容：注音符號單字字卡數張，上面有聲調對比的兩個詞彙，參考範例舉隅如下，請參考此例自行安排設計。

⑵課程活動簡述：

a. 大人將注音符號字卡覆蓋堆疊。

b. 大人隨機抽取出一張注音符號字卡，手指左邊的詞彙例如「ㄅㄞ ㄊㄧㄢ」，讓孩子拼讀出該字音。

c. 大人再用手指右邊的詞彙，例如「ㄅㄞˊ ㄊㄧㄢ」，讓孩子拼讀出該字音。

d. 讓孩子判斷哪個詞彙是正確的？

e. 如果孩子能夠拼讀出兩聲調對比的詞彙，也能判斷出正確的詞彙，即可擁有該字卡。

f. 如果孩子無法拼讀出兩聲調對比的詞彙或判斷出正確的詞彙，大人則示範拼讀兩聲調對比的詞彙，以及解說正確的詞彙，然後再將字卡放回覆蓋堆疊的字卡中。

g. 依上述步驟，讓孩子拼讀並判斷所有聲調對比的詞彙字卡。

⑶無法操作處理方式：

a. 加強先前「綜合比較拼讀」相關課程活動經驗（見第 475 頁）。

b. 觀看聆聽其他孩子進行課程。

⑷課程設計、安排、實施等注意考慮或補充事項：

a. 字卡詞彙聲調對比分類，請參閱「拼讀聲調指錯」課程活動相關敘述（見第 475 頁）。

b. 字卡大小可依孩子人數多寡設計，或也可以直接將注音符號寫在白板上進行課程。

2.紙上教材詞彙聲調對比拼讀理解：

⑴教材準備內容：紙上教材，上面有數組 2×2 方格，第一列方格空白，第二列方格有聲調對比的兩個注音符號詞彙，參考範例舉隅如下，請參考此例自行安排設計。

彳 ㄅㄠˊ		彳 ㄅㄠ		ㄆㄠˊ ㄌㄤ		ㄚˇ 彳ˊ	
						彳ˊ	

　　⑵課程活動簡述：

　　　　a. 讓孩子拼讀第一組 2×2 方格，第二列左欄注音符號詞彙，例如「ㄔ
　　　　　 ㄅㄠˇ」。

　　　　b. 然後再讓孩子拼讀第二列右欄注音符號詞彙，例如「ㄔ　ㄅㄠ」。

　　　　c. 讓孩子判斷哪一個詞彙正確，讓孩子在正確詞彙（例如「ㄔ
　　　　　 ㄅㄠˇ」）上面的空白方格內畫個圓圈。

　　　　d. 依上述步驟，讓孩子拼讀所有 2×2 方格內的聲調對比詞彙，並讓孩
　　　　　 子在正確詞彙上面的空白方格內畫圓圈。

　　⑶無法操作處理方式：加強先前「綜合比較拼讀」相關課程活動經驗（見
　　　第 475 頁）。

　　⑷課程設計、安排、實施等注意考慮或補充事項：此課程也可以直接將
　　　注音符號寫在白板上進行。

3. 詞彙聲調綜合拼讀理解：

　　⑴教材準備內容：紙上教材，上面有二字詞彙數組，各組的第二個詞彙
　　　字音以四輕聲五個選項呈現，參考範例舉隅如下，請參考此例自行安
　　　排設計。

ㄅㄥˋ	ㄩˇ	ㄉㄣ	ㄅㄡ	ㄊㄟˊ	ㄕㄨㄛ
（ㄍㄢ）	ㄙㄞ	（ㄊㄞ）	ㄅㄠ	（ㄈㄚ）	（ㄏㄨㄤ）
ㄍㄢˊ	ㄙㄞˊ	ㄊㄞˊ	ㄅㄠˊ	ㄈㄚˊ	ㄏㄨㄤˊ
ㄍㄢˇ	ㄙㄞˇ	ㄊㄞˇ	ㄅㄠˇ	ㄈㄚˇ	ㄏㄨㄤˇ
ㄍㄢˋ	ㄙㄞˋ	ㄊㄞˋ	ㄅㄠˋ	ㄈㄚˋ	ㄏㄨㄤˋ
˙ㄍㄢ	˙ㄙㄞ	˙ㄊㄞ	˙ㄅㄠ	˙ㄈㄚ	˙ㄏㄨㄤ

⑵課程活動簡述：

　　a. 讓孩子拼讀第一欄詞彙的第一個字音。

　　b. 孩子一一拼讀括弧中五個四輕聲字音選項，將正確詞彙的第二個字音圈選出來。

　　c. 依上述步驟，讓孩子拼讀圈選出其他所有正確詞彙的第二個字音。

⑶無法操作處理方式：加強先前「紙上教材詞彙聲調對比拼讀理解」相關課程活動經驗（見第 487 頁）。

⑷課程設計、安排、實施等注意考慮或補充事項：此課程也可以直接將注音符號寫在白板上進行。

㈡詞彙相似音拼讀理解

1. 字卡詞彙相似音拼讀理解：

⑴教材準備內容：注音符號單字字卡數張，上面有相似音對比的兩個詞彙，參考範例舉隅如下，請參考此例自行安排設計。

⑵課程活動簡述：

　　a. 大人將注音符號字卡覆蓋堆疊。

　　b. 大人隨機抽取出一張注音符號字卡，手指左邊的詞彙例如「ㄆㄚˊㄙㄢ」，讓孩子拼讀出該字音。

　　c. 大人再手指右邊的詞彙，例如「ㄆㄚˊ　ㄙㄢ」，讓孩子拼讀出該字音。

　　d. 讓孩子判斷哪個詞彙正確。

　　e. 如果孩子能夠拼讀出兩相似音對比的詞彙，也能判斷出正確的詞彙，

即可擁有該字卡。

f. 如果孩子無法拼讀出兩相似音對比的詞彙或判斷出正確的詞彙，大人則示範拼讀兩相似音對比的詞彙，以及解說正確的詞彙，然後再將字卡放回覆蓋堆疊的字卡中。

g. 依上述步驟，讓孩子拼讀並判斷所有相似音對比的詞彙字卡。

(3)無法操作處理方式：

a. 加強先前「綜合比較拼讀」相關課程活動經驗（見第475頁）。

b. 觀看聆聽其他孩子進行課程。

(4)課程設計、安排、實施等注意考慮或補充事項：

a. 常見的相似字音有：ㄅ－ㄆ、ㄈ－ㄏㄨ、ㄉ－ㄊ、ㄍ－ㄎ、ㄑ－ㄒ、ㄓ－ㄗ、ㄔ－ㄘ、ㄕ－ㄙ、ㄧ－ㄩ、ㄛ－ㄡ、ㄜ－ㄦ、ㄝ－ㄟ、ㄢ－ㄤ、ㄣ－ㄥ、ㄖ－ㄌ、ㄦ－ㄜ、ㄋ－ㄌ等。

b. 字卡大小可依孩子人數多寡設計，或也可以直接將注音符號寫在白板上進行課程。

2.紙上教材詞彙相似音拼讀理解：

(1)教材準備內容：紙上教材，上面有數組2×2方格，第一列方格空白，第二列方格有相似音對比的兩個注音符號詞彙。參考範例舉隅如下，請參考此例自行安排設計。

ㄕㄥ ㄖ	ㄕㄣ ㄖ	ㄖㄜ ㄕㄨㄟ	ㄉㄜ ㄕㄨㄟ	ㄘ ㄉㄢ	ㄔ ㄉㄢ

(2)課程活動簡述：

a. 讓孩子拼讀第一組 2×2 方格，第二列左欄注音符號詞彙，例如「ㄕㄥ ㄖㄟ」。

b. 然後再讓孩子拼讀第二列右欄注音符號詞彙，例如「ㄕㄣ　ㄖㄟˋ」。

c. 讓孩子判斷哪一個詞彙正確，讓孩子在正確詞彙（例如「ㄕㄥ　ㄖㄟˋ」）上面的空白方格內畫個圓圈。

d. 依上述步驟讓孩子拼讀所有 2×2 方格內的相似音對比詞彙，並讓孩子在正確詞彙上面的空白方格內畫圓圈。

(3)無法操作處理方式：加強先前「綜合比較拼讀」相關課程活動經驗（見第 475 頁）。

(4)課程設計、安排、實施等注意考慮或補充事項：此課程也可以直接將注音符號詞彙寫在白板上進行。

(三)詞彙拼讀理解

1. 郵差送信：

(1)教材準備內容：信封袋若干個，每個信封袋上的收信人欄位，各有一個以注音符號拼成的孩子名字。

(2)課程活動簡述：

a. 每個孩子隨機拿取一個信封袋。

b. 讓孩子拼讀信封袋上的收信人名字，然後把該封信送交給收信人。

c. 收到信的孩子核對信封上的名字是否正確？正確則收下，否則將信退回，讓送信人重新拼讀送信。

d. 所有的孩子都收到信後，大人收回所有信封袋，再重複上述三步驟，至適當情況結束課程。

(3)無法操作處理方式：加強先前「詞彙聲調拼讀理解」及「詞彙相似音拼讀理解」等相關課程活動經驗（見第 486/489 頁）。

(4)課程設計、安排、實施等注意考慮或補充事項：收信人名字也可以是虛擬人物，例如白雪公主、灰姑娘等以增加趣味性，此等信件則請孩

子送到大人處。

2.姓名變變變:

(1)教材準備內容:班上孩子姓名手冊一本(同姓名相片配對課程),手冊頁面分割為上、中、下三部分,各部分都可以單獨翻閱,頁面上部分有以注音符號拼成班上所有孩子的姓氏,頁面中下部分有以注音符號拼成班上所有孩子的名字,所有姓氏名字以隨機無順序方式排列。

(2)課程活動簡述:

a. 首先,讓孩子從姓名手冊中翻出自己或某特定孩子的姓名組合,例如「ㄨㄤˊ ㄒㄧㄠˇ ㄇㄧㄥˊ」。

b. 固定姓名手冊的兩部分頁面,讓孩子翻閱特定部分頁面,再拼讀出改變後的姓名,例如固定上、中部分頁面,翻動下部分頁面,就會組合成像「ㄨㄤˊ ㄒㄧㄠˇ ㄧㄥ」、「ㄨㄤˊ ㄒㄧㄠˇ ㄑㄧㄤˊ」、「ㄨㄤˊ ㄒㄧㄠˇ ㄒㄩㄥˊ」等不同姓名組合;如果固定中、下部分頁面,翻動上部分頁面,就會組合成像「ㄌㄧㄣˊ ㄒㄧㄠˇ ㄇㄧㄥˊ」、「ㄍㄠ ㄒㄧㄠˇ ㄇㄧㄥˊ」等不同姓名組合。

c. 依上述步驟,讓孩子自行選擇嘗試拼讀各種不同的姓名組合變化。

(3)無法操作處理方式:

a. 加強先前「詞彙聲調拼讀理解」及「詞彙相似音拼讀理解」等相關課程活動經驗(見第486/489頁)。

b. 觀看聆聽其他孩子進行課程。

(4)課程設計、安排、實施等注意考慮或補充事項:

a. 此課程可以與「姓名相片配對」課程配合實施。

b. 姓名手冊內容也可以添加像「小飛俠」、「睡美人」或「皮卡丘」等卡通人物名字,以增加趣味性。

貳、片語短句拼讀理解

一、圖文理解

㈠教材準備內容

1.能以片語短句描述情境的圖卡數張。
2.上有以注音符號拼成描述圖卡的片語短句卡。例如：「ㄅㄧˋ　•ㄅㄧ　ㄅㄧㄝˊ　ㄅㄠˇ」、「ㄏㄟ　ㄙㄜˋ　•ㄉㄜ　ㄇㄠ」、「ㄏㄠˇ　ㄔ　•ㄉㄜ　ㄅㄢˋ　ㄍㄠ」等。

㈡課程活動簡述

1.出示一張注音符號片語短句卡。
2.孩子拼讀出字卡上注音符號的描述，然後找字卡上所描述情形的圖卡，把圖卡放置於注音符號片語短句卡之下。
3.重複上述二步驟，讓孩子完成所有的圖卡及注音符號片語短句卡配對。

㈢無法操作處理方式

1.加強先前「詞彙拼讀理解」相關課程活動經驗（見第 482 頁）。
2.觀看聆聽其他孩子回答。

㈣課程設計、安排、實施等注意考慮或補充事項

片語短句卡內容，請參考現有圖卡自行安排設計。

二、注音符號拼讀理解

(一)教材準備內容

注音符號片語短句卡數張，上寫有正確的片語短句。例如：「ㄎㄨㄞˋ ㄌㄜˋ ˙ㄉㄜ ㄅㄧˋ ˙ㄅㄧ」、「ㄅㄠˋ ㄌㄜˋ ㄙㄜˋ」、「一ˊ ㄓㄣˋ ㄈㄥ」等，也有錯誤使用的片語短句，例如：「ㄅㄢˋ ㄅㄢˋ ˙ㄉㄜ ㄗㄨˋ ㄅㄚ」、「一ˋ ㄅㄟˋ ㄔㄜˋ」、「ㄔㄨㄢ ㄅㄞˊ ㄈㄢˋ」等。

(二)課程活動簡述

1.大人將注音符號片語短句卡覆蓋堆疊。

2.大人隨機抽取出一張注音符號片語短句卡，讓孩子拼讀出上面的注音符號片語短句後，再讓孩子判斷並解釋該片語短句是否正確？如果孩子能正確拼讀並判斷，即可擁有該片語短句卡，否則大人再示範拼讀並解釋該片語短句之後，再將該片語短句卡放入覆蓋堆疊的卡片中。

3.依上述步驟，讓孩子拼讀及判斷所有的注音符號片語短句卡。

(三)無法操作處理方式

1.加強先前「詞彙拼讀理解」相關課程活動經驗（見第 482 頁）。

2.觀看聆聽其他孩子回答。

(四)課程設計、安排、實施等注意考慮或補充事項

1.注音符號片語短句卡大小可依孩子人數多寡設計，或也可以直接將注音符號片語短句寫在白板上進行課程。

2.此課程也可以把題目印在紙上教材方式呈現，參考範例舉隅如下頁，請

參閱範例自行設計。

ㄖㄜˊ ㄊㄥˊ ㄊㄠˊ ˙ㄉㄜ ㄆㄧ ㄙㄚ	ㄖㄜˊ ㄊㄥˊ ㄊㄠˊ ˙ㄉㄜ ㄊㄠˊ ㄅㄟ	ㄖㄜˊ ㄊㄥˊ ㄊㄠˊ ˙ㄉㄜ ㄊㄤ

3.此課程題目安排可以參考第三章「語言聽力理解」中「片語短句聽覺理解」課程活動相關敘述（見第 137 頁）。

參、句子段落拼讀理解

一、圖文理解

㈠教材準備內容

1.能以句子描述情境的圖卡數張。

2.注音符號句子字卡數張，上有以注音符號拼成描述圖卡的句子，例如：「ㄊㄨˋ ˙ㄕ ㄊㄤˇ ㄗㄞˋ ㄅㄚˋ ㄕㄨˋ ㄒㄧㄚˋ」、「ㄊㄨˋ ˙ㄕ ㄔㄨㄢ ㄒㄧ ㄓㄨㄤ」等。

㈡課程活動簡述

1.出示一張注音符號句子字卡。

2.孩子拼讀出字卡上注音符號的描述，然後找字卡上所描述情形的圖卡，

把圖卡放置於注音符號片語短句卡之下。

3.重複上述二步驟，讓孩子完成所有的圖卡及注音符號句子字卡配對。

㈢無法操作處理方式

1.加強先前「片語短句拼讀理解」相關課程活動經驗（見第 493 頁）。

2.觀看聆聽其他孩子進行課程。

㈣課程設計、安排、實施等注意考慮或補充事項

此課程也可以設計成紙上教材來進行，如圖 8-2，示範方式相似，只是以圖案代替圖卡，並改以鉛筆畫線連接圖案及注音符號句子。

ㄒㄧㄠˇ	ㄒㄧㄠˇ	ㄒㄧㄠˇ	ㄒㄧㄠˇ	ㄅㄚˋ
ㄒㄩㄥˊ	ㄍㄡˇ	ㄓㄨ	ㄇㄠ	ㄒㄧㄤ
ㄅㄚˇ	ㄗㄞˋ	ㄨㄢˊ	ㄗㄞˋ	ㄗㄨㄛˋ
ㄨㄤˇ	ㄒㄧˇ	ㄊㄠˋ	ㄅㄠˋ	ㄔㄜ
ㄑㄧㄡˊ	ㄗㄠˇ	ㄕㄥˊ	ㄩˋ	ㄗ
●	●	●	●	●

圖 8-2　句子圖文理解

二、注音符號拼讀理解

㈠刪字拼讀理解

1. **教材準備內容**：以注音符號拼成的句子字卡數張，一面有多出贅字的錯誤句子。例如：「ㄅㄚˋ ˙ㄅㄚ ㄗㄨㄞ ㄅㄧㄢ ㄅㄠˇ ˙ㄌㄜ」，另一面則是正確的句子，例如：「ㄅㄚˋ ˙ㄅㄚ ㄗㄨㄞ ㄅㄠˇ ˙ㄌㄜ」。參考範例舉隅如下，請參考此例自行安排設計。

字卡正面　　　字卡反面

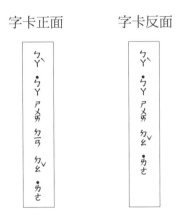

2. **課程活動簡述**：

　⑴大人隨機出示一張注音符號句子字卡的一面，例如：「ㄅㄚˋ ˙ㄅㄚ ㄗㄨㄞ ㄅㄧㄢ ㄅㄠˇ ˙ㄌㄜ」，讓孩子拼讀出該句子。

　⑵如果孩子能夠發現贅字，並加以糾正拼讀出正確的句子，例如說：「不對，應該是ㄅㄚˋ ˙ㄅㄚ ㄗㄨㄞ ㄅㄠˇ ˙ㄌㄜ才對。」大人則將句子字卡翻至反面，與背面正確的句子核對無誤之後，孩子便擁有該句子字卡。

　⑶如果孩子無法拼讀出正確的字音或找出多餘的贅字，大人則重新示範拼讀句子字卡字音及翻至背面拼讀並說明正確的句子後，然後再將該

注音符號句子字卡放回字卡中。

⑷依上述步驟，讓孩子拼讀出所有注音符號句子字卡，並刪除多餘的贅字。

3.**無法操作處理方式：**

⑴加強先前「片語短句拼讀理解」相關課程活動經驗（見第 493 頁）。

⑵觀看聆聽其他孩子進行課程。

4.**課程設計、安排、實施等注意考慮或補充事項：**此課程也可以將有多出贅字的錯誤注音符號句子，寫在白板上，或是列印在紙張上，讓孩子在拼讀過句子後，直接在多餘的贅字上畫「×」刪除。

(二)選選看

1.**教材準備內容：**紙條上有數組注音符號句子，各組句子的最後一個字音以兩個選項呈現。參考範例舉隅如下，請參考此例自行安排設計。

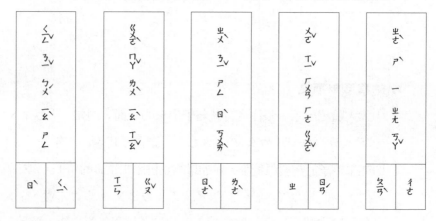

2.**課程活動簡述：**

⑴隨機出示一張「選選看」紙條題目，讓孩子一一拼讀出句子的每一個字音。

⑵拼讀句子最後一個字音的選項，圈選出適合句意的選項。

⑶依上述步驟，讓孩子拼讀圈選出其他各組句子，最後一個字音最適合句意的選項。

3. **無法操作處理方式：**

⑴加強先前「片語短句拼讀理解」相關課程活動經驗（見第493頁）。

⑵觀看聆聽其他孩子進行課程。

4. **課程設計、安排、實施等注意考慮或補充事項：**此課程也可以將題目寫在白板上，或是列印在紙張上，讓孩子進行課程。

㈢連連看

1. **教材準備內容：**數組注音符號句子被拆成兩部分，不依序分置於上下列。參考範例舉隅如下，請參考此例自行安排設計。

```
ㄍㄜˇ    ㄕㄨ    ㄨㄛˇ
ㄇㄚ    ㄕㄤ    •ㄇㄣ
ㄉㄨ    ㄡˇ    ㄧㄠˋ
ㄧㄠˊ   ㄏㄣˇ   ㄑㄩˋ
 •     ㄅㄨㄛ    •
        •

 •      •      •
ㄒㄧㄠˇ  ㄍㄨㄥˇ  ㄒㄧㄠˇ
ㄋㄠˇ   ㄩㄢˇ   ㄒㄧㄣ
```

2. **課程活動簡述：**

⑴讓孩子拼讀第一組上半列的注音符號，例如：「ㄨㄛˇ　•ㄇㄣ　ㄧㄠˋ　ㄑㄩˋ」。

⑵讓孩子一一拼讀下半列的注音符號「ㄒㄧㄠˇ　ㄒㄧㄣ」、「ㄍㄨㄥ

ㄅㄆㄇ

ㄩㄢˊ」、「ㄒㄧㄠˇ ㄋㄧㄠˇ」等。

(3)依句意將可以配成一完整句意的上、下半列的注音符號，例如：「ㄨㄛˇ ˙ㄇㄣ ㄧㄠˋ ㄑㄩˋ」及「ㄍㄨㄥ ㄩㄢˊ」，以直線連在一起。

(4)依上述步驟讓孩子將其他的上、下半列注音符號，配成完整句意的句子。

3. **無法操作處理方式：**

(1)加強先前「片語短句拼讀理解」相關課程活動經驗（見第493頁）。

(2)觀看聆聽其他孩子進行課程。

4. **課程設計、安排、實施等注意考慮或補充事項：**此課程也可以將題目寫在壁報紙、白板，或是列印在紙張上，讓孩子進行課程。

㈣指示卡

1. **教材準備內容：**注音符號句子指示卡數張，上面各有一以注音符號拼成的指示句子，例如：「ㄑㄧㄥˇ ㄋㄚˊ ㄧˋ ㄓ ㄅㄧˇ ㄌㄞˊ」。

2. **課程活動簡述：**

(1)將注音符號句子指示卡隨機覆蓋堆疊。

(2)讓每個孩子隨機抽取一張句子指示卡。

(3)孩子拼讀完指示卡上的句子之後，就按照句意行動。例如，去找一枝筆，連同句子指示卡交由大人核對。

(4)如果正確，孩子就可以獲得該張指示卡，並於將物品歸位後，再次抽取另外一張指示卡，按照句意行動。

(5)如果孩子解讀錯誤，則要求孩子再次仔細拼讀。

(6)依上述步驟，讓孩子拼讀完所有指示卡並完成所有的指示後，結算獲得指示卡數量，接著依情形再次重複活動或結束活動。

3.無法操作處理方式：

⑴加強先前「片語短句拼讀理解」相關課程活動經驗（見第 493 頁）。

⑵觀看聆聽其他孩子進行課程。

4.課程設計、安排、實施等注意考慮或補充事項：

⑴此課程可依孩子能力而安排指示內容。

⑵避免有任何安全顧慮的指示內容。

㈤尋寶遊戲

1.教材準備內容：

⑴充當寶藏的物品，例如芭比娃娃或小熊維尼玩偶。

⑵藏寶圖紙張數張，上有提示尋寶線索的注音符號句子以及各種顏色的編號。

2.課程活動簡述：

⑴事先將寶物藏在某一個孩子不知道的地方。

⑵以神祕的態度交給孩子一張有紅色編號一的藏寶圖紙張。

⑶孩子拼讀藏寶圖紙張上提示尋寶線索的注音符號句子，例如：「ㄑㄧㄥˇ ㄓㄠˇ ㄓㄠˇ ㄈㄤˋ ㄐㄧ ㄇㄨˋ ˙ㄉㄜ ㄌㄢˊ ˙ㄗ」。

⑷孩子依藏寶圖上的指示，從放積木的籃子裡，發現裡面有另外一張紅色編號二的藏寶圖，上面也有提示尋寶線索的注音符號句子，例如：「ㄑㄧㄥˇ ㄅㄚˇ ㄎㄞ ㄍㄤ ㄑㄧㄣˊ ㄒㄧㄚˋ ㄇㄧㄢˋ ˙ㄉㄜ ㄒㄧㄤ ˙ㄗ」。

⑸孩子依指示，打開鋼琴下的箱子，發現裡面有一個芭比娃娃，以及一張紅色編號三的紙張，上面寫著：「ㄓㄠˇ ㄉㄠˋ ㄅㄠˇ ㄗㄤˋ ˙ㄌㄜ」。

(6)孩子將所有的藏寶圖紙張及寶藏交給大人，向大人領取另外一張藏寶圖，依上述步驟，繼續尋找另一樣寶物。

(7)依上述步驟，讓孩子依藏寶圖上的指示，找出所有被藏起來的寶物，並結算每人所找到的寶物之後，結束活動。

3.**無法操作處理方式：**

(1)加強先前「片語短句拼讀理解」相關課程活動經驗（見第 493 頁）。

(2)觀看聆聽其他孩子進行課程。

4.**課程設計、安排、實施等注意考慮或補充事項：**

(1)此課程可依孩子能力而增減藏寶圖編號數量。

(2)避免有任何安全顧慮的尋寶路徑或舉動指示。

㈥句子組合字卡

1.**教材準備內容：**四疊不同顏色的字卡，各種顏色字卡上有注音拼成的時間、姓名、地點或者動作等片語詞彙。

2.**課程活動簡述：**

(1)將四疊不同顏色字卡分類覆蓋堆疊，並依時間、姓名、地點及動作片語詞彙順序由上而下排列。

(2)首先從覆蓋堆疊的時間字卡中（例如是紅色字卡），隨機抽取出一張字卡，例如是：「ㄓㄨㄥ ㄑㄧㄡ ㄐㄧㄝˊ」。

(3)再從第二疊覆蓋堆疊的姓名字卡中（例如是黃色字卡），隨機抽取出一張字卡，例如是：「ㄨㄤˊ ㄒㄧㄠˇ ㄇㄧㄥˊ」，將該字卡排在紅色的時間字卡下面。

(4)再從第三疊覆蓋堆疊的地點字卡中（例如是藍色字卡），隨機抽取出一張字卡，例如是：「ㄗㄞˋ ㄩˋ ㄕˋ」，將該字卡排在黃色的姓名字卡下面。

⑸最後從第四疊覆蓋堆疊的動作字卡中（例如是綠色字卡），隨機抽取出一張字卡，例如是：「ㄏㄨㄚˊ　ㄉㄨㄥˇ　ㄔㄨㄢˊ」，將該字卡排在藍色的地點字卡下面。

⑹讓孩子由上而下，依序拼讀時間、姓名、地點及動作字卡，即得「ㄓㄨㄥ　ㄑㄧㄡ　ㄐㄧㄝˊ　ㄨㄤˇ　ㄒㄧㄠˇ　ㄇㄧㄥˊ　ㄗㄞˋ　ㄩˋ　ㄕˋ　ㄏㄨㄚˊ　ㄉㄨㄥˇ　ㄔㄨㄢˊ」。

⑺讓孩子說明該句子不合理之處。

⑻依上述步驟，讓孩子拼讀隨機抽取時間、姓名、地點及動作字卡組合的句子。

3.**無法操作處理方式：**
⑴加強先前「片語短句拼讀理解」相關課程活動經驗（見第493頁）。
⑵觀看聆聽其他孩子進行課程。

4.**課程設計、安排、實施等注意考慮或補充事項：**時間、姓名、地點及動作等片語詞彙字卡內容參考範例如下，請參閱範例自行設計。

⑴時間：ㄐㄧㄣ　ㄊㄧㄢ　ㄨˇ、ㄗㄠ　ㄊㄧㄢ、ㄐㄧㄣ　ㄊㄧㄢ　ㄗㄠˇㄕㄤ、ㄒㄧㄥ　ㄑㄧ　ㄖˋ、ㄓㄡ　ㄑㄧㄡ　ㄐㄧㄝˋ、ㄅㄛ　ㄓㄣ　ㄉㄜ˙　ㄖˋㄏㄡˋ、ㄐㄧㄣ　ㄊㄧㄢ　ㄊㄨㄥ　ㄕㄤˋ、ㄊㄧㄢ　ㄏㄟ　ㄉㄜ˙　ㄖˋㄏㄡˋ、ㄑㄧㄣ　ㄋㄢˊ……等等。

⑵姓名：ㄨㄤˊ　ㄒㄧㄠˇ　ㄇㄧㄥˊ等孩子的姓名。

⑶地點：ㄗㄞˋ　ㄐㄧㄚ　ㄌㄧˇ、ㄗㄞˋ　ㄒㄩㄝ　ㄒㄧㄠˋ、ㄗㄞˋ　ㄈㄤ　ㄐㄧㄢ　ㄌㄧˇ、ㄗㄞˋ　ㄅㄛˊ　ㄨˋ　ㄍㄨㄢˇ、ㄗㄞˋ　ㄔ　ㄕㄤˋ、ㄗㄞˋ　ㄊㄧ　ㄊㄥˊ、ㄗㄞˋ　ㄏㄨㄚ　ㄩㄢˊ　ㄌㄧˇ、ㄗㄞˋ　ㄔㄥˊ　ㄕˋ、ㄗㄞˋ　ㄇㄚˇ　ㄌㄨˋ　ㄕㄤˋ、ㄗㄞˋ　ㄊㄞˊ　ㄨㄢ　ㄓㄨㄥ、ㄗㄞˋ　ㄍㄨㄥ　ㄩㄢˊ　ㄌㄧˇ、ㄗㄞˋ　ㄈㄤ　ㄐㄧㄢ　ㄌㄧˇ……等等。

⑷動作：ㄊㄠ　ㄨˇ、ㄔ　ㄈㄢˋ、ㄏㄜ　ㄑㄧ　ㄕㄨㄟˇ、ㄔㄤˋ　ㄍㄜ、ㄆㄠˇ　ㄅㄨˋ、ㄔ　ㄔㄢˊ　ㄨˋ、ㄋㄞˇ　ㄋㄞˇ　ㄨˇ　ㄒㄧ、ㄒㄧ　ㄗㄠˇ、ㄉㄚˇ　ㄐㄧㄠˋ、ㄓㄨ　ㄌㄩㄝˋ　ㄆㄡˋ、ㄎㄞ　ㄕˋ……等等。

(七)注音符號大富翁

1.**教材準備內容**：參照坊間的「大富翁」遊戲，將「大富翁」遊戲中所有的文字改以注音符號標示呈現，製作成「注音符號大富翁」遊戲。

2.**課程活動簡述**：依照「大富翁」遊戲規則，進行「注音符號大富翁」遊戲。

3.**無法操作處理方式**：

(1)加強先前「片語短句拼讀理解」相關課程活動經驗（見第493頁）。

(2)觀看聆聽其他孩子進行課程。

4.**課程設計、安排、實施等注意考慮或補充事項**：遊戲中的「機會」及「命運」中的內容陳述盡量與孩子的家中或學校生活經驗相互關聯。

(八)句意拼讀理解判斷

1.**教材準備內容**：以注音符號拼成的句子，上有「＊」符號者為主述句子，上有括弧符號者為判斷句子。參考範例舉隅如下，請參考此例自行安排設計。

（範例，注音符號直書，由右至左閱讀）

| ＊ 彳ㄨ ˙ㄌㄜ ㄧˇ ˙ㄗ ㄧˇ ㄨㄞ ， | ㄐㄠ ㄕ ㄉ ㄇㄢ ㄕㄜ ˙ㄇㄜ ㄉㄡ ㄇㄟˇ ㄧ ㄗ | （　） ㄐㄠ ㄕ ㄉ ㄇㄟ ㄉㄢ ㄅㄥ | （　） ㄐㄠ ㄕ ㄉ ㄇㄟ ㄧ ˙ㄗ | （　） ㄐㄠ ㄕ ㄉ ㄇㄛ ˙ㄇㄜ ㄇㄟˇ ㄧ ˙ㄗ |

2.課程活動簡述：

　(1)先讓孩子拼讀上有「＊」符號的主述句子。

　(2)然後再讓孩子拼讀上有「（　）」符號的判斷句子。

　(3)讓孩子比較主述句子及判斷句子的句意，如果判斷句子的句意跟主述句子的句意相同，則在括弧內畫「○」，如果不同，則畫「×」。

　(4)依上述步驟，讓孩子比較其他所有主述句子及判斷句子的句意是否相同。

3.無法操作處理方式：

　(1)加強先前「片語短句拼讀理解」相關課程活動經驗（見第493頁）。

　(2)加強先前第三章「語言聽力理解」中「隱意聽覺理解」相關課程活動經驗（見第161頁）。

　(3)觀看聆聽其他孩子進行課程。

4.課程設計、安排、實施等注意考慮或補充事項：此課程可以將題目寫在壁報紙、白板，或是列印在紙張上，讓孩子進行課程。

(九)閱讀測驗是非理解

1.教材準備內容：以注音符號拼成的閱讀測驗是非理解題目，上有「＊」符號者為主述句子，上有括弧符號者為判斷句子。參考範例舉隅如下，請參考此例自行安排設計。

ㄅㄟㄇㄛ

（註1）

2.課程活動簡述：

⑴讓孩子拼讀上有「＊」符號的主述句子。

⑵讓孩子拼讀上有「（　）」符號的判斷句子。

⑶讓孩子比較主述句子及判斷句子的句意，如果判斷句子的句意跟主述句子的句意相同，則在括弧內畫「○」，如果不同，則畫「×」。

⑷依上述步驟讓孩子比較其他所有主述句子及判斷句子的句意是否相同。

3.無法操作處理方式：

⑴加強先前「片語短句拼讀理解」相關課程活動經驗（見第 493 頁）。

⑵加強先前第三章「語言聽力理解」中「兒歌複句聽力記憶理解」相關課程活動經驗（見第 159 頁）。

⑶觀看聆聽其他孩子進行課程。

4.課程設計、安排、實施等注意考慮或補充事項：此課程可以將題目寫在壁報紙、白板，或是列印在紙張上，讓孩子進行課程。

(十)閱讀測驗選擇理解

1.**教材準備內容**：以注音符號拼成的閱讀測驗選擇理解題目，上有數字編號者為主述句子，上有「＊」符號者為題目句子，備選的答案以括弧附於題目句子之後。參考範例舉隅如下，請參考此例自行安排設計。

> 1
>
> ㄒㄧㄠˇ ㄇㄢ，ㄗˋ ㄐㄣ ㄌㄥˊ ㄑˋ，
>
> ㄈㄟˋ ˙ㄉㄜ ㄍㄠ，ㄈㄟˋ ˙ㄉㄜ ㄅㄧ。
>
> ＊ㄐㄣ ㄐㄣ ˙ㄉㄜ 一 ㄅㄚ ㄒㄧㄤ ㄐㄢ ㄗˊ ˙ㄇㄜ？
>
> ＊ㄒㄧㄠˇ ㄇㄢ ˙ㄗ ˙ㄉㄜ 一 ㄅㄚ ㄗˊ ˙ㄇㄜ
> （ㄘㄞ ㄒㄧㄠ ㄅㄧㄠ ˙ㄇㄜ ㄒㄧㄥ ㄓㄨㄤ？）
>
> ＊ㄒㄧㄠˇ ㄇㄢ ˙ㄗ ˙ㄉㄜ ㄐㄧㄢ ㄐㄧㄢ ˙ㄉㄜ？
> （ㄩˊ ㄩㄢˊ ˙ㄉㄜ　ㄐㄧㄢ ㄐㄧㄢ ˙ㄉㄜ　ㄔㄤ ㄔㄤ ˙ㄉㄜ）
>
> （註2）

2.**課程活動簡述**：

(1)讓孩子拼讀上數字編號「1」的主述句子。

(2)讓孩子拼讀上有「＊」符號的題目句子。

(3)讓孩子一一拼讀括弧中的備選答案，並依題目句子的題意，將正確的備選答案用鉛筆圈選起來。

(4)依上述步驟讓孩子一一拼讀其他的主述句子、題目句子及備選答案，並依題目句子的題意，將正確的備選答案用鉛筆圈選起來。

3.無法操作處理方式：

⑴加強先前「片語短句拼讀理解」相關課程活動經驗（見第 493 頁）。

⑵加強先前第三章「語言聽力理解」中「兒歌複句聽力記憶理解」相關課程活動經驗（見第 159 頁）。

⑶觀看聆聽其他孩子進行課程。

4.課程設計、安排、實施等注意考慮或補充事項：此課程可以將題目寫在壁報紙、白板，或是列印在紙張上，讓孩子進行課程。

㈢拼讀走迷宮

1.教材準備內容：紙上教材，上面有方格，方格內有注音符號所拼成的字音，「＊」符號為入口，「＃」符號為出口。參考範例舉隅如下，請參考此例自行安排設計。

＊

ㄐㄧㄣ	ㄊㄧㄢ	ㄊㄧㄢ
ㄍㄠ	ㄧㄠˊ	ㄍㄥ
ㄨㄟ	ㄇㄠ	ㄍㄟ
ㄎㄨ	ㄊㄠˊ	ㄖㄜ

＃

2.課程活動簡述：

⑴拼讀入口「＊」符號處注音符號的字音，例如「ㄐㄧㄣ」。

⑵拼讀與「ㄐㄧㄣ」連接的注音符號字音「ㄊㄧㄢ」及「ㄍㄠ」（不拼讀未相連對角線的「ㄧㄠˇ」），判定「ㄐㄧㄣ ㄊㄧㄢ」是正確的，

拿起鉛筆從「ㄐㄧㄥ」畫直線到「ㄊㄧㄢ」。

⑶依上步驟，繼續拼讀相連接的注音符號字音後，用鉛筆以直線畫過正確的字音，一直連到出口「＃」符號處注音符號的字音，例如「ㄖㄜˋ」。

⑷依循鉛筆畫過的筆跡，從入口「＊」符號處注音符號的字音，一直拼讀到出口「＃」符號處注音符號的字音，例如「ㄐㄧㄥ ㄊㄧㄢ ㄊㄧㄢ ㄑㄧˋ ㄏㄣˇ ㄖㄜˋ」。

⑸依上述步驟，讓孩子一一拼讀其他迷宮的句子。

3.**無法操作處理方式：**

⑴加強先前「片語短句拼讀理解」相關課程活動經驗（見第 493 頁）。

⑵觀看聆聽其他孩子進行課程。

4.**課程設計、安排、實施等注意考慮或補充事項：**

⑴此課程可以將題目寫在壁報紙、白板，或是列印在紙張上，讓孩子進行課程。

⑵可以依孩子的能力加減拼讀迷宮的方格數量。

㈩選擇謎語

1.**教材準備內容**：以注音符號拼成的謎語題目，備選的答案以括弧附於謎語題目之後。參考範例舉隅如下頁，請參閱範例自行設計。

ㄅㄆㄇ

＊ㄕㄨˋ ㄦ ㄐㄢ ㄗㄛ ㄅㄟ ㄇㄟ，

ㄕㄨ ㄦ ㄐㄢ ㄗㄛ 一ˊ ㄊㄨ，

ㄏㄡ ㄦ ㄐㄢ ㄨㄢ 一ˊ ㄊㄠ，

ㄩㄣ ㄦ ㄐㄢ ㄗㄛ ㄊㄠ ㄕㄡ。

（ㄒㄩㄝ ㄌㄟ ㄈㄥ）

（註3）

2.課程活動簡述：

⑴讓孩子拼讀謎語題目。

⑵讓孩子一一拼讀備選答案。

⑶孩子依謎語題目的題意，從備選的答案中，用鉛筆將正確的答案圈選起來。

⑷依上述步驟，讓孩子一一拼讀其他的謎語題目，並依謎語的題意，從備選的答案中，用鉛筆將正確的答案圈選起來。

3.無法操作處理方式：

⑴加強先前「片語短句拼讀理解」相關課程活動經驗（見第493頁）。

⑵加強先前第三章「語言聽力理解」中「猜謎語」相關課程活動經驗（見第163頁）。

⑶觀看聆聽其他孩子進行課程。

4.課程設計、安排、實施等注意考慮或補充事項：此課程可以將題目寫在壁報紙、白板，或是列印在紙張上，讓孩子進行課程。

註釋

註 1： 林敏雲：小媽媽。拌沙拉。4 頁。台北：新學友書局。

註 2： 杜淑貞（1998）。小學生文學原理與技巧。15 頁。高雄：復文圖書出版社。

註 3： 禹臨圖書編輯部編寫（1997）。指南針。6 頁。台北：禹臨圖書股份有限公司。

第 九 章

注音符號拼寫

第一節　視覺符號意義編碼導入

當人們想表達想法意念時，首先所要面臨的就是——要如何將內心中，外人感受不到的訊息、想法，表達傳遞出去呢？當個體將內心中，外人感受不到的訊息、想法，用特定的方式將這些訊息，有意義表達傳遞出去的過程，就是符號意義編碼。依據人們最常使用的聽覺符號以及視覺符號的訊息傳遞方式，符號意義編碼又可分為「聽覺符號意義編碼」（例如，以哭傳遞「我要喝牛奶」訊息或語言來傳遞表達內心意念）以及「視覺符號意義編碼」兩種。「聽覺符號意義編碼」請參閱第四章「語言思考表達」相關課程敘述，以下就「視覺符號意義編碼」相關議題提出討論。不過，雖然「聽覺符號意義編碼」以及「視覺符號意義編碼」因為探討上方便的因素而分章編排，但是在日常生活的實際運用上，常常是伴隨進行的〔例如，比手畫腳（視覺符號意義編碼）伴隨語言陳述某訊息（聽覺符號意義編碼）〕。

壹、視覺符號意義編碼種類

在日常生活中，人們會以許多不同的視覺符號意義編碼方式，來表達傳遞訊息。例如，以臉部表情來表達內心的喜、怒、哀、樂、憂傷、煩惱等情緒；以身體擁抱傳遞安慰、接納等訊息；以招手或搖手等手勢傳遞呼喚或拒絕訊息或以煙火傳遞求救訊息等。除此之外，其他如樂隊指揮手勢、交通指揮手勢、旗語手勢、手語手勢、圖形繪畫、文字、跳舞、戲劇、黏土陶藝雕像、建築等等，都是人們經常使用的視覺符號意義編碼方式。「視覺符號意義編碼」的重點在於：如何在不同的場合狀況之下，使用最適合當時情境的視覺符號編碼方式，以達到最佳的溝通與表達的目的。因此，日常生活中的溝通與表達，除了文字符號以外，別忘

了還有其他各種視覺符號的表達方式喲！

貳、文字視覺符號溝通及保存工具

在眾多視覺符號意義編碼的種類中，文字符號的意義編碼，是人們最重要的視覺符號意義編碼方式。寫字就是視覺符號意義編碼方式之一。用筆把字寫在紙上是一種相當方便呈現文字符號的方法，但除此之外，我們還有其他各種方式來表達呈現文字視覺符號。如果將握筆把字寫在紙上當作文字符號的意義編碼表達的唯一方式，那就會限制了文字符號在某些情境下表達傳遞溝通的功能了。

一、各類可用以文字視覺符號編碼的溝通工具

各種筆類（鉛筆、原子筆、粉筆、粉蠟筆、白板筆、色鉛筆、彩色筆、毛筆、水彩筆、簽字筆等）、樹枝、移動式符號字母（木製或磁鐵）、打字機、電腦、刀子、石頭籌碼等物品。

二、各類可記載呈現文字視覺符號的物品

各種紙類、牆壁、地板、木板、磁磚、樹葉、竹子、龜甲、牛骨、沙灘泥土、鹽盤、麵粉盤等。

參、非文字視覺符號意義編碼課程設計

一、來逛動物園

(一)教材準備內容

無。

(二)課程活動簡述

1.大人對孩子說：「我們要去參觀動物園。」然後詢問孩子在動物園裡會看到什麼動物？孩子可能會回答：「大象。」

2.大人詢問孩子是否有人會表演大象？讓孩子以自己的方式表演大象。

3.詢問其他孩子是否還有人想出來表演大象的？鼓勵孩子以不同的方式來表演大象。

4.大象表演完之後，再讓孩子繼續表演其他動物。

(三)無法操作處理方式

1.讓孩子示範模仿熟悉的動物。

2.觀看其他孩子表演。

3.實際走訪參觀動物園。

(四)課程設計、安排、實施等注意考慮或補充事項

1.此課程可以與動物園單元課程配合進行。

2.由於以肢體動作模仿扮演某種動物，可能會有某種程度上失真，所以此課程的重點不在於孩子所模仿動物的相似程度，而在於孩子以肢體動作模仿表達的嘗試。

3.此課程可以配合動物園單元課程，以及第八章「注音符號拼讀」中「來逛動物園」課程一起進行（見第 460 頁）。

二、職業大集合

(一)教材準備內容

無。

(二)課程活動簡述

1. 大人詢問孩子自己的爸爸媽媽的工作是什麼？孩子可能會回答：「交通警察。」
2. 大人詢問孩子是否有人會表演交通警察？讓孩子以自己的方式表演交通警察。
3. 詢問其他孩子是否還有人想出來表演交通警察的？鼓勵孩子以不同的方式來表演交通警察。
4. 交通警察表演完之後，再讓孩子繼續表演其他職業角色。

(三)無法操作處理方式

1. 讓孩子模仿表演孩子熟悉的工作行業。
2. 觀看其他孩子的模仿表演。
3. 加強孩子的五官生活刺激經驗。

(四)課程設計、安排、實施等注意考慮或補充事項

此課程可以配合職業單元課程，以及第八章「注音符號拼讀」中「猜猜我是誰」課程一起進行（見第463頁）。

三、比手畫腳

㈠教材準備內容

無。

㈡課程活動簡述

1. 大人隨機說一個孩子在日常生活常做或常見的事件，例如「刷牙」，然後讓孩子以肢體做出刷牙的動作。

2. 詢問其他孩子是否還有不同的比法，鼓勵孩子以不同的比法表達相同的事件，但不可以離題。

3. 其他題目例子例如炒菜、洗澡、穿脫衣服鞋子、看報、喝水、吃飯、開車、騎車、剪頭髮等等，孩子能力好者還可以安排由多項單純事件組合而成的複雜事件，例如「郊遊烤肉」，從準備食物、穿衣服、出門、搭車或開車、抵達目的地整理環境、烤肉、玩遊樂器具、放風箏或戲水等餘興節目、整理賦歸等，或者也可以讓孩子自行訂題表演。

㈢無法操作處理方式

1. 讓孩子示範表演熟悉的日常生活事件。
2. 觀看其他孩子表演示範。
3. 加強孩子的五官生活刺激經驗。

㈣課程設計、安排、實施等注意考慮或補充事項

此課程可以配合第八章「注音符號拼讀」中「他在做什麼？」課程一起進行（見第 462 頁）。

四、臉部表情

㈠教材準備內容

　　無。

㈡課程活動簡述

　　讓孩子依據自己的生活經驗情境，隨機述說日常生活情境事件，並表現出在那個情境事件下的臉部表情，例如，小明表現出自己昨天打破東西被媽媽罵時臉部難過的表情。

㈢無法操作處理方式

1.觀看其他孩子表演示範。
2.加強孩子臉部表情運動的示範與模仿，例如嘴角上揚、睜大眼睛、皺眉、嘟嘴等。

㈣課程設計、安排、實施等注意考慮或補充事項

1.此課程可以配合「我的心情」單元課程，以及第八章「注音符號拼讀」中「臉部表情」課程一起進行（見第464頁）。
2.此課程除了可以讓孩子表現出自己在某情境事件中的臉部表情之外，也可以表現出自己在某情境事件中所觀察到別人的臉部表情，例如，小明表現老師生氣時的臉部表情。

五、身體在講話

(一)教材準備內容

無。

(二)課程活動簡述

1.孩子表演示範自己在某情境事件中所觀察到別人的各種身體語言姿勢。

2.其他孩子說出該身體語言姿勢所要傳達的訊息。

3.由表演示範身體語言姿勢的孩子說明觀察當時的情境狀況。

(三)無法操作處理方式

1.觀看其他孩子表演示範。

2.加強先前「臉部表情」相關課程活動經驗（見第464頁）。

(四)課程設計、安排、實施等注意考慮或補充事項

此課程可以配合「我的心情」單元課程，以及第八章「注音符號拼讀」中「身體在講話」課程一起進行（見第464頁）。

第二節　初級視覺符號意義編碼

以文字視覺符號意義編碼的過程來探討，孩子會先有想要表達的意念，然後再嘗試以文字符號來傳遞表達自己的意念。剛開始孩子可能會創造一些獨特的符號或以具體的圖形來表達自己的意念，但由於這些獨特的符號或具體的圖形，別人無法或是不容易理解，沒有辦法達到有效溝通的目的，所以再來孩子就會尋求

共通的文字符號（例如注音符號或國字）來表達。然而，共通文字符號的正確運用，並不是一朝一夕之間可以達成的，所以在孩子能夠正確運用共通文字符號來表達傳遞訊息之前，各種文字視覺符號意義編碼的嘗試及努力，我們就把它稱為「初級視覺符號意義編碼」。

　　例如，當請孩子寫信告訴聖誕老公公他今年想要的聖誕禮物時，小一點的孩子，可能會塗畫幾條圈線，代表著汽車；稍微大一點的孩子，就會嘗試畫出汽車的圖形，有的圖形可能可以清楚地辨識，有的圖形則可能根本看不出來是什麼東西；再來有些孩子，已經嘗試以注音符號或國字書寫來表達，但由於還不熟練，所以呈現表達的符號可能是錯誤的，例如寫「ㄔ」或「中」代表汽車；經過幾番的練習，最後終於能以共通文字符號正確地書寫表達。以上的圈線、圖形以及錯誤的文字符號表達，我們全都稱為「初級視覺符號意義編碼」。為何我們要把孩子能夠正確運用共通文字符號來表達傳遞訊息之前的各種嘗試表達，都稱為「初級視覺符號意義編碼」呢？

　　如果從「視覺符號意義編碼」的觀點來看，孩子塗畫幾條圈線或其他圖形符號，代表著汽車，就算是「視覺符號意義編碼」了。也就是孩子以那幾條圈線或其他圖形符號，當作自己內在思考訊息的表達工具，表達了自己想要汽車當禮物的意念，就像我們以「汽車」當成表達訊息的符號工具一樣，孩子以那幾條圈線或其他圖形符號，來當成表達訊息的符號工具，那不就是「文字符號表達」了嗎？當然，我們可以質疑說：「孩子寫些什麼，我們又看不懂！」是的，我們是看不懂，但是我們看不懂是我們大人「視覺符號意義解碼」（即閱讀）的問題。就孩子「視覺符號意義編碼」部分，孩子已經很具體地以視覺符號意義編碼出他的意念了，這些符號對孩子而言是有意義的（其代表意義就是汽車），我們不能因為看不懂，就否認它是文字符號表達。就像我們不可以因為看不懂一篇法文寫的文章，就說它不是文字表達，其道理是一樣的。

　　雖說從「視覺符號意義編碼」的觀點來探討，孩子的那些符號，不折不扣算

是文字符號表達。但從更廣泛的文字表達溝通觀點來看，孩子雖然以文字符號來表達了自己的意念訊息，但是這些特殊的文字符號訊息卻不能讓他人接收理解，也就無法達到溝通的目標，所以我們就把孩子能夠正確使用共通文字符號表達之前這些過渡時期的獨特符號或具體圖形，稱為「初級視覺符號意義編碼」。

「初級視覺符號意義編碼」雖然不是正確的文字符號表達方式，卻是文字符號表達學習的墊腳石基礎。配合「初級視覺符號意義編碼」的課程，可以幫助孩子更順利地過渡到文字符號表達的學習。大人切勿因為不是正確的文字符號表達方式而急欲糾正，讓孩子在學習情境中或經由與同儕的互動，調適跟建構學習，正是「初級視覺符號意義編碼」（特別是「創造式拼寫」）相關課程最大的價值與功能所在。

壹、象形符號概念表達

在人類發明文字符號之前，就已經開始使用圖畫圖案來表達溝通了，這點不難從發現的史前人類壁畫找到明證。事實上，我們可以把每個圖畫圖案看成個別的象形文字符號，所以一幅畫也是一篇文章的另一種表達方式，而且這種表達方式更接近人類的表達天性習慣。所以學齡前畫圖課程的安排，也將有助於孩子日後文字符號表達能力的發展。

一、隨意圖畫表達

㈠教材準備內容

圖畫紙、色鉛筆（蠟筆）。

㈡課程活動簡述

1.大人不設定主題讓孩子以圖畫自由表達。

2.孩子畫完圖後，讓孩子解說圖畫所要表達的意念。

㈢無法操作處理方式

1.加強日常五官生活相關刺激經驗。

2.觀看聆聽其他孩子進行課程。

㈣課程設計、安排、實施等注意考慮或補充事項

1.此課程可以配合第四章「語言思考表達」中「圖畫情境描述說明」課程（見第 200 頁）一起進行。

2.其他補充事項請參閱第四章「語言思考表達」中「圖畫情境描述說明」課程活動相關敘述。

二、*主題圖畫表達*

㈠教材準備內容

圖畫紙、色鉛筆（蠟筆）。

㈡課程活動簡述

1.設定一個主題，讓孩子根據該主題以圖畫表達自己想法。例如：「我最好的朋友」、「我最想要的生日禮物」、「我最想要的聖誕禮物」或是「我的家」等。

2.孩子畫完圖後，讓孩子解說圖畫所要表達的意念。

(三)無法操作處理方式

1. 加強日常五官生活相關刺激經驗。
2. 觀看聆聽其他孩子進行課程。

(四)課程設計、安排、實施等注意考慮或補充事項

此課程可以配合各個單元課程，讓孩子以主題圖畫表達某特定單元主題。

貳、創造式拼寫

一、基本概念

就如先前所述，孩子最先會以自己創造的一些獨特符號來拼寫表達訊息。如果大人能提供使用文字符號表達的日常生活情境，讓孩子很自然地依據熟悉的情境，運用文字符號來嘗試表達訊息，那麼孩子在自然情境中，與同儕以文字符號表達互動的過程，會不斷地錯誤嘗試、調整再修正自己的拼寫模式，終於達到共通文字符號的使用模式，此就是「創造性拼寫」的過程。例如，以一般孩子注音符號的創造式拼寫發展來看，從孩子最先會以線條、象形圖案符號表達訊息之後，再來孩子就會嘗試以字首單一注音符號來表達（例如以「ㄔ」代表「船」）；接著再以首尾表達（例如以「ㄔㄢ」代表「船」）；之後再完整填補中間以及聲調符號（例如正確地拼寫出「ㄔㄨㄢˊ」）。創造式拼寫強調的是不斷地錯誤嘗試與修正，所以孩子所拼寫出來的文字符號是否正確，根本不是重點，因為我們了解，此時拼寫錯誤，就像孩子學走路的過程，跌倒是必然的，既然如此，那還有什麼好苛責的呢？因此，「創造式拼寫」課程的重點，是要能提供孩子願意一再地嘗試與修正的日常生活文字符號拼寫情境。因為我們知道孩子只要願意多嘗試

拼寫一次，就往前更邁進一步了。如果因為一再糾正指責孩子的錯誤，讓孩子因而對於文字符號的拼寫產生排拒，那就不是此課程原先設計的目的了。

二、課程安排

(一)姓名遊戲

1. **教材準備內容**：鉛筆、橡皮擦、標籤貼紙。
2. **課程活動簡述**：讓孩子嘗試將自己姓名以注音符號或國字拼寫出，並貼在自己的物品櫃、杯子或作品上，日後可以隨時再修改。
3. **無法操作處理方式**：鼓勵孩子以任何線條或圖案標記。
4. **課程設計、安排、實施等注意考慮或補充事項**：
   (1)教室環境中應該有可以讓孩子輕易找到自己名字的地方，以利孩子仿寫。
   (2)如前所述，孩子可以用任何線條、圖案或文字符號標記，沒有任何對錯問題。
   (3)此課程也可以擴大到讓孩子拼寫出教室周遭物品名稱（例如桌子、櫃子等），如果正確則可將拼寫的標籤貼在該物品上。

(二)出席簽到表

1. **教材準備內容**：
   (1)鉛筆、橡皮擦。
   (2)出席簽到表。參考範例設計如下頁，請參考此例自行安排設計。

ㄒㄧㄥˋ ㄇㄧㄥˊ	ㄦˋㄩㄝˋ ㄧ ㄖˋ / ㄒㄧㄥ ㄑㄧ ㄧ	ㄦˋㄩㄝˋ ㄦˋ ㄖˋ / ㄒㄧㄥ ㄑㄧ ㄦˋ	ㄦˋㄩㄝˋ ㄙㄢ ㄖˋ / ㄒㄧㄥ ㄑㄧ ㄙㄢ	ㄦˋㄩㄝˋ ㄙˋ ㄖˋ / ㄒㄧㄥ ㄑㄧ ㄙˋ	ㄦˋㄩㄝˋ ㄨˇ ㄖˋ / ㄒㄧㄥ ㄑㄧ ㄨˇ
ㄌㄧㄣˊ ㄒㄧㄠˇ ㄏㄨㄚˊ					
ㄨㄤˊ ㄒㄧㄠˇ ㄇㄧㄥˊ					
ㄓㄡ ㄒㄧㄠˇ ㄧㄥ					

2. **課程活動簡述**：孩子每天到校後，在出席簽到表上，以各種形式簽上自己的姓名。

3. **無法操作處理方式**：鼓勵孩子以任何線條或圖案標記。

4. **課程設計、安排、實施等注意考慮或補充事項**：

　(1)如果孩子不知道應該簽在何處，大人可以告知孩子，或請孩子詢問其他孩子。

　(2)如果孩子人數多的話，也可以一天設計一張出席簽到表，請參考此例自行安排設計。

　(3)其他補充事項請參閱「姓名遊戲」相關說明（見第525頁）。

(三)餐廳點菜遊戲

1. **教材準備內容**：

　(1)各種食物圖案圖卡，背面有國字或注音符號標示食物名稱。

　(2)大小適當的盤子。

　(3)鉛筆、橡皮擦、點菜記錄表。

　(4)上有食物圖片及注音符號標示食物名稱的菜單目錄。

2. **課程活動簡述**：

　(1)把孩子分為客人、服務生及廚師三組，把各種食物圖卡一字排開，擺

放在廚房由廚師看管。

⑵客人參閱菜單點菜，當侍者的孩子要將客人點的菜以創造式拼寫方式記錄在點菜記錄表上。

⑶扮演服務生的孩子將點菜記錄表交給廚師，廚師則從食物圖卡中找出客人點選的食物（如果看不懂可以詢問服務生），擺放在盤子上，交由服務生上菜。

3.無法操作處理方式：鼓勵孩子以任何線條、圖案或參照菜單上注音符號名稱作標記。

4.課程設計、安排、實施等注意考慮或補充事項：

⑴此課程可以配合第三章「語言聽力理解」中「餐廳點菜遊戲」（見第130頁）及「食物」單元課程進行。

⑵其他補充事項請參閱「姓名遊戲」相關說明（見第 525 頁）。

㈣禮物遊戲

1.教材準備內容：鉛筆、橡皮擦、白紙。

2.課程活動簡述：讓孩子以文字符號寫下想要的生日或聖誕禮物。

3.無法操作處理方式：鼓勵孩子以任何線條或圖案表達。

4.課程設計、安排、實施等注意考慮或補充事項：請參閱「姓名遊戲」補充事項⑵相關說明。

㈤我的電話號碼簿

1.教材準備內容：

⑴鉛筆、橡皮擦。

⑵電話號碼簿，上有兩欄的方格數列，第一欄為姓名欄，第二欄為電話號碼欄。參考範例設計如下頁，請參考此例自行安排設計。

ㄒㄧㄥˋ ㄇㄧㄥˊ	ㄉㄧㄢˋ ㄏㄨㄚˋ ㄏㄠˋ ㄇㄚˇ

2. 課程活動簡述：讓孩子調查好朋友家的電話號碼，將好朋友的名字依序以各種符號寫在第一欄中，同時把電話號碼寫在同一列的第二欄方格中。

3. 無法操作處理方式：鼓勵孩子以任何線條或圖案表達。

4. 課程設計、安排、實施等注意考慮或補充事項：

  ⑴此課程也可以延伸為「生日備忘表」，只要將電話號碼簿參考範例中第二欄的電話號碼欄改成生日欄，讓孩子把自己好朋友的生日填入即可。

  ⑵此課程也可以延伸為「我的借書證」，大人設計借書證表格，讓孩子借書時自行填寫。借書證設計參考範例如下，請參考此例自行安排設計。

ㄐㄧㄝˋ ㄕㄨ ㄓㄥˋ ㄒㄧㄥˋ ㄇㄧㄥˊ：×××

ㄕㄨ ㄇㄧㄥˊ	ㄐㄧㄝˋ ㄕㄨ ㄖㄧˋ	ㄏㄞˊ ㄕㄨ ㄖㄧˋ

㈥我的行事曆

1. 教材準備內容：

  ⑴鉛筆、橡皮擦。

⑵行事曆表格，第一列為日期列，第二列為工作計畫列。參考範例設計
如下，請參考此例自行安排設計。

	ㄦˊ ㄐㄧˋ ㄧ ㄖˋ ㄒㄧㄥ ㄑㄧ ㄧ	ㄦˊ ㄐㄧˋ ㄦˋ ㄖˋ ㄒㄧㄥ ㄑㄧ ㄦˋ	ㄦˊ ㄐㄧˋ ㄙㄢ ㄖˋ ㄒㄧㄥ ㄑㄧ ㄙㄢ	ㄦˊ ㄐㄧˋ ㄙˋ ㄖˋ ㄒㄧㄥ ㄑㄧ ㄙˋ	ㄦˊ ㄐㄧˋ ㄨˇ ㄖˋ ㄒㄧㄥ ㄑㄧ ㄨˇ
ㄍㄨㄥ ㄗㄨㄛˋ ㄐㄧˋ ㄏㄨㄚˋ					

2.**課程活動簡述**：讓孩子將自己的工作計畫以文字符號填寫在第二列的空
白表格中。

3.**無法操作處理方式**：鼓勵孩子以任何線條或圖案表達。

4.**課程設計、安排、實施等注意考慮或補充事項**：此課程的進行方式，
讀者也可以自行參閱high/scope（高瞻遠矚）課程模式相關書籍的「計畫
安排」說明。

㈦我的故事書

1.**教材準備內容**：鉛筆、色鉛筆、橡皮擦、大小適中的白紙。

2.**課程活動簡述**：鼓勵孩子在白紙上以文字符號創作，孩子寫好後，大人
把孩子的創作集結成一本故事書。

3.**無法操作處理方式**：鼓勵孩子以任何線條或圖案表達。

4.**課程設計、安排、實施等注意考慮或補充事項**：

⑴此課程可以配合單元故事，製造相關情境，鼓勵、刺激孩子創作。

⑵此課程也可以延伸運用到「我的日記本」，即為孩子準備空白日記本，
讓孩子隨時可以寫下自己的心情日記。

(八)小小記者布告欄

1. **教材準備內容：**

    ⑴鉛筆、色鉛筆、橡皮擦、大小適中的白紙。

    ⑵符合孩子視線高度的布告欄。

2. **課程活動簡述：** 鼓勵孩子在布告欄上張貼任何訊息，例如「我家哈利生小狗狗了」。

3. **無法操作處理方式：** 鼓勵孩子以任何線條或圖案表達。

4. **課程設計、安排、實施等注意考慮或補充事項：** 此布告欄應該為常設教材，可以讓孩子以及大人隨時張貼訊息之用。

(九)活動通知單

1. **教材準備內容：** 鉛筆、色鉛筆、橡皮擦以及大小適中的白紙。

2. **課程活動簡述：** 讓孩子嘗試將學校活動通知，寫在通知單上，回家告訴家長。

3. **無法操作處理方式：** 鼓勵孩子以任何線條或圖案表達。

4. **課程設計、安排、實施等注意考慮或補充事項：**

    ⑴如果孩子無法以文字符號清楚地表達，教師可以再補充說明。

    ⑵第一次進行此活動之前，事先告知家長此創造式拼寫課程的價值所在（請參閱「創造式拼寫基本概念」相關說明，見第 524 頁），請家長不要以正確的文字表達模式要求孩子。

(十)寫信遊戲

1. **教材準備內容：**

    ⑴鉛筆、橡皮擦、信紙、信封。

⑵投遞信箱，上面寫有收信時間。

2.課程活動簡述：讓孩子把想表達的話語以文字符號表現在紙上，然後裝入信封，寫上收信人姓名後，投入教室中的投遞信箱。

3.無法操作處理方式：鼓勵孩子以任何線條或圖案表達。

4.課程設計、安排、實施等注意考慮或補充事項：

⑴收信時間一到（可設定每天特定時間），大人提醒值班郵差將信件送達收信人。故此課程可以配合第八章第三節「注音符號意義閱讀理解」中「郵差送信」課程一起實施（見第491頁）。

⑵孩子信中的內容是否正確並不重要，對方如果看不懂內容，可以請發信人解說，甚至也可糾正其錯誤，大人可以做的是盡量鼓勵收信人回信，因為那是應有的禮貌。

⑶收信人也可以是孩子的家人，例如配合父（母）親節課程單元，讓孩子寫下送給爸爸（媽媽）的一句話，此時信件就由教師轉交。

⑷信件內容也可以是聖誕賀年卡、生日卡或是邀請卡等等。

㈠物品清單撰寫

1.教材準備內容：鉛筆、橡皮擦以及大小適中的白紙。

2.課程活動簡述：配合單元課程或日常生活情境，讓孩子嘗試撰寫各類物品清單。例如：烤肉攜帶器具、戶外教學攜帶物品、郊遊旅行準備物品及大賣場物品購買清單等等。

3.無法操作處理方式：鼓勵孩子以任何線條或圖案表達。

4.課程設計、安排、實施等注意考慮或補充事項：此課程如果可以配合實際生活情境實施，而不只是紙上計畫，效果一定會更好。

(圭)開商店

1. **教材準備內容**：彩色筆、壁報紙以及與各類商店相關器具。
2. **課程活動簡述**：讓孩子開店當老闆。孩子必須設計招牌名稱，並設計產品價目表，例如開「乖乖早餐店」，產品價目表有：漢堡四十元，三明治三十元……等。
3. **無法操作處理方式**：鼓勵孩子以任何線條或圖案表達。
4. **課程設計、安排、實施等注意考慮或補充事項**：此課程可以配合「開商店」單元課程進行。其他商店種類還有超商、水果攤、麵攤、水族館、麥當勞……等，讓孩子自行選擇熟悉的商店開設。

第三節　握筆寫字基本條件及準備工作

壹、握筆寫字基本條件

　　一般大人認為握筆寫字就只是拿筆起來寫字而已，沒有什麼大不了的。殊不知，握筆寫字其實是一項極精細的動作，要讓孩子握筆寫字之前，至少應該考慮孩子以下各種條件發展是否已經成熟。

一、正確的握筆姿勢

　　孩子的五指發展是否已經分化到可以食指、中指和拇指握筆，而非握拳式握筆。

二、*適當的握筆力道*

手指肌肉發展尚未成熟之前，孩子無法掌控握筆力道，所以會產生握筆力道太大，或是握筆力道太輕，只是托在手上的情形。握筆力道太大，肌肉容易疲勞；握筆力道太小，不易掌控鉛筆。不論握筆力道太大或太小，對於以下要探討的控筆的靈巧度、穩定度、速度、精細度及下筆力道等，都會有相當程度的影響。

三、*下筆力道控制能力*

上述握筆力道是指手指握筆的力道，下筆力道則是指筆尖接觸紙面的力道。一般而言，握筆力道大，下筆力道也會比較大，所以常會造成寫斷鉛筆的情形；握筆力道小，下筆力道也會比較小，其結果就是線條字跡不明顯。

四、*手臂手指控筆穩定度*

控筆穩定度夠，線條才不會產生抖線的情形。

五、*手臂手指控筆靈巧度*

控筆靈巧度是指線條轉折時的靈巧程度，靈巧程度不夠，每遇轉折就得停頓，就如跑步轉彎必須先停下來再轉彎一樣。

六、*手臂手指控筆精細度*

是指線條與線條間接觸點，是否可以精細結合，不會空留縫隙或過頭交叉的能力。

七、*手指控筆速度*

此能力關係著寫字的速度。

八、手眼協調能力

　　是指眼睛視線是否可以跟隨筆跡方向走，或是筆跡方向是否可以跟隨眼睛視線方向走的能力。

貳、握筆寫字準備工作

　　大人常會以年齡來判斷孩子是否適合握筆寫字，個人認為這種方式遠不如以孩子是否具備握筆的基本條件考量來得適當。因為如果孩子能力發展尚不足以握筆寫字，就算孩子到了六、七歲，寫不好還是寫不好，一再要求孩子反覆練習，只是徒增大人跟孩子的壓力，效果有限。就像一公尺高度的圍牆，孩子爬不上去，就算嘗試爬了一百次，還是爬不上去。如果這個時候，我們能為孩子搬來適合孩子攀爬高度的石頭當成墊腳石，一塊不夠再多加幾塊，那麼孩子最後是不是可以更輕鬆愉快地爬過一公尺高的圍牆了呢？這些墊腳石階梯就是我們所謂的準備工作。

　　對於握筆寫字而言，我們最常使用的準備工作就是小肌肉活動。有許多的小肌肉活動在孩子一歲多甚至更早之前，就可以進行了。當然，我們為孩子準備這些小肌肉活動，最主要的目的並非只是為了孩子日後的握筆寫字，而是在生命的早期，小肌肉的活動刺激，對於孩子而言，本來就是相當重要、不可或缺的，握筆寫字不過是日後更為精細的小肌肉發展活動之一罷了！當然，如果從「由大而小」的身體發展定律來看，大肌肉活動又是小肌肉活動發展的基礎，對於握筆寫字能力的發展，也有相當程度的影響。但有鑑於篇幅因素，以下謹列舉小肌肉相關活動參考舉隅，大肌肉相關課程活動，請參閱「幼兒體能」或「幼兒動作發展」相關訊息設計安排。

　　一、抓放技巧：抓絨球、大小彈珠、紅綠豆。

　　二、堆疊物技巧：疊積木。

三、貼黏物技巧：黏貼紙、膠帶、碎布或其他貼黏物。

四、穿物技巧：錢桶投幣、木珠穿線活動。

五、打結技巧：單結、平結、蝴蝶結、童軍結、中國結。

六、編織技巧：編橡皮圈繩、各類材料圖形編織。

七、壓物技巧：壓按打字機、壓按電腦鍵盤、壓按滑鼠鍵、壓泡泡、壓空壓
　　熱水壺、蓋印章、壓按玩具電話鍵。

八、摺物技巧：摺方巾、紙、抹布、衣物、禮物包裝、摺床單。

九、抓握技巧：抓聲響動物、擠海綿、擠滴管、擠眼藥水、開合衣夾、揉捏
　　黏土（麵糰）。

十、推拉技巧：拉拉鍊、拉陀螺、撐傘、推拉抽屜、推拉手電筒、拉易開罐。

十一、挾物技巧：烤肉夾夾彈珠、麵包夾彩色石頭、鑷子夾珠子、筷子夾貝
　　　殼。

十二、剪物技巧：自由剪紙、剪吸管、剪直線、剪各類曲線、剪各類形狀、
　　　剪窗花、剪圖案輪廓。

十三、轉物技巧：手轉螺絲、轉瓶蓋、開鑰匙、起子轉螺絲、轉陀螺、扭毛
　　　巾、搖波浪鼓。

十四、倒物技巧：茶杯倒彈珠、漏斗倒綠豆、茶壺倒水。

十五、舀物技巧：大湯匙舀胡桃、奶粉杓舀小木珠、小湯匙舀水。

第四節　握筆畫線練習

　　握筆寫字是一項很精細的動作，但是握筆並不一定要寫字啊！我們可以先讓孩子經驗不像握筆寫字那樣精細的握筆畫線活動，這些經驗將有助於孩子日後握筆寫字能力的發展。

壹、塗鴉

讓孩子以各種不同的筆在空白紙張、圖案、白板、牆壁磁磚或地磚上隨意塗鴉（應考慮清洗後續問題）。

貳、圖案上色

購買市面上的著色畫本，讓孩子在圖形輪廓內塗上各種顏色，參考圖案舉隅如圖 9-1。

參、拓印

將錢幣、拓印板或明顯的樹葉葉脈放在薄紙下面，讓孩子用色鉛筆或蠟筆在紙上拓印出圖案圖形。

肆、輪廓畫板

讓孩子用鉛筆或色鉛筆，用輪廓畫板畫出各種輪廓圖案，如圖 9-2。

伍、旋轉畫板

讓孩子將鉛筆選擇插入一個畫板中的洞孔，不斷地繞圈旋轉，一直到完成圖形。完成圖形舉隅請參考圖 9-3。

圖 9-1 圖案塗鴉、上色

圖 9-2 輪廓畫板

圖 9-3 旋轉畫板

陸、連點遊戲

在紙上隨意點上許多個點，讓孩子在任二點之間連線，參考範例請參閱圖 9-4。

圖 9-4 連點遊戲

柒、圈圈塗色

紙上隨意畫有若干個如黃豆大小的圈圈，然後讓孩子用色鉛筆在各個圈圈內塗上顏色，盡量不要畫出圈外。

捌、線條書寫練習

一、框線

讓孩子在框線內畫線。

(一)直線

1. **單一線**：可以依寬度（寬框及窄框）、長度（長框及短框）及方向（分為直線、橫線及斜線，斜線又可分為左上右下斜線及右上左下斜線）三變項來安排設計。圖 9-5 為寬短直線參考範例，請參考此例自行安排設計。

2. **交叉線**：可分為直橫線交叉以及斜線交叉。圖 9-6 為直橫線交叉參考範例。

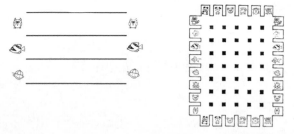

圖 9-5　寬短直線　　　圖 9-6　直橫線交叉

(二)折線

又可依折數多少、夾角大小及轉折方向等變項來設計。圖 9-7 為折線線條書寫練習設計參考範例舉隅，請參考此例自行安排設計。

ㄋㄣㄴㄥㄢㄢ

圖 9-7　折線線條書寫練習

(三)曲線

1. **波浪線**：依方向不同，又可分為垂直、水平及各斜面角度；依波浪角度不同，可以分為小角度及大角度等變項來設計。圖 9-8 為垂直波浪線設計參考範例舉隅，請參考此例自行安排設計。

2. **圓圈線**：讓孩子畫圓圈圈。設計參考範例請見圖 9-9

3. **旋轉線**：可依順、逆時鐘方向及旋轉圈數多少兩變項來設計。設計參考範例請見圖 9-10。

4. **曲線綜合練習**：設計各種曲線，讓孩子綜合練習。設計參考範例舉隅請見圖 9-11 及圖 9-12。

圖 9-8　垂直波浪線　圖 9-9　圓圈線　　圖 9-10　順逆時鐘旋轉線

圖 9-11　曲線綜合練習　　圖 9-12　曲線綜合練習 (註 1)

二、虛線

讓孩子在虛線上握筆畫線，課程安排又可分為以下幾種：

㈠直線虛線：設計參考範例舉隅請參閱圖 9-13。

㈡折線虛線：設計參考範例舉隅請參閱圖 9-14。

㈢曲線虛線：設計參考範例舉隅請參閱圖 9-15。

㈣虛線綜合練習：設計參考範例舉隅請參閱圖 9-16。

圖 9-13　直線虛線　　　　圖 9-14　折線虛線

圖 9-15　曲線虛線

圖 9-16　虛線綜合練習

第五節　注音符號字形書寫

壹、相對空間仿畫

一、教材準備內容

(一)鉛筆、橡皮擦。

(二)相對空間仿畫圖形，參考範例設計如下，請參考此例自行安排設計。

二、課程活動簡述

讓孩子對照相對空間仿畫圖形，將圖形畫在下面的空白表格內。

三、無法操作處理方式

(一)將對照仿畫的圖形簡化為兩條線條，如「＝」或「×」。

(二)顯示出 2×2 四個參考點讓孩子參考對照仿畫，如下圖。

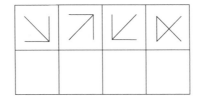

四、課程設計、安排、實施等注意考慮或補充事項

(一)也可以參考使用市面上點連線相關教材，見下圖（註2）。

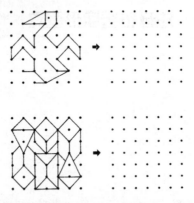

(二)大人也可以把各仿畫圖形畫在白板上，讓孩子在大人所畫的圖形下方，對照仿畫出相同的圖形。

貳、注音符號對照書寫

一、教材準備內容

(一)鉛筆、橡皮擦。

(二)注音符號對照書寫表格，參考範例設計如下，請參考此例自行安排設計。

ㄅ	ㄆ	ㄇ	ㄈ	ㄉ	ㄊ	ㄋ	ㄌ	ㄍ	ㄎ

二、課程活動簡述

讓孩子對照第一列表格的注音符號，將該符號仿寫在第二列空白的表格中。

三、*無法操作處理方式*

㈠加強先前「握筆畫線練習」相關課程活動經驗（見第 535 頁）。

㈡加強先前「相對空間仿畫」相關課程活動經驗（見第 541 頁）。

四、*課程設計、安排、實施等注意考慮或補充事項*

如果不想讓孩子握筆寫字，也可以讓孩子以手指將注音符號寫在鹽盤上。

參、注音符號不對照聽寫

一、*教材準備內容*

㈠鉛筆、橡皮擦。

㈡ 大小適當的空白表格，參考範例設計如下，請參考此例自行安排設計。

二、*課程活動簡述*

大人緩慢地一一唸出注音符號聲韻母，孩子則將相對應的聲韻符書寫在空白的表格中。

三、*無法操作處理方式*

㈠加強先前「注音符號對照書寫」相關課程活動經驗（見第 542 頁）。

㈡加強先前第五章「注音符號形音聯結」相關課程活動經驗。

四、課程設計、安排、實施等注意考慮或補充事項

如果不想讓孩子握筆寫字,也可以讓孩子以手指將注音符號寫在鹽盤上。

(((第六節　注音符號意義聽寫)))

壹、單字聽寫

一、單字單獨聽寫

㈠單拼字音

1.教材準備內容:

⑴鉛筆、橡皮擦。

⑵單拼字音聽寫表,上有適當大小的方格,每個方格中各有一題要讓
孩子聽寫的題目,每題題目都包含單拼字音詞彙,題目下方預留要
讓孩子拼寫答案的空間。參考範例如下,請參考此例自行安排設計。

1 釣魚的魚 ↓	2 遲到的遲 ↓	3 果汁的汁 ↓	4 跳舞的舞 ↓	5 天鵝的鵝 ↓	6 黑暗的暗 ↓

2.課程活動簡述:

⑴大人依題目順序唸出包含單拼字音的詞彙,並要求孩子拼寫詞彙中

的單拼字音。例如參考編號「1」的題目，大人說：「請把手比在第一題上面，請拼寫出釣魚的『魚』，請把釣魚的魚拼寫在下面的空位上。」

⑵讓孩子把答案拼寫在編號「1」題目下方的空位上。

⑶依上述步驟，大人依序唸出所有題目讓孩子拼寫字音。

3.無法操作處理方式：

⑴加強先前「注音符號不對照聽寫」相關課程活動經驗（見第543頁）。

⑵ 加強先前第七章「注音符號拼音」中「口語聲調拼音」相關課程活動經驗（見第442頁）。

4.課程設計、安排、實施等注意考慮或補充事項：

⑴此課程也可以由大人唸題目，讓孩子直接把答案拼寫在空白紙張或白板上。

⑵如果不願孩子太早握筆寫字，則可以符號字形拼寫或寫在鹽盤上。

㈡兩拼字音

1.教材準備內容：

⑴鉛筆、橡皮擦。

⑵兩拼字音聽寫表，上有適當大小的方格，每個方格中各有一題要讓孩子聽寫的題目，每題題目都包含兩拼字音詞彙，題目下方預留要讓孩子拼寫答案的空間。參考範例如下，請參考此例自行安排設計。

1	2	3	4	5	6
吃飯的飯↓	開門的門↓	什麼的麼↓	汽車的車↓	工廠的廠↓	鉛筆的筆↓

2.課程活動簡述：

(1)大人依題目順序唸出包含兩拼字音的詞彙，並要求孩子拼寫詞彙中的兩拼字音，例如參考編號「1」的題目，大人說：「請把手比在第一題上面，請拼寫出吃飯的『飯』，請把吃飯的飯拼寫在下面的空位上。」

(2)讓孩子把答案拼寫在編號「1」題目下方的空位上。

(3)依上述步驟，大人依序唸出所有題目讓孩子拼寫字音。

3.無法操作處理方式：加強先前「單拼字音」（聽寫）相關課程活動經驗（見第 544 頁）。

4.課程設計、安排、實施等注意考慮或補充事項：請參閱「單拼字音」（聽寫）課程活動相關敘述。

(三)三拼字音

1.教材準備內容：

(1)鉛筆、橡皮擦。

(2)三拼字音聽寫表，上有適當大小的方格，每個方格中各有一題要讓孩子聽寫的題目，每題題目都包含三拼字音詞彙，題目下方預留要讓孩子拼寫答案的空間。參考範例如下，請參考此例自行安排設計。

1 電燈的電 ↓	2 牛奶的牛 ↓	3 筷子的筷 ↓	4 跳舞的跳 ↓	5 大腿的腿 ↓	6 漂亮的亮 ↓

2.課程活動簡述：

　　⑴大人依題目順序唸出包含三拼字音的詞彙，並要求孩子拼寫詞彙中的三拼字音，例如參考編號「1」的題目，大人說：「請把手比在第一題上面，請拼寫出電燈的『電』，請把電燈的電拼寫在下面的空位上。」

　　⑵讓孩子把答案拼寫在編號「1」題目下方的空位上。

　　⑶依上述步驟，大人依序唸出所有題目讓孩子拼寫字音。

3.無法操作處理方式：加強先前「兩拼字音」（聽寫）相關課程活動經驗（見第 545 頁）。

4.課程設計、安排、實施等注意考慮或補充事項：請參閱「單拼字音」（聽寫）課程活動相關敘述（見第 544 頁）。

二、聲調單字對比聽寫

㈠教材準備內容

1.鉛筆、橡皮擦。

2.聲調單字對比聽寫表，上有數組二個一組的方格，每組方格中各有一組聲調單字對比的題目，題目下方預留要讓孩子拼寫答案的空間。參考範例如下，請參考此例自行安排設計。

1 豬肝的豬 ↓	2 竹竿的竹 ↓	3 眼睛的睛 ↓	4 眼鏡的鏡 ↓	5 太癢的癢 ↓	6 太陽的陽 ↓

(二)課程活動簡述

1. 大人依題目順序唸出聲調單字對比的題目，例如參考編號「1」的題目，大人說：「請把手比在第一題上面，請拼寫出豬肝的『豬』，請把豬肝的豬拼寫在下面的空位上。」

2. 讓孩子把答案拼寫在編號「1」題目下方的空位上。

3. 然後大人再唸出編號「2」聲調對比的題目，大人說：「請把手比在第二題上面，請拼寫出竹竿的『竹』，請把竹竿的竹拼寫在下面的空位上。」

4. 讓孩子把答案拼寫在編號「2」題目下方的空位上，並預留一些時間讓孩子比較思考第一題與第二題的差異。

5. 依上述步驟，大人依序唸出所有題目，讓孩子拼寫出所有聲調單字對比的字音。

(三)無法操作處理方式

1. 加強先前「單字聽寫」相關課程活動經驗（見第544頁）。

2. 加強先前第八章「注音符號拼讀」中「聲調比較拼讀」相關課程活動經驗（見第480頁）。

㈣課程設計、安排、實施等注意考慮或補充事項

1.此課程也可以由大人唸題目，讓孩子直接把答案拼寫在空白紙或白板上。

2.如果不願孩子太早握筆寫字可以符號字形拼寫，或以手指拼寫在鹽盤上。

三、相似音單字對比聽寫

㈠教材準備內容

1.鉛筆、橡皮擦。

2.相似音單字對比聽寫表，上有數組二個一組的方格，每組方格中各有一組相似音單字對比的題目，題目下方預留要讓孩子拼寫答案的空間。參考範例如下，請參考此例自行安排設計。

1 航髒的髒 ↓	2 張開的張 ↓	3 飛機的飛 ↓	4 灰色的灰 ↓	5 緊張的緊 ↓	6 警察的警 ↓

㈡課程活動簡述

1.大人依題目順序唸出相似音單字對比的題目，例如參考編號「1」的題目，大人說：「請把手比在第一題上面，請拼寫出航髒的髒，請把航髒的髒拼寫在下面的空位上。」

2.讓孩子把答案拼寫在編號「1」題目下方的空位上。

3. 然後大人再唸出編號「2」聲調對比的題目，大人說：「請把手比在第二題上面，請拼寫出張開的張，請把張開的張拼寫在下面的空位上。」

4. 讓孩子把答案拼寫在編號「2」題目下方的空位上，並預留一些時間讓孩子比較思考第一題與第二題的差異。

5. 依上述步驟，大人依序唸出所有題目，讓孩子拼寫出所有相似音單字對比的字音。

(三)無法操作處理方式

1. 加強先前「單字聽寫」相關課程活動經驗（見第 544 頁）。

2. 加強先前第八章「注音符號拼讀」中「相似音比較拼讀」相關課程活動經驗（見第 481 頁）。

(四)課程設計、安排、實施等注意考慮或補充事項

請參閱「聲調單字對比聽寫」課程活動相關敘述（見第 547 頁）。

貳、詞彙聽寫

一、教材準備內容

(一)鉛筆、橡皮擦。

(二)詞彙聽寫表，上有大小適當的 1×3 方格數組，第一列方格中有題目編號及要讓孩子聽寫的二字詞彙題目，第二列及第三列空白方格是要讓孩子拼寫答案的預留空間。參考範例如下，請參考此例自行安排設計。

1 火車	2 美麗	3 睡覺	4 老師	5 排隊	6 回家

二、*課程活動簡述*

㈠大人依題目順序唸出要讓孩子拼寫的詞彙題目，例如參考編號「1」的題目，大人說：「請把手比在第一題上面，請拼寫出『火車』，請把火車拼寫在下面的空位上。」

㈡讓孩子把「ㄏㄨㄛˇ」拼寫在第二列的空格中，把「ㄔㄜ」拼寫在第三列的空格中。

㈢依上述步驟，大人依序唸出所有題目讓孩子拼寫出所有的二字詞彙。

三、*無法操作處理方式*

加強先前「單字聽寫」相關課程活動經驗（見第 544 頁）。

四、*課程設計、安排、實施等注意考慮或補充事項*

請參閱「聲調單字對比聽寫」課程活動相關敘述（見第 547 頁）。

參、片語短句聽寫

一、教材準備內容

(一)鉛筆、橡皮擦。

(二)片語短句聽寫表，上有大小適當的 1×2 方格數組，第一列方格中有題目編號及要讓孩子聽寫的片語短句題目，第二列空白方格是要讓孩子拼寫答案的預留空間。參考範例如下，請參考此例自行安排設計。

1 搬桌子	2 一股香味		3 快要下雨	4 寒冷的冬天		5 小狗不見了	6 白嫩嫩的豆腐

二、課程活動簡述

(一)大人依題目順序唸出要讓孩子拼寫的詞彙題目，例如參考編號「1」的題目，大人說：「請把手比在第一題上面。請拼寫出『搬桌子』，請把搬桌子拼寫在下面的空格上。」

(二)讓孩子把答案拼寫在「1」題目下方的空格上。

(三)依上述步驟，大人依序唸出所有題目，讓孩子拼寫出所有的片語短句。

三、*無法操作處理方式*

加強先前「詞彙聽寫」相關課程活動經驗（見第 550 頁）。

四、*課程設計、安排、實施等注意考慮或補充事項*

請參閱「聲調單字對比聽寫」課程活動相關敘述（見第 547 頁）。

第七節　注音符號意義拼寫表達

壹、單音拼寫表達

一、*教材準備內容*

可以吸附在白板上的注音符號字卡或磁鐵注音符號。

二、*課程活動簡述*

㈠大人隨機在白板上出示一個注音符號聲符或韻母，例如「ㄌ」。

㈡讓孩子依大人出示的符號，添加其他符號，拼出一個有意義的字音，例如孩子在符號「ㄌ」下方添加符號「ㄠ」，而形成「ㄌㄠ」。

㈢請孩子讀出並且說明該字音，例如孩子說：「ㄌㄠ，撈東西的撈。」

㈣依上述步驟，重複進行課程。

三、*無法操作處理方式*

加強先前「注音符號意義聽寫」相關課程活動經驗（見第 544 頁）。

四、課程設計、安排、實施等注意考慮或補充事項

課程安排可以再細分：

㈠大人出示聲符，讓孩子添加韻符。

㈡大人出示韻符，讓孩子添加聲符。

㈢大人出示聲符及四輕聲符號，讓孩子添加韻符。

㈣大人出示韻符及四輕聲符號，讓孩子添加聲符。

㈤大人出示四輕聲符號，讓孩子添加聲韻符。

㈥大人不出示任何符號，讓孩子自行拼排字音。

貳、詞彙拼寫表達

一、圖文詞彙拼寫表達

㈠教材準備內容

1.鉛筆、橡皮擦。

2.詞彙圖文拼寫表，上有 1×3 方格數組，第一列方格中有二字詞彙的動物圖形，該動物名稱中的一個字音以注音符號拼寫在第二列或第三列的方格中，另一個方格則空白。參考範例如圖 9-17，請參考此例自行安排設計。

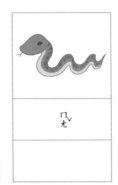

圖 9-17　圖文詞彙拼寫表達

㈡課程活動簡述

1.孩子根據圖形及指唸圖形名稱的一個字音後，推論該圖形的名稱，並將遺落的字音拼寫在空白的方格中。例如，孩子看過第一列方格中蟒蛇的圖形及拼讀第二列方格的「ㄇㄤˇ」之後，在第三列的方格內拼寫「ㄕㄜˊ」。

2.依上述步驟，讓孩子根據圖形及現有的一個字音，在所有空白的方格中拼寫出圖形詞彙遺落的字音。

㈢無法操作處理方式

加強先前「注音符號意義聽寫」相關課程活動經驗（見第 544 頁）。

㈣課程設計、安排、實施等注意考慮或補充事項

1.如果不願孩子太早握筆寫字，則可以符號字形拼寫或以手指拼寫在鹽盤上。

2.此課程也可以準備各類孩子熟悉的圖案圖卡張貼在白板上，讓孩子在白板上以注音符號拼寫出圖案名稱。

二、文字詞彙書寫表達

(一)拼寫造詞

1. 教材準備內容：

(1)鉛筆、橡皮擦。

(2)拼寫造詞表，上有數欄方格，每個方格中都有一個注音符號拼寫的字音，方格下方預留要讓孩子拼寫答案的空間。參考範例如下，請參考此例自行安排設計。

1	2	3	4	5	6
ㄍㄨㄛˇ ↓	ㄔㄜ ↓	ㄩㄝ ↓	ㄒㄧㄠ ↓	ㄊㄢ ↓	ㄕㄨㄟˇ ↓

2. 課程活動簡述：

(1)讓孩子拼讀方格內的注音符號，然後拼寫出含有該字音的詞彙，越多越好。例如第一欄的字音為「ㄍㄨㄛˇ」，孩子可以在下面空格拼寫「ㄕㄨㄟˇ　ㄍㄨㄛˇ」、「ㄍㄨㄛˇ　ㄓ」、「ㄆㄧㄥˊ　ㄍㄨㄛˇ」等等。

(2)依上述步驟，讓孩子完成其他的拼寫造詞。

3. 無法操作處理方式：加強先前「注音符號意義聽寫」相關課程活動經驗（見第 544 頁）。

4. 課程設計、安排、實施等注意考慮或補充事項：

(1)此課程也可以由大人把題目寫在白板上，讓孩子輪流把答案拼寫在白板上。

(2)如果不願孩子太早握筆寫字，則可以符號字形拼寫或以手指拼寫在鹽

盤上。

(二)詞彙填空

1.教材準備內容：

⑴鉛筆、橡皮擦。

⑵詞彙填空表，上有 1×2 方格數組，每組的第一列方格或是第二列方格有一字音，另一個方格則空白。參考範例如下，請參考此例自行安排設計。

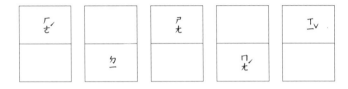

2.課程活動簡述：

⑴讓孩子拼讀方格內的注音符號，然後再根據該字音位於詞首或詞尾，在空白的方格內拼寫字音，使孩子拼寫的字音與原先字音聯結後成為一個有意義的詞彙。例如，上例第五組第一列方格的字音為「ㄒㄧˇ」，孩子可以在第二列的方格中拼寫「ㄗㄠˇ」、「ㄗㄡˇ」或「ㄌㄧㄢˇ」等等。

⑵依上述步驟，讓孩子在空白的方格內拼寫字音，使孩子拼寫的字音與原先字音聯結後成為有意義的詞彙。

3.無法操作處理方式：加強先前「拼寫造詞」相關課程活動經驗（見第556頁）。

4.課程設計、安排、實施等注意考慮或補充事項：請參閱「拼寫造詞」課程活動相關敘述。

(三)詞彙改錯

1.教材準備內容：

　(1)鉛筆、橡皮擦。

　(2)詞彙改錯表，上有適當大小的方格，每個方格中各有一個用注音符號
　　拼成的錯誤詞彙，題目下方預留要讓孩子更改拼寫的空間。參考範例
　　如下，敬請讀者參閱範例自行設計。

1	2	3	4	5	6
ㄏㄜ ㄌㄞˊ ↓	ㄔ ㄧㄢ ↓	ㄊㄢˇ ˙ㄗ ↓	ㄅㄢˇ ㄊㄨˋ ↓	ㄊㄤ ㄔㄨㄥˊ ↓	ㄆㄠˊ ㄙㄜ ↓

2.課程活動簡述：

　(1)讓孩子拼讀方格內錯誤的注音符號詞彙，然後在該錯誤詞彙下方的空
　　位，拼寫一個正確的詞彙。例如第一題的「ㄏㄜ　ㄌㄞˊ」，孩子可
　　以改為「ㄏㄜ　ㄕㄨㄟˇ」、「ㄏㄜ　ㄔㄚˊ」或「ㄔㄨ　ㄌㄞˊ」
　　等等。

　(2)依上述步驟，讓孩子將錯誤的詞彙修改為有意義的詞彙。

3.無法操作處理方式：加強先前「詞彙填空」相關課程活動經驗（見第
　557頁）。

4.課程設計、安排、實施等注意考慮或補充事項：請參閱「拼寫造詞」
　課程活動相關敘述。

㈣詞彙接龍拼寫

1.教材準備內容：

白板、白板筆。

2.課程活動簡述：

⑴請一個孩子在白板上以注音符號任意拼寫一個詞彙，例如「ㄏㄨㄟˊ ㄐㄧㄚ」。

⑵請下一個孩子，以上一個孩子所寫詞彙的字尾字音，為自己詞彙的字首字音，在白板上接著拼寫另一個詞彙，每個詞彙的字數不限，可為二、三字詞或成語，例如「ㄐㄧㄚ ㄈㄚˇ」。

⑶依上述步驟，讓想到符合條件詞彙的孩子，繼續接龍拼寫下去，如果孩子真的想不出來，大人也可以視狀況提供線索協助，一直到無法續接下去，則變換題目或結束課程。

3.無法操作處理方式：加強先前「拼寫造詞」相關課程活動經驗（見第556頁）。

4.課程設計、安排、實施等注意考慮或補充事項：

⑴此課程也可以由大人隨意出一個詞彙當題目，然後讓每個孩子從頭到尾進行自己的詞彙接龍拼寫，看哪位孩子用了最多的接龍詞彙。

⑵此課程可以配合第四章「語言思考表達」中「詞彙接龍」課程一併進行（見第180頁）。

㈤超級接龍拼寫

1.教材準備內容：

⑴鉛筆、橡皮擦。

⑵超級接龍拼寫表，上有2×1方格數組，第一欄方格中有以注音符號拼

成的兩個詞彙，並以箭號連接，第二欄空白方格是要讓孩子拼寫答案的預留空間。參考範例如下，請參考此例自行安排設計。

1		2		3	
ㄕㄢˇ ㄉㄧㄢˋ ↓ ㄧㄥˇ ㄕ		ㄏㄨㄥˊ ㄖㄣˊ ↓ ㄖㄣˊ ㄒㄧㄣ		ㄆㄧˊ ㄉㄞˋ ↓ ㄉㄞˋ ㄍㄡ	

2.**課程活動簡述**：

⑴讓孩子拼讀題目，例如編號「1」的「ㄕㄢˇ ㄉㄧㄢˋ→ㄧㄥˇ ˙ㄕ」。

⑵讓孩子以詞彙接龍拼寫的方式，在下一空白欄，由第一個特定詞彙「ㄕㄢˇ ㄉㄧㄢˋ」，拼寫續接到第二個特定詞彙「ㄧㄥˇ ˙ㄕ」。例如在下一欄拼寫出「ㄕㄢˇ ㄉㄧㄢˋ→ㄉㄧㄢˋ ㄧㄥˇ→ㄧㄥˇ ˙ㄕ」。

⑶依上述步驟，讓孩子完成其他超級接龍拼寫的題目。

3.**無法操作處理方式**：加強先前「詞彙接龍拼寫」相關課程活動經驗（見第 559 頁）。

4.**課程設計、安排、實施等注意考慮或補充事項**：

⑴此課程也可以由大人把題目寫在白板上，讓孩子輪流把答案拼寫在白板上。

⑵如果不願孩子太早握筆寫字，則可以符號字形拼寫或以手指拼寫在鹽盤上。

⑶此課程可以配合第四章「語言思考表達」中「超級接龍」課程一併進行（見第 181 頁）。

⑷本課程題目可分為三詞彙及四詞彙，相關說明請參閱第四章「語言思考表達」中「超級接龍」課程。

㈥相對相反字詞拼寫

1.**教材準備內容：**

⑴鉛筆、橡皮擦。

⑵相對相反字詞拼寫表，上有適當大小的方格，每個方格中各有一個以注音符號拼成的詞彙，詞彙下方預留要讓孩子拼寫答案的空間。參考範例如下，請參考此例自行安排設計。

1	2	3	4	5	6
ㄕㄤˋ ↓	ㄍㄠˇ ↓	ㄎㄢˇ ㄋㄢˊ ↓	ㄎㄞˋ ㄕˇ ↓	ㄙㄥˋ ㄅㄤ ㄅㄤ ↓	ㄖㄜˋ ㄏㄨˊ ㄏㄨˊ ↓

2.**課程活動簡述：**

⑴讓孩子拼讀題目，例如編號「1」的「ㄕㄤˋ」。

⑵讓孩子把上的相對相反詞，例如「ㄒㄧㄚˋ」拼寫在題目下方的空位上。

⑶依上步驟，讓孩子拼寫其他的相對相反詞。

3.**無法操作處理方式**：加強先前第四章「語言思考表達」中「說相對相反字詞」相關課程活動經驗（見第183頁）。

4.課程設計、安排、實施等注意考慮或補充事項：

(1)此課程也可以由大人把題目寫在白板上，讓孩子輪流把答案拼寫在白板上。

(2)如果不願孩子太早握筆寫字，則可以符號字形拼寫或以手指拼寫在鹽盤上。

(3)此課程也可以配合第四章「語言思考表達」中「說相對相反字詞」課程一併進行（見第183頁）。

參、片語短句拼寫表達

一、詞語填空

(一)教材準備內容

1.鉛筆、橡皮擦。

2.片語短句表，上有2×1方格數組，第一欄方格中有以注音符號拼成不完整的片語短句，不完整的部分以括弧標示，第二欄空白方格是要讓孩子拼寫答案的預留空間。參考範例如下，請參考此例自行安排設計。

1		2		3	
（　）ㄉㄜ ㄅㄚˊ ㄕㄨ		ㄅㄞˊ ㄋㄣˊ ㄋㄣˊ ㄉㄜ˙（　）		ㄧˇ ㄆㄢˊ（　）	

㈡課程活動簡述

1.讓孩子拼讀題目，例如編號「1」的「（　）‧ㄅㄜ　ㄅㄚˋ　ㄕㄨˋ」。
2.讓孩子將可以用來修飾大樹的詞彙拼寫在下一空白欄中，越多越好，例如「ㄍㄠ　ㄍㄠ」、「ㄏㄜˊ　ㄅㄧㄢ」、「ㄑㄧㄥ　ㄘㄨㄟˋ」等等。
3.依上述步驟，讓孩子完成其他詞語填空的題目。

㈢無法操作處理方式

加強先前「詞彙拼寫表達」相關課程活動經驗（見第 554 頁）。

㈣課程設計、安排、實施等注意考慮或補充事項

1.此課程也可以由大人把題目寫在白板上，讓孩子輪流將答案拼寫在白板上。
2.如果不願孩子太早握筆寫字，則可以符號字形拼寫或以手指拼寫在鹽盤上。
3.題目形式可參考第四章「語言思考表達」中「造片語短句」課程活動相關敘述（見第 186 頁）。

二、形式片語短句拼寫

㈠教材準備內容

1.鉛筆、橡皮擦。
2.形式片語短句拼寫表，上有 2×1 方格數組，第一欄方格中有以注音符號拼成某一特定形式，要讓孩子依照此特定形式拼寫片語短句的題目，第二欄空白方格是要讓孩子拼寫答案的預留空間。參考範例如下，請參考

此例自行安排設計。

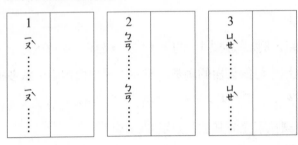

㈡課程活動簡述

1.讓孩子拼讀題目，例如編號「1」的「ㄧㄡˋ……ㄧㄡˋ……」。

2.讓孩子將符合「ㄧㄡˋ……ㄧㄡˋ……」形式的片語短句拼寫在下一空白欄中，越多越好，例如「ㄧㄡˋ　ㄅㄨ　ㄧㄡˋ　ㄋㄠˋ」「ㄧㄡˋ　ㄆㄠˇ　ㄧㄡˋ　ㄊㄧㄠˋ」「ㄧㄡˋ　ㄌㄟˋ　ㄧㄡˋ　ㄎㄜˇ」等等。

3.依上述步驟，讓孩子完成其他形式片語短句拼寫的題目。

㈢無法操作處理方式

加強先前「詞彙拼寫表達」相關課程活動經驗（見第554頁）。

㈣課程設計、安排、實施等注意考慮或補充事項

1.題目形式可參考第四章「語言思考表達」中「造片語短句」課程活動相關敘述（見第186頁）。

2.其他補充事項，請參閱「詞語填空」課程補充事項1.、2.項相關說明（見第563頁）。

三、片語短句改錯

㈠教材準備內容

1.鉛筆、橡皮擦。

2.片語短句改錯表，上有 2×1 方格數組，第一欄方格中有一以注音符號拼成錯誤的片語短句，第二欄空白方格是要讓孩子拼寫答案的預留空間。參考範例如下，請參考此例自行安排設計。

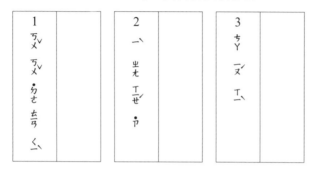

㈡課程活動簡述

1.讓孩子拼讀方格內錯誤的片語短句，然後把正確的片語短句，拼寫在下一空白欄中。例如編號「1」的「ㄎㄨˇ　ㄎㄨˇ　˙ㄉㄜ　ㄊㄧㄢ　ㄑㄧˋ」，孩子可以改為「ㄎㄨˇ ㄎㄨˇ ˙ㄉㄜ ㄧㄠˋ」、「ㄏㄠˇ ㄖㄜˋ ˙ㄉㄜ ㄊㄧㄢ ㄑㄧˋ」或「ㄑㄧㄥˊ ㄌㄤˇ ˙ㄉㄜ ㄊㄧㄢ ㄑㄧˋ」等等。

2.依上述步驟，讓孩子完成其他片語短句改錯的題目。

㈢無法操作處理方式

加強先前「詞語填空」相關課程活動經驗（見第562頁）。

㈣課程設計、安排、實施等注意考慮或補充事項

　　請參閱「詞語填空」課程補充事項1.、2.項相關說明（見第563頁）。

四、簡易對詞對句

㈠對詞對句填寫

1.教材準備內容：

⑴鉛筆、橡皮擦。

⑵對詞對句填寫表，上有適當大小的方格，每個方格中各有一個以注音符號拼成不完整的片語短句，不完整的部分以括弧標示，括弧中並預留要讓孩子拼寫答案的空間。參考範例如下，請參考此例自行安排設計。

1	2	3	4	5	6
ㄕㄡˇ	ㄉㄢˇ	ㄑㄧㄠ	ㄑㄩㄢˊ	（　）	ㄈㄥ ㄔㄟ
ㄅㄨㄥˇ	ㄊㄞ	ㄉㄨㄛ	（　）	ㄏㄨㄣ	（　）
ㄐㄧㄠˇ	ㄅㄞ	ㄅㄚ	ㄐㄧㄠ	ㄋㄠˇ	（　）
（　）	（　）	（　）	ㄊㄧ	ㄓㄤ	ㄅㄚ
（　）					

2.課程活動簡述：

⑴讓孩子拼讀題目，並將合適的字音拼寫在括弧中。例如，孩子拼讀編號「1」的「ㄕㄡˇ ㄅㄨㄥˇ ㄐㄧㄠˇ（　）」之後，將「ㄔㄤˊ」拼寫在括號中。

⑵依上述步驟，讓孩子完成其他對詞對句填寫的題目。

3. **無法操作處理方式**：加強先前「相對相反字詞拼寫」相關課程活動經驗（見第 561 頁）。

4. **課程設計、安排、實施等注意考慮或補充事項**：請參閱「詞語填空」課程補充事項1.、2.項相關說明（見第 563 頁）。

(二)對詞對句拼寫

1. **教材準備內容**：

   (1)鉛筆、橡皮擦。

   (2)對詞對句拼寫表，上有 2×1 方格數組，第一欄方格中有以注音符號拼成的一句片語或短句，第二欄空白方格是要讓孩子拼寫答案的預留空間。參考範例如下，請參考此例自行安排設計。

1 ㄅㄚ ㄈㄟˋ ㄐㄧ		2 ㄇㄚ˙ㄇㄚ ㄓㄨˊ ㄈㄢˊ		3 ㄍㄨㄛ ㄓ ㄌㄥˋ ㄅㄥ ㄅㄥ	

2. **課程活動簡述**：

   (1)讓孩子拼讀題目，再根據題目將該片語短句的對詞對句拼寫在下一空白欄中。例如，孩子拼讀編號「1」題目「ㄅㄚ ㄈㄟˋ ㄐㄧ」，孩子可以在下一空白欄中拼寫「ㄔㄥˊ ㄏㄨㄛˇ ㄔㄜ」、「ㄗㄨㄛˋ ㄍㄨㄥ ㄔㄜ」或「ㄑㄧˊ ㄐㄧ ㄔㄜ」等對句。

   (2)依上述步驟，讓孩子完成其他對詞對句的拼寫。

3. **無法操作處理方式**：加強先前「對詞對句填寫」相關課程活動經驗（見

第 566 頁）。

4.課程設計、安排、實施等注意考慮或補充事項：請參閱「詞語填空」

課程補充事項1.、2.項相關說明（見第 563 頁）。

五、字序重組

(一)教材準備內容

1.鉛筆、橡皮擦。

2.字序重組表，上有數欄方格，每個方格中都有一字序錯誤的片語或短句，

方格下方預留要讓孩子拼寫答案的空間。參考範例如下，請參考此例自

行安排設計。

1	2	3	4	5	6
ㄨㄛˊ ㄉㄞˋ ㄒㄧㄢ ·ㄉㄜ ↓	ㄏㄡˋ ㄕㄨˋ ·ㄕ ㄆㄚˊ ↓	ㄨㄛˊ ㄊㄚ ㄅㄟˋ ㄍㄠ ↓	ㄅㄟˇ ㄑㄧㄤˊ ·ㄉㄜ ㄅㄠˋ ↓	ㄇㄚ ·ㄇㄚ ㄔㄞˋ ㄔㄠˊ ↓	ㄒㄩㄝˊ ㄕㄤ ㄅㄠˋ ㄔˊ ↓

(二)課程活動簡述

1.讓孩子拼讀方格內字序錯誤的片語或短句，然後修改其字序，將正確的

片語短句拼寫在方格下面的空白地方。例如，孩子拼讀編號「1」題目

「ㄨㄛˇ　ㄉㄞˊ　ㄒㄧㄢ　˙ㄅㄜ」後，修改其字序，將正確的句子例如「ㄨㄛˇ　ㄒㄧㄢ　ㄉㄞˊ　˙ㄅㄜ」或「ㄨㄛˇ　˙ㄅㄜ　ㄒㄧㄢ　ㄉㄞˊ」拼寫在方格下面的空白地方。

2.依上述步驟，讓孩子完成其他片語短句的字序重組。

(三)無法操作處理方式

加強先前第三章「語言聽力理解」中「字詞位置糾正」相關課程活動經驗（見第155頁）。

(四)課程設計、安排、實施等注意考慮或補充事項

請參閱「詞語填空」課程補充事項1.、2.項相關說明（見第563頁）。

六、片語短句依樣改寫

(一)教材準備內容

1.鉛筆、橡皮擦。

2.片語短句依樣改寫表，上有2×1方格數組，第一欄方格上半部分，有以注音符號拼成的原片語或短句，下半部分則有將上半部分題目改寫的改寫片語或短句樣式，兩片語或短句以箭號區隔；第二欄方格上半部分，也有一注音符號拼成的原片語或原短句，下半部分空白，是為孩子拼寫答案的預留空間。參考範例如下，請參考此例自行安排設計。

1		2		3	
ㄏㄠˇ ㄔ ˙ㄉㄜ ㄏㄢˇ ㄅㄠˇ ↓ ㄏㄢˇ ㄅㄠˇ ㄏㄠˇ ㄔ	ㄧㄡˇ ㄑㄩˋ ˙ㄉㄜ ㄍㄨㄟ ㄕㄟˊ ↓	ㄩㄝˊ ㄦˇ ˙ㄉㄜ ㄍㄜ ㄕㄥ ↓ ㄍㄜ ㄕㄥ ㄕˇ ㄩㄝˊ ㄦˇ ˙ㄉㄜ	ㄅㄢˇ ㄅㄢˇ ˙ㄉㄜ ㄒㄧㄤ ㄨㄟˇ ↓	ㄑㄥ ㄌㄤˊ ˙ㄉㄜ ㄨㄟˇ ㄈㄥˊ ↓ ㄨㄟˇ ㄈㄥˊ ˙ㄉㄜ ㄑㄥ ㄌㄤˊ	ㄇㄟˊ ㄨㄟˋ ˙ㄉㄜ ㄐㄧ ㄎㄨㄞˋ ↓

(二)課程活動簡述

1.讓孩子拼讀第一欄原片語或短句及改寫片語或短句的改寫樣式後，依該改寫樣式，將第二欄上半部分的原片語或短句，改寫在下半部分的空白地方。例如，依據題號編號「1」第一欄的原片語及修改片語的樣式，將第二欄原片語「ㄧㄡˇ ㄑㄩˋ ˙ㄉㄜ ㄍㄨㄟ ㄕㄟˊ」改寫為「ㄍㄨㄟ ㄕㄟˊ ㄧㄡˇ ㄑㄩˋ」。

2.依上述步驟，讓孩子完成其他片語短句的改寫。

(三)無法操作處理方式

加強先前第四章「語言思考表達」中「片語短句改說」相關課程活動

經驗（見第 197 頁）。

㈣課程設計、安排、實施等注意考慮或補充事項

1. 此課程題目形式可以參閱第四章「語言思考表達」中「片語短句改說」
   課程題目參考範例。
2. 其他補充事項，請參閱「詞語填空」課程補充事項 1.、2. 項相關說明（見
   第 563 頁）。

肆、句子段落拼寫表達

一、圖文拼寫表達

㈠教材準備內容

1. 鉛筆、橡皮擦。
2. 圖文拼寫表達表，上有數個能以句子描述情境的圖案，圖案下面空白方
   格，是為孩子拼寫表達的預留空間。參考範例如下，請參考此例自行安
   排設計。

(二)課程活動簡述

　　讓孩子觀察圖文拼寫表達表上的情境圖案之後，在圖案下面的空白方格內，以注音符號拼寫出該圖形所可能要傳達的訊息。例如「ㄒㄧㄠˇ ㄅㄞˊ　ㄊㄨˋ　ㄗㄞˋ　ㄉㄤˋ　ㄑㄧㄡ　ㄑㄧㄢ」。

(三)無法操作處理方式

　　加強先前「片語短句拼寫表達」相關課程活動經驗（見第 562 頁）。

(四)課程設計、安排、實施等注意考慮或補充事項

　　此課程也可以將圖案貼在白板上，讓孩子在圖案下面，以注音符號拼寫出該圖形所要傳達的各種可能訊息。

二、文字句意書寫表達

(一)句子列舉填空拼寫

1.教材準備內容：

(1)鉛筆、橡皮擦。

(2)「句子列舉填空拼寫」表，上有2×1方格數組，第一欄方格中有以注音符號拼成不完整的句子，不完整的部分以括弧標示，第二欄空白方格是要讓孩子拼寫答案的預留空間。參考範例如下，請參考此例自行安排設計。

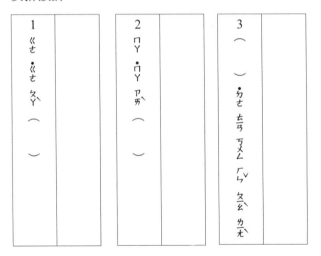

2.課程活動簡述：

(1)讓孩子拼讀題目，例如編號「1」的「ㄍㄜ・ㄍㄜ ㄆㄚˋ（　　）」。

(2)讓孩子將可以填寫在括弧中補成完整句子的詞彙，拼寫在下一空白欄中，越多越好，例如「ㄔㄤˋ ㄍㄜ」、「ㄅㄚˇ ㄌㄟˊ」、「ㄌㄠˇ ㄕ」等等。

(3)依上述步驟，讓孩子完成其他句子列舉填空拼寫的題目。

3.無法操作處理方式：

(1)加強先前「片語短句拼寫表達」相關課程活動經驗（見第562頁）。

(2)加強先前第四章「語言思考表達」中「句子列舉填空」相關課程活動經驗（見第217頁）。

4.課程設計、安排、實施等注意考慮或補充事項：

(1)此課程也可以由大人把題目寫在白板上，讓孩子輪流將答案拼寫在白板上。

(2)如果不願孩子太早握筆寫字，則可以符號字形拼寫或以手指拼寫在鹽盤上。

(3)此課程題目形式可以參閱第四章「語言思考表達」中「句子列舉填空」課程題目參考範例。

(二)句子插詞拼寫

1.教材準備內容：

(1)鉛筆、橡皮擦。

(2)「句子插詞拼寫」表，上有2×1方格數組，第一欄方格中有以注音符號拼成的一個句子，句子後面附加一個括弧，括弧裡面有一個詞彙；第二欄空白方格是要讓孩子拼寫答案的預留空間。參考範例如下，請參考此例自行安排設計。

2.課程活動簡述：

　⑴讓孩子拼讀第一欄的句子及括弧中的詞彙後，將括弧中的詞彙插入句
　　子中適當的位子，拼寫在第二欄的空白方格中。例如，孩子拼讀編號
　　「1」題目「ㄨㄛˇ ㄉㄧㄡˊ ˙ㄉㄜ ㄏㄢˋ（一ˋ ㄕㄣ ˙ㄉㄜ）」
　　之後，在第二欄拼寫出「ㄨㄛˇ ㄉㄧㄡˊ ˙ㄉㄜ 一ˋ ㄕㄣ ˙ㄉㄜ
　　ㄏㄢˋ」。

　⑵依上述步驟，讓孩子完成其他句子插詞拼寫的題目。

3.無法操作處理方式：

　⑴加強先前「片語短句拼寫表達」相關課程活動經驗（見第562頁）。

　⑵加強先前第四章「語言思考表達」中「句子插詞」相關課程活動經驗
　　（見第219頁）。

4.課程設計、安排、實施等注意考慮或補充事項：

　⑴此課程題目可以參閱第四章「語言思考表達」中「句子插詞」課程題
　　目參考範例。

　⑵其他補充事項，請參閱「句子列舉填空拼寫」課程補充事項⑴、⑵項

相關說明（見第 574 頁）。

㈢句子重組拼寫

1.教材準備內容：

⑴鉛筆、橡皮擦。

⑵句子重組拼寫表，上有 2×1 方格數組，第一欄方格中有一個字序混亂的句子，第二欄空白方格是要讓孩子拼寫答案的預留空間。參考範例如下，請參考此例自行安排設計。

1　ㄅㄚˊ　ㄗㄞˋ　ㄅㄚˋ　ㄓˇ　ㄎㄢˋ　ㄅㄠˋ		2　ㄆㄛˊ　ㄏㄞˇ　ㄍㄨㄛˊ　ㄉㄜ˙　ㄅㄠˋ		3　ㄒㄧㄠˊ　ㄊㄡˇ　ㄍㄡˇ　ㄍㄨˋ　ㄎㄢˇ	

2.課程活動簡述：

⑴讓孩子拼讀第一欄方格內字序混亂的句子，然後修改其字序，將正確句子拼寫在第二欄的空白方格內。例如孩子拼讀編號「1」題目「•ㄅㄚ　ㄗㄞˋ　ㄅㄚˋ　ㄓˇ　ㄎㄢˋ　ㄅㄠˋ」後，修改其字序，將正確的句子如「ㄅㄚˋ　•ㄅㄚ　ㄗㄞˋ　ㄎㄢˋ　ㄅㄠˋ　ㄓˇ」拼寫在第二欄的空白方格內。

⑵依上述步驟，讓孩子完成其他的句子重組。

3.無法操作處理方式：

⑴以詞彙順序混亂型式呈現，例如「ㄇㄚ　•ㄇㄚ、ㄓㄨˋ　ㄈㄢˋ、

　　　ㄔㄨˊ　ㄈㄤˊˋ、ㄗㄞˋ」。

　　⑵加強先前「片語短句拼寫表達」相關課程活動經驗（見第 562 頁）。

4.課程設計、安排、實施等注意考慮或補充事項：請參閱「句子列舉
　填空拼寫」課程補充事項⑴、⑵項相關說明（見第 574 頁）。

㈣句子擴張拼寫

1.教材準備內容：

　　⑴鉛筆、橡皮擦。

　　⑵句子擴張拼寫表，上有 2×1 方格數組，第一欄方格中有一句句子，第
　　　二欄空白方格是要讓孩子擴張拼寫句子的預留空間。參考範例如下，
　　　請參考此例自行安排設計。

2.課程活動簡述：

　　⑴拼讀第一欄方格內的句子之後，讓孩子根據句意附加詞語，將擴張後
　　　的句子拼寫在第二欄的空白方格內。例如，孩子拼讀編號「1」題目
　　　「ㄇㄚ　•ㄇㄚ　ㄗㄞˋ　ㄓㄨˇ　ㄈㄢˋ」後，將原來的句子擴張為
　　　「ㄒㄧㄢˋ　ㄗㄞˋ　ㄇㄚ　•ㄇㄚ　ㄗㄞˋ　ㄓㄨˇ　ㄈㄢˋ」、「ㄇㄚ
　　　•ㄇㄚ　ㄗㄞˋ　ㄔㄨˊ　ㄈㄤˊ　ㄓㄨˇ　ㄈㄢˋ」或「ㄒㄧㄢˋ
　　　ㄗㄞˋ　ㄇㄚ　•ㄇㄚ　ㄗㄞˋ　ㄔㄨˊ　ㄈㄤˊ　ㄓㄨˇ　ㄒㄧㄤ　ㄆㄣ

　　ㄆㄣ　•ㄉㄜ　ㄈㄢˋ」拼寫在第二欄的空白方格內。

　　(2)依上述步驟，讓孩子完成其他的句子擴張拼寫。

3.無法操作處理方式：

　　(1)加強先前「片語短句拼寫表達」相關課程活動經驗（見第562頁）。

　　(2)加強先前第四章「語言思考表達」中「詞句擴張」相關課程活動經驗

　　　（見第221頁）。

4.課程設計、安排、實施等注意考慮或補充事項：請參閱「句子列舉

　　填空拼寫」課程補充事項(1)、(2)項相關說明（見第574頁）。

（五）發現矛盾改錯拼寫

1.教材準備內容：

　　(1)鉛筆、橡皮擦。

　　(2)「發現矛盾改錯拼寫」表，上有2×1方格數組，第一欄方格中有一個

　　　邏輯錯誤的句子，第二欄空白方格是要讓孩子拼寫答案的預留空間。

　　　參考範例如下，請參考此例自行安排設計。

1		2		3	
ㄋㄚˊ ㄊㄤ ㄍㄨㄛ ㄇㄞ ㄑㄢ		ㄅㄞ ㄋㄧˊ ㄇㄞ ㄅㄚ ㄅㄚ •ㄅㄚ		ㄩㄥ ㄈㄢ ㄓㄨ ㄅㄢ ㄍㄨㄛ	

2.課程活動簡述：

　　(1)讓孩子拼讀第一欄方格內邏輯錯誤的句子，發現其不合理的地方，然

後將正確句子拼寫在第二欄的空白方格內。例如，孩子拼讀編號「1」題目「ㄋㄚˊ　ㄊㄤˊ　ㄍㄨㄛˇ　ㄇㄞˇ　ㄑㄧㄢˊ」後，將正確的句子如「ㄋㄚˊ　ㄑㄧㄢˊ　ㄇㄞˇ　ㄊㄤˊ　ㄍㄨㄛˇ」拼寫在第二欄的空白方格內。

⑵依上述步驟，讓孩子發現並拼寫修改句子矛盾的地方。

3. 無法操作處理方式：

⑴加強先前「片語短句拼寫表達」相關課程活動經驗（見第 562 頁）。

⑵加強先前第三章「語言聽力理解」中「發現矛盾」相關課程活動經驗（見第 156 頁）。

4. 課程設計、安排、實施等注意考慮或補充事項：請參閱「句子列舉填空拼寫」課程補充事項⑴、⑵項相關說明（見第 574 頁）。

㈥用詞修正拼寫

1. 教材準備內容：

⑴鉛筆、橡皮擦。

⑵「用詞修正拼寫」表，上有 2×1 方格數組，第一欄方格中有一個因為用詞不當而造成句意錯誤的句子，第二欄空白方格是要讓孩子拼寫答案的預留空間。參考範例如下，請參考此例自行安排設計。

1		2		3	
ㄊㄚ		ㄧㄣ	ㄅㄨ		ㄋㄧˇ
ㄈㄟ		ㄅㄧㄝ	ㄉㄧ		ㄗㄨㄥ
ㄔㄤˊ		ㄅㄠ	ㄒㄧㄠ		ㄍㄨㄥ
ㄕㄨㄛ		ㄎㄨㄞ，			ㄧㄠ
ㄏㄨㄤˇ					ㄆㄨ
ㄆㄧㄢˋ					ㄧㄠ
ㄖㄣˊ					ㄔㄤ
					ㄈㄢ

2.課程活動簡述：

　(1)讓孩子拼讀第一欄方格內，因為用詞不當而造成句意錯誤的句子，然後修改錯誤的用詞，將正確句子拼寫在第二欄的空白方格內。例如，孩子拼讀編號「1」題目「ㄊㄚ ㄈㄟ ㄔㄤˊ ㄕㄨㄛ ㄏㄨㄤˇ ㄆㄧㄢˋ ㄖㄣˊ」，修改錯誤的用詞「ㄈㄟ ㄔㄤˊ」後將正確的句子「ㄊㄚ ㄔㄤˊ ㄔㄤˊ ㄕㄨㄛ ㄏㄨㄤˇ ㄆㄧㄢˋ ㄖㄣˊ」或「ㄊㄚ ㄕˊ ㄔㄤˊ ㄕㄨㄛ ㄏㄨㄤˇ ㄆㄧㄢˋ ㄖㄣˊ」拼寫在第二欄的空白方格內。

　(2)依上述步驟，讓孩子完成其他的用詞修正。

3.無法操作處理方式：

　(1)加強先前「片語短句拼寫表達」相關課程活動經驗（見第562頁）。

　(2)加強先前第三章「語言聽力理解」中「句意判斷」相關課程活動經驗（見第152頁）。

4.課程設計、安排、實施等注意考慮或補充事項：請參閱「句子列舉

填空拼寫」課程補充事項⑴、⑵項相關說明（見第574頁）。

㈦閱讀問答拼寫

1.教材準備內容：

⑴鉛筆、橡皮擦。

⑵「閱讀問答拼寫」表，上有以注音符號拼成的句子，上有數字編號者為主述句子，上有「＊」符號者為題目句子，空白方格是要讓孩子拼寫答案的預留空間。參考範例如下，請參考此例自行安排設計。

1 ㄓㄢˋㄒㄧㄤ一ㄎㄜㄙㄨㄥ，	ㄗㄨㄛˋㄒㄧㄤ一ㄎㄡˋㄓㄨㄥ，	ㄗㄡˇㄌㄨˋㄒㄧㄤㄔㄣˊㄈㄥ，	ˊˋㄨㄟㄒㄧㄠˇㄏㄠˇㄑㄧㄥㄙㄨㄥ。（註3）	＊ㄓㄢˋ一ㄠˇㄒㄧㄤㄗㄜˊ˙ㄇㄜ？		＊ㄗㄨㄛˋㄒㄧㄤㄕㄜˊ˙ㄇㄜ？		＊ㄗㄡˇㄌㄨˋㄒㄧㄤㄕㄜˊ˙ㄇㄜ？	

2.課程活動簡述：

⑴先讓孩子拼讀上有數字編號的主述句子。

　　然後再讓孩子拼讀上有「＊」符號的題目句子。

⑵最後讓孩子根據主述句子及題目題意將答案拼寫在題目下一欄的空格內。例如，孩子拼讀編號「1」的主述句子及「ㄓㄢˋ　一ㄠˋ　ㄒㄧㄤˋ　ㄕㄜˊ　˙ㄇㄜ？」的問題之後，把「ㄓㄢˋ　一ㄠˋ

　　　　ㄒㄧㄤˋ　ㄧˋ　ㄎㄜ　ㄙㄨㄥ」拼寫在第二欄的空白方格內。

⑶依上述步驟讓孩子──拼讀其他的主述句子及題目句，並將答案拼寫在題目下一欄的空格內。

3.無法操作處理方式：

⑴加強先前「片語短句拼寫表達」相關課程活動經驗（見第562頁）。

⑵加強先前第三章「語言聽力理解」中「兒歌複句聽力記憶理解」相關課程活動經驗（見第159頁）。

4.課程設計、安排、實施等注意考慮或補充事項：請參閱「句子列舉填空拼寫」課程補充事項⑴、⑵項相關說明（見第574頁）。

(八)續句拼寫

1.教材準備內容：

⑴鉛筆、橡皮擦。

⑵「續句拼寫」表，上有2×1方格數組，第一欄方格中有一句句意表達一半的句子，第二欄空白方格是要讓孩子拼寫答案的預留空間。參考範例如下，請參考此例自行安排設計。

1		2		3	
ㄐㄠ ㄕ ㄏㄣˇ ㄉㄧ，ㄣˊ ㄨ		ㄨㄞ ㄇㄢ ㄏㄠˇ ㄔㄠ，ㄙㄜˊ ㄧˇ		ㄍㄢˇ ㄎㄞˋ ㄙㄥ ㄔㄨㄤ，ㄆㄨˋ ㄗㄜ	

2.課程活動簡述：

　⑴讓孩子拼讀第一欄方格內句意表達一半的句子，然後在第二欄拼寫句子將句意補全。例如，孩子拼讀編號「1」題目「ㄐㄧㄠˋ　ㄕˋ　ㄏㄣˇ　ㄋㄟˋ，ㄧㄣ　ㄨㄟˋ」之後，在第二欄的空白方格內拼寫如「ㄇㄟˊ　ㄧㄡˇ　ㄎㄞ　ㄉㄥ」的接續句子來使句意完整。

　⑵依上述步驟，讓孩子完成其他的續句拼寫。

3.無法操作處理方式：

　⑴加強先前「片語短句拼寫表達」相關課程活動經驗（見第 562 頁）。

　⑵加強先前第四章「語言思考表達」中「續句」相關課程活動經驗（見第 224 頁）。

4.課程設計、安排、實施等注意考慮或補充事項：請參閱「句子列舉填空拼寫」課程補充事項⑴、⑵項相關說明（見第 574 頁）。

㈨造句拼寫

1.單詞造句拼寫：

　⑴教材準備內容：

　　a.鉛筆、橡皮擦。

　　b.「單詞造句拼寫表」，上有適當大小的方格，每個方格上方有一個特定詞語，詞語下方預留要讓孩子拼寫答案的空間。參考範例如下，請參考此例自行安排設計。

1	2	3	4	5	6
ㄧㄡˋ	ㄧㄝˇ	ㄍㄠˋ	ㄇㄚˊ	ㄩˋ	ㄅㄢ
		ㄕˋ	ㄕㄤ	ㄍㄜˊ	ㄕˋ
↓	↓	↓	↓	↓	↓

(2)課程活動簡述：

　　a. 讓孩子拼讀方格上方的特定詞語，然後讓孩子將含有該特定詞語的句子拼寫在方格下面的空白地方。例如，孩子拼讀編號「1」題目「又」後，將以「又」造出的句子，如「ㄐㄧㄥ ㄊㄧㄢ ㄧㄡˋ ㄒㄧㄚˋ ㄩˇ ˙ㄌㄜ」拼寫在方格下面的空白地方。

　　b. 依上述步驟，讓孩子完成其他單詞造句拼寫。

(3)無法操作處理方式：

　　a. 加強先前「片語短句拼寫表達」相關課程活動經驗（見第 562 頁）。

　　b. 加強先前第四章「語言思考表達」中「單詞意義造句」相關課程活動經驗（見第 231 頁）。

(4)課程設計、安排、實施等注意考慮或補充事項：請參閱「句子列舉填空拼寫」課程補充事項(1)、(2)項相關說明（見第 574 頁）。

2. 複詞造句拼寫：

(1)教材準備內容：

　　a. 鉛筆、橡皮擦。

　　b. 「複詞造句拼寫表」，上有 2×1 方格數組，第一欄方格中有兩個特

定詞語，第二欄空白方格是要讓孩子拼寫答案的預留空間。參考範
例如下，請參考此例自行安排設計。

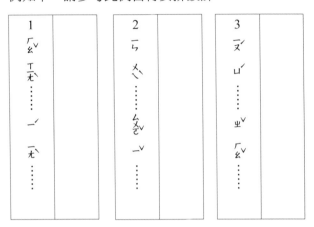

(2)課程活動簡述：

　　a. 讓孩子拼讀第一欄方格中的兩個特定詞語，然後讓孩子將含有該兩
　　　個特定詞語的句子，拼寫在第二欄的空白方格中。例如，孩子拼讀
　　　編號「1」題目「ㄏㄠˇ　ㄒㄧㄤˋ……ㄧˊ　ㄧㄤˋ……」後，將
　　　例如「ㄨㄢ　ㄨㄢ　˙ㄅㄜ　ㄩㄝˋ　ㄌㄧㄤˋ　ㄏㄠˇ　ㄒㄧㄤˋ
　　　ㄒㄧㄤ　ㄐㄧㄠ　ㄧˊ　ㄧㄤˋ」的句子拼寫在第二欄的空白方格
　　　中。

　　b. 依上述步驟，讓孩子完成其他複詞造句拼寫。

(3)無法操作處理方式：

　　a. 加強先前「片語短句拼寫表達」相關課程活動經驗（見第 562
　　　頁）。

　　b. 加強先前第四章「語言思考表達」中「複詞造句」相關課程活動經
　　　驗（見第 232 頁）。

(4)課程設計、安排、實施等注意考慮或補充事項：請參閱「句子列舉填

空拼寫」課程補充事項⑴、⑵項相關說明（見第574頁）。

㈩句子改寫

1.**教材準備內容：**

⑴鉛筆、橡皮擦。

⑵「句子改寫課程表」，上有4×1方格數組，第一欄是原主述句子，第
二欄是改寫的句子，第三欄上有「＊」符號者為題目句子，第四欄空
白，是為孩子拼寫答案的預留空間。參考範例如下，請參考此例自行
安排設計。

1	↓	＊	↓	2	↓	＊	↓
ㄅㄨ ㄎㄜˊ ㄧˇ ㄨㄢˊ ㄅㄠ ˙ㄗ	ㄅㄠ ˙ㄗ ， ㄅㄨ ㄎㄜˊ ㄧˇ ㄨㄢˊ	ㄨㄛˊ ㄐㄧㄝ ㄅㄠˋ ㄑㄧㄡˊ ˙ㄌㄜ		ㄡˋ ㄧ ㄍㄨ ㄅㄢ ˙ㄉㄜ ㄒㄧㄤ ㄨㄟ	ㄡˋ ㄧ ㄍㄨ ㄒㄧㄤ ㄨㄟ ， ㄅㄢ ㄅㄢ ˙ㄉㄜ	ㄏㄜ ˙ㄌㄜ ㄙㄢ ㄅㄟ ㄅㄥ ˙ㄉㄜ ㄍㄨㄟˇ ㄓ	

2.**課程活動簡述：**

⑴讓孩子拼讀第一欄原主述句子及第二欄改寫句子的改寫樣式後，依該
改寫樣式，將第三欄的題目句子，改寫在第四欄的空格內。例如，依
據題號編號「1」第一、二欄的原主述句子及改寫句子的改寫樣式，將
第三欄題目句子「ㄨㄛˋ ㄐㄧㄝ ㄅㄠˋ ㄑㄧㄡˊ ˙ㄌㄜ」改

寫為「ㄑㄧㄡˊ，ㄨㄛˇ　ㄐㄧㄝ　ㄅㄠˋ　•ㄌㄜ」，拼寫在第四欄的空格內。

⑵依上述步驟，讓孩子完成其他句子的改寫。

3.無法操作處理方式：

⑴加強先前「片語短句拼寫表達」相關課程活動經驗（見第 562 頁）。

⑵加強先前第四章「語言思考表達」中「句子改說」相關課程活動經驗（見第 233 頁）。

4.課程設計、安排、實施等注意考慮或補充事項：

⑴此課程題目形式可以參閱第四章「語言思考表達」中「句子改說」課程題目參考範例。

⑵其他補充事項，請參閱「句子列舉填空拼寫」課程補充事項⑴、⑵項相關說明（見第 574 頁）。

⒁心情記事拼寫

1.教材準備內容：

⑴鉛筆、橡皮擦。

⑵「心情記事拼寫表」，上有 2×1 方格數組，第一欄是問題句子，第二欄空白，是為孩子拼寫答案的預留空間。參考範例如下，請參考此例自行安排設計。

1		2		3	
ㄨㄛˇ ㄗㄨㄟˋ ㄒㄧˇ ㄏㄨㄢ ˙ㄉㄜ ㄧˊ ㄐㄧㄢˋ ㄕˋ ㄑㄧㄥˊ ㄕˋ		ㄨㄛˇ ㄗㄨㄟˋ ㄉㄚ ˙ㄉㄜ ㄉㄡˋ 十一 ㄕˋ		ㄨㄛˇ ㄗㄨㄟˋ ㄒㄧㄤˇ ㄧㄠˋ ˙ㄉㄜ ㄌㄧˇ ㄨˋ ㄕˋ	

2.課程活動簡述：

  (1)讓孩子拼讀第一欄題目句子，然後將答案拼寫在第二欄的空格內。例如，拼讀過題號編號「1」的題目句子後，孩子在第二欄空格中拼寫出「ㄨㄛˇ ㄗㄨㄟˋ ㄒㄧˇ ㄏㄨㄢ ˙ㄉㄜ ㄧˊ ㄐㄧㄢˋ ㄕˋ ㄑㄧㄥˊ ㄕˋ ㄇㄚ ˙ㄇㄚ ㄗㄨㄟˋ ㄐㄧㄠˋ ㄑㄧㄢˊ ㄐㄧㄤˇ ㄍㄨㄟ ㄕˋ ㄍㄟˇ ㄨㄛˇ ㄊㄧㄥ」。

  (2)依上述步驟，讓孩子完成其他題目的心情記事拼寫。

3.無法操作處理方式：

  (1)加強先前「片語短句拼寫表達」相關課程活動經驗（見第562頁）。

  (2)加強先前第四章「語言思考表達」中「句子、段落語言表達」相關課程活動經驗（見第199頁）。

4.課程設計、安排、實施等注意考慮或補充事項：請參閱「句子列舉填空拼寫」課程補充事項(1)、(2)項相關說明（見第574頁）。

㈢拼拼湊湊

1.教材準備內容：

⑴鉛筆、橡皮擦。

⑵「拼拼湊湊拼寫表」，上有數欄四列的方格數組。第一欄為條件欄，第一列到第四列依序以注音符號拼寫出「ㄕˊ　ㄐㄧㄢ」、「ㄕㄟˊ」、「ㄅㄧˋ　ㄅㄧㄢˇ」、「ㄗㄨㄛˋ　ㄕㄜˊ　˙ㄇㄜ」等條件，第二欄以後空白，是為孩子拼寫答案的預留空間。參考範例如下，請參考此例自行安排設計。

ㄕˊ ㄐㄧㄢ			
ㄕㄟˊ			
ㄅㄧˋ ㄅㄧㄢˇ			
ㄗㄨㄛˋ ㄕㄜˊ ˙ㄇㄜ			

2.課程活動簡述：

⑴孩子依照第一欄「ㄕˊ　ㄐㄧㄢ」、「ㄕㄟˊ」、「ㄅㄧˋ　ㄅㄧㄢˇ」、「ㄗㄨㄛˋ　ㄕㄜˊ　˙ㄇㄜ」等條件，依序在第二欄的第一列到第四列方格中，以注音符號拼寫出符合條件的詞彙。例

如，在第一列時間條件方格中拼寫「ㄒㄧㄢˋ　ㄗㄞˋ」；在第二列方格中拼寫「ㄉㄠˇ　ㄕ」以符合誰的條件；在第三列地點條件方格中拼寫「ㄗㄞˋ　ㄐㄧㄠˋ　ㄕˋ」；在第四列做什麼條件方格中拼寫「ㄐㄧㄤˇ　ㄍㄨˋ　ㄕˋ」，如下圖。

ㄕˊ ㄐㄧㄢ	ㄒㄧㄢ ㄗㄞ			
ㄕˊ	ㄉㄠˇ ㄕ			
ㄉㄧˋ ㄉㄧㄢˇ	ㄗㄞˋ ㄐㄧㄠˋ ㄕˋ			
ㄗㄨㄛˋ ㄕˊˊ ˙ㄇㄜ	ㄐㄧㄤˇ ㄍㄨˋ ㄕˋ			

(2)讓孩子拼讀檢查自己拼寫的句子，例如：「ㄒㄧㄢˋ　ㄗㄞˋ　ㄉㄠˇ　ㄕ　ㄗㄞˋ　ㄐㄧㄠˋ　ㄕˋ　ㄐㄧㄤˇ　ㄍㄨˋ　ㄕˋ。」

(3)依上述步驟，讓孩子完成其他各欄的拼拼湊湊拼寫課程。

3.無法操作處理方式：

(1)加強先前「片語短句拼寫表達」相關課程活動經驗（見第562頁）。

(2)加強先前第八章「注音符號拼讀」中「句子組合字卡」相關課程活動經驗（見第502頁）。

4.課程設計、安排、實施等注意考慮或補充事項：請參閱「句子列舉

填空拼寫」課程補充事項(1)、(2)項相關說明（見第 574 頁）。

第八節　孩子常見的注音拼寫問題

壹、聲母本音及命名混淆

之前我們提到，為了教學上的方便，在每個聲母本音（指聲母的實際發音）後面配上不同的韻母，這是為聲母命名，事實上這些聲母真正的發音跟命名的發音是有差距的（請參閱第六章「發音矯治」課程相關敘述）。如果不清楚聲母本音與命名之間的差異，而以聲母的命名來拼寫，孩子當然會認為「ㄉ」和「ㄉㄜ」、「ㄎ」和「ㄎㄜ」以及「ㄑ」和「ㄑㄧ」是相同的，所以很自然就會有拼寫出像「快ㄉㄟ」、「ㄎㄟˇ以」及「油ㄑ」的情形出現，只要大人改以「音值拼讀」法（請參閱第七章第一節「拼音方法」說明）示範教導孩子拼音，這個問題很快就可以解決了。

貳、聲調

國語每個字音都有一個聲調，在我們說話時，會交錯使用各種不同的聲調，由於不同聲調的不同組合方式，會產生不同程度上的變調情形，變調程度比較明顯的有以下兩種：

一、三聲＋三聲會偏向二聲＋三聲

比較一下，當我們唸「美酒」跟「美麗」時，美酒的「美」會偏向二聲，跟

美麗的「美」差別相當地明顯。不過我們在此也要強調的是,美酒的「美」是偏向二聲,但跟二聲還是有所差別的,只是差別不大,一般人不易分辨,所以就會有「三聲＋三聲,前面的三聲變為二聲」這種說法出現,如果讀者仔細比較「美酒」跟「沒酒」的「美」跟「沒」的字音,還是可以分辨出二者之間的差異。

二、二聲的字音在詞彙或句子最後會變偏向三聲

試著比較「不要分離」與「不要離開」兩個句子中的「離」字音,以及「不要分離」跟「不要分李」兩個句子中的「離」跟「李」兩個字音,是不是可以感覺到「分離」的「離」跟「分李」的「李」聲調反而比「離開」的「離」更接近呢?如果我們再比較「狐狸」跟「狐狸精」中的「狸」,是不是可以感受之間的差異?當然,在此還要再次強調,二聲的字音在詞彙或句子最後會變「偏向三聲」,但並不是三聲,讀者只要再比較「移植」跟「遺址」中的「植」跟「址」,應該就不難體會。

因此,當孩子以注音符號拼寫聲調變調比較明顯的字音時,孩子會以變調的字音來判斷,所以會標示與實際聲音較接近的聲調符號,而與本調有出入。例如,孩子就他聽到的聲音,會將「美酒」拼寫成「ㄇㄟˊ ㄐㄧㄡˇ」,而非「ㄇㄟˇ ㄐㄧㄡˇ」。

遇到這種情形時,大人該如何處理呢?由於要解決這種情形,必須從本調記憶著手,也就是孩子必須知道與「美酒」字音相對應的國字是「美酒」,而「美酒」本調的標示符號是「ㄇㄟˇ ㄐㄧㄡˇ」,不是「ㄇㄟˊ ㄐㄧㄡˇ」,所以如果是國小的孩子,大人可以跟孩子解釋變調的情形,並由國字詞彙的認知記憶來解決這個問題。

但如果是學齡前的孩子呢?由於個人認為國字詞彙的認知記憶不是學齡前孩子的學習重點,而且注音符號的拼寫只是孩子表達思想的工具手段,重點是如何引發孩子表達的興趣,以及提升孩子表達內容的品質,所以如果當孩子把「美酒」

拼寫成「ㄇㄟˊ ㄐㄧㄡˇ」時，大人可以視孩子個別的發展狀況，解釋變調的情形，如果孩子能理解最好，否則就當成孩子創造性拼寫的一個過程，不必特意去糾正，如果為了這個小細節的爭執，阻礙了孩子探索語文浩瀚世界的興趣，是為本末倒置了！

　　但是話又說回來，如果就以注音符號標示的目的，是要以視覺符號把聽覺聲音真實還原呈現的觀點來看，那麼把「美酒」標示成「ㄇㄟˊ ㄐㄧㄡˇ」是比標示成「ㄇㄟˇ ㄐㄧㄡˇ」更接近真實實際的聲音，似乎是更合理一些。可是又如我們上述，第一個三聲是會因為變調的影響「偏向」二聲，但事實上並不是二聲，把「美酒」標示成「ㄇㄟˊ ㄐㄧㄡˇ」，又會造成跟「梅酒」或「沒酒」混淆的情形產生，而忽略了變調的情形，其實並不是完美的解決方法。如果能引用齊鐵恨先生「ˊ」符號(註4)，標示成「ㄇㄟˊ ㄐㄧㄡˇ」應該是個不錯的解決方案。

註釋

註1：　紀斌雄發行（1987）。線條遊戲。3頁。台北：華一書局。

註2：　紀斌雄發行。請你跟我這樣畫第1集。台北：華一書局。

註3：　改寫自子魚：好習慣（2001）。月亮在看你。44頁。台北：慈濟文化志業中心。

註4：　齊鐵恨（1961）。國語變音舉例。53頁。台北：台灣書店。

附　錄

附錄一　課程活動索引

第三章　語言聽力理解

第六章　發音矯治

第七章　注音符號拼音

ㄅㄆㄇ

第八章 注音符號拼讀

附錄二　單拼字音詞彙參考表

	一聲	二聲	三聲	四聲	輕聲
ㄓ	蜘蛛	品質	地址	智慧	
ㄔ	吃飯	遲到	牙齒	翅膀	
ㄕ	老師	石頭	開始	世界	鑰匙
ㄖ				日光	
ㄗ	姿勢		紫色	寫字	桌子
ㄘ	瑕疵	慈祥	因此	魚刺	
ㄙ	公司		死亡	四樓	
ㄚ	阿伯				
ㄜ	婀娜	天鵝	惡心	饑餓	
ㄞ	哀傷	皚皚	矮牆	愛惜	
ㄠ	凹痕	翱翔	棉襖	驕傲	
ㄡ	歐洲		嘔吐		
ㄢ	安全		是俺	黑暗	
ㄣ	恩惠				
ㄤ	骯髒	昂貴		盎然	
ㄦ		兒童	偶爾	二月	
ㄧ	醫生	姨媽	螞蟻	容易	
ㄨ	房屋	蜈蚣	跳舞	錯誤	
ㄩ	瘀血	釣魚	下雨	浴室	

附錄三　兩拼字音詞彙參考表

ㄅ一ㄌ1

	ㄅ	ㄆ	ㄇ	ㄈ	ㄉ	ㄊ	ㄋ	ㄌ
ㄚ	喇叭、拔河、門把、霸王、爸爸	趴著、爬山、害怕	媽媽、麻雀、騎馬、罵人、好嗎	發燒、處罰、頭髮、法國	搭車、回答、打人、大象	倒塌、鐵塔、踏青	拿著、哪裡、那麼	沙拉、喇叭、辣椒、快啦
ㄛ	玻璃、伯伯、跛子、薄荷	潑水、外婆、顏大、破壞	摸彩、摩托車、抹布、陌生	佛教				
ㄜ ㄝ			什麼		得到、我的	特別	你呢	快樂、來了
ㄞ	瞎掰、白雲、一百、拜拜	拍手、排隊、派遣	埋葬、買賣、稻麥		呆板、逮到、袋鼠	青苔、颱風、太陽	奶奶、忍耐	過來、賴皮
ㄟ	茶杯、北邊、貝殼	胚芽、陪伴、分配	酸梅、美麗、妹妹	飛機、肥皂、土匪、浪費	得要		氣餒、內容	勒住、打雷、疊球、眼淚
ㄠ	書包、冰雹、漢堡、報紙	拋開、庖廚、跑步、泡泡	小貓、眉毛、卯上、帽子		小刀、跌倒、道路	浪濤、櫻桃、討論、手套	阻撓、頭腦、熱鬧	撈魚、麥當勞、老師、烙餅
ㄡ		剖開	計謀、某某人	否則	兜風、蝌蚪、紅豆	小偷、頭髮、透明		樓梯、竹簍、漏水
ㄢ	斑馬、黑板、辦法	攀登、盤子、盼望	饅頭、滿意、太慢	番茄、帆船、相反、吃飯	擔心、大膽、蛋糕	沙灘、彈琴、地毯、木炭	男生、牛腩、避難	蘭花、懶惰、氾濫
ㄣ	奔跑、書本、笨重	噴水、臉盆	悶熱、大門、煩悶、我們	分開、焚燒、粉紅、憤怒			嫩葉	

ㄅ一ㄉ2

	ㄅ	ㄆ	ㄇ	ㄈ	ㄉ	ㄊ	ㄋ	ㄌ
ㄤ	幫忙 翅膀 棒球	乒乓球 螃蟹 胖子	幫忙 蟒蛇	地方 房子 拜訪 放假	小叮噹 擋住 盪鞦韆	熱湯 糖果 躺下 很燙	囊括	蟑螂 海浪 開朗
ㄥ	繃帶 甭客氣 蹦蹦跳跳	烹煮 朋友 捧著 碰到	檸檬 蚱蜢 作夢	颱風 裁縫 鳳梨	電燈 等車 板凳	疼痛	不能	稜角 冷氣 愣住
ㄦ								
一	逼近 鼻子 鉛筆 牆壁	披薩 皮球 地痞 屁股	貓咪 迷路 玉米 蜜蜂		低頭 笛子 底片 地震	樓梯 題目 身體 抽屜	泥土 你們 溺水	狐狸 禮物 厲害
ㄨ	不要 捕魚 不行	撲滿 葡萄 普通 瀑布	母親 積木	農夫 衣服 豆腐 父親	都市 讀書 賭博 肚子	禿頭 畫圖 泥土 兔子	奴隸 努力 憤怒	蘆筍 滷蛋 走路 咕嚕
ㄩ							女孩	驢子 旅行 綠色

ㄍ一ㄔ1

	ㄍ	ㄎ	ㄏ	ㄐ	ㄑ	ㄒ	ㄓ	ㄔ
ㄚ	嘎嘎 尷尬	咖啡 卡車	哈哈笑 蛤蟆 哈巴狗				殘渣 掙扎 眨眼 蚱蜢	叉子 茶杯 分岔
ㄛ								
ㄜ	唱歌 隔壁 瓜葛 個別 一個	蝌蚪 咳嗽 可樂 客人	喝水 荷花 仙鶴				遮住 摺紙 學者 甘蔗 躺著	汽車 扯破 清澈
ㄝ								
ㄞ	應該 更改 乞丐	開門 慷慨 憤慨	小孩 海邊 害怕				摘花 住宅 寬窄 討債	郵差 火柴 水薑
ㄟ	給錢		黑色					
ㄠ	牙膏 草稿 告狀	烤肉 靠近	茼蒿 豪豬 好香 號碼				招手 著火 找尋 照片	鈔票 鳥巢 炒飯
ㄡ	水溝 小狗 不夠	摳東西 口渴 鈕釦	猴子 吼叫 後悔				四周 輪軸 掃帚 宇宙	抽煙 憂愁 小丑 臭味
ㄢ	餅乾 趕快 樹幹	難堪 砍樹 看見	打鼾 寒冷 喊叫 流汗				沾水 展開 站著	攙扶 蟾蜍 生產 懺悔
ㄣ	腳跟 毛茛	肯德基	痕跡 很好 仇恨				打針 枕頭 地震	早晨 襯衫
ㄤ	鋼琴 港口 單槓	健康 扛著 抵抗	航空				章魚 長大 蚊帳	猖狂 香腸 工廠 唱歌
ㄥ	耕田 哽咽 更加	水坑	哼唱 平衡 橫行				風箏 整理 立正	稱讚 乘車 逞強 秤錘
ㄦ								

ㄍ一ㄔ2

	ㄍ	ㄎ	ㄏ	ㄐ	ㄑ	ㄒ	ㄓ	ㄔ
一				飛機 收集 自己 紀念	油漆 肚臍 起床 汽水	西瓜 休息 喜歡 夕陽 東西		
ㄨ	姑姑 屁股 故事	大哭 辛苦 褲子	忽然 蝴蝶 老虎 窗戶				豬肉 蠟燭 煮飯 幫助	出去 廚房 處罰 觸電
ㄩ				居住 橘子 舉行 句子	彎曲 溝渠 取笑 有趣	鬍鬚 徐步 許多 連續		

ㄕㄧㄩ1

	ㄕ	ㄖ	ㄗ	ㄘ	ㄙ	ㄧ	ㄨ	ㄩ
ㄚ	沙啞 發鍋 傻瓜 煞車		包紮 雜草	擦手	撒謊 灑水 菩薩	烏鴉 牙膏 優雅 驚訝	青蛙 娃娃 瓦斯 襪子 好哇	
ㄛ						哎唷	鳥窩 我們 握手	
ㄜ	奢侈 毒蛇 捨棄 射箭	惹事 熱水	負責 仄聲	廁所	垃圾			
ㄝ						耶誕節 爺爺 野獸 樹葉		大約 月亮
ㄞ	篩選 散子 曬乾		栽花 宰割 再見	猜拳 木材 彩虹 青菜	魚鰓 比賽	山崖	歪曲 外面	
ㄟ	誰的		烏賊				威風 危險 偉大 安慰	
ㄠ	發燒 勺子 多少 口哨	饒恕 打擾 圍繞	糟糕 鑿井 早餐 肥皂	操場 水槽 草莓	搔癢 掃地 掃把	邀請 搖頭 咬碎 吃藥		
ㄡ	收入 成熟 右手 野獸	溫柔 烤肉	胡謅 走路 演奏	湊巧	搜查 抖擻 咳嗽	憂愁 游泳 朋友 右邊		
ㄢ	山羊 閃電 電扇	燃燒 傳染	髮簪 咱們 攢錢 贊成	餐廳 蠶絲 悽慘 燦爛	三歲 雨傘 散步	香煙 顏色 眼睛 燕子	豌豆 頑皮 晚上 一萬	冤枉 花園 遙遠 願望
ㄣ	身體 神氣 審判 謹慎	大人 忍耐 認識	怎麼	參差 涔涔	森林	音樂 銀行 飲料 印章	溫暖 新聞 穩固 問題	頭暈 白雲 隕石 運動
ㄤ	受傷 欣賞 上學 衣裳	土壤 禮讓	骯髒 心臟	蒼蠅 抓迷藏	桑葉 嗓門 喪失	鴛鴦 太陽 養狗 樣子	汪汪 國王 魚網 忘記	

ㄕ一ㄩ2

	ㄕ	ㄖ	ㄗ	ㄘ	ㄙ	一	ㄨ	ㄩ
ㄥ	生日、繩子、節省、剩下	扔東西、仍然	增加、贈送	曾經	僧院	嬰兒、歡迎、影子、答應	漁翁、蓊鬱、酒甕	傭人、喁喁、游泳、用力
ㄦ								
一								
ㄨ	看書、叔叔、暑假、樹葉	如果、乳牛、進入	租金、足夠、祖父	粗心、黑醋	甦醒、風俗、塑膠			
ㄩ								

附錄四　三拼字音詞彙參考表

ㄅ一ㄏ1

	ㄅ	ㄆ	ㄇ	ㄈ	ㄉ	ㄊ	ㄋ	ㄌ	ㄍ	ㄎ	ㄏ
一ㄚ											
一ㄝ	憋別/著人/痛彆/彆扭	瞥見/撇下	咩咩/消滅/叫滅		爹(蝴)/爹(蝶)	貼紙/鐵路	捏鑷/住子	咧嘴/獵人			
一ㄠ	目標/手錶/魚鰾	飄雨/瓢蟲/漂白/漂亮	喵喵/樹苗/秒針/奇妙		雕刻/釣魚	挑水/薯條/挑戰/跳舞	鴕鳥/尿尿	聊天/了解/材料			
一ㄡ			謬論		丟掉		小蝸牛/妞牛/鈕釦	溜冰/河流/柳丁/六顆			
一ㄢ	旁邊/扁擔/順便	一篇/便宜/相片	綿羊/勉勵/麵包		顛倒/點心/停電	天空/甜點/舔舌頭	過年/碾米/唸書	可憐/洗臉/練習			
一ㄣ	來賓/鬢毛	拼圖/貧窮/品質/聘請	人民/敏捷				您好	森林/凜冽/吝嗇			
一ㄤ							姑娘/釀酒	涼快/兩個/月亮			
一ㄥ	冰棒/餅乾/生病	乒乓/蘋果/球	明天/生命		布丁/屋頂/決定	餐廳/蜻蜓/遊艇	檸檬/擰乾/泥濘	拎著/電鈴/本領/另外			
ㄨㄚ									西瓜/多寡/八卦	誇獎/垮台/跨上	花生/划船/畫圖
ㄨㄛ					多少/搶奪/花朵/懶惰	拖鞋/駱駝/橢圓/唾液	挪用/承諾	囉嗦/咳嗽/裸體/駱駝	鍋子/國旗/糖果/過來	輪廓	潑活/火車/貨車/暖和

ㄅ─ㄏ 2

	ㄅ	ㄆ	ㄇ	ㄈ	ㄉ	ㄊ	ㄋ	ㄌ	ㄍ	ㄎ	ㄏ
ㄨㄞ									乖乖 枴杖 奇怪	筷子	腳踝 壞人
ㄨㄟ					一堆 答對	推開 頹喪 大腿 後退			烏龜 鐵軌 桂花 向日葵	吃虧 慚愧	灰塵 回家 後悔 不會
ㄨㄢ					端午節 長短 斷掉	湍急 飯糰	溫暖	山巒 魚卵 髒亂	關門 旅館 罐頭	寬大 款待	歡迎 緩慢 病患
ㄨㄣ					蹲下 矛盾	吞下 海豚 褪色		輪船 討論	滾動 棍子	昆蟲 綑綁 困難	結婚 餛飩 混亂 混合
ㄨㄤ									月光 廣大 逛街	木框 狂風 礦泉水	荒涼 黃色 說謊 搖晃
ㄨㄥ					冬天 不懂 運動	通常 兒童 水桶 痛苦	農夫 弄髒	恐龍 壟斷	公雞 鞏固 共同	天空 恐龍 空閒	彩虹 烘乾 哄騙 起鬨
ㄩㄝ							虐待	忽略			
ㄩㄢ								孿生			
ㄩㄣ											
ㄩㄥ											

ㄐ一ㄥ 1

	ㄐ	ㄑ	ㄒ	ㄓ	ㄔ	ㄕ	ㄖ	ㄗ	ㄘ	ㄙ
一ㄚ	回家 髮夾 指甲 放假	掐住 恰巧	龍蝦 晚霞 下雨							
一ㄝ	逛街 打結 姊姊 借書	切菜 番茄 而且 偷竊	一些 鞋子 寫字 謝謝							
一ㄠ	香蕉 嚼東西 水餃 睡覺	敲門 橋樑 巧合 陡峭	宵夜 小心 大笑							
一ㄡ	糾正 喝酒 舅舅	秋天 皮球 出糗	害羞 朽木 袖子							
一ㄢ	房間 剪刀 見面	鉛筆 賺錢 深淺 欠錢	新鮮 鹹味 危險 毛線							
一ㄣ	毛巾 緊張 進來	母親 鋼琴 就寢 沁涼	辛苦 信封							
一ㄤ	豆漿 講話 果醬	手槍 牆壁 搶劫 嗆鼻	香菇 飛翔 想念 大象							
一ㄥ	眼睛 警察 鏡子	青菜 晴天 請客 慶祝	星星 圓形 醒來 幸運							
ㄨㄚ				抓癢 爪子		刷牙 玩耍				
ㄨㄛ				桌子 手鐲	戳破 啜泣	說話 閃爍	弱小	昨天 左邊 坐下	搓 錯誤	囉唆 所以
ㄨㄞ				很乖	揣測 踹開	摔倒 甩頭 蟋蟀				
ㄨㄟ				追逐 點綴	吹牛 搥背	喝水 睡覺	花蕊 尖銳	嘴巴 喝醉	催 乾脆	雖然 隨便 骨髓 歲月

ㄐ一ㄥ 2

	ㄐ	ㄑ	ㄒ	ㄓ	ㄔ	ㄕ	ㄖ	ㄗ	ㄘ	ㄙ
ㄨㄢ			專心 旋轉 賺錢		河川 輪船 喘氣 串通	門閂 涮涮鍋	軟片	鑽洞 編簒 鑽石	竄逃	酸梅 蒜頭
ㄨㄣ			諄諄 準備		春天 嘴唇 愚蠢	順便	滋潤	尊敬 撙節	鄉村 存錢 一寸	孫子 竹筍
ㄨㄤ			化妝 形狀		窗戶 床上 闖禍 創造	雙腳 涼爽				
ㄨㄥ			鬧鐘 種子 重量		沖水 昆蟲 寵物 衝著		容易 冗長	棕色 總是 粽子	洋蔥 從前	松鼠 聳立 送禮
ㄩㄝ	噘嘴 決定 倔強	缺少 瘸子 麻雀	馬靴 上學 雪人 洞穴							
ㄩㄢ	杜鵑 春捲 疲倦	圓圈 猜拳 小犬 彩券	宣布 旋轉 選擇 暈眩							
ㄩㄣ	軍艦 細菌	裙子	燻黑 尋找 迅速							
ㄩㄥ	迥然	貧窮	兄弟 高雄							

國家圖書館出版品預行編目資料

幼兒語文教材教法／林德揚著. —初版.—臺北市：心理,
　2005（民 94）
　　　　面；　　公分.--（幼兒教育；83）
　　　含參考書目

　ISBN 978-957-702-822-8（平裝）

　1.中國語言—注音符號　2.語言學—教學法
　3.學前教育—教學法

　523.23　　　　　　　　　　　　　　　94015794

幼兒教育 83　**幼兒語文教材教法**

作　　者：林德揚
執行編輯：陳文玲
總　編　輯：林敬堯
發　行　人：洪有義
出　版　者：心理出版社股份有限公司
社　　址：台北市和平東路一段 180 號 7 樓
總　　機：(02) 23671490　　傳　　真：(02) 23671457
郵　　撥：19293172　心理出版社股份有限公司
電子信箱：psychoco@ms15.hinet.net
網　　址：www.psy.com.tw
駐美代表：Lisa Wu　　tel: 973 546-5845　　fax: 973 546-7651
登　記　證：局版北市業字第 1372 號
電腦排版：辰皓國際出版製作有限公司
印　刷　者：東縉彩色印刷有限公司
初版一刷：2005 年 9 月
初版二刷：2009 年 1 月

讀者意見回函卡

No. _____ 　　　　　　　　　　　填寫日期：　年　月　日

感謝您購買本公司出版品。為提升我們的服務品質，請惠填以下資料寄回本社【或傳真(02)2367-1457】提供我們出書、修訂及辦活動之參考。您將不定期收到本公司最新出版及活動訊息。謝謝您！

姓名：_____　　　性別：1□男　2□女

職業：1□教師 2□學生 3□上班族 4□家庭主婦 5□自由業 6□其他____

學歷：1□博士 2□碩士 3□大學 4□專科 5□高中 6□國中 7□國中以下

服務單位：_____　部門：_____　職稱：_____

服務地址：_____　　　電話：_____　傳真：_____

住家地址：_____　　　電話：_____　傳真：_____

電子郵件地址：_____

書名：_____

一、您認為本書的優點：（可複選）

　❶□內容 ❷□文筆 ❸□校對 ❹□編排 ❺□封面 ❻□其他____

二、您認為本書需再加強的地方：（可複選）

　❶□內容 ❷□文筆 ❸□校對 ❹□編排 ❺□封面 ❻□其他____

三、您購買本書的消息來源：（請單選）

　❶□本公司 ❷□逛書局⇨_____書局 ❸□老師或親友介紹

　❹□書展⇨____書展 ❺□心理心雜誌 ❻□書評 ❼其他_____

四、您希望我們舉辦何種活動：（可複選）

　❶□作者演講 ❷□研習會 ❸□研討會 ❹□書展 ❺□其他____

五、您購買本書的原因：（可複選）

　❶□對主題感興趣 ❷□上課教材⇨課程名稱_____

　❸□舉辦活動　❹□其他_____　　　　（請翻頁繼續）

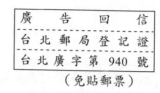

| 廣 告 回 信 |
| 台 北 郵 局 登 記 證 |
| 台 北 廣 字 第 940 號 |

（免貼郵票）

心理出版社 股份有限公司

台北市 106 和平東路一段 180 號 7 樓

TEL: (02) 2367-1490
FAX: (02) 2367-1457
EMAIL: *psychoco@ms15.hinet.net*

沿線對折訂好後寄回

六、您希望我們多出版何種類型的書籍

❶□心理 ❷□輔導 ❸□教育 ❹□社工 ❺□測驗 ❻□其他

七、如果您是老師，是否有撰寫教科書的計劃：□有□無

書名／課程：＿＿＿＿＿＿＿＿＿＿＿＿＿＿＿＿＿＿＿

八、您教授／修習的課程：

上學期：＿＿＿＿＿＿＿＿＿＿＿＿＿＿＿＿＿＿＿＿

下學期：＿＿＿＿＿＿＿＿＿＿＿＿＿＿＿＿＿＿＿＿

進修班：＿＿＿＿＿＿＿＿＿＿＿＿＿＿＿＿＿＿＿＿

暑　假：＿＿＿＿＿＿＿＿＿＿＿＿＿＿＿＿＿＿＿＿

寒　假：＿＿＿＿＿＿＿＿＿＿＿＿＿＿＿＿＿＿＿＿

學分班：＿＿＿＿＿＿＿＿＿＿＿＿＿＿＿＿＿＿＿＿

九、您的其他意見

＿＿＿＿＿＿＿＿＿＿＿＿＿＿＿＿＿＿＿＿＿＿＿＿＿＿

謝謝您的指教！　　　　　　　　　　　　51083